Savoie Mont Blanc POUR LES NULS

Savoie Mont Blanc POUR LES NULS

Brigitte Baudriller
Isabelle Baudriller

Un ouvrage dirigé par Jean-Joseph Julaud

FIRST Editions

Savoie Mont Blanc pour les Nuls

12, avenue d'Italie
75013 Paris
Tél : 01 44 16 09 00
Fax : 01 44 16 09 01
Courriel : firstinfo@efirst.com
Internet : www.pourlesnuls.fr

ISBN : 978-2-7540-4697-8
Dépôt légal : novembre 2013
Imprimé en France par Hérissey à Évreux (Eure) - N° 121339

Direction éditoriale : Marie-Anne Jost-Kotik
Édition : Laury-Anne Frut
Avec la participaton d'Anne Blondet
Préparation de copie : Christine Cameau
Correction: Florence Le Grand
Illustrations humoristiques : Marc Chalvin
Couverture : KN Conception
Mise en page : Catherine Kédémos
Fabrication : Antoine Paolucci
Production : Emmanuelle Clément

Remerciements

Tout commence le 15 août 2003. À la fête de la Compagnie des guides de Chamonix. Traditionnelle, bon enfant, émouvante aussi. « Cette année où la montagne est extrêmement dangereuse, les alpinistes n'y vont pas ou y vont moins. Dans leur écrasante majorité, ce ne sont ni des héros admirables ni des crétins inconscients », estime Xavier Chappaz, alors président de la compagnie. « Avec Jean Constantin et son fils François, nous n'avons pas fait de courses extrêmement difficiles, mais nous avons randonné dans toutes les Alpes… depuis 1979. Je fais partie de leur famille », confie Armand Comte, un guide de la compagnie, en remettant une médaille à ses fidèles compagnons de cordée.

Des mots sur les connaissances, les compétences, l'humanité, l'humilité des montagnards… Une invitation à voyager vers ce « Géant des Alpes » qui engage des vies, nourrit des histoires, dessine des rêves. Pourquoi ne pas suivre ces « ouvreurs de voies », partir du mont Blanc emblème des Pays de Savoie pour rechercher l'histoire, le présent, l'avenir de la Savoie et de la Haute-Savoie ?

L'idée fait son chemin vers un *Savoie Mont Blanc pour les Nuls*. Sans les encouragements de Jean-Joseph Julaud, auteur aux éditions First, et la confiance accordée par Côme Vermersch, directeur général de Savoie Mont Blanc Tourisme, elle se serait arrêtée net.

Merci à eux deux, à Armand Comte, notre mémoire vivante du mont Blanc, à André Palluel-Guillard, notre gardien de l'histoire, à toutes celles, à tous ceux qui nous ont accompagnées dans leur « Pays ». Votre disponibilité, vos informations, vos expériences, vos souvenirs, vos émotions ouvrent les voies du savoir et du plaisir partagés.

Nos remerciements vont particulièrement à :

Anne Agenès, Karen Allais-Pallandre, Anselme Baud, Alain Bavuz, Antoine Berger, Nolwenn Bonno, Ulysse Borgeat, Philippe Borrel, Denis Bouchet, François-Régis Bouquin, Claudine Briavoine, Marc Bron, Anne Buttin, Jean-Marc Carrière, Xavier Chappaz, Didier Chapuis, Jean-Franck Charlet, Gérard Charpin, Daniel Chaubet, René Claret-Tournier, Bruno Clément, Bruno Cottin, Sylvain Coutterand, Pierre Curral, Elsa Da Soller, Jean-Pierre David, Denis Debray, Guy Delavay, Muriel Della Mea, Michel Delmas, Antoine Dénériaz, Caroline Desbos, Françoise Destroyat, Bruno Dewaele, Pierre Dompnier, Béatrice Druhen-Charnaux, Julie Dubourgeat, Éric Dunand, Jean-Baptiste Estachy, Éric Favret, Cristiano Ferraris, Claude Ferrier, Maryvonne Fortier, Marion Frachisse, Marie-Luce Frescurat, Roger Frison-Roche, Patrick Gabarrou, Pierre Gay, René Gérardmer, Jean-Baptiste Grange, Pierre Guelpa, Jean-Paul Guérin, Marie-Christine Guérin, Séverine Guillemot,

Anne Guyomard, Jean-Christophe Hermann, Patrice Jacquin, Jean-Pierre Jorcin, Marine Leloup, Karine Létang, Jean Luquet, Julien Machet, Lucile Marton, Eliane Masset, Jean-Michel Matteï, Claude Mégevand, Emmanuel Michau, Luc Moreau, Frère Nathanaël, René Novel, Fernand Pareau, Jean-Marc Peillex, Fabrice Personnaz, Georges Personnaz, Laurent Petit, Jean-Noël Place, Catherine Poletti, Christophe Profit, Bernard Prud'Homme, Gilles Ravanel, Ludovic Ravanel, Pierre Renau, Emmanuel Renaut, Dominique Rippe, Michel Rochedy, Jean-Paul Rossi, Marie-Laure Servettaz, Aurélie Tacquard, Pierre Tairraz, Sylviane Tavernier, Thierry Thorens, Monique Tollin, Christophe Truffet, Nicolas Ughetto, Nicole Ughetto, Maurice Vallet, Mireille Vedrine, Jean Verney, Bruno et Renaud Veyret, Pierre Viallet, Jacques Villeret, Christian Vincent, Jean-Olivier Viout, Philippe Yvrande.

Tout est possible, tout reste à faire.

Remerciements pour les photographies et visuels

- Savoie Mont Blanc Tourisme
- Lucinda Perrillat de la Maison de la Mémoire et du Patrimoine
- L'Agence de Relations Presse Tourisme & Terroir, Culture & Art de vivre
- L'Office du Tourisme de Chamonix
- Le Musée Alpin de Chamonix
- Les Amis du Vieux Chamonix
- L'Atelier Pierre Novat
- Martine Charoy Frison-Roche

Sommaire

Introduction

C'est un pays de lacs immobiles et de neiges éternelles. Un pays où l'on exploite la terre, le bois et l'eau. Où l'on exporte des matières, des techniques et des rêves. Un pays de sources thermales et de chalets douillets. Où l'on dévale les pistes et grimpe aux sommets. Un pays de tables conviviales, de vins d'initiés et de chefs étoilés. Qui fleure bon le foin, la gentiane et le sapin. Un pays – la Savoie et la Haute-Savoie – des quatre saisons. À lire, sentir, écouter, goûter…

Élevé à 4 810 mètres entre la France, la Suisse et l'Italie, le mont Blanc domine ce pays. Sur ses flancs, dans son prolongement, la Haute-Savoie et la Savoie préservent des siècles d'histoire, possèdent une faune et une flore rares, perpétuent des savoir-faire uniques, développent des sports nature ou extrêmes, revendiquent une culture et une identité particulières, explorent de nouveaux horizons. Depuis le temps où des Celtes conquérants domptent montagnes, torrents et neiges… il y a 2 600 ans !

À coup d'âpres batailles, d'alliances réussies, de mariages utiles et d'heureux hasards, ces deux départements se taillent un bel espace et une solide réputation. Au nord-est de la région Rhône-Alpes, ils s'étendent des bords du Léman et des rives du Rhône aux vallées de la Maurienne et de la Tarentaise, avant de s'élever vers la Vanoise, le Beaufortain et le Mont-Blanc. Des aiguilles, des arêtes, des dômes et des cols où Hannibal, les comtes de Savoie, Louis Lachenal, Lionel Terray, Gaston Rébuffat et tant d'autres, célèbres ou anonymes, s'aventurent.

Qui peut oublier *Premier de cordée*, le roman de Roger Frison-Roche, les ascensions top-chrono de Christophe Profit, les escalades de Catherine Destivelle, les jeux Olympiques d'hiver d'Albertville en 1992, les exploits d'Antoine Dénériaz, de Jean-Baptiste Grange et de Tessa Worley ?

Pourquoi se priver de la fraîcheur du torrent, du regard du bouquetin, de l'embrasement des cimes au couchant ? Qui invente les skis Salomon, le stylo Dupont, les couteaux Opinel ? Un fromage, une charcuterie, une liqueur… comment ne pas succomber à la tentation ?

Il est des pays d'eau, de roc, de neige et de glace qui marquent les esprits, suscitent des émotions. La Savoie et la Haute-Savoie sont de ceux-là.

À propos de ce livre

À vous, voyageur immobile, visiteur de passage ou passionné de longue date, ce *Savoie Mont Blanc pour les Nuls*, ces montagnes et ces vallées, ces hommes et ces femmes accrochés à leurs versants, ces villes et ces villages enracinés et dépaysants.

Avertissement : notre goût, notre curiosité, notre amour des Savoie se jouent des limites départementales. C'est pourquoi nous employons à dessein le mot Savoyard dans son acception historique. Que les Haut-Savoyards ne se sentent ni lésés ni oubliés !

Comment ce livre est organisé

Cinq parties et trente-et-un chapitres exposent les faits, les spécificités et les trésors de la Savoie, de la Haute-Savoie et du massif du Mont-Blanc.

En conclusion, la partie des Dix présente dix lieux, dix promenades, dix personnalités, dix fleurons, dix recettes gourmandes, dix coups de cœur.

Première partie : Des montagnes d'histoires

À l'origine du mot Savoie, *Sapaudia* apparaît vers 385-390 dans l'*Histoire* d'Ammien Marcellin. Mais quel en est le sens ? Le nom d'un homme – *Sapaudus* – ignoré par ailleurs ? Ou l'allusion à une immense sapinière ? Seule certitude : dès la plus haute antiquité, ce carrefour géographique absorbe de multiples influences et vit les événements marquants de l'Europe occidentale.

Deuxième partie : Une géographie à couper le souffle

Ici plus qu'ailleurs l'eau et le vent sculptent les paysages. Façonnent plaines, collines, lacs, falaises, glaciers et cimes. Ici plus qu'ailleurs, la nature se montre généreuse, vertigineuse. Fragile aussi. Les végétaux et les animaux s'adaptent, résistent. Ici plus qu'ailleurs, le changement climatique se voit, s'entend. Halte-là, les montagnards doivent être là !

Troisième partie : Une économie créée entre monts et merveilles

De la terre, de la neige, du soleil et de l'eau, la Savoie et la Haute-Savoie extraient un terroir, des techniques, des sports, un savoir-vivre. L'or blanc et vert des Alpes, Préalpes, plaines et villes. Autant de richesses à découvrir dans les vallées ou aux quatre coins du monde.

Quatrième partie : Le mont Blanc, un sommet de sensations

Dôme de roc et de glace, le mont Blanc attire le regard, crée des désirs, façonne des rêves. Et pourtant ! Jusqu'au XVIIIe siècle, on l'imagine habité par les démons des glaces et la « déesse blanche », la reine des fées dont personne ne veut s'approcher !

En 1760, Horace Benedict de Saussure, un savant suisse, voyage dans la vallée de Chamonix et tombe fou amoureux du sommet. Au point de promettre une forte récompense au premier qui en trouve l'accès. La suite ? Une épopée !

Cinquième partie : Une forte identité

De leur passé commun, la Savoie et la Haute-Savoie héritent de forts, de châteaux, de chapelles baroques. Préservent des savoir-faire, une gastronomie, une langue. Et une multitude d'histoires individuelles ou familiales vécues en France ou en Amérique. Pour chercher fortune. Avec le secret espoir de revenir aux sources. Au pied des montagnes.

Sixième partie : La partie des Dix

Comment retenir dix lieux, dix promenades, dix personnalités, dix fleurons, dix recettes gourmandes, dix coups de cœur ? Par des choix subjectifs !

Les icônes utilisées dans ce livre

Des petites et grandes informations générales sur la région, un lieu, un personnage, un événement.

Quelles spécificités, quelles curiosités recèlent la Savoie, la Haute-Savoie et le Mont-Blanc ? Suivez l'icône pour le savoir.

Les Savoie avec leurs lacs, leurs glaciers et le majestueux massif du Mont-Blanc regorgent de légendes d'hier et d'aujourd'hui. Cette icône vous invite à les entendre.

Sous cette icône, les montagnards vous dévoilent leurs petites histoires.

De l'histoire ou du sport, des exploits réalisés en montagne ou des rendez-vous festifs, toutes les grandes dates à noter.

Les auteurs ont recueilli les témoignages de Savoyards et de Haut-Savoyards. Écoutez-les à votre tour.

Homme politique, saint, précurseur, créateur de mode... Découvrez celles et ceux qui ont fait l'histoire territoriale, économique et culturelle des Savoie.

Par où commencer ?

Par où vous voulez ! L'événement ou l'anecdote, la réalité ou la légende, l'effort ou la douceur… Furetez selon votre bon plaisir, laissez-vous guider, conforter ou surprendre avec, à l'appui, un sommaire détaillé et un index précis.

Première partie

Des montagnes d'histoires

Dans cette partie...

La Savoie. Un comté ? Un duché ? Un royaume ? Une province ? Un ou deux départements qui portent le même nom ? Existe-t-il une vraie Savoie ? C'est à y perdre son latin ! Plus encore si vous ajoutez à cette richesse locale, des éléments communs à l'histoire de France, à savoir diverses peuplades, la présence des Romains, des Barbares, des Francs… sans oublier l'annexion de la Savoie à la France en 1860, la dernière en date !

Autant de particularités qui donnent à la Savoie et à la Haute-Savoie du caractère, des personnalités, des impressions de Suisse et d'Italie, au cœur de la région Rhône-Alpes.

Pour les découvrir en intégralité et de l'intérieur, des centaines de livres ont été écrits. Des centaines d'autres le seront d'ici la fin du siècle. Celui-ci condense les événements, pointe les légendes, esquisse les hommes.

Chapitre 1

Lentement du Paléolithique aux Romains

Dans ce chapitre :

- Des chasseurs à l'assaut des montagnes
- Une terre de conquérants
- Des dieux, des bains et autres délices

Dans le silence de l'histoire, l'abri des grottes et le fond des lacs révèlent des trésors. Le flanc des montagnes laisse parler les hommes. La chaîne des Alpes est rompue.

À l'attaque !

Il faut remonter dans le temps. À 70 000 ans avant J.-C. au début de la dernière glaciation de l'ère quaternaire (celle de Würm), pour trouver trace des premiers hommes de Neandertal en Savoie.

La Savoie délivrée de ses glaciers

Dans la grotte du Baré à Onnion, une petite cavité creusée à 1 100 mètres d'altitude, les premiers individus « laissent » une poignée d'outils taillés dans le silex ainsi que des restes d'ours des cavernes, de bouquetins et de chamois.

Chasseurs, ils quittent les plaines, vont et viennent dans la montagne en quête de gibier (rennes, bouquetins, chamois, perdrix des neiges…), de fruits, de baies et de graines sauvages indispensables à leur survie. À la belle saison, ils occupent les grottes d'hibernation abandonnées par les ours. Traquent-ils ces monstres qui, dressés sur leurs pattes arrière, peuvent mesurer 3 mètres ? La question reste en suspens : les ossements découverts ne portent aucune marque de découpe.

Avec la lente progression des masses glaciaires, les hommes de Neandertal n'entreprennent plus de périlleuses « battues » dans les montagnes.

La grotte aux ours

Le 13 novembre 1988, Pierre Guichebaron et Marc Papet, deux spéléologues savoyards, découvrent dans une grotte – la Balme à Collomb –, sur le flanc ouest du massif du Granier, des os, os longs, vertèbres et crânes d'ours des cavernes (dont plus de 60 % d'oursons). L'un des plus gros gisements d'ours des cavernes en Europe !

La datation au carbone 14 permet d'établir que ces animaux hivernent pendant 21 000 ans, de – 45 000 à – 24 000 ans et meurent là. Pour quelle raison disparaissent-ils ? Le réchauffement du climat ne leur convient peut-être pas. La présence de l'homme diminue sans doute leurs niches écologiques, en conséquence leurs ressources alimentaires. Les individus moins nombreux, les problèmes de croisement et de consanguinité les affaiblissent et font vraisemblablement disparaître l'espèce. Seule certitude, ce sont bel et bien les premiers êtres vivants dont on conserve la trace, à s'installer sur une aussi longue période en Savoie !

Le feu et la terre au bord de l'eau

Vers 12 000 avant J.-C., les glaciers retirés, différentes peuplades, venues selon toute vraisemblance d'Europe centrale, s'établissent le long de rivières poissonneuses. Et se réfugient dans les grottes – ou balmes – des Préalpes, de bons abris naturels. Ce sont les « premiers occupants permanents » des Savoie. Agriculteurs sans doute.

Au cours des IXe et VIIIe siècles, ils bâtissent des palafittes au bord des lacs du Bourget, d'Aiguebelette, d'Annecy et Léman. Les fameuses cités lacustres regroupent des maisons en bois construites non pas sur pilotis mais sur des planchers portés par des alignements de pieux, pour être protégées d'éventuelles montées des eaux et des animaux rongeurs et/ou voleurs. Pourquoi vivent-ils là ? Ils travaillent le bronze (comme l'attestent les lingots, faucilles, bracelets retrouvés) et la terre (plats et vases). Pragmatiques, les forgerons et les potiers utilisent l'eau des rivières et des lacs pour transporter, par flottage, le combustible (des tonnes de bois) nécessaire.

L'Atlantide savoyarde

Au XIXe siècle, l'eau du lac d'Aiguebelette recule de plusieurs dizaines de mètres et découvre des bouts de pilotis et des morceaux de céramique. La légende d'une île engloutie refait surface.

Pas tant d'une île plutôt d'un village où, pris dans un orage, un mendiant veut trouver refuge. Mais personne ne lui ouvre la porte, excepté une pauvre veuve. Elle accueille cet étranger comme un prince. Au petit matin, le village est rayé de la carte. Seules émergent les maisons de la vieille femme et de sa fille. Le pape Pie IX reconnaît là une apparition de la Vierge.

Aujourd'hui, les promeneurs n'aperçoivent plus les deux maisons. Ils admirent deux petites îles.

Des pierres dressées ou creusées

Les premiers occupants élèvent, comme les Bretons, des dolmens dont la « pierre aux fées » au sud-est de Reignier. Durant des milliers d'années (ère chrétienne incluse), ils se « spécialisent » dans les roches à cupules. Ces pierres tabulaires de grande taille isolées et élevées en altitude sont creusées de petites cavités circulaires (cupules) peu profondes mais alignées. Des cavités accompagnées parfois d'empreintes de pieds et de gravures.

Que représente, par exemple, la Pierre aux pieds de Lanslevillard avec une cinquantaine de cupules et une trentaine de paires d'empreintes de pieds humains légèrement écartés à la pointe ? Une pierre sacrificielle ? Une démarcation entre tribus ? Des figurations astrales ? Difficile à dire même si l'orientation religieuse semble l'emporter. Avec les empreintes comme marques d'une divinité ou symboles du passage du visible à l'invisible.

Un patchwork de tribus

Au début du IIIe siècle avant J.-C., diverses tribus celtes venues d'Asie mineure s'infiltrent jusqu'en Italie du Nord et se sédentarisent dans les plaines, les vallées et les montagnes. Au nord, les Allobroges font reculer les Ligures. Distinguent ainsi les peuples des montagnes des peuples des « plaines ». Les Ceutrons, eux, se fixent en Tarentaise. Quant aux Médulles, ils élisent domicile en Maurienne.

Les Alpes baptisées par les Ceutrons

Les Ceutrons conquièrent, les premiers, les replats ensoleillés au-dessus des vallées encaissées et les pelouses alpines au pied des glaciers. Ils inventent des mots signifiant « monde lumineux » tels *alpe*, *aulp*, *arpe*, *arpette*, *alpette*, *arpettaz*, *alpettaz*. Toujours utilisés. La chaîne tout entière des Alpes leur doit son nom !

Hannibal par-ci, Hannibal par-là

Résumé de l'épopée : après avoir confié l'Espagne à son frère Hasdrubal, Hannibal, le Carthaginois, quitte Carthagène en juin 218, traverse les Pyrénées (vraisemblablement au col du Perthus), remonte les vallées du Rhône et de l'Isère. Et franchit les Alpes pour être en Italie, avec l'intention de l'envahir, en novembre 218. Mais par où passe-t-il ? Lui et ses 38 000 fantassins, 8 000 cavaliers et 37 éléphants (ramenés à 20 000 fantassins, 6 000 cavaliers et on ne sait combien d'éléphants, une fois les Alpes traversées). Du col du Grand-Saint-Bernard au nord, au col de Tende dans les Alpes-Maritimes au sud, tous les itinéraires sont admis, des plus probables aux plus fantaisistes. Les plus sérieux restent le col Clapier (2 482 m) et le col du Mont-Cenis (2 083 m).

Combien de chercheurs et de passionnés tentent, aujourd'hui encore, de démêler le vrai du faux ? En suivant les pas de John Hoyte qui, avec Jumbo, opte pour la route du Mont-Cenis en juillet 1959, ou de Jack Wheeler et de Jacqueline Vial-King qui passent le col Clapier en septembre 1979, en compagnie de Rangoon et Ceylan, deux beaux pachydermes d'une tonne !

Près de cinq siècles à l'heure romaine

En détenant les cols alpins, les Allobroges suscitent la convoitise des Romains qui les soumettent progressivement, de 125 à 121 avant J.-C. Dans quel but ? Conquérir la Savoie pour établir un lien entre la Gaule et l'Italie.

La nouvelle « carte » de la Savoie se découpe en trois provinces : Vienne, la cité des Allobroges ; la province des Alpes Graies (Tarentaise) terre des Ceutrons avec Aime pour capitale et les Alpes dites Cottiennes qui correspondent à la Maurienne dont les Médulles sont les habitants et Suse la capitale.

Au début du premier siècle, la piste du Mont-Cenis en Maurienne est triplée par trois grandes routes transalpines reliant la vallée du Rhône au Piémont. Au nord, par le futur col du Grand-Saint-Bernard. Au « centre » par le futur col du Petit-Saint-Bernard riche, aujourd'hui encore, de nombreux vestiges romains. Au sud, par la route du mont Genèvre.

Cette « libre circulation » permet aux armées de se déplacer en périodes de troubles, aux marchands de faire du commerce de différentes natures y compris d'esclaves, aux familles patriciennes (appartenant à la classe aristocratique) de se rapprocher des sources et de la guérison. Elles font construire des villas, des temples, des arcs et exploitent les bains de Bromines (La Balme-de-Sillingy) ou de Menthon-Saint-Bernard et les thermes d'Aix-les-Bains. Les eaux chaudes de la ville attirent les baigneurs, les malades et les dévots… puisque toute source est miraculeuse lorsqu'elle jaillit chaude.

Oh dieux protecteurs, oh déesses mères !

En montagne, obstacles naturels et repaires de brigands, les voyageurs se mettent sous la protection de leur dieu préféré, Mercure, Mars, Jupiter, Hercule ou Silvain, notamment.

S'il est un Romain qui supplie au plus haut point Silvain, c'est bien, vers 160 après J.-C., Titus Pomponius Victor, le gouverneur de la province des Alpes Graies. « Ô Silvain, [...]. C'est toi qui me protèges et je m'assure de ta faveur. Puisses-tu nous ramener à Rome moi et les miens et nous rendre nos campagnes d'Italie, nous les cultiverons sous tes auspices. » Une supplique pour un retour immédiat ou presque à Rome, inscrite sur une plaque de marbre blanc retrouvée à Aime, aujourd'hui exposée au musée lapidaire de la basilique Saint-Martin.

Divinités souvent guérisseuses, les déesses-mères assurent, elles, fertilité et fécondité. Repérées par le « M » de *Matres* ou *Matrae* gravé sur les stèles, elles sont, au panthéon romain alpin, classées numéro 1 !

Chapitre 2

Des Barbares, des Francs et des Sarrasins envahisseurs

Dans ce chapitre :

- Des Burgondes civilisés, installés en *Sapaudia*
- La *Saboia* des Francs… et des Sarrasins
- À cheval sur la montagne

Le temps des invasions est venu. De tous les côtés. Par vagues qui disloquent tout. Et exigent le maximum des hommes.

Les Burgondes, géographiquement cantonnés

Après avoir longuement vécu en paix, l'Empire romain connaît, au IVe siècle de notre ère, un déclin manifeste avec l'arrivée de Barbares de plus en plus oppressants, occupants et influents.

Venus de Norvège

De tous les peuples en présence, les Burgondes, originaires de l'actuelle région de Bergen en Norvège, semblent être les moins belliqueux, les plus perméables aux influences occidentales. L'administration impériale en fait des alliés avant de les combattre. Peut-être les Burgondes ont-ils des visées territoriales trop grandes ?

En 443, plutôt que de les réduire à l'esclavage, Aetius, le généralissime romain, en installe une partie en *Sapaudia*, la future Savoie dont les contours s'étendent du Jura à la Provence, en passant par la Suisse romande, la Haute-Savoie, la Savoie et le Dauphiné.

Autour d'un nom

Sapaudia à l'origine du mot Savoie apparaît, pour la première fois, dans le livre XV de l'*Histoire* d'Ammien Marcellin composé vers 385-390. Mais quel en est le sens ? Le nom d'un homme, un certain *Sapaudus* ignoré par ailleurs ? Ou l'allusion à un pays couvert d'immenses sapinières, *sapa* signifiant « résine de sapin » en celte ? Savoie, pays des sapins, semble assez logique.

Un « royaume magistral »

En un royaume de courte durée (443-534), les Burgondes – estimés à moins de 50 000 – se révèlent de loyaux auxiliaires des Romains. Mais avec l'agonie de l'Empire, ils étendent leur domination en Bresse, en Provence, en Bourgogne actuelle. Ce « royaume magistral » – la Burgondie – englobe le grand bassin fluvial du Rhône, des villes prospères, une trentaine d'évêchés dont ceux de Genève, de Grenoble et de Tarentaise, d'immenses forêts et pâturages, des vignobles réputés et un réseau routier axé vers les cols. Pour assurer la paix et faire régner la justice, Gondebaud, roi des Burgondes, promulgue la loi Gombette.

La loi Gombette : flash d'une civilisation

Ce code de lois civiles et pénales publié en 502 – en réalité un recueil de lois anciennes, d'usages oraux, d'éléments de la législation romaine et de conseils donnés par les membres de l'élite (*optimates*) réunis en assemblée – est le premier d'un roi germanique en Gaule ! Un code de cohabitation en quelque sorte entre des rois burgondes et des sujets burgondes et gallo-romains, dans une région intermédiaire entre la Galia (futur royaume de France) et la Germania (futur domaine Habsbourg, Autriche et Allemagne) où les structures locales – comtés, duchés et même royaumes – se multiplient.

Francs, Mérovingiens, Carolingiens se rendent maîtres des lieux… et les Sarrasins font des ravages

En 534, Clotaire Ier, Childebert Ier et Thierry, les rois des Francs, fils de Clovis, conquièrent et se partagent la Savoie. En presque cinq siècles (jusqu'à l'an mille), elle passe sous l'influence des Mérovingiens jusqu'en 751 puis des Carolingiens de 751 à 888.

Au cœur du monde chrétien occidental

Cette année-là, la Savoie entre dans le giron du deuxième royaume de Bourgogne constitué par Rodolphe Ier comme une grande puissance rhodanienne et alpine. À sa mort, en 1032, Rodolphe III, le dernier de la lignée, laisse la succession à son neveu par alliance, l'empereur Conrad II le Salique. La Savoie intègre le Saint Empire romain germanique.

Mais un autre parent de Rodolphe III, Eudes de Blois, comte de Champagne, réclame la couronne, rallie des opposants d'importance comme Gérold, comte de Genève, ainsi qu'une partie des nobles de l'ancien royaume de Bourgogne. Tous refusent de se soumettre à l'autorité du nouvel empereur. Conrad II le Salique se fait pourtant couronner à Payerne en Suisse, en 1033. Et finit par battre et tuer Eudes de Blois à Bar en 1037.

Et Humbert Ier apparaît…

Cette crise entre deux candidats à la couronne révèle de grandes familles et facilite leur ascension. Au premier rang, la future Maison de Savoie et son ancêtre le futur Humbert Ier dit aux Blanches Mains. Conseiller de la reine Ermengarde, veuve de Rodolphe III, il apporte un soutien sans faille au nouvel empereur.

Si les Capétiens commencent à former la France à partir de l'Île-de-France, la Maison de Savoie dessine le pourtour de la Savoie pour les mille ans à venir ou presque !

Des razzias en Savoie

ÉVÉNEMENT

Aucun doute possible : dans la première moitié du xe siècle, des Sarrasins occupent la région – Haute-Maurienne, Haute-Tarentaise et Haut-Faucigny ! Entre 906 et 972, depuis La Garde-Freinet dans le massif des Maures en Provence, ils pillent et incendient des monastères et des villages dans les hautes vallées, massacrent des voyageurs, rançonnent les plus riches, réduisent à l'esclavage les plus solides des captifs… N'en jetez plus, leur sort est fait !

Pourquoi l'imagination populaire amplifie-t-elle à ce point ces sinistres (et réels) coups d'éclat ? Pourquoi ne se contente-t-elle pas des faits ? Des « raids » maures ont bien lieu durant la première moitié du xe siècle, avec sans doute des Africains employés comme mercenaires par des seigneurs locaux. Des tours et des cheminées typiques appelées sarrasines sont effectivement élevées.

Mais, en cette période troublée par les révoltes et les famines, ni les souverains du royaume de Bourgogne ni le Saint Empire romain germanique, encore moins l'Église incapable de vaincre la misère matérielle et morale, ne protègent les Savoyards. Les Sarrasins – des païens mais aussi des Espagnols sous influence musulmane – sont de parfaits boucs émissaires. Ils sont anéantis par les autorités de Provence et d'Italie à la toute fin du xe siècle.

LE SAVIEZ-VOUS ?

Du pareil au même

Au Moyen Âge, dans le langage populaire, Sarrasins et Maures signifient musulmans. Une longue tradition définit la Maurienne comme le pays des Maures.

Des sommets à protéger, des versants à défricher

Saint-Bernard, sauveur des cols

ANECDOTE

Selon la légende, saint Bernard de Menthon (923 ou 1008-1081 ou 1086), archidiacre d'Aoste, se rend aux cols de mont Joux et de Colonne Joux consacrés à Jupiter, pour enchaîner le diable avec son étole, détruire les colonnes des temples païens et permettre à chacun de franchir sans crainte ces lieux livrés, durant les premiers siècles du Moyen Âge, aux démons, pillards et autres mécréants.

En fait, saint Bernard, missionnaire infatigable plutôt valdôtain que parent du seigneur de Menthon, fonde les hospices du Grand et, peut-être, du Petit-Saint-Bernard (reconstruit sans doute) vers 1050, avant de les confier à des chanoines réguliers.

Sur ces cols et dans ces bâtiments tout à la gloire du christianisme et de Bernard de Menthon, ils réservent le meilleur accueil aux pèlerins et aux voyageurs, secourent et soignent les hommes et les femmes en difficulté dans la traversée des Alpes.

L'hospice du Petit-Saint-Bernard disparaît. Une statue du saint veille sur les lieux. À l'hospice du Grand-Saint-Bernard entre le Valais (Suisse) et le Val d'Aoste (Italie), des religieux perpétuent la tradition d'hospitalité en haute montagne. Avec un chien – le saint-bernard – mascotte qui recherche le voyageur égaré dès le XVIIe siècle… et le réchauffe avec l'alcool contenu dans le tonnelet pendu à son cou.

Ils cultivent les paysages

Au jeu du qui est à l'origine de quoi dans l'aménagement des territoires sauvages de Savoie et de Haute-Savoie, les moines ne sont pas les derniers ! Au Moyen Âge, fuyant le monde, bénédictins, augustins, chartreux et cisterciens défrichent la montagne (les Préalpes) pour exploiter la terre et remplir leur mission hospitalière. Ils multiplient moulins et martinets, foulons et forges, précieux outils de travail.

L'agriculture en montagne n'est pas un don de la nature ! Les paysans s'acharnent, eux aussi, à la tâche. Face à la poussée démographique des XIIe et XIIIe siècles, ils doivent conquérir les hautes pelouses alpines (grandes Alpes) pour nourrir les leurs.

Notre-Dame de Tamié, une vocation d'accueil et un fromage monastique

Durant l'hiver 1131-1132, Pierre Ier, moine de Bonnevaux dans le Dauphiné, fonde l'abbaye de Tamié dans une vallée humide et isolée des Bauges, au nom évocateur de « Coupe-gorge ». Au cœur de cette « solitude boisée », des moines de l'ordre cistercien de la stricte observance (trappistes) renouent avec la règle de saint Benoît (prière, étude et travail manuel). Ils offrent le gîte et le couvert, cultivent le blé, extraient du minerai de fer, élèvent des animaux et fabriquent un fromage.

En un quart de siècle, l'abbaye de Tamié se trouve à la tête d'une centaine de fermes modèles : les granges cisterciennes. Chacune réunit une dizaine de moines (parfois aidés par des ouvriers agricoles) qui exploitent les terres, gardent des troupeaux de vaches, chèvres et brebis. Pour collecter du lait et le transformer en fromage ? Selon toute vraisemblance. Mais les archives de l'abbaye ayant disparu à la Révolution française, il n'existe ni dates ni informations précises. Le dimanche, des moines-prêtres rejoignent les moines-paysans des granges pour célébrer la messe. Ils repartent chargés de céréales et de produits de l'élevage. Gourmands les moines ? En partie puisque, intentionnellement élevée près d'un col, l'abbaye offre le gîte et le couvert aux pèlerins qui marchent de Chambéry à Annecy, et aux voyageurs qui se rendent de Genève en Italie.

Cette relative autarcie et cette hospitalité pratiquée à grande échelle obligent les moines à rechercher des pâturages toujours plus hauts. Depuis le vallon de Tamié et le Semnoz jusqu'au col de la Madeleine, en passant par l'alpage de Gentil, les montagnes de Cléry, les Belleville, les pâturages de Cruseilles.

En 1792, la Révolution française gagne la Savoie. Les moines quittent l'abbaye de Tamié contraints et forcés en 1793. Certains y reviennent en 1861 envoyés par l'abbaye de la Grâce-Dieu en Franche-Comté. Dans leur panier, le fromage trappiste par excellence, le Port-Salut. Les moines de Tamié le fabriquent et l'affinent, à leur manière, selon des procédés transmis de père en père. Mais ceci est une autre histoire…

Chapitre 3

La Maison de Savoie : une famille, des territoires, un État

Dans ce chapitre :

- Une lignée de princes
- Une organisation modèle

Qui est qui ? Qui fait quoi ? À elle seule, la Maison de Savoie est un vrai quiz ! D'Humbert Ier à Amédée VIII, rappel des personnalités marquantes, le temps de leur règne.

À l'heure actuelle, la Maison de Savoie couvrirait la Savoie, la Haute-Savoie, la Bresse, le Bugey, la Suisse romande, le Piémont italien et Nice. Comment ? À coups de conquêtes sur les reliefs, dans les cœurs et sur les frontières.

Humbert, Thomas, Pierre et les autres

De 1034 environ avec la fondation de la dynastie à 1451 avec la disparition d'Amédée VIII, la Maison de Savoie crée une entité particulière, avec ses propres réformes, ses propres cultures.

Ainsi soit-il !

Mystère de la Maison de Savoie apparu vers 1392, sa devise : « Fert ». Certains l'expliquent par l'anagramme latine de l'expression « Sa vaillance conquit Rhodes » en référence à l'expédition d'Amédée V sur l'île grecque au XIIIe siècle, ou la rapprochent de « Nous sommes tenus par l'alliance et la religion », nous devons donc accepter notre sort (promotion) ou le subir (martyr). D'autres se réfèrent à la réponse « Que ta volonté soit faite ! » de Marie à l'ange Gabriel lui annonçant qu'elle serait la mère du fils de Dieu, ou suggère, au début du XVIIIe siècle, un simple « Qu'il (ou elle) supporte ! »

Humbert Ier dit aux Blanches Mains

Dans la première moitié du XIe siècle, Humbert Ier dispose des comtés de Belley, Savoie, Maurienne, Aoste (dans la Maison de Savoie jusqu'en 1946, un record !), Chablais, Sermorens (région de Voiron-La Côte-Saint-André), Viennois ainsi que des droits et des possessions en Valais et en Haute-Tarentaise.

En concluant le mariage de son second fils Odon avec Adelaïde de Suse liée à l'ex-royaume d'Italie et marquise de Turin, il s'octroie des droits sur le Piémont. Avec un pied en Italie, il devient le premier « Portier des Alpes ».

Pourquoi Blanches Mains ? Comme maître des cimes alpines enneigées (les Blanches Mains) ? Mystère !

Thomas Ier (1189-1233)

Comte de Savoie (le titre apparaît en 1143 avec Amédée III), Thomas Ier définit les grandes orientations politiques de la Maison de Savoie pour les deux siècles à venir. Il lance la politique des chartes de franchises au profit des villes de la région. Il organise l'administration avec, entre autres, les premiers châtelains nommés vers 1200. Il mène une politique d'expansion territoriale pour s'assurer du contrôle des voies conduisant à de « nouveaux » cols alpins.

En contractant habilement un mariage pour sa fille Béatrice avec le comte de Provence – Raymond Bérenger – et pour sa petite-fille Éléonore avec le roi d'Angleterre – Henri III –, il diversifie ses alliances. Il met un pied au Sud, l'autre au Nord et fait de Chambéry la capitale de son État.

LE SAVIEZ-VOUS ?

La Savoie en rouge et blanc

Au début du XIIIe siècle, Thomas Ier choisit l'aigle de sable sur champ d'or du Saint Empire romain germanique comme emblème, avant d'adopter la bannière de gueules (rouge) à la croix d'argent (blanche). Le rouge symbole du martyr et le blanc de pureté rappellent le *labarum*. Apparu en songe à Constance Ier le Grand, en 312, la veille de la bataille du pont de Milvius, cet étendard rouge et blanc agrémenté d'une croix lui assure la victoire, de fait le triomphe du christianisme. Accompagné de la formule *In hoc signo vinces* (Par ce signe tu vaincras), il ne peut qu'être prémonitoire !

Pierre II (1263-1268)

PORTRAIT

Bien avant son avènement, Pierre II se distingue par la suzeraineté imposée aux comtes de Genève. Ils se reconnaissent en inférieurs et lui abandonnent leurs droits au nord du Rhône et à l'est de l'Arve, en 1250. Pour accroître plus encore sa puissance, Berne se met sous sa protection en 1255.

Mais Pierre II a besoin d'argent pour financer ses campagnes, acheter des terres, construire des fortifications, inciter les seigneurs au ralliement. Il le trouve auprès d'Henri III, roi d'Angleterre, qu'il va aider à mater des barons révoltés et à conquérir le pays de Galles. Établi à Londres (l'hôtel Savoy ne vous dit rien ?), Pierre II s'inspire du modèle anglais pour élaborer une comptabilité, force de l'État savoyard.

L'œuvre majeure de ce « Petit Charlemagne » ? Les premiers Statuts de Savoie rédigés vers 1264 où le droit romain écrit remplace le droit coutumier.

Amédée VI (1343-1383)

PORTRAIT

Remarquable chevalier (ses joutes spectaculaires tout de vert vêtu lui valent le surnom de comte Vert) et brillant chef d'État, Amédée VI conquiert le pays de Gex, cède le nord Viennois en échange du Faucigny, du Beaufortain et du pays de la Valbonne en Bresse méridionale. En épousant Bonne de Bourbon, il se lie étroitement, au XIVe siècle, à la Maison de France. Premier « Savoie » à mener une politique orientale, il soutient une croisade et l'Empire latin d'Orient en 1366-1367. En 1379, il fait publier de nouveaux Statuts de Savoie.

Amédée VII (1383-1391)

Son objectif ? Atteindre la Méditerranée en profitant de la disparition du vieil ennemi dauphinois. Par le Piémont, il rallie, en 1385, la région de Barcelonnette, négocie avec les Grimaldi et prend possession, en 1388, de la vallée du Var et de la région de Nice, dispose ainsi de la Provence orientale et d'un port sur la Méditerranée.

Amédée VIII (1398-1451), LE personnage de la Maison de Savoie

À l'actif d'Amédée VIII, l'acquisition du comté de Genève en 1401, de tout le Bugey et de l'essentiel de la Bresse en 1414, et la liquidation des principautés annexes de Savoie-Piémont et de Savoie-Vaud. L'État savoyard est, comme jamais, grand et prospère ! Le commerce se développe à Nice et le trafic transalpin s'intensifie au Mont-Cenis.

Amédée VIII s'inspire aussi de la morale chrétienne pour élaborer les Statuts de Savoie de 1430. Ils détaillent l'exercice du culte, l'administration de la justice, les droits et les devoirs de chaque catégorie sociale… jusqu'à la tenue vestimentaire ! Ces Statuts font de la Savoie un État moderne en Occident.

Un État qui apparaît aussi, grâce à ce passionné d'art, comme un foyer artistique essentiel. Avec, entre autres, l'école des Primitifs de Savoie et ses deux gloires : Konrad Witz et Giacomo Jaquerio.

En « avançant » des sommes importantes à Sigismond Ier, l'empereur germanique affaibli, Amédée VIII obtient le titre de duc en 1416. Par sa seule bonne et grande réputation, il est élu pape sous le nom de Félix V au début de l'année 1440. Mais Eugène IV, le souverain pontife de Rome, refuse de démissionner. En 1449, devant l'impasse, Amédée VIII abandonne la tiare mais demeure évêque de Genève où il meurt le 9 janvier 1451… comme un grand homme pour la Savoie et pour l'Église.

Il est des nôtres !

« Considérant l'antiquité de ta race, ta noblesse, les mérites de tes ancêtres et les soins qu'ils ont toujours mis à honorer mes prédécesseurs, les empereurs des Romains, connaissant tes propres mérites, agissant non pas à la légère mais sur le conseil des princes, des comtes, des barons, des nobles et des grands et de mes fidèles, Nous t'élevons à la dignité de prince et de duc, ordonnant expressément que toi et tes héritiers légitimes et tes successeurs les ducs de Savoie, vous jouissiez à jamais de toute prééminence, dignité, pouvoir, liberté et honneurs attachés aux fonctions des ducs du Saint Empire » atteste la bulle impériale de Sigismond Ier du Saint Empire romain germanique, datée du 19 février 1416.

Un ancêtre germanique

Les Mérovingiens descendent de Mérovée, les Carolingiens de Charlemagne, les Capétiens d'Hugues Capet, pourquoi la Maison de Savoie n'aurait-elle pas, elle aussi, un illustre ancêtre ?

Entre 1417 et 1419, sous le règne d'Amédée VIII, apparaît un certain Bérold, neveu préféré d'Otton III, l'empereur germanique, venu s'exiler en Savoie et se marier avec la fille d'un marquis local. De leur union naît Humbert (vers 980-1048), le fondateur de la dynastie des comtes de Savoie.

Cette origine germanique n'est pas le fruit du hasard. Elle répond à une question de prestige et de diplomatie à l'heure où, entre le XIVe et le XVIIIe siècle, la province est sans cesse menacée par la France. Elle doit se démarquer de cette puissance ennemie. Pourquoi pas en s'apparentant à la première Maison impériale, celle de Saxe ?

LE SAVIEZ-VOUS ?

Le saint suaire, mystérieux linceul

Propriété de la Maison de Savoie de 1453 à 1983, ce linceul qui reçoit le corps du Christ le soir de son supplice, fonde la gloire religieuse de la famille de Savoie. Déposé dans la chapelle du château de Chambéry en 1502 (dès lors qualifiée de Sainte-Chapelle), il attire les foules dans la petite ville. Parmi les pèlerins, François Ier, roi de France, après sa victoire à la bataille de Marignan en 1515. En 1578, Charles Borromée, archevêque de Milan, veut lui aussi se recueillir devant la relique pour sauver sa ville de la peste. Il tombe malade à Turin. Emmanuel-Philibert (1553-1580), le bienveillant duc de Savoie, lui fait apporter le saint suaire. Un aller définitif vers Turin.

Daté du Moyen Âge par le carbone 14, l'Église catholique estime que ce « Trésor des Savoie » n'ajoute rien à la foi chrétienne et ne constitue, en aucune façon, une preuve de la résurrection du Christ. Personne ne s'explique les traces du corps supplicié sur l'étoffe de lin. Le saint suaire est conservé dans la chapelle royale de la cathédrale Saint-Jean-Baptiste de Turin.

Des dispositions d'avant-garde

Maîtres d'un « vaste monde », descendants d'une belle lignée, les Savoie se doivent d'asseoir leur pouvoir par des mesures équitables.

Les voyages forment la jeunesse

Les comtes de Savoie gouvernent en voyageant. Ils partent pour un conflit dans le Dauphiné, l'accueil de l'empereur à Berne, la visite d'un évêque à Belley, un pèlerinage à l'abbaye Saint-Maurice d'Agaune, une partie de chasse dans les forêts du Chablais… En profitent pour vérifier les informations fournies par leurs commissaires ou envoyés spéciaux, étudient les chartes (écrits consignant des droits ou réglant des intérêts) ou les rouleaux de comptes.

Ah les incomparables rouleaux de comptes ! Sur des feuilles de parchemin cousues les unes à la suite des autres, ils reprennent, en latin, les recettes et les dépenses des châtellenies et « font foi » pour établir les comptes de l'État. Aujourd'hui, les archives départementales de la Savoie et de la Haute-Savoie en conservent des kilomètres !

Imaginez ces « documents comptables », les comtes de Savoie et leur suite de conseillers, nobles, gens d'Église appelés à la cour et personnel de services se déplacer au gré des événements ! À la fin du XIIIe siècle, la décision est prise de fixer l'administration à Chambéry et de laisser le comte circuler entre ses possessions et ses résidences de prédilection Montmélian, Chillon, Saint-Georges d'Espéranche en Viennois puis Le Bourget.

LE SAVIEZ-VOUS ?

Sauver la forêt !

Dès le XIIIe siècle, des petits codes ruraux appelés « bans » réglementent les droits d'usage collectifs dont le droit d'affouage (utilisation du bois de chauffage). Il est ainsi interdit de couper les jeunes pousses, les essences nobles, de laisser les chèvres aller dans les sous-bois, de vendre du bois à des marchands étrangers sans autorisation… Toujours en vigueur, l'affouage préserve la forêt de Savoie et de Haute-Savoie.

Chambéry, capitale administrative

En 1232, le vicomte Berlion de Chambéry vend une partie de la ville corsetée de murailles au comte Thomas Ier de Savoie pour la somme de 32 000 sous forts de Suse. Une fortune pour l'époque ! Chambéry jouit d'une situation à la fois très intéressante au croisement des routes nord-sud Genève-Valence et ouest-est Lyon-Turin et peu favorable dans une vallée étroite et fiévreuse, obstruée de marais et de rivières désordonnées. Elle demeure un centre de circulation et d'institutions politiques et administratives mais peut difficilement développer son industrie et son commerce, à la différence de Turin ou de Genève.

Savoie où es-tu ? Qui es-tu ?

LE SAVIEZ-VOUS ?

Difficile de fixer la Savoie dans ses frontières ! D'autant plus que sous le règne des comtes, des ducs et des princes de Savoie – soit près de mille ans – elle englobe toutes les propriétés de la Maison de Savoie, de la Bresse à Nice, du Valais en Suisse au Canavais dans le Piémont. Qui de l'illustre famille ou de la province donne son nom à l'autre ? La confusion est jetée dans les esprits. Mais le cœur de la Savoie semble battre dans la région chambérienne et le Petit Bugey plus tard appelés la « Savoie Propre ».

Et les Italiens ? Eux aussi ont leur mot à dire ! Ils distinguent *Sabauda* (organisation juridique et politique de l'ensemble) de *Savoja* (entité géographique). Et les Français ? Ils identifient le Savoisien comme le défenseur d'une Savoie politique et communautaire, et le Savoyard comme celui vivant en Savoie ou en Haute-Savoie. Les Français peuvent venir dans les Pays de Savoie et devenir savoyards sans être savoisiens… à moins de le vouloir vraiment.

Chapitre 4

Grandeurs, décadences et annexion

Dans ce chapitre :

- Au cœur de conflits
- 1792-1860 : années de tous les revirements
- « Rattachée » à la France

Au XVe siècle, la Maison de Savoie compte parmi les dynasties les mieux établies en Europe. Face aux grandes puissances voisines – Saint Empire romain germanique, royaumes de France et d'Espagne – elle s'attache à conserver son indépendance mais de conflits extérieurs en révolutions internes, en idées de génie aussi, elle perd de sa superbe et gagne en singularité. Jusqu'à l'annexion de la Savoie à la France, en 1860.

Un lent crépuscule

La mort d'Amédée VIII en 1451 marque le début de la fin. Ses successeurs, faibles, malades, malmenés par des femmes intrigantes ou autoritaires, ne sont pas à la hauteur. Ainsi Anne de Lusignan de la famille royale de Chypre, de Jérusalem et d'Arménie, épouse de Louis, fils d'Amédée VIII, se montre extrêmement dépensière et sait imposer ses compatriotes chypriotes arrogants et agités, dans les affaires de l'État.

D'intrigues et de guerre lasse

Sans véritable maître à bord, la Maison de Savoie se délite. En 1526, le duché perd Genève et adopte la Réforme. L'évêque de Genève doit quitter la ville et s'installer à Annecy « déclarée » centre de la Contre-Réforme savoyarde.

Pis encore, le duc Charles III (1504-1553) prend parti, en 1536, pour Charles Quint contre François Ier. Ce dernier, en représailles, attaque et occupe le duché jusqu'en 1559, aidé par les Bernois qui, eux aussi, choisissent la Réforme et poussent les Valaisans à la sécession. Les Français, maîtres de la Savoie et du Piémont, Charles III ne dispose plus que de quelques villes piémontaises, de la Vallée d'Aoste et de Nice.

Réforme ou Contre-Réforme ?

LE SAVIEZ-VOUS ?

Au xve siècle, les hommes ne trouvent plus aucun secours dans l'Église catholique qui, pour le repos de l'âme, pratique les indulgences. Promet l'espoir du paradis en échange de coquettes sommes d'argent.

Au xvie siècle, Martin Luther (1483-1546), un moine allemand, proteste contre ces pratiques et propose une grande Réforme. En affirmant que seule la foi sauve le chrétien de la damnation.

Rallié aux idées de cette Réforme, Jean Calvin (1509-1564), le Français, s'installe à Genève en 1541 et élabore une doctrine religieuse – le calvinisme, base de l'Église protestante – fondée sur la Bible. Le protestantisme gagne le Chablais mais ne perce pas dans le reste du duché. Annecy devient la capitale de la Contre-Réforme catholique. Elle aussi veut corriger les abus de l'Église et imposer un renouveau religieux. Tout en s'efforçant, il faut le reconnaître, de reconquérir les régions et les populations passées au protestantisme.

Un regain d'espoir

ÉVÉNEMENT

Les 2 et 3 avril 1559, Emmanuel-Philibert reconstitue l'État savoyard en signant le traité du Cateau-Cambrésis où il reprend les territoires rendus par les Français et impose le français comme langue officielle dans tout le royaume. Le duc crée également une cour suprême de justice compétente sur tout le duché, le célèbre Sénat. Deux actes fondamentaux pour la Savoie. Il transfère aussi officiellement la capitale de Chambéry à Turin en 1563. Devient, de fait, le premier duc de Savoie-Piémont.

Un homme providentiel

PORTRAIT

(Saint) François de Sales (1567-1622), voici l'homme qui marque la période et concrétise la victoire du catholicisme en Savoie ! Face à la poussée protestante, Mgr de Granier, évêque de Genève-Annecy, lui demande de prêcher l'Évangile dans le Chablais pour le reconquérir religieusement. À 27 ans, le prêtre d'Annecy part en mission. « Il faut renverser les murs de

Genève par des prières ardentes et livrer l'assaut par la charité fraternelle. » La ville résiste à ses sermons mais la quasi-totalité du Chablais revient à la foi catholique. Évêque, (saint) François de Sales incarne la Contre-Réforme et redonne vie et morale au clergé et au diocèse. Avec Jeanne de Chantal, une jeune veuve qui trouve en lui un directeur de conscience, il crée, en 1610, l'ordre de la Visitation.

Les Savoyards (les riches émigrés notamment) signent, à leur manière, un acte de foi. Ils financent des œuvres d'art baroque dans des chapelles ou des églises qui brillent de mille feux… et font de l'ombre aux austères temples protestants.

LE SAVIEZ-VOUS ?

Avant l'Académie française !

En 1606, (saint) François de Sales fonde l'Académie florimontane – la première société savante de Savoie – à Annecy, avec Antoine Favre, président du Sénat de Savoie. Trois décennies avant le cardinal de Richelieu qui crée l'Académie française en 1635, ils veulent « agir sur l'opinion, répandre le culte du beau, créer des cours publics… ». Leur devise ? *Flores fructusque perennes* (Toute l'année, des fleurs et des fruits).

Désastreuse ambition

Charles-Emmanuel Ier (1580-1630), successeur d'Emmanuel-Philibert, veut profiter des guerres de Religion françaises pour reconstituer l'ancien royaume de Bourgogne. Bien mal lui en prend ! Sous son règne, la Savoie connaît douze années de guerre et deux occupations françaises en 1600-1601 par Henri IV et en 1630-1631 par les troupes du roi Louis XIII.

ÉVÉNEMENT

Loin de se laisser abattre, il rêve d'une éclatante revanche en s'emparant, par surprise, de Genève. Dans la nuit du 21 au 22 décembre 1602, un corps de 300 hommes d'élite, parmi lesquels beaucoup de nobles savoyards et dauphinois, doit escalader le rempart de la ville et ouvrir une ou plusieurs portes à une armée de 5 000 à 6 000 Savoyards et Espagnols. L'escalade de Genève se solde par un échec. Le traité de Saint-Julien signé le 21 juillet 1603 reconnaît l'indépendance et la souveraineté de Genève qui devient définitivement protestante. Les Genevois peuvent également commercer librement et bénéficier de l'exemption des taxes dans tous les États de Savoie.

Tragique XVIIe siècle

Un malheur ne vient jamais seul ! Aux périodes de troubles se greffent des pillages en tout genre et l'épidémie de la peste. En temps de paix, la nature s'emporte. De 1590 à 1850, le « petit âge glaciaire » avec son lot de chutes de neige, d'éboulements, de pluies diluviennes et d'inondations abîme les récoltes, fait flamber les prix, jette les paysans sur les chemins de contrées plus hospitalières. Des marchands savoyards connaissent de grandes réussites dans les pays germaniques de Bavière et d'Autriche.

ANECDOTE

Au diable les pestiférés !

À Saint-Sorlin-d'Arves, les survivants de la peste de 1630 suspectés d'avoir pactisé avec Satan sont priés d'aller vivre à l'écart, aux Prés-Plans.

Aujourd'hui inhabité, le hameau regroupe treize fermes en galets et pierres d'angle, aux portes cloutées (défense contre les ours) et aux toits de tôle (substitut du chaume). Des randonneurs y vont à pied pour lire cette page d'histoire presque oubliée, apercevoir des chevreuils ou des chamois, et se recueillir devant la chapelle à répit Notre-Dame-de-la-Vie où, dès 1672, les mort-nés sont baptisés et inhumés.

D'ombres et de lumières

De sa prise de pouvoir en 1684 à la signature des traités d'Utrecht (1713) et de Rastatt (1714), Victor-Amédée II se montre ambitieux et calculateur. Tantôt allié au roi de France Louis XIV, tantôt allié à Léopold Ier, empereur du Saint Empire. Cette valse-hésitation vaut à la Savoie d'être à nouveau occupée par la France de 1703 à 1713. Dans les traités, Victor-Amédée II reçoit la Sicile, en 1713, avec le titre de roi mais doit échanger cette île prestigieuse contre la Sardaigne éloignée et misérable, en 1718, comme roi de Sardaigne. Ses descendants deviennent progressivement rois de Piémont-Sardaigne puis rois de Piémont. Les « Savoie » triomphent : ils sont pleinement rois !

Un bon plan

Le XVIIIe siècle, essentiellement la seconde moitié, est dans l'ensemble calme donc prospère.

En dix ans, de 1728 à 1738, tout le territoire de la Savoie est cartographié à l'échelle 1/2372.

À l'origine de ce cadastre Victor-Amédée II veut soumettre les domaines des nobles et des ecclésiastiques traditionnellement exonérés et assurer une plus équitable répartition de l'impôt foncier. Des géomètres assistés d'indicateurs et d'estimateurs déterminent les superficies, numérotent les parcelles, répertorient la nature et le rendement des cultures, indiquent le type de bâti et les noms des propriétaires en cartes juxtaposées, les fameuses « mappes ».

Ce cadastre de 1730 est d'une telle précision et d'une telle exactitude qu'il a, aujourd'hui encore, force de loi en Savoie et en Haute-Savoie. En France, la décision de créer un cadastre national date de la Révolution de 1789. Elle n'entre dans les faits qu'en 1807 !

Louis Mandrin, « héros magnifique »

Chef de plusieurs centaines de contrebandiers en majorité savoyards, Louis Mandrin (1725-1755) achète en Suisse et en Savoie des marchandises (principalement du tabac et des étoffes) pour les revendre dans les villes françaises sans qu'elles soient soumises aux taxes des fermiers généraux. Pour le plus grand bonheur de la population !

Pour stopper cette fraude, les fermiers généraux français font pénétrer illégalement dans le duché de Savoie, 500 hommes déguisés en paysans. Trahi par deux des siens, Louis Mandrin est arrêté, jugé et roué vif à Valence, le 26 mai 1755 devant 6 000 curieux à qui il aurait demandé de poursuivre sa révolte contre le fisc.

Le contrebandier entre dans la légende comme défenseur des pauvres, flibustier ou victime de l'absolutisme royal !

Le Grand Tour des futures élites

Dès le XVIIIe siècle, les jeunes gens aisés, anglais pour la plupart, visitent l'Europe – la France, l'Allemagne, la Suisse, l'Italie – pour faire leur éducation de « *compleat gentlemen* » à la fin de leurs études. Ils comparent les systèmes politiques, pratiquent les langues étrangères, découvrent l'art, goûtent aux plaisirs de la vie. Ils nouent ainsi des relations avec d'autres « *compleat gentlemen* » promis à un bel avenir diplomatique, militaire, politique, économique ou culturel.

Lancé plutôt dans les grandes capitales européennes, le Grand Tour pénètre peu à peu dans les hautes vallées de l'Arve (Chamonix) et de l'Eau Noire (Vallorcine). Il lance le tourisme dans les Alpes. « La montagne vous gagne ! » Preuve en est depuis la fin du XVIIIe siècle !

Française de la Révolution à l'annexion

En moins d'un siècle, la Savoie connaît de gigantesques bouleversements.

Tout leur tombe sur la tête

En septembre 1792, les troupes révolutionnaires françaises passent les frontières sans affronter de grande résistance. Elles s'installent pour vingt-trois ans.

Comme dans une avalanche, la Savoie est emportée par toutes les lois définies depuis juillet 1789 : passage à la République, abolition des castes privilégiées et des droits féodaux, réformes fiscales, constitution civile du clergé…

ÉVÉNEMENT

En 1792, la Savoie devient le département du Mont-Blanc avec Chambéry pour chef-lieu. Un simple département français parmi 83 autres !

Dans cet extraordinaire bouleversement, les Savoyards acceptent très mal la constitution civile du clergé. Les paysans se révoltent contre une déchristianisation forcée et mènent, en 1793, une contre-révolution dans les campagnes et les montagnes. Ils affrontent les armées françaises et leurs compatriotes de la « Légion des Allobroges » et des Volontaires du Mont-Blanc. La guillotine ne fonctionne pas en Savoie. Mais les troubles du massif des Bornes, en 1793, ressemblent aux guerres de Vendée et la répression contre les prêtres réfractaires dure jusqu'au Concordat de 1801.

En 1798, l'annexion de Genève à la République française oblige à la division du département en deux. Au nord, le département du Léman regroupe Genève le chef-lieu et les arrondissements de Thonon (Chablais) et de Bonneville (Faucigny). Au sud, le département du Mont-Blanc avec Chambéry comme chef-lieu comprend les arrondissements de Moûtiers (Tarentaise) et de Saint-Jean-de-Maurienne (Maurienne).

L'Empire en deux temps

Sous le premier Empire, le département du Léman forme un petit monde économique préservé. Il reçoit de Genève ses produits manufacturés et l'approvisionne en céréales, lait, viandes et vins. Annecy découvre l'industrie textile. Le commerce du département du Mont-Blanc prospère grâce à la route reliant Lyon à Turin par le Mont-Cenis. Peisey-Nancroix s'enorgueillit de sa mine de plomb argentifère et de son école nationale et impériale des mines. Les paysans profitent d'une série de bonnes récoltes, les ouvriers ont du travail, la bourgeoisie fréquente les thermes d'Évian et d'Aix-les-Bains où les dames de la famille Bonaparte attirent les grands de ce monde dans les frémissements de l'ère romantique.

La fin du premier Empire et le traité de Paris de 1815 marquent un tournant. La Savoie redevient piémontaise en vertu du principe du retour des souverains légitimes dans leurs anciennes possessions.

Ni Genève ni le Léman ne veulent pâtir de ces nouveautés. Une zone franche est établie en 1816. Elle s'étend du Rhône à Douvaine. Dans la crainte d'une nouvelle invasion, Genève se fait concéder une neutralité en démilitarisant le territoire situé au nord de la ligne Le Bourget-Ugine.

La paix retrouvée

Sous le règne de Victor-Emmanuel Ier et de ses successeurs Charles-Félix (1821-1831) et Charles-Albert (1831-1849), la noblesse retrouve ses aises et ses prérogatives, l'Église avec à sa tête l'archevêque de Chambéry et les évêques de Moûtiers et de Saint-Jean-de-Maurienne est bien en place, le Sénat de Savoie reprend ses droits, la police (avec les carabiniers du *Buon Governo*) se montre très active, le peuple vit en paix. Mais ce n'est qu'illusion car le pays reste divisé entre libéraux et conservateurs, ouverture et fermeture. La Savoie ne peut résister à l'intérêt des nouvelles voies de communication et, en 1848, à l'utilité logique d'une constitution : le *Statuto fondamentale*.

La question des nationalités se pose désormais. Entre la nationalité française bien connue et la nationalité italienne que les Savoyards découvrent, existe-t-il une nationalité savoyarde ? Les uns y croient. Ils revendiquent une évidente autonomie. Les autres s'estimant encore français prétendent revenir à la France, à sa grandeur et à ses richesses. Les conservateurs traditionalistes et royalistes envisagent, eux, de rester dans le mouvement du *Risorgimento* (résurrection).

LE SAVIEZ-VOUS ?

La résurrection sauce italienne

Le mouvement du *Risorgimento* se résume, dans la première moitié du XIXe siècle, à la redécouverte de la langue classique italienne au détriment du français et des expressions régionales, et à la reconnaissance de la « civilisation italienne » fondement inévitable d'une unité politique à construire. Le *Risorgimento* signe donc l'émancipation des Italiens traditionnellement soumis aux intérêts français et autrichiens. Libérés, ils forment un État libéral et démocratique, facteur de progrès social et économique.

En 1859-1860, Victor-Emmanuel II et son « homme de main » Camille de Cavour tirent profit de ce mouvement avec l'annexion de la Savoie à la France. Le roi laisse son duché savoyard originel à son « ami » français Napoléon III.

Oui à la France !

En échange de la Savoie et du comté de Nice, Camille de Cavour (1810-1861), comte, président du Conseil des ministres et ami de Victor-Emmanuel II, obtient l'appui de Napoléon III pour chasser les Autrichiens de la péninsule italienne. Libre à lui, ensuite, de réaliser l'unité italienne au profit de son souverain.

Avec cet accord signé, le 24 mars 1860, dans le cadre du traité de Turin, la Savoie est annexée à la France, sous réserve de l'adhésion des populations comme l'exigent les chancelleries helvétique et britannique. Un plébiscite est organisé. Une formalité puisque tout est joué d'avance.

Quand bien même, les autorités et les émigrés exercent une pression pour convaincre les 500 000 Savoyards restés au « pays » (dans le duché) d'intégrer le puissant Empire français. Le clergé vante l'éloignement de l'anticléricalisme piémontais. Les 100 000 Savoyards installés dans le Piémont ne sont pas sollicités pas plus que les soldats intégrés dans l'armée piémontaise. Le roi Victor-Emmanuel II n'hésite pas à « délier » ses sujets savoyards de leur serment naturel de fidélité. Au cas où, il est édité un bulletin « oui et zone » pour les votants de la Savoie du nord à qui l'on promet une grande zone franche. Et il n'est pas jugé utile de distribuer des bulletins « non ». « Nos cœurs vont là où coulent nos rivières » formule l'opinion savoyarde ne pouvant ou ne voulant intégrer ce nouveau royaume d'Italie.

Le 22 avril 1860, par 130 533 « oui » et 235 « non », les Savoyards répondent à la question : « Voulez-vous être annexés à la France ? »

La Savoie est définitivement rattachée à la France. Et Victor-Emmanuel II devient roi d'Italie en mars 1861. La dynastie règne sur le nouvel État (y compris durant l'ère fasciste) jusqu'à la proclamation de la République en 1946.

La Maison souveraine d'Europe

Mille ans s'écoulent entre Humbert Ier, premier de la dynastie à régner vers 1034, et Humbert II, dernier roi d'Italie contraint d'abdiquer en 1946 après un référendum favorable à la République.

Un record que seuls les Hohenzollern égalent en souverains d'un immense empire, de la Prusse à la Rhénanie en passant par des colonies en Afrique. Alors que les Habsbourg règnent durant six siècles, les Bourbon quatre, les Romanov et les Hanovre d'Angleterre trois.

Chapitre 5

Une mémoire commune de 1860 à 1945

Dans ce chapitre :

- Et maintenant… *quid* de l'annexion ?
- La Grande Guerre hors des frontières
- Entre deux, la vie reprend
- Italiens, Allemands et résistants

Eh bien voilà, c'est fait ! La Savoie est rattachée à la France. Tout va bien donc ? À voir !

Elle vit désormais comme les autres départements. Même si, ici ou là, la Première et la Seconde Guerre mondiales laissent des marques singulières.

À l'aube d'une ère nouvelle

L'annexion faite, les départements de Savoie et de Haute-Savoie doivent découvrir, s'harmoniser avec l'Empire. Pour réaliser une unité ne serait-ce que législative et administrative. Côté droit public, la nouvelle province ne peut revendiquer ni personnalité ni spécificité. Centralisme jacobin quand tu nous tiens ! Côté droit privé, l'État français reconnaît les situations des personnes physiques et morales et maintient les contrats antérieurs à 1860. Quant à l'administration… tout est question d'équilibre entre les Savoyards au contact de la population et les Français « de l'intérieur » assez (trop ?) souvent mis aux responsabilités.

Quand la montagne se dégrade

LE SAVIEZ-VOUS ?

À partir de 1860, la France se lance dans une ambitieuse politique de restauration et de conservation des terrains en montagne, sources de revenus.

Des lois de lutte contre l'érosion (1860, 1864 et 1882) sont adoptées pour remédier à la dégradation par les torrents, le surpâturage et la déforestation massive (bois de chauffage et d'industrie). À la fin du XIXe siècle, le service de Restauration des terrains en montagne (RTM) intervient également contre les avalanches et les glissements de terrain. « Je ne sais pas de plus noble mission que celle d'aider la nature à reconstituer dans nos montagnes l'ordre qu'elle avait si bien établi et que seuls l'imprévoyance et l'égoïsme de l'homme ont changé en véritable chaos » estime Prosper Demontzey, son initiateur, en 1893.

L'homme est précurseur et le service a du bon puisqu'en 2013, entre expertises et travaux, la RTM traite toujours de la prévention et de la protection contre les risques naturels.

Oui et non…

Le « oui » à la France l'emporte au plébiscite de 1860. Soit ! Mais les ambitions déçues et les illusions perdues font presque entendre le « non » à l'Empire. Pourquoi la promotion des militaires et des fonctionnaires savoyards est-elle si lente ? Pourquoi après avoir « épousé » une France riche, la Savoie n'est-elle pas couverte d'or ? Engagé dans l'intervention française au Mexique, dans la réorganisation de l'armée et dans le lancement de grands travaux, Napoléon III a d'autres chats à fouetter ! Après s'être montré particulièrement généreux (construction de mairies, d'écoles…), l'État ne peut renouveler les subventions promises.

Délaissées, la Savoie et la Haute-Savoie maintiennent leurs activités économiques traditionnelles : agriculture sans grands moyens, industrie mise en concurrence avec les « produits de France » et privée du débouché piémontais par les douanes, lignes ferroviaires (malgré deux nouvelles lignes Grenoble/Montmélian en 1864 ; Aix-les-Bains/Annecy en 1866) et axes routiers insuffisants pour ouvrir les deux départements à la modernité (voir la troisième partie).

ANECDOTE

Une expédition bringuebalée

La visite de Napoléon III et de l'impératrice Eugénie au pays du Mont-Blanc – une première pour un souverain ! – dans des chars à bancs « espèces de voitures étroites propres aux montagnes » sur des chemins défoncés accélère-t-elle les travaux ? Toujours est-il que l'empereur ordonne l'étude d'un nouvel accès de Sallanches à Chamonix. En 1864, le tracé d'une route « large et belle » s'annonce… impérial !

Voyage en Savoie

En 1864, on publie *Nice et Savoie, sites pittoresques, monuments, descriptions et histoire des départements de la Savoie, de la Haute-Savoie et des Alpes-Maritimes (ancienne province de Nice) réunis à la France en 1860*, des dessins d'après nature de Félix Benoist, lithographiés à plusieurs teintes par les premiers artistes de Paris. Pourquoi ? Pour faire connaître et apprécier les nouvelles possessions (l'abbaye d'Hautecombe, notamment) de l'Empire ! Les Français ont tout à apprendre des Savoyards comme le rapporte l'écrivain Francis Wey : « En 1863, un Parisien qui demandait à un vieux pâtre de Faverges quelques renseignements dont il avait besoin, s'étonna naïvement de l'orthodoxie de son français : Vous l'avez appris bien vite ! Mais quelle langue parliez-vous avant ? Auparavant, Monsieur, répondit gravement le paysan, nous ne parlions pas » (extrait de *Lectures savoyardes*, textes recueillis par J. Planche, Librairie Dardel, Chambéry, 1942).

Un Club pour la montagne

Dès sa fondation, le 2 avril 1874, le Club alpin français (officiellement aujourd'hui la Fédération française des clubs alpins et de montagne) favorise la connaissance et la pratique des activités nature liées à la montagne. « Faire connaître la montagne, arracher les jeunes à l'énervante oisiveté des villes, aménager la montagne, y entraîner la jeunesse et, par de saines émotions, l'éduquer, l'initier au culte du beau et de la liberté, à l'amour du sacré, du sol natal et de ses merveilles » souligne, en mots choisis, son deuxième président Ernest Cézanne.

ANECDOTE

L'alpiniste s'embrouille dans les fixations

En 1878, Henri Duhamel, un alpiniste français, découvre par hasard à l'Exposition universelle de Paris, les longues planches qu'utilisent les Scandinaves pour se déplacer ou concourir sur la neige. Malheureusement, sans mode d'emploi, il ne sait comment les fixer et les maîtriser sur le relief accidenté des Alpes.

Chasseurs alpins, de vrais Diables bleus !

En 1888, l'armée française crée les Bataillons alpins de chasseurs à pied, futurs Bataillons de chasseurs alpins (BCA). En réalité, des bataillons existants sont choisis pour se spécialiser dans le combat en montagne. Ils développent leurs connaissances du milieu et repèrent les itinéraires pour défendre les frontières entre la France et l'Italie.

En 1915, sur les croupes sanglantes de l'Hartmann, de Metzeral et du Linge dans les Vosges, les Allemands n'hésitent pas à surnommer les Chasseurs alpins : Diables bleus !

Ces courageux et agiles combattants cultivent leur différence jusque dans le langage où le jaune est remplacé par le jonquille, la musique par la fanfare, les régiments par les bataillons et les demi-brigades, l'uniforme par la tenue…

En 2013, l'armée de terre française peut compter sur le 7e BCA de Varces (Isère), le 13e BCA de Saint-Alban (Chambéry) et le 27e BCA d'Annecy.

Les soldats ? Premiers à chausser !

Dès l'hiver 1890-1891, le Club alpin français (CAF) organise des randonnées en raquettes sur les sommets, convaincu que ces « patins à cordes » sont les plus rapides pour se déplacer sur la neige.

Dix ans plus tard, le capitaine Clerc, un officier du 159e régiment d'infanterie de montagne à Briançon, veut comparer leurs performances à celles des « longues planches glissantes » importées de Norvège. Sur un trajet imposé, ses hommes – skis de frêne et fixations de jonc aux pieds – devancent de plusieurs heures les « raquettistes ».

Le capitaine écrit à son état-major : « La création d'une école de ski analogue à celle qui fonctionne en Italie s'impose sur notre frontière. » La première école française de ski ouvre ses portes, le 5 août 1903 à Briançon dans les Hautes-Alpes. Visionnaire le capitaine ! Bluffés, les montagnards veulent, eux aussi, ces « longs patins de bois ». Ils sortent les rabots et fabriquent des skis maison. En se jouant de la neige, ils se libèrent de l'isolement et redécouvrent l'hiver. Pourquoi n'inviteraient-ils pas les « étrangers » à savourer ces plaisirs ? Pourquoi ne transformeraient-ils pas leurs villages en stations de sports des neiges ? L'idée fait son chemin…

La tarte béarnaise

Au béret basque jugé trop petit, le Chasseur alpin préfère le béarnais. Il se plie à tous les caprices du ciel (froid, pluie, neige, soleil, excepté peut-être le vent) et adopte toutes les positions. Comme un fond de tarte ! Il devient la coiffure par excellence du « Vaillant soldat de la montagne, Gentil guerrier, Chasseur alpin, Rude lapin, Notre cœur t'accompagne. »

Le docteur marche sur des planches !

Son doctorat passé à Paris, Michel Payot (1869-1908) s'installe à Chamonix. Dès 1896, il chausse, le premier, des skis pour aller au chevet de ses patients. Que fait-il quand il n'a plus personne à soigner ? Il skie encore et toujours avec des amis : Joseph Ravanel dit le Rouge, René Payot, Henri Devouassoud, Joseph Simond. « Ce sport norvégien constitue le moyen le plus hygiénique, le plus rapide, le moins fatigant et le plus agréable pour mener à bien une ascension en hiver (*sic*). »

Entre 1901 et 1903, les grands gaillards ouvrent plusieurs « excursions hivernales » dont les montées aux cols de Balme, de Voza, de Leschaux (1901), au col du Géant (1902) et la haute route Chamonix-Zermatt (1903), l'une des plus célèbres randonnées hivernales de toutes les Alpes.

Horlogers, « décolletés » et électriques les Savoyards !

Des œufs, des poires, des roues, des ressorts et de pignons ! Oui, oui, vous avez bien lu, les ouvriers-paysans de Cluses dans la vallée de l'Arve mettent, dès 1720, tout dans le même panier. Cette année-là, un certain Claude Ballaloud introduit l'horlogerie dans le pays. Les ateliers familiaux ne fabriquent pas de montres mais des pièces vendues à des « finisseurs » qui les livrent aux fabriques suisses. La fièvre acheteuse monte et l'École royale d'horlogerie ouvre ses portes le 31 mai 1849. En 1898, la ville produit pas moins de 100 000 mouvements. Mais la Première Guerre mondiale précipite le déclin de l'horlogerie et la remplace par le décolletage. Autrement dit, l'art de réaliser un pas de vis (et autres petites pièces) dans une barre de métal du diamètre de la tête, soit le tournage automatique ! Le gouvernement français fait appel aux décolleteurs pour participer à l'effort de guerre en préparant des pièces d'armement.

La force de l'eau

Des profondeurs de la terre, on extrait le charbon : la houille. De l'eau domestiquée, on capte la puissance : la houille blanche. À l'Exposition universelle de Paris de 1889, Aristide Bergès, un industriel français, lance le concept : « Les glaciers des montagnes exploités en forces motrices peuvent être pour la région et pour l'État des richesses aussi précieuses que la houille des profondeurs. » Il n'a pas tort !

Toujours à la fin du XIXe siècle, la transformation de l'énergie mécanique des chutes d'eau en énergie électrique – la houille blanche – donne à la Savoie un sérieux coup de pouce économique. À partir d'avril 1892, les frères Bernard, originaires de Creil, ordonnent la construction d'un barrage sur la Valloirette (affluent de l'Arc) et créent Calypso, la première usine française d'électrolyse de l'aluminium, avec 12 ouvriers. En 1914, les industries électrotechniques emploient 4 000 ouvriers.

Buongiorno !

Dès la fin du XIXe siècle, ils arrivent par vagues de proximité et de saison. Juste les Alpes à traverser et les Italiens sont là pour fournir la main-d'œuvre nécessaire à la houille blanche. Après guerre, un pic est atteint en 1930, la France a besoin de se reconstruire et de se repeupler. Les ménages italiens viennent avec leurs enfants. De 1950 à 1980, pour des raisons politiques et/ou économiques, des immigrés de Sicile, de Calabre ou de Vénétie aident au développement des cités industrielles telles Modane, Passy, Ugine et à la (re) construction de villes comme Cran-Gevrier ou Chambéry. De la basilique de la Visitation à L'Impérial Palace à Annecy en passant par des stations de sports d'hiver, les Italiens façonnent les Savoie. Aujourd'hui, un Savoyard sur trois a, dit-on, une origine italienne.

Embarqué dans le drame qui bouleverse l'Europe

En Savoie et en Haute-Savoie, la mobilisation générale est annoncée par télégramme le 1er août 1914. En ville, on se montre « plein d'ardeur à faire son devoir ». Dans les campagnes et les montagnes occupées aux moissons, « surpris de la gravité de la situation ». Les Haut-Savoyards ne veulent pas attendre parler de la clause de neutralité de la Savoie du Nord stipulée dans le traité de Paris de 1815, en conséquence de l'occupation militaire helvétique qui pourrait la mettre à l'abri du conflit. Pour eux comme pour les Savoyards, ce premier conflit mondial s'annonce court et victorieux.

La Première Guerre mondiale épargne, il est vrai, les deux départements mais marque le baptême du feu et du sang des hommes. Notamment dans le 30e régiment d'infanterie presque exclusivement composé de Haut-Savoyards.

Une hémorragie humaine

Engagé en 1914-1915 dans les Vosges, sur la Marne et sur la Somme, en Champagne et en Alsace, le 30e régiment d'infanterie intervient quatre fois dans les combats de Verdun en 1916, s'épuise en 1917 sur le Chemin des Dames, défend le Mont Kemmel au prix de 1 950 tués en 1918, voit 445 soldats se sacrifier pour empêcher les Allemands de s'emparer de la montagne de Reims. Le 6 octobre 1918, il est cité, pour la quatrième fois, à l'ordre de l'Armée. Mais il perd, au final, 3 253 soldats. Les monuments élevés dans les villages rappellent l'ampleur du sacrifice pour la patrie.

ÉVÉNEMENT

Le train de l'enfer

Dimanche 12 décembre 1917. Entassés dans un train spécial de permissionnaires en provenance de Bassano del Grappa et à destination de Lyon-Perrache, 1 200 soldats engagés avec l'armée italienne sur le front nord de la péninsule, rentrent en France pour passer Noël en famille.

En gare de Modane, le conducteur est inquiet. Le train est surchargé. Il veut atteler une seconde locomotive équipée de freins. Plus loin sur la ligne, la pente est raide. Le train peut s'emballer. Il est sommé de partir. Les militaires ne peuvent attendre.

Le mécanicien et les cheminots serrent les freins près du pont-route de La Saussaz, non loin de Saint-Michel-de-Maurienne. Pas assez sans doute. Le premier wagon vide déraille et se met en travers de la voie. Les autres s'enchevêtrent, s'encastrent ou s'empilent dans un inextricable amas de ferrailles tordues, de bois éclatés, de chairs broyées. Avant de s'embraser.

L'accident ferroviaire le plus meurtrier jamais survenu en France n'a aucun écho, excepté quelques lignes dans *Le Figaro* du 14 et du 16 décembre « sur un grave accident de chemin de fer, un certain retard à prévoir dans l'arrivée des permissionnaires d'Italie et sur des travaux de déblaiement poussés très activement ». Le numéro du 18 décembre publie un extrait du discours de Louis Nail, garde des Sceaux, présent aux obsèques célébrées la veille. L'heure n'est pas à la démoralisation des troupes. Les journaux suisses non censurés révèlent l'ampleur de l'accident. 425 soldats dont 148 identifiés sont morts pour la France. Plusieurs dizaines de blessés décèdent les jours suivants. Le chiffre de 700 victimes est avancé, admis.

Cette catastrophe survit au temps dans le cimetière de Saint-Michel-de-Maurienne, sur un monument inauguré par André Maginot en juin 1923 : « Ici reposent 425 soldats français morts ensemble pour la patrie à Saint-Michel, le 12 décembre 1917 » et sur une stèle élevée au lieu-dit La Saussaz « En mémoire des 425 poilus victimes à leur retour d'Italie de la catastrophe ferroviaire du 12 décembre 1917. »

Pas à pas, l'espoir renaît

Entre 1919 et 1939, la Savoie et la Haute-Savoie connaissent un moment de répit. L'hémorragie démographique s'arrête. L'économie repart (la production de lait et de fromages prospère même). Les villes se développent, les « étrangers » songent, les premiers, à investir dans la puissance et la générosité de la nature, et les touristes découvrent la montagne en hiver.

Megève : la station de la baronne

Hiver 1919 : à peine la baronne Noémie de Rothschild arrive-t-elle au Badrutt's Palace de Saint-Moritz en Suisse, qu'elle tombe nez à nez avec Gustav Krupp, un marchand de canons allemand. Elle ne peut rester en présence de cet homme pas plus que se priver de vacances d'hiver. Solution ? Charger François Parodi, un Suisse champion d'Europe de combiné nordique et chef de réception d'un autre palace, de rechercher dans les Alpes le site d'une station moderne et mondaine. Accompagné de Trygve Smith, le moniteur de ski de la baronne, François Parodi jette son dévolu sur Megève pour en faire un Saint-Moritz à la française.

1921 : la première version de l'hôtel du Mont d'Arbois sort de terre avec jardin, patinoire, golf… Le succès est immédiat, l'aristocratie, le monde des affaires et de la finance affluent. Megève est, avant 1939, la seule station dédiée aux sports d'hiver.

Le Toit de l'Europe noir sur blanc

La commune de Chamonix prend le nom de Chamonix-Mont-Blanc par un décret signé Alexandre Millerand, président de la République, le 21 novembre 1921. À la suite d'une demande du conseil municipal datée du 16 janvier 1920 : « pour éviter que nos voisins suisses exploitent la renommée du Mont-Blanc au bénéfice de leurs stations ». Avoir de bons atouts… toujours !

Des jeux d'hiver

Du 25 janvier au 5 février 1924, Chamonix accueille la Semaine internationale des sports d'hiver. 16 nations sont représentées. 258 sportifs dont 11 femmes se disputent les titres devant 10 004 spectateurs. Au programme : 16 épreuves en patinage artistique, patinage de vitesse, hockey sur glace, bobsleigh, ski de fond, saut à ski et combiné nordique.

LE SAVIEZ-VOUS ?

Alors, olympiques ou pas ?

La Semaine internationale des sports d'hiver organisée à Chamonix, du 25 janvier au 5 février 1924, est officiellement appelée premiers jeux Olympiques d'hiver *a posteriori*. Pourquoi cette bizarrerie ? Pour ne pas froisser les nations scandinaves participantes. Ces jeux dits Olympiques risquent de concurrencer leurs propres jeux, les Jeux du Nord institués depuis 1868. Réuni à Lisbonne en 1926, le Comité international olympique attribue pourtant à Chamonix les premiers jeux Olympiques d'hiver ! Quelle est la devise de l'olympisme déjà ? « Plus vite, plus haut, plus fort. »

À 1 600 mètres en douze minutes

ANECDOTE

Avec les congés payés de 1936, des milliers de Français vont se ruer sur les pentes enneigées, pronostiquent Charles Pons et Léon Carpano, deux horlogers installés dans la vallée de l'Arve. Ils doivent convaincre le conseil municipal des Carroz de se lancer dans l'aventure du tourisme. Non sans mal !

Leur « monte-pente » – le téléski de la Quédeuse, le premier en France et le plus long – est mis en service pour l'hiver 1938. Un bijou artisanal et technologique qui grimpe 1 600 mètres en douze minutes et transporte 200 personnes à l'heure !

1939-1945 : la guerre en quelques mouvements et bombardements

Dès 1936, l'armée fixe une ligne Maginot (ligne fortifiée) sur les Alpes pour parer à toute éventualité d'une attaque italienne contrée par la nouvelle armée des Alpes. À l'arrière, Chambéry aménage un réseau d'abris anti-aériens.

Les années 1938-1939, sans émotion particulière

Du fait de la neutralité suisse et de la ligne Maginot, les Savoyards jugent peu probable la percée de l'ennemi allemand et craignent moins encore l'invasion italienne au-delà des nouveaux ouvrages fortifiés. En 1939, des Britanniques imaginent même Méribel comme un village de chalets loin de la civilisation.

Mais le 10 juin 1940, profitant de l'offensive allemande au nord et à l'est, Mussollini déclare la guerre à la France. La Savoie doit désormais se défendre contre les Allemands et contre les Italiens. Au col de Seigne, le lieutenant Bulle arrête une colonne italienne et l'attaque seul avec un fusil-mitrailleur, suspendu dans le vide par une corde de rappel. Prise dans une tenaille germano-italienne, la Savoie résiste à l'invasion mais doit rendre les armes puisqu'un armistice est signé le 22 juin.

Le calme avant la tempête

De l'été 1940 à l'été 1942, les Savoyards relevant de la zone libre (excepté en Haute-Tarentaise et en Haute-Maurienne occupées par les Italiens) s'accommodent tant bien que mal des restrictions alimentaires et des difficultés économiques. L'agriculture assure un approvisionnement presque suffisant et les usines fonctionnent apparemment bien.

Mais des inquiétudes succèdent aux déceptions. Des îlots de résistance hétérogènes (civils, militaires, conservateurs, gaullistes, chrétiens, progressistes, socialistes voire communistes) se forment partout.

Au cours de l'été 1942, la pénurie s'aggrave, la création du Service du travail obligatoire en Allemagne pousse des centaines de jeunes savoyards et autres dans les maquis en Maurienne, en Tarentaise et dans les environs de Chambéry. En développant une nouvelle forme de terrorisme contre les occupants, les « collaborateurs » et les autorités vichyssoises, ils sont recherchés, arrêtés et condamnés non seulement par la police de Vichy mais aussi par les Italiens avec modération puis par les Allemands avec acharnement.

Le 11 novembre 1942, les Alliés à peine débarqués en Afrique du Nord, la zone libre est envahie : les Allemands au sud ; les Italiens dans les Alpes.

L'occupation italienne sévit contre les maquisards et les réfugiés italiens de gauche mais laisse aller les juifs français et étrangers venus se réfugier ici pour échapper à la terreur nazie.

Le 8 septembre 1943, après avoir renversé Mussolini, le roi Victor-Emmanuel III se range aux côtés des Alliés et signe un armistice. Les Allemands occupent la Savoie. Ils y règnent en maîtres, multiplient les restrictions, les pillages et renforcent leur répression contre les juifs.

Juste parmi les nations

« [...] À Vallorcine, pendant la guerre, des personnes s'étaient mobilisées et avaient, au péril de leur vie, caché puis emmené en Suisse des résistants, des combattants, mais surtout des familles de juifs qui fuyaient la gendarmerie française, les Allemands et la Gestapo. Louis Pache faisait partie de ces héros et il fut même décoré, avec son épouse, du titre de Juste parmi les nations !

[...] le père Payot les accueille, les cache dans le clocher de l'église avant de les conduire jusqu'à la maison de Louis et Franceline, soit tôt le matin, soit tard le soir [...]. Le trajet vers la Suisse se faisant toujours de nuit [...].

[...] Savent-ils qu'ils devront passer à travers des rochers, sauter des précipices, passer sur des corniches, le corps et les bras contre la paroi afin de ne pas basculer dans le vide ? Savent-ils qu'ils seront épuisés, qu'ils envisageront d'abandonner avant de devoir continuer seuls sur le territoire suisse en respectant les dernières consignes que le guide leur aura données ? »

Extrait de *Louis Pache, guide et passeur (1940-1944), De Vallorcine (massif du Mont-Blanc) à la Suisse,* Nathalie Pache Ville et Jean-Luc de Uffredi, éd. Les Passionnés de bouquins.

2 000 bombes sur Modane

17 septembre 1943 : profitant d'un clair de lune et du rougeoiement des usines en plein travail, une escadrille alliée déverse, entre 1 h et 2 h 30, quelque 2 000 bombes sur toute l'agglomération. Pour couper les relations entre la France et l'Italie par le tunnel ferroviaire du Fréjus. Bombes explosives, bombes à souffle, bombes incendiaires, bombes à feux multiples, bombes au phosphore et bombes à retardement dont la dernière explose cinquante jours plus tard, la veille du second bombardement de Modane-Fourneaux, le 11 novembre 1943.

ANECDOTE

Un film dans la guerre

Ni Roger Frison-Roche, l'alpiniste auteur de *Premier de cordée*, ni Louis Daquin, le réalisateur du film, ne le souhaitent mais ce sont bien les valeurs Travail, Famille, Patrie soutenues par le régime de Vichy qui permettent le tournage de *Premier de cordée*. En 1943, toute réalisation cinématographique nécessite, en effet, une approbation officielle. Loin de la propagande, le tournage abrite et emploie plusieurs réfractaires au Service du travail obligatoire (STO) en Allemagne.

Le point de vue de Roger Frison-Roche dans *Le Versant du soleil*

« La troupe étant formée, acteurs et techniciens vont désormais partager tout l'été 1943 la vie des alpinistes et des guides. Ils connaîtront les longues marches d'approche, la lassitude des séjours prolongés dans l'inconfort des refuges du Mont-Blanc, les horaires des montagnards : se lever dans la nuit, partir à quatre heures du matin sur les lieux de tournage distants de plusieurs heures de marche et, après une escalade ardue, travailler dans le froid jusqu'au soir.

Tout cela sera accepté de grand cœur et même avec soulagement car c'est la guerre partout ailleurs dans le monde, et la montagne est encore – pour quelques mois seulement – un havre de paix. »

1944, année d'horreur et de misère

Face à la guérilla des maquis et au terrorisme des résistants, les occupants allemands et les forces françaises de l'ordre (gendarmerie, police, Milice, Groupes mobiles de réserve) se radicalisent, s'acharnent même contre les juifs, les opposants et les suspects devant une opinion accablée par la misère et les bombardements alliés. 10 000 juifs passent en Suisse, plus encore sont refoulés et capturés par les nazis. Certains émigrés Italiens établis parfois depuis trois générations en Savoie sont, eux, accusés de préparer secrètement l'entrée des fascistes en Savoie.

Le 10 mai 1944, Annecy reçoit son troisième lot de bombes. Le 26 mai, 72 bombardiers B24 Liberators américains larguent 720 bombes sur Chambéry. Le premier bilan fait état de 120 morts, 250 blessés et 4 300 sinistrés. La Rotonde (gare de triage) et les voies ferrées sont partiellement détruites. Mais les troupes allemandes de France et les troupes allemandes d'Italie ne sont pas bloquées dans leurs mouvements.

L'espoir de la libération

Le débarquement de Normandie en juin 1944 puis de Provence en août 1944 provoque un sursaut de résistance… et une réaction immédiate et sans pitié de l'occupant décidé à semer la terreur et à laisser un pays saccagé et ruiné.

Le 1er août 1944, 2 000 hommes montent sur le plateau des Glières pour prendre livraison, en plein jour, de 150 tonnes d'armes. Un autre grand parachutage a lieu aux Saisies. Les accrochages sont rudes entre les Allemands et les maquisards. Pour faire diversion, la révolte générale de la Haute-Savoie est ordonnée avant même le débarquement de Provence.

Le 20 août, tout le département est libéré par ses seules forces et le défilé organisé à Annecy manifeste un immense soulagement, une légitime fierté. La Haute-Savoie éprouvée par les combats et les exécutions de 1944 sort de l'enfer. Mais la guerre continue. Les Forces françaises de l'intérieur (FFI) poursuivent l'ennemi allemand au nord en direction du Jura, au sud vers Aix-les-Bains puis dans les vallées de la Tarentaise et de la Maurienne jusqu'à la frontière italienne.

Dans leur retraite, les Allemands n'épargnent aucun ouvrage d'art, aucun axe routier, aucune ligne de chemin de fer. Ils détruisent partiellement ou totalement les usines, dynamitent les centrales électriques, incendient les bourgs et les villages de Maurienne : Randens, Argentine, Épierre, Pontamafrey, Hermillon, Villargondran, Villard-Clément, Le Freney, Termignon, Lanslebourg, Lanslevillard et Bessans.

En septembre 1944, la Savoie se retrouve libre mais dévastée par dix-huit mois de sabotages, d'attentats, de meurtres, de rafles et de règlements de compte.

Sur les crêtes du Petit-Saint-Bernard et du Mont-Cenis, les combattants dont les célèbres Sections d'éclaireurs skieurs (SES) prêtent main-forte aux Italiens pour liquider les corps fascistes et les nazis irréductibles.

En avril 1945, les armes se taisent enfin. Les plumes politiques s'activent pour régler le sort du Val d'Aoste autonome dans le cadre du nouvel État républicain italien.

La paix revient durant l'été 1945. Tout reste à faire. Tout est possible. Différemment.

Un étranger dans les alpages

En 1936, Erwin Eckl, un Autrichien fuyant le nazisme, s'installe en ermite dans un ancien chalet d'alpage aux Saisies. Les gens du pays le prennent pour un fou. Il ouvre une petite auberge, fait le bonheur des randonneurs, ébauche l'avenir touristique de la station.

Le 1er août 1944, le jour où 78 forteresses volantes larguent des armes pour 3 000 hommes, Erwin Eckl est à leurs côtés.

Le Maquis des Glières : « Vivre libre ou mourir »

C'est un plateau alpin du massif des Bornes. Un terrain d'atterrissage naturel de 10 kilomètres du nord au sud et de 7 kilomètres d'est en ouest, propice aux parachutages des armes tant attendues par les maquisards.

Le 31 janvier 1944, le lieutenant Morel dit Tom du 27e BCA gagne avec 120 hommes ce plateau choisi par les Alliés, et organise l'amalgame entre les 400-500 résistants de l'Armée secrète, des Francs-Tireurs Partisans et des réfugiés républicains espagnols. Autour d'eux, les troupes allemandes et des Français appartenant à la Milice française et aux Groupes mobiles de réserve (GMR) se renforcent.

Dans la nuit du 9 au 10 mars, Tom Morel tombe. La nuit suivante, 17 avions de la Royal Air Force larguent 45 tonnes d'armes et d'explosifs. Du 24 au 27 mars, les miliciens et surtout les Allemands avec la Wehrmacht s'engagent dans une reconnaissance offensive des lieux. Ce maquis ne doit pas compromettre leur sécurité en cas de débarquement allié. En tenant compte de deux informations fausses – la reddition des maquisards et la mort de 300 soldats allemands – Maurice Schumann exalte les combattants sur Radio Londres (le nom donné aux programmes en français de la BBC) avant de se rétracter : « La France d'aujourd'hui aura toujours trop de martyrs. La France de demain n'aura jamais assez de soldats. » Dans la nuit du 26 au 27 mars 1944, le capitaine Anjot donne l'ordre aux résistants de décrocher et de rejoindre leur maquis d'origine. Certains sont traqués, abattus, déportés. D'autres échappent à l'ennemi et reprennent, quelque temps plus tard, le combat.

CURIOSITÉ

La petite histoire d'un tableau

Au lendemain de la Seconde Guerre mondiale, *Bergers dans un paysage* (vers 1765), une toile de Fragonard est retrouvée en Allemagne comme 60 000 autres œuvres spoliées aux juifs par les nazis ou achetées sur le florissant marché de l'art parisien.

À la Libération, toute acquisition faite en territoire occupé durant la guerre est déclarée nulle. Les restitutions sont rapides. Parmi cette masse de tableaux, de sculptures ou d'objets d'art, résultat d'un pillage programmé, méthodique et implacable, 2 000 œuvres dont près de 1 000 peintures confiées aux Musées nationaux en 1949 restent, aujourd'hui encore, d'origine inconnue. Inscrits sur un inventaire spécifique, les tableaux portent la mention MNR (Musées nationaux récupération). Le Fragonard déposé au Musée-Château d'Annecy en 1954 est inventorié MNR 870.

Deux enquêtes minutieuses permettent de reconstituer son parcours. Passé sur le marché de l'art parisien en 1935, on le retrouve chez le marchand Martin Fabiani où Heinrich Hoffmann, le photographe d'Hitler, ou Hitler, lui-même, affirme-t-il, l'achète. Le musée de Linz en Autriche auquel il est destiné ne voit pas le jour.

Chapitre 6

Tout schuss vers le paradis blanc

Dans ce chapitre :

- Oh montagne, je t'aménagerai !
- Oh femmes et hommes des lacs, plaines, villes, vallées et sommets, je vous attirerai !

Le ski plaisir et dépaysement transforme la montagne en hiver. Et les jeux Olympiques 1992 d'Albertville et de la Savoie enthousiasment le monde.

La montagne, destination d'hiver

Avec les congés payés institués en 1936, les sports d'hiver se démocratisent. De nouvelles idées poussent en altitude.

En une, deux, trois et même quatre générations

En moyenne montagne, les villages accueillent les touristes du thermalisme, « cures d'air » et alpinisme. Des hôtels, des immeubles ou des chalets, des commerces aussi sont construits autour des clochers. Des pistes sont aménagées et étendues le plus haut possible. Villageois et visiteurs vivent la montagne à l'authentique.

Ces stations dites de première génération comme Valloire en Savoie et Morzine en Haute-Savoie se forment avant la vague du ski. Après avoir accueilli les premiers conquérants du mont Blanc au XVIIIe siècle (voir chapitre 16), Chamonix inaugure la villégiature d'hiver dès 1901. Cas unique au monde !

Des alpages en champs de neige

Dès 1945, des collectivités locales misent tout sur la pratique du ski alpin pour mettre en valeur la région et retenir les hommes et les femmes du « pays ». Sur des sites étagés au-dessus de l'habitat permanent, elles réalisent les infrastructures (route d'accès, terrains viabilisés, remonte-pentes ou téléphériques…), imposent des normes architecturales et confient les constructions à des entreprises privées. Le Conseil général de la Savoie lance ainsi Courchevel, station phare de la deuxième génération. Un village d'altitude et un domaine skiable conçus pour le plaisir de la glisse.

CURIOSITÉ

Megève, le « 21e arrondissement de Paris »

Hiver 1949-1950 : Georges Boisson reprend la direction de l'hôtel Mont-Blanc de Megève. L'ami Jean Cocteau baptise le restaurant Les Enfants terribles, en référence au roman que Jean-Pierre Melville adapte au cinéma. Cette image, un décor de chevaux de bois, de masques et de drapés, les soirées champagne, musique, paillettes et bougies sentent le souffre et animent le village. Touristes, artistes et skieurs font la bombe dans le « 21e arrondissement de Paris ».

Le ski à fond

Avec le plan neige, sa politique nationale d'aménagement de la montagne, l'État se lance dans les années soixante-soixante-dix dans la ruée vers l'or blanc. En créant des stations de toutes pièces, il veut soutenir l'économie de la zone de montagne, susciter un engouement et attirer dans de bonnes conditions Français et étrangers. Faire des montagnes de l'Hexagone, la destination européenne de l'hiver. Les exemples à suivre : Flaine, La Plagne, Les Arcs, Avoriaz. Dans ces stations dites intégrées, les promoteurs apportent les capitaux nécessaires aux pistes, aux remontées mécaniques, aux immeubles et aux services. Ils financent l'opération en vendant les logements et les boutiques. Les touristes, essentiellement des skieurs, trouvent tout à leur portée : hébergements, commerces, services, animations, remontées mécaniques et même pistes ! La ville à la montagne, les pieds dans la neige !

Flaine, une ville dans la neige…

PORTRAIT

Lui est ingénieur géophysicien, montagnard et skieur confirmé ; elle, passionnée d'art contemporain, de design et de nouvelles expressions architecturales. Leur projet ? « Créer quelque part en France un prototype d'urbanisme, d'architecture et de design pour lequel la rentabilité immédiate serait subordonnée aux choix esthétiques et au respect de l'environnement. »

En 1959, Éric et Sylvie Boissonnas font appel à Gérard Chervaz, architecte suisse, qui rêve d'aménager un domaine skiable. En une randonnée, leur choix se porte sur le *flainoz* (oreiller en franco-provençal) : un cirque naturel orienté nord (idéal pour un enneigement prolongé) étendu, à plus de 1 600 mètres d'altitude, sur le territoire de six communes : Arâches-la-Frasse, Magland, Passy, Samoëns, Morillon et Sixt-Fer-à-Cheval.

Gérard Chervaz, André Gaillard, Denys Pradelle et Laurent Chappis (des architectes francophones dont les trois derniers se retirent du projet en 1961) et Marcel Breuer, l'Américain figure du mouvement Bauhaus, se lancent dans un défi fou : réaliser un prototype d'architecture, d'urbanisme et de design dans le respect de la nature. La station est construite sur trois niveaux reliés par deux ascenseurs extérieurs et deux chemins piétonniers. Les gares de téléphériques et de télécabines sont de plain-pied avec les pistes équipées de canon à neige – une première en Europe ! –, le centre-ville est interdit à la circulation… Les bâtiments tout de béton (fondu par la couleur dans l'environnement) épousent les lignes du relief et regorgent d'innovations : réseaux techniques invisibles de l'extérieur, chaufferie centrale au gaz, circuit interne de télévision par câble… « Une composition tout entière intégrée au magnifique et sauvage paysage de Flaine auquel elle s'associe et qu'elle humanise » souhaite Marcel Breuer. Une composition (en l'occurrence l'hôtel Le Flaine et l'immeuble Bételgeuse) classée à l'inventaire des monuments historiques en 1991.

Retour à la nature

Après ces excès d'urbanisation en montagne, les « stations-villages » de Flumet, Valmorel, Sainte-Foy-Tarentaise sont élevées sur des sites vierges ou à des niveaux d'habitat traditionnel saisonnier. À dimension humaine, elles préservent leur âme autour d'un clocher, de gros chalets ou de hameaux d'antan.

Le Géant d'Europe

Drame pour les uns, bonne affaire pour les autres, sacrifice d'un petit village historique, bénéfices d'une nouvelle économie. Il en fait couler des larmes et de l'encre le barrage-muraille de Tignes. Hercule, titan trompe-l'œil de la Tarentaise, tracé en noir et blanc dans une courbe bétonnée de 295 mètres de long, dissipe difficilement le souvenir du village dynamité et noyé en 1952.

Pour satisfaire, avance-t-on à l'époque, les besoins d'après-guerre en énergie, il faut construire un barrage hydroélectrique. La cuvette du Chevril se prête parfaitement au projet. Le village, l'église, le cimetière, les champs sont engloutis. Pour la plupart agriculteurs et éleveurs, les Tignards s'orientent vers le tourisme et font de Tignes-le-lac, leur nouvel univers, une des stations de ski les plus célèbres au monde.

L'essor frontalier

Genève 1960 : l'horlogerie traditionnelle explose, la banque et la finance, le commerce, les services puis l'informatique se développent à vitesse grand V. Les organismes internationaux et les ONG apparaissent en nombre. Les offres d'emploi se multiplient. Les Genevois, seuls, ne peuvent y répondre. Ils recrutent « sur France ». En 1966, on recense 6 750 travailleurs frontaliers. Trois fois plus en 1971. Le cap des 40 000 est atteint en 2002. Ils sont, aujourd'hui, plus de 80 000 !

Un tunnel titanesque

De Saussure tel madame Irma

Dans *Voyages dans les Alpes* (1779-1796), Horace Benedict de Saussure, l'alpiniste et savant genevois, écrit : « Je vois deux vallées où l'on parle la même langue, les peuples sont les mêmes. Un jour viendra où l'on creusera sous le Mont-Blanc, une voie charretière, et ces deux vallées (de Chamonix et d'Aoste, NdA) seront unies. » Prophète en son pays !

Le 16 juillet 1965, Charles de Gaulle, président de la République française, et Giuseppe Saragat, président de la République italienne, inaugurent le tunnel du Mont-Blanc, « le tunnel routier le plus long du monde (11,6 kilomètres, NdA) qui, sous les montagnes les plus hautes d'Europe, relie deux nations déjà fraternellement unies » est-il écrit sur l'envers de la médaille frappée pour l'inauguration.

Creusé à 4,5 kilomètres à la verticale du massif le plus élevé d'Europe, il cumule, à l'époque, tous les superlatifs dans ses mesures comme dans son percement. Commencé en janvier 1959 côté italien et en mai 1959 côté français, il s'achève le 14 août 1962, le jour où les équipes de mineurs italiens et français établissent la jonction, après une dernière explosion. Les relevés topographiques sont si précis que l'écart latéral d'axe n'excède pas 13 cm !

L'incendie du tunnel du Mont-Blanc

24 mars 1999, 10 h 52 : un camion de 38 tonnes transportant de la farine et de la margarine s'enflamme dans le tunnel du Mont-Blanc. 6 employés du tunnel (dont des péagistes, des hommes d'entretien et un pompier) sont envoyés au combat. 6 pompiers suivent, puis 6 autres, puis 2, puis 4, 10, 50, 100 ! 23 véhicules sont bloqués à l'intérieur. Le feu se consume durant cinquante heures. Des braises irradient encore seize jours après le début de l'incendie. 37 usagers du tunnel, un agent de la société italienne et l'adjudant-chef Georges Tosello, un sapeur-pompier de Chamonix, périssent dans l'enfer.

Après trois ans de travaux, le tunnel du Mont-Blanc rouvre le 9 mars 2002 aux véhicules légers et progressivement aux poids lourds. Des 16 personnes physiques ou morales mises en cause dans ce drame, 12 sont condamnées par la justice, en première instance et en appel.

Dans la flamme des Jeux

En un envol de « decoufleries », le génial chorégraphe de la cérémonie d'ouverture des J.O. d'Albertville et de la Savoie emporte les montagnes et les vallées dans un monde de sport et de culture, de mouvement olympique et de développement touristique.

Une montagne aux cinq anneaux

Elle est vive, sympathique « Magique » la mascotte des XVIe jeux Olympiques d'hiver et inspirée d'une étoile ! Un signe, peut-être, qui illumine Albertville et la Savoie. Embrase la plus belle fête du sport.

2 152 athlètes issus de 65 Comités nationaux olympiques, 7 451 journalistes et techniciens des médias, 8 647 volontaires y participent du 8 au 23 février 1992, devant des milliers de spectateurs et plus de deux milliards de téléspectateurs. « Il est des rêves que l'on peut construire » annonce Michel Barnier, président du Comité d'organisation des jeux Olympiques, lors de la cérémonie d'ouverture.

D'Albertville à Val-d'Isère, en passant par Les Arcs, Courchevel, Les Menuires/Val Thorens, Méribel, La Plagne, Pralognan-la-Vanoise, Les Saisies, Tignes et Sept Vallées, le ski alpin, le ski de fond, le ski artistique, le ski acrobatique, le saut, le combiné nordique, le biathlon, le hockey sur glace, le bobsleigh, la luge, le curling, le patinage de vitesse, le patinage artistique, la danse sur glace rayonnent.

Après avoir gagné des années en termes d'infrastructures (routières, ferroviaires, aériennes, hébergements, équipements sportifs) et de désenclavement, créé un sentiment de fierté et d'appartenance, la Savoie captive le monde. Français et étrangers découvrent des espaces de renommée internationale – les Trois Vallées (Courchevel, Méribel et Les Menuires/Val Thorens) avec 600 kilomètres de pistes et l'Espace Killy, le label englobant Val-d'Isère et Tignes – tout comme d'autres domaines tels Les Arcs, La Plagne ou encore Les Saisies, le site du ski nordique des Alpes du Nord. Des champions – Edgar Grospiron en ski de bosses, Franck Piccard en descente, Carole Merle en Super G, Florence Masnada en combiné, Corinne Niogret, Véronique Claudel et Anne Briand en relais biathlon, Isabelle et Paul Duchesnay en patinage artistique – se révèlent, explosent. Et incrustent des éclats de vie, de rêves et d'émotions.

« Magique » est un petit lutin au long bonnet rouge virevoltant, joyeux et audacieux. L'image sport et montagne, tradition et modernité laissée par les XVIe jeux Olympiques – et Paralympiques – d'hiver d'Albertville et de la Savoie.

Annecy 2018… les jeux sont faits

Après Chamonix en 1924 et Albertville en 1992, Annecy se porte candidate à l'organisation des jeux Olympiques et Paralympiques d'hiver 2018. Élue par le Comité national olympique face à Nice, Pelvoux et Grenoble, pour représenter la France auprès du Comité international olympique, elle ne peut lutter contre PyeongChang (Corée du Sud) qui, le 6 juillet 2011, remporte la victoire à la majorité absolue, dès le premier tour du scrutin !

Une Assemblée savoyarde

En 1983, les conseils généraux de la Savoie et de la Haute-Savoie décident de mener des actions collectives dans le tourisme, l'enseignement supérieur, l'agriculture et la culture, au sein de l'Entente régionale de Savoie. Ce partenariat donne naissance à la Maison de Savoie à Paris, à l'Orchestre des Pays de Savoie, à la Marque Savoie pour les produits agricoles, et permet le développement de l'Université de Savoie.

Le 17 septembre 2001, Hervé Gaymard, président du Conseil général de la Savoie et Ernest Nycollin, président du Conseil général de la Haute-Savoie, s'engagent dans un rapprochement institutionnel. Ils créent l'Assemblée des Pays de Savoie. Unique en France, elle entend travailler sur l'aménagement du territoire, le développement des technologies de l'information et de la communication, la culture et le patrimoine, l'environnement, l'évolution de l'Université de Savoie, la valorisation agricole et touristique et la coopération régionale et transfrontalière. Dans le respect des différences et de l'identité savoyarde.

En 2013, Hervé Gaymard et Christian Monteil, président du Conseil général de la Haute-Savoie, souhaitent fusionner les deux départements et recevoir des compétences régionales et, pourquoi pas, étatiques. En associant étroitement la société civile. Pour trouver le fond avant de définir la forme de toute nouvelle collectivité.

Les puissants au bord du lac

Du 1er au 3 juin 2003, les chefs d'État et de gouvernement des sept pays démocratiques les plus industrialisés et de la Russie dont Jacques Chirac, George W. Bush, Vladimir Poutine, Jean Chrétien, Gerhard Schroeder et Tony Blair se retrouvent à Évian-les-Bains pour discuter des affaires du monde, des politiques économiques et sociales du moment. Vivre le sommet du G8 élargi à des délégations africaines, sud-américaines et asiatiques, entre les bords du Léman et l'hôtel Royal.

Le message d'Évian est un message de volonté et de confiance en une croissance économique forte, en un développement durable et en une exigence de sécurité, seule réponse aux défis du terrorisme et de la prolifération. Un message que l'humanité peut et doit entendre comme fondement d'une démocratie planétaire ouverte et solidaire.

L'histoire de demain

« Le destin des Pays de Savoie est dicté par les faveurs de la nature. Un don qui ne saurait les transformer en réserves d'Indiens ou en parcs d'attractions folklorico-bucoliques mais en champs d'expansion raisonnée pour le tourisme du XXIe siècle. Un potentiel qui ne doit être ni gaspillé ni dénaturé.

"Celui qui ne connaît pas l'histoire est condamné à la revivre" prédisait Karl Marx. Des événements ont marqué nos Pays de Savoie. Comment nos anciens les ont-ils vécus ? Ont-ils commis des erreurs ? Les ont-ils corrigées ? Au contraire, ont-ils fait les bons choix ? Les ont-ils renouvelés ? L'histoire doit faire sens. Nous devons en tirer des leçons. La tête dans l'enseignement de la vie, les pieds dans le XXIe siècle. » conclut Jean-Olivier Viout, procureur général et président de l'Académie de Savoie.

Deuxième partie

Une géographie à couper le souffle

Dans cette partie…

Mieux qu'au cinéma ! Pas besoin de lunettes 3D pour apprécier les paysages savoyards, leurs formes arrondies ou vertigineuses. Quel petit monde peuple ce décor en Technicolor ? Partons à la découverte de cette nature généreuse. Aussi forte que fragile.

Chapitre 7

Des entrailles de la Terre aux neiges éternelles

Dans ce chapitre :

- Des oursins et des dunes de sables (si, si !)
- Des plis et replis
- Des vallées et des sommets

Sous les sommets, la plage. Les paysages alpins connaissent aujourd'hui des hauts et des bas. Ils enchantent alpinistes et chamois. Mais au commencement, la mer les recouvre. Creusons un peu le sujet, à la recherche de fossiles et de cristaux.

Un peu de géologie

Plongeons dans le très lointain passé, il y a environ deux cent cinquante millions d'années…

Ici, avant d'escalader, on nage !

Un immense océan, appelé Téthys, couvre alors la plus grande partie de nos régions et sépare les blocs européen et africain. Cette mer donne naissance aux roches calcaires et schisteuses des futures Alpes, par sédimentation sur plusieurs milliers de mètres d'épaisseur. Nous sommes à l'ère secondaire, celle des dinosaures. La dérive des continents se poursuit.

La chaîne alpine se dresse au Tertiaire. L'océan Téthys et la plaque européenne s'enfoncent sous la plaque africaine. La collision, entamée il y a quarante millions d'années, fait émerger de gigantesques volumes de roches qui s'empilent, se chevauchent, se tordent, se plissent. Les Alpes se structurent. À la fin de l'ère tertiaire (1,8 Ma), le massif du Mont-Blanc se tient prêt pour de futures ascensions ! Mais l'érosion l'attaque déjà.

Au cours du Quaternaire, dans lequel nous ne sommes que poussières, les glaciers sculptent le paysage et laissent derrière eux les larges vallées de l'Arve, de l'Isère et de l'Arc mais aussi le Léman, les lacs d'Annecy et du Bourget et les lacs d'altitude.

Mystérieux blocs erratiques…

Mais que font ces immenses pierres au milieu d'un champ, d'une pâture ? Ont-elles été déversées par le déluge biblique invoqué par des scientifiques au début du XIXe siècle ? Non, la théorie glacière prend le dessus : ces pierres ont été transportées par les glaciers, alors bien plus importants qu'aujourd'hui, d'où leur nom de « blocs erratiques », « qui errent ». Et qui charrient de nombreuses légendes…

La Pierre à Martin

En ce temps-là, la région de Ballaison, dans le Chablais, séduit le diable. Il entend mettre la main sur les terres et les populations. Saint Martin, qui vit là, suggère : « Montons sur la montagne, prenons une très grosse pierre et celui qui la lance le plus loin dispose de ce territoire ». Ils montent. Martin prend une pierre plus grosse que le diable et l'envoie jusqu'au milieu du Léman. Le diable sait qu'il n'a pas la force d'envoyer la sienne aussi loin. Furieux, il s'apprête à la lancer sur le village de Ballaison pour le détruire. Mais Martin, de son bâton, dévie la pierre. C'est aujourd'hui encore un caillou posé dans un champ de maïs, énorme et seul. Ce bloc erratique est un gneiss, abandonné par le glacier il y a vingt-cinq à trente mille ans. Ou bien déposé par le diable !

Un label : le Geopark

Le label international Geopark soutenu par l'Unesco reconnaît la richesse géologique d'un territoire et sa mise en valeur. C'est un moyen de diversification touristique. Il en existe deux en Savoie et Haute-Savoie : le Geopark du massif des Bauges (depuis 2011) et le Geopark du Chablais (depuis 2012). La France en compte deux autres à ce jour : la réserve naturelle géologique de Haute-Provence et le parc naturel régional du Luberon.

Geopark du massif des Bauges

L'un des sites les plus connus est l'Arclusaz (sur la commune d'École), un synclinal perché autrement dit un relief pas très conforme ! Dans la famille des plis de terrain, je demande l'anticlinal qui, généralement, forme le point le plus haut et le synclinal qui correspond à une vallée. Mais il arrive que le schéma s'inverse et qu'un synclinal constitue le sommet du relief. Il se retrouve alors perché par rapport à l'anticlinal. On parle aussi de val perché. Vous suivez ?

Autre emblème du massif : le sommet de la Savoyarde (sur la commune de Francin) qui domine à 1 200 mètres la vallée de l'Isère et dont les plis dessinent, dans la roche, la coiffe traditionnelle savoyarde.

La mer laisse des indices de sa présence. Dans la vallée des Aillon, des fossiles d'oursins datant de cent vingt millions d'années reposent parmi les cailloux. À La Féclaz, une dune fossile s'offre aux regards les plus avertis. Grattez un peu et vous découvrez du sable, témoin d'un environnement côtier, il y a trente millions d'années. Une plage à 1 200 mètres d'altitude, pas mal non ? Pour la petite histoire, après l'oursin dans la mer et avant le chamois dans la montagne, il y a le rhinocéros dans sa baignoire tropicale ! En témoignent des dents fossiles de rhinocéros découvertes sur le plateau de La Féclaz.

Geopark du Chablais

Dans le secteur de Morzine, le col de Joux Plane permet d'observer des « laves en coussin ». Pourquoi cette appellation ? Quand elle s'écoule sous l'eau, au lieu d'exploser, la lave s'enroule sur elle-même comme un coussin ou un polochon par le jeu de la pression. Nous sommes donc sur la croûte océanique, les pieds au sec !

Les glaciers façonnent les paysages. Au maximum de la dernière glaciation, il y a cinquante mille ans, le Chablais est envahi par le glacier du Rhône qui se répand jusqu'à Lyon et qui abandonne, lors de sa fonte, les fameux blocs erratiques comme la Pierre du Diable à Allinges.

La Pierre du Diable, un rocher de 8 mètres de haut et de 25 mètres de circonférence, est classée monument historique depuis 1907. Elle comporte à son sommet des cupules du Néolithique (petites coupes taillées en creux dans la pierre) dont l'usage demeure mystérieux. La Pierre du Diable est aujourd'hui un site d'escalade apprécié des grimpeurs.

Sans l'histoire glaciaire du Chablais, il n'y aurait ni Léman ni d'eau en bouteille ! C'est l'infiltration de chaque goutte d'eau de pluie ou de neige dans les dépôts glaciaires qui confère aux eaux d'Évian-les-Bains et de Thonon-les-Bains leurs qualités minérales. Ainsi l'eau d'Évian s'écoule pendant plus de quinze ans dans les profondeurs de la roche avant d'être captée.

Un désert dans les Alpes !

Un paysage lunaire à 2 500 mètres d'altitude, vaste plateau creusé de rigoles et de failles. Le désert de Platé, dans le massif du Giffre, est le plus grand lapiaz d'Europe, le nom donné aux affleurements calcaires sculptés par la neige, le gel, le ruissellement. Un désert mais aussi un fond marin à ciel ouvert tapissé de nombreux fossiles : oursins, mollusques, coraux, os, dents de requin.

Un métier à part : cristallier

Le métier de cristallier trouve son origine dans les profondeurs de la roche et du temps. Il est attesté dès la préhistoire dans les Alpes. Le cristal de roche, utilisé pour la joaillerie, les lustres, les boucles de chaussures, provient surtout du massif du Mont-Blanc et part pour les tailleries de Genève ou de Milan. Les Chamoniards, parfaits connaisseurs de la montagne, trouvent dans cette « cueillette » un complément de revenus appréciable et inventent ainsi la profession de guide. Le plus célèbre des cristalliers ? Jacques Balmat qui réussit la première ascension du mont Blanc avec le docteur Michel-Gabriel Paccard en 1786.

Aujourd'hui encore, ils sont nombreux à « aller aux cristaux » chaque été dans le massif. Mieux vaut être un alpiniste aguerri, ne craignant pas de descendre en rappel les grandes parois à la recherche des « fours », ces cavités naturelles situées souvent à plus de 3 000 mètres d'altitude. À l'intérieur, des minéraux formés 10 000 mètres sous terre, il y a 15 millions d'années. Le quartz et la fluorite sont les plus emblématiques du massif du Mont-Blanc.

- Le quartz : incolore, rose, violet (améthyste), fumé ou presque noir (morion) ;
- La fluorite : rose (en réalité d'un rouge profond) ou verte.

Elle est découverte en juillet 2006 à l'aiguille Verte dans le massif du Mont-Blanc. Elle est composée de fluorite rose et de quartz fumé. Cette association d'une exceptionnelle qualité, sa beauté, sa taille (26 cm de large, 21 cm de profondeur, 16 cm de hauteur, 5,1 kg) l'élèvent au rang des chefs-d'œuvre mondiaux de la minéralogie. La Fluorite Laurent est le premier objet d'histoire naturelle en France à être classé « Bien culturel d'intérêt patrimonial majeur ». Elle est exposée au Muséum national d'histoire naturelle à Paris.

Des procès et un code de bonne conduite

Pilleurs ou protecteurs des joyaux de la montagne, les cristalliers ? Quelques épisodes judiciaires aboutissent à un *modus vivendi*.

Quatre Suisses ouvrent les hostilités en juillet 1979. Dans les Grandes Jorasses, ils jouent les grands voraces : explosifs et marteau-piqueur pour extraire d'un four environ 650 kg de quartz puis hélicoptère pour déposer le « trésor » sur l'aire d'atterrissage d'Argentière ! Les minéraux sont alors estimés entre 94 000 et 170 000 francs (14 000 et 26 000 €). Les cristalliers sont condamnés à quatre mois de prison avec sursis et 2 000 francs (300 €) d'amende chacun. L'affaire va jusqu'à la cour de cassation en mai 1982. Elle retient, entre autres, le délit de « dégradation intentionnelle d'un site classé ». Le versant français du massif du Mont-Blanc est en effet classé au-dessus de 2 000 mètres par arrêté ministériel du 14 juin 1951.

En août 1993, la même cour de cassation conclut à la « dégradation volontaire de site classé » et rejette le pourvoi formé par des guides du cru, baptisés « la bande des quatre ». Elle leur reproche d'avoir prélevé plusieurs tonnes de cristaux dans le massif au cours de l'été 1985 et de les avoir transportés à l'aide d'un hélicoptère. Ceux que la presse surnomme à l'époque les « casseurs du Mont-Blanc » ou les « Dalton, voleurs de cristaux » écopent d'une amende de 2 000 francs (300 €).

Comment éviter les abus et une exploitation démesurée de la montagne sans enterrer une activité ancestrale ? Un compromis est trouvé : une lettre directive du ministère de l'Environnement en juillet 1996 autorise la cueillette des cristaux, à « l'artisanale », avec burins et massettes. À Chamonix, un arrêté municipal impose depuis août 2008 à tout chercheur de minéraux de se déclarer au préalable en mairie et de signer le code d'honneur des cristalliers. Une réglementation qui donne un droit de regard sur les pièces les plus intéressantes et la possibilité de les acquérir pour compléter la collection du musée des Cristaux.

Aujourd'hui, combien de fours encore reste-t-il à découvrir ? Les glaciers se retirent et révèlent chaque année des dizaines d'hectares de roches. Il est donc possible de tomber sur un four au ras du glacier, sans faire d'escalade. Presque les mains dans les poches ! Des éboulements récents, notamment aux Drus dans le massif du Mont-Blanc, mettent au jour de nouvelles cavités. Mais ces mêmes éboulements réduisent en poussières bien des cristaux. Si nous ne les cueillons pas, l'érosion s'en chargera : voilà le message des cristalliers…

Petit survol des paysages

Tel le gypaète barbu, le plus grand rapace de France, prenons de la hauteur et survolons ces paysages si contrastés !

D'ouest en est

Ou comment traverser trois reliefs distincts et passer de 200 mètres à plus de 4 000 mètres d'altitude en moins de 80 kilomètres !

- **L'avant-pays**, ses plaines, ses lacs, ses collines verdoyantes et ses chaînons. Il s'étend des rives du Léman, du Rhône et du Guiers au front préalpin. C'est la région la moins élevée. Le point le plus bas de Savoie, 207 mètres, se trouve sur la commune de Champagneux. Celui de Haute-Savoie est situé à Seyssel, à 250 mètres.
- **Les Préalpes**, elles, se dressent jusqu'à 3 000 mètres. Ces massifs calcaires sont découpés par la vallée de l'Arve, la cluse d'Annecy et la cluse de Chambéry. Du nord au sud, on traverse le Chablais et les montagnes du Giffre, notamment le Buet appelé aussi le mont Blanc des Dames (3 096 m) ; le massif des Bornes, pays du reblochon, qui inclut dans son territoire la chaîne des Aravis et le plateau des Glières, haut lieu de la résistance pendant la Seconde Guerre mondiale ; le massif des Bauges, à cheval sur les départements de Savoie et Haute-Savoie et bordé par les lacs d'Annecy et du Bourget ; et la Chartreuse, située aux trois quarts en Isère et dont la partie nord seulement appartient à la Savoie.
- **Les Alpes cristallines**, les « 2 000 » du Beaufortain, les « 3 000 » de la Vanoise et les « 4 000 » du massif du Mont-Blanc, paradis des alpinistes.

LE SAVIEZ-VOUS ?

La montagne « pousse »-t-elle encore ? Oui. Les Alpes continuent de s'élever d'un à deux millimètres par an, sous l'effet du mouvement de la plaque africaine vers le nord. Mais l'érosion agit en parallèle et grignote ½ cm à 1 cm par siècle. Le rapport entre surrection et érosion n'est pas uniforme dans les Alpes. Certains secteurs s'affaissent. Le mont Blanc, lui, a tendance à grandir mais n'oublions pas : son altitude n'est pas celle de la roche mais celle du glacier et son sommet se déplace !

À la verticale !

Vous êtes sujet au vertige ? Voici quelques-uns des sommets les plus fameux.

- Le Nivolet, dans le massif des Bauges, emblème de Chambéry avec sa monumentale croix : 1 547 mètres ;
- Le Granier, dans le massif de la Chartreuse : 1 933 mètres ;

- Le Brévent face au mont Blanc dans les Aiguilles Rouges : 2 525 mètres ;
- La Pierra Menta, dans le massif du Beaufortain : 2 714 mètres ;
- Le mont Thabor, dans le massif des Cerces en Maurienne : 3 178 mètres ;
- Le Grépon, l'une des aiguilles de Chamonix : 3 482 mètres ;
- Le mont Dolent, dans le massif du Mont-Blanc, point frontière entre la France, l'Italie et la Suisse : 3 820 mètres ;
- L'aiguille du Midi, la plus haute et la plus célèbre des aiguilles de Chamonix : 3 842 mètres ;
- La Grande Casse, dans le massif de la Vanoise, point culminant de la Savoie : 3 855 mètres ;
- L'aiguille Verte, dans le massif du Mont-Blanc : 4 122 mètres ;
- Les Grandes Jorasses, dans le massif du Mont-Blanc : 4 208 mètres (pointe Walker) ;
- Le mont Blanc du Tacul, sur l'une des voies d'ascension du mont Blanc : 4 248 mètres ;
- Le mont Maudit, à la suite du mont Blanc du Tacul : 4 465 mètres ;
- Le mont Blanc, le géant des Alpes (la quatrième partie lui est dédiée) : 4 810 mètres.

LE SAVIEZ-VOUS ?

Entre Savoie et Haute-Savoie, le département le plus élevé n'est pas celui que l'on imagine. La Savoie affiche une altitude moyenne de 1 500 mètres, la Haute-Savoie de 1 160 mètres.

La naissance de la cartographie européenne

Avant 1750, la représentation des montagnes se cantonne à des dessins sans relief et parfois sans observation directe. De là, quelques cocasses inventions. Ainsi un cartographe, s'inspirant sans doute du récit d'un voyageur, place un « Mont Iseran » non loin de la frontière actuelle entre la France et l'Italie. L'erreur se reproduit de carte en carte avant qu'un géographe ne se rende compte, sur le terrain, que le mont est plutôt un col ! De la même manière, plusieurs générations de cartographes décrivent la cime italienne de Rochemelon – aujourd'hui plus haut pèlerinage d'Europe (3 538 m) – comme le point culminant des Alpes. La première représentation fidèle des provinces de Savoie, sans notion de relief encore, apparaît au début du XVIIIe siècle avec la réalisation d'un cadastre entre 1728 et 1738. À cette époque, Victor-Amédée II décide, pour améliorer son système fiscal, de faire cartographier plus de six cents communes. Une grande enquête sur l'étendue des biens communaux, les propriétés foncières, les différents types de cultures et la valeur de chaque parcelle. Ainsi naît la grande carte de Savoie, premier document à l'échelle réalisé en Europe bien avant les travaux des Cassini. C'est donc en Savoie que naît la cartographie européenne contemporaine. Et toc !

Du nord au sud

Chablais, Faucigny, Genevois, Savoie Propre, Tarentaise, Maurienne : à chacun sa province.

- **Le Chablais**, autour de Thonon-les-Bains, entre rives du Léman et alpages.
- **Le Faucigny** comprend la vallée du Giffre, la vallée de l'Arve et le majestueux massif du Mont-Blanc.
- **Le Genevois** dont la capitale n'est plus Genève mais Annecy avec la Semine et l'Albanais à l'ouest, le massif des Bornes et la chaîne des Aravis à l'est.
- **La Savoie Propre**, autour de Chambéry avec les lacs du Bourget et d'Aiguebelette, le massif des Bauges, le nord de la Chartreuse et la combe de Savoie dans la vallée de l'Isère entre Pontcharra et Albertville.
- **La Tarentaise** suit la haute vallée de l'Isère et regroupe les plus célèbres stations de ski : Les Ménuires, Val-Thorens, Méribel, Courchevel, La Plagne, Les Arcs, Tignes, Val-d'Isère…
- **La Maurienne** se rattache, elle, à la vallée de l'Arc et partage le massif de la Vanoise avec la Tarentaise.

Chapitre 8

Les lacs, miroirs des Alpes

Dans ce chapitre :

- Du bleu clair au bleu foncé
- Des poissons géants et de drôles de zèbres
- Des colères et des cités englouties

La nature est bien faite. Les pics, les rocs, les nuages se mirent dans une kyrielle de lacs en Savoie et Haute-Savoie. Des plus grands aux plus petits. Du plus clair au plus sombre. Du plus calme au plus tempétueux.

Le lac du Bourget

À tout seigneur, tout honneur : commençons par le plus grand lac naturel de France. Avec 3,6 milliards de mètres cubes, le lac du Bourget contient l'équivalent du volume d'eau potable consommée chaque année en France.

Le lac du Bourget : fiche d'identité

- Longueur : 18 kilomètres
- Largeur : 3,4 kilomètres
- Superficie : 44,5 kilomètres carrés
- Volume : 3,6 milliards de mètres cubes

CURIOSITÉ

Une telle masse d'eau tempère la rigueur montagnarde et offre même, avec des étés secs et chauds et des hivers doux, un petit air de Provence à certaines rives du lac. La commune de Brison-Saint-Innocent, au nord d'Aix-les-Bains, est surnommée la « Nice savoyarde » grâce à son microclimat méditerranéen. Sur la carte postale, des mimosas, des oliviers, des bananiers, des figuiers et des palmiers au pied de la montagne !

LÉGENDE Un ange verse d'abondantes larmes lorsque Dieu lui demande de quitter le jardin des Alpes du Nord pour veiller sur d'autres montagnes. Ainsi naît, selon la légende, le lac du Bourget… ou le Léman… ou le lac d'Annecy !

Le lac célébré par Lamartine

« Vu du haut de la Dent du Chat, ce lac est là comme une turquoise égarée », s'émerveille Honoré de Balzac. Mais avant lui, Alphonse de Lamartine nous laisse un vibrant témoignage de son séjour au bord du lac du Bourget. Il a 26 ans et pleure son amour perdu, Julie Charles. *Le Lac*, fleuron du romantisme, est le poème le plus connu de ses *Méditations poétiques* (1820). En voici un extrait :

« Ainsi, toujours poussés vers de nouveaux rivages,
Dans la nuit éternelle emportés sans retour,
Ne pourrons-nous jamais sur l'océan des âges
Jeter l'ancre un seul jour ?

[…]

Ô lac ! l'année à peine a fini sa carrière,
Et près des flots chéris qu'elle devait revoir,
Regarde ! je viens seul m'asseoir sur cette pierre
Où tu la vis s'asseoir !

[…]

Ô temps ! suspends ton vol, et vous, heures propices !
Suspendez votre cours :
Laissez-nous savourer les rapides délices
Des plus beaux de nos jours ! […] »

Le lac d'Annecy

Deuxième plus grand lac naturel entièrement français, le lac d'Annecy se distingue aussi comme l'un des plus purs au monde. Mais il revient de loin !

Le lac d'Annecy : fiche d'identité

- Longueur : 14,6 kilomètres
- Largeur : 3,1 kilomètres
- Superficie : 26,5 kilomètres carrés
- Volume : 1,13 milliard mètres cubes

Avant les années cinquante, il sert de déversoir des eaux usées aux communes riveraines… Un réseau d'assainissement est créé et, depuis 1966, le lac fait l'objet d'un suivi scientifique : une quinzaine de campagnes de prélèvements sont programmées chaque année. La transparence des eaux du lac d'Annecy peut dépasser les 12 mètres. Celle du lac du Bourget est supérieure à 5 mètres.

Annecy, sans ses canaux bordés de fleurs, ne serait pas Annecy. Sur le canal du Thiou, les vannes qui permettent de contrôler le niveau des eaux de déversement du lac, ont été conçues par un certain Sadi Carnot, ingénieur en chef des Ponts et Chaussées à Annecy… et futur président de la IIIe République.

Les rives du lac d'Annecy sont en partie publiques (24,5 km), en partie privées (20,9 km). Le lac, lui, appartient à l'État.

Le Léman

Le lac Léman s'étend entre la Suisse et la France mais il est plus suisse que français avec 345 km^2 situés en territoire helvétique et 235 km^2 dans l'Hexagone. Il est treize fois plus grand que le lac du Bourget.

Le Léman : fiche d'identité

- Longueur : 72,3 kilomètres
- Largeur : 13,8 kilomètres
- Superficie : 580 kilomètres carrés
- Volume : 89 milliards de mètres cubes

Connaissez-vous la limnologie ? C'est la science relative aux lacs et plus généralement aux eaux douces continentales. En grec, *limnê* signifie lac et *logos*, science. Le fondateur de la limnologie s'appelle François-Alphonse Forel (1841-1912). Naturaliste vaudois, il consacre sa vie à l'étude du Léman.

Avec des fonds atteignant 309 mètres, des marées lunaires de quelques millimètres et de brutales tempêtes, le Léman a les caractéristiques d'une mer intérieure.

Le 18 août 1969, une forte bise provoque des vagues importantes et la Fraidieu, bateau promenade surchargé parti de Thonon-les-Bains, coule au large du château de Ripaille. À son bord, cinquante-huit personnes notamment des enfants d'une colonie mosellane. On déplore vingt-quatre morts.

Un an plus tard, le 7 août 1970, la Sainte-Odile chavire près d'Yvoire après un coup de Joran, l'un des vents les plus imprévisibles du Léman. Bilan : sept morts. À la suite de ces deux drames, un dispositif de vingt-deux feux d'alerte est installé sur le pourtour du lac. À quarante scintillements par minute, c'est un avis d'alerte. À quatre-vingt-dix, attention avis de tempête !

Un tsunami au VIe siècle

Un tsunami se produit en l'an 563 sur le Léman. Un gigantesque dépôt au fond du lac conserve la mémoire de ce raz-de-marée provoqué par l'effondrement d'une montagne dans le Rhône. La vague qui submerge Lausanne mesure 13 mètres. À peine une heure plus tard, haute de 8 mètres, elle dévale sur Genève. Les travaux récents de l'Institut des sciences de l'environnement de Genève viennent confirmer deux récits contemporains de la catastrophe, notamment celui de Grégoire de Tours (539-594) qui écrit : « les eaux amoncelées [...] surprirent inopinément [...] les habitants du pays situé plus bas le long de la rivière, les noyèrent, renversèrent leurs maisons, emportèrent les chevaux et tout ce qui se trouvait sur la rive, bouleversant et ravageant par une inondation violente et subite jusqu'à la ville de Genève. On dit qu'il s'assembla dans cette ville un tel amas d'eau, qu'elle passa par-dessus les murs ». Selon les chercheurs genevois, un tel tsunami lacustre pourrait se reproduire. Le risque ne doit pas être sous-estimé.

Entre turquoise et émeraude

Le lac du Bourget, le lac d'Annecy, le Léman… Ajoutons le lac d'Aiguebelette, surnommé « la perle d'Émeraude », à l'est de Chambéry, d'une superficie plus modeste, 5 kilomètres carrés. Sans oublier la myriade de lacs d'altitude. Ils offrent aux randonneurs le calme et le bleu profond de leurs eaux et aux Alpes le plus beau miroir qui soit.

La température moyenne estivale des quatre grandes étendues d'eau de Savoie et de Haute-Savoie est de 24 °C. Une eau plus chaude que le littoral français.

Le lac Blanc, quel lac Blanc ? Savoie et Haute-Savoie en comptent au moins quatre situés entre 2 300 et 2 700 mètres d'altitude : sur les communes de Chamonix, Pralognan-la-Vanoise, Termignon. À Bonneval-sur-Arc, en Haute-Maurienne, le lac Blanc est accompagné du lac Noir !

De l'âge des lacs

Le Léman, le lac d'Annecy, le lac du Bourget se sont formés il y a 18 000 à 19 000 ans. Tout devient très relatif lorsqu'on sait que le Baïkal, le lac sibérien le plus profond au monde (1 700 m), est aussi le plus ancien : il a vingt-cinq millions d'années. À l'autre extrême, le lac de Vallon sur la commune de Bellevaux (Chablais) a moins d'un siècle ! Il est né en mars 1943 à plus de 1 000 mètres d'altitude après un glissement de terrain qui a barré le cours du Brevon. Les ruines d'une ferme sont visibles dans l'eau…

Les habitants des lacs

Des poissons…

Dans le seul lac du Bourget, on recense une trentaine d'espèces. Truite de lac, omble-chevalier et féra font partie des poissons les plus nobles. Le brochet, la perche, le sandre, la lotte sont tout aussi prisés dans les assiettes. La tanche, la carpe, le gardon, le goujon peuplent également les lacs alpins.

Quelle est la différence entre la féra et le lavaret ? Aucune ! Il s'agit du corégone, poisson de la famille des Salmonidés, appelé féra au Léman et au lac d'Annecy et lavaret au lac du Bourget.

La truite de lac atteint des dimensions impressionnantes, comparées à celles de la truite de rivière. Le Muséum d'histoire naturelle de Genève présente un spécimen naturalisé d'1,31 mètre et d'une vingtaine de kilos datant de 1843.

Quelques erreurs de casting

Aquariums familiaux encombrés ? Déversements accidentels ou volontaires ? Certaines espèces se retrouvent dans les lacs sans y avoir été invitées. Tels la tortue de Floride (Léman et lac d'Annecy), le poisson rouge (Léman), le poisson-chat (Léman et lac du Bourget), le silure (Léman, lacs du Bourget et d'Annecy), l'écrevisse américaine (Léman et lac d'Annecy), la moule zébrée (Léman) et la crevette d'eau douce (Léman).

Certains poissons préfèrent nager en eaux troubles. La brème et le gardon frétillent dans un lac eutrophe, aux eaux verdâtres à forte teneur en matières organiques et peu oxygénées. La perche, la carpe, le brochet préfèrent un lac mésotrophe, moyennement riche en nutriments avec moins de végétaux et une eau plus claire. La truite et l'omble-chevalier sont caractéristiques, eux, d'un lac oligotrophe, aux eaux transparentes et très oxygénées.

Une soixantaine de pêcheurs professionnels exercent aujourd'hui sur les trois grands lacs alpins (Léman, Bourget et Annecy). Au début du XXe siècle, leur nombre avoisine les cinq cents.

… et des oiseaux

Refuge hivernal, escale migratoire, pouponnière : les roseaux et les marécages des grands lacs abritent de nombreux oiseaux. Citons le grèbe huppé, la foulque macroule et son bec blanc, le grand cormoran capable de rester sous l'eau plus d'une minute, les canards plongeurs que sont le fuligule morillon ou le fuligule milouin et le harle bièvre, le canard barboteur qu'est le colvert, le goéland leucophée, la mouette. Sans oublier le cygne majestueux.

CURIOSITÉ

Voulez-vous danser ? Entre avril et juillet, à la période des amours, Monsieur et Madame Grèbe Huppé se livrent à une parade nuptiale très élaborée. Envoyez la musique et appréciez la chorégraphie : face à face, têtes dressées puis secouées, les partenaires gonflent les plumes noires de leur huppe et rousses de leurs joues. Dans un mouvement de nage synchronisée, ils se frottent le cou, plongent, réapparaissent avant le final poitrine contre poitrine. Ne regardant pas à la dépense, Monsieur offre à Madame en guise de bague de fiançailles… une algue qui préfigure la construction du nid et la naissance de petits zèbres. Pardon, de petits grèbes zébrés de noir et de blanc.

CURIOSITÉ

Les villages lacustres alpins, patrimoine mondial de l'humanité

Invisibles. Enfouis sous l'eau ou sous d'épaisses couches de sédiments dans les lacs du Bourget, d'Annecy, d'Aiguebelette, du Léman. Les palafittes (« pieux fichés dans le sol » en italien) sont des villages lacustres préhistoriques. L'élévation du niveau des eaux a permis une excellente conservation des vestiges organiques comme le bois, la vannerie, le cuir, le tissu, les graines, les os en plus de la céramique, du silex et du métal.

Invisibles et pourtant inscrits au patrimoine mondial de l'Unesco depuis 2011. Des palafittes jaillit une incomparable source de connaissance sur la vie quotidienne au Néolithique et à l'âge du bronze (entre 4 500 et 800 avant J.-C.) et sur les débuts de l'agriculture en Europe. Cent onze sites au total sont classés dans l'arc alpin en France, Suisse, Italie, Allemagne, Autriche et Slovénie. La France en compte onze : quatre dans le lac du Bourget, trois dans le lac d'Annecy, un dans le Léman, dans le lac d'Aiguebelette et dans les lacs de Clairvaux et Chalain (Jura). En Savoie, les premières cités immergées sont repérées lors d'une excursion scientifique en barque sur le lac d'Annecy en 1856. De nos jours, les chercheurs-plongeurs continuent de faire parler les strates archéologiques.

Chapitre 9

(É)mouvants glaciers

Dans ce chapitre :

- Des frissons
- Des frayeurs
- Des expéditions (et des vaches en chaussettes !)

Ils bougent, ils craquent. Inquiétants, fascinants. Massifs et fragiles à la fois. Avant d'évoquer leur retrait (voir chapitre 11), promenons-nous sur et dans les glaciers. Chaussez les crampons et empoignez le piolet !

La naissance d'un glacier

La neige tombe, s'accumule. Entre 2 800 mètres et 3 500 mètres dans les Alpes, le manteau neigeux ne fond pas entièrement à la fin de l'été et les couches s'empilent, se tassent, s'écrasent. La neige se densifie, devient imperméable. Jusqu'à se transformer en glace en cinq à dix ans. Le massif du Mont-Blanc compte une centaine de glaciers, dont les glaciers du Tour et d'Argentière, la mer de Glace, les Bossons et le glacier de Taconnaz.

LE SAVIEZ-VOUS ?

Un glacier n'est pas forcément froid. On parle de « glacier tempéré » lorsque la glace est proche de 0 °C. La présence d'eau de fonte à la base le fait glisser sous l'effet de son propre poids. Les « glaciers froids », eux, ont une température négative qui les rend adhérents à la roche. Ils se trouvent au-dessus de 4 000 mètres dans les Alpes. Au sommet du mont Blanc, la température moyenne de la glace est de – 16 °C.

ANECDOTE

Des réfrigérateurs avant l'heure

Jusqu'à la fin du XIXe siècle, les glaciers de la Maurienne fournissent de la glace aux hôtels de Lyon et même de Paris pour leurs produits frais. Les blocs sont découpés à la scie passe-partout puis descendus au plus vite en luge dans la vallée avant de partir pour la ville. Avant la Première Guerre mondiale, la glace d'Argentière et des Bossons, dans le massif du Mont-Blanc, est expédiée par le rail jusqu'à Genève. Les hôtels de Chamonix, eux, profitent de cette source de froid jusqu'aux années cinquante. Dans les Bauges, la glace du plateau du Margériaz est stockée naturellement dans des « tannes », autrement dit des gouffres, ou dans des glacières artificielles comme celle de la Rippe, à Thoiry. La glace est livrée de bon matin à Chambéry et Aix-les-Bains. L'activité s'éteint entre les deux guerres.

Les mots pour le dire

Les glaciers ont leur vocabulaire propre. Les montagnards connaissent, les « non-pratiquants » moins…

- **Névé :** zone couverte de neige toute l'année qui donne, par tassement successif, de la glace.
- **Zone d'accumulation :** partie « élevée », en amont du glacier où la neige tombe plus qu'elle ne fond.
- **Zone d'ablation :** partie « basse », en aval du glacier où il y a davantage de fonte de neige que d'apport.
- **Ligne d'équilibre ou ligne de névé :** limite entre la zone d'accumulation et la zone d'ablation.
- **Rimaye :** crevasse qui se forme entre la glace en mouvement et la partie immobile de la glace collée aux parois.
- **Sérac :** bloc de glace formé par la fragmentation du glacier, là où la pente s'accentue. Si elle devient encore plus forte, les blocs basculent et s'amoncellent. Le sérac vient du nom du fromage frais fabriqué à partir du petit-lait.

LE SAVIEZ-VOUS ?

Le père du terme « sérac » en glaciologie est Horace Benedict de Saussure, l'un des premiers à atteindre le sommet du mont Blanc. « La sommité de ce dôme (le Goûter), coupée presqu'à pic de notre côté, couverte d'une voûte de neige, demi-circulaire, comme l'arche d'un pont, et couronnée par une suite de ces énormes blocs de neige de forme cubique que j'ai nommés séracs, présentait le plus singulier et le plus magnifique spectacle », note-il dans ses *Voyages dans les Alpes* (1779-1796).

- **Moraine :** dépôt laissé sur le front et les bords du glacier en mouvement. Elle est constituée du sable le plus fin au bloc erratique le plus gros.
- **Bédière :** ruisseau à la surface du glacier qui collecte toutes les eaux de fonte.
- **Moulin :** puits creusé dans le glacier. À l'origine : une bédière qui se fraye un passage dans une crevasse et finit par l'excaver. Un moulin peut atteindre une profondeur de 200 mètres et alimenter un torrent sous-glaciaire.

À bord des glaciers

Il ne tient pas en place !

Un glacier ne reste pas en place. Glacier froid, il se déforme seulement. Glacier tempéré, il se déforme et il glisse plus ou moins rapidement en fonction de son poids, de la pente, de l'eau qui circule en dessous. La calotte glaciaire du mont Blanc se déplace de 2 mètres par an. À la rupture de pente du glacier du Géant (séracs du Géant), la mer de Glace avance de 2 mètres par jour en été. Quant au glacier Ilulissat dans le Groenland, il a une vitesse d'écoulement de 2 mètres… par heure. C'est le plus rapide du monde.

ÉVÉNEMENT

Quand le glacier rend ce qu'il a englouti

Le mouvement des glaciers est attesté dès le XIXe siècle après la première tragédie du mont Blanc.

En 1820, une avalanche au-dessus du Grand Plateau à 4 000 mètres précipite dans une crevasse trois guides de la caravane du docteur Hamel, conseiller de cour de l'empereur de Russie. Le physicien écossais James David Forbes, qui étudie la vitesse de déplacement des glaciers alpins dans les années 1840, émet l'hypothèse d'une réapparition des corps quarante ans après le drame, à l'extrémité du glacier des Bossons, 3 kilomètres plus bas. Quarante et un an plus tard, en août 1861, des restes des trois malheureux sont effectivement retrouvés, suffisamment conservés par la glace pour être identifiés. Depuis, les Bossons n'en finissent plus de restituer de terribles et émouvants souvenirs (voir *Le mont Blanc, un sommet de sensations*, la quatrième partie).

Avez-vous remarqué les chevrons dessinés dans la partie haute de la mer de Glace ? Ce sont les bandes de Forbes, du nom du scientifique cité ci-dessus. La succession d'une bande claire et d'une bande sombre témoigne de l'avancement de la mer de Glace sur une année. La bande claire correspond à la période hivernale et la bande sombre, qui renferme plus de poussières, à la période estivale. Leur forme en ogive est due à la visquosité de la glace : freinée par le frottement sur les rives, elle s'écoule plus rapidement au centre.

En noir et blanc ou en version colorisée

Un glacier peut prendre différentes teintes en surface, en fonction de ce qui le recouvre… ou pas. Un « glacier blanc » définit un glacier bien alimenté et dont la vitesse d'écoulement permet d'évacuer les dépôts de surface. Le glacier des Bossons est très blanc dans sa partie haute. Le « glacier noir », lui, est plus lent et se couvre peu à peu de moraine. C'est le cas de la langue terminale de la mer de Glace. Des traces roses peuvent apparaître sur un glacier au printemps et au début de l'été. Elles sont dues aux pigments rouges d'une algue, *Chlamydomonas nivalis*. Si le glacier prend une couleur jaunâtre, c'est que le sirocco est venu jusque-là déposer du sable saharien.

En profondeur, la glace est bleue. La grotte de glace, taillée chaque année dans le flanc de la mer de Glace, permet d'observer le glacier de l'intérieur. Comme l'eau, la glace a la propriété de réémettre les spectres du bleu et d'absorber les autres spectres lumineux de l'arc-en-ciel.

Y a-t-il de la vie dans un glacier ?

Outre les papillons et les abeilles portés par le vent, les renards qui s'y aventurent, certaines espèces choisissent vraiment le glacier comme domicile. La puce des glaciers vit dans les flaques d'eau qui se forment en surface et adore les bains entre 0 °C et 4 °C. Encore plus petit, le tardigrade ou « ourson d'eau », organisme pluricellulaire d'un demi-millimètre de long en moyenne, figure parmi les animaux les plus résistants qui soient. Sa présence est avérée dans presque tous les milieux de la planète, de l'Artique aux profondeurs des océans en passant par les déserts. Dans les glaciers alpins ? C'est fort possible. Increvable ou presque, le tardigrade est capable de suspendre son activité métabolique. Il peut survivre – entre autres – à des températures très hautes (150 °C) et très basses (– 273 °C). Face au froid intense, il se déshydrate comme un raisin sec, perd 97 % de son eau et réduit sa taille au tiers. Sitôt que les conditions redeviennent plus clémentes, il reprend sa vie active. Comme si de rien n'était.

La mer de Glace

Située dans le massif du Mont-Blanc, la mer de Glace est le plus célèbre et le plus grand glacier de France. Née d'une confluence longue de 11 kilomètres (depuis le fond de la combe Maudite) et d'une superficie de 30 km^2 environ, elle comprend le glacier du Géant avec la vallée Blanche, le glacier du Tacul et ne devient à proprement parler mer de Glace qu'à la confluence avec le glacier de Leschaux.

Depuis plus de cent ans, un petit train à crémaillère grimpe de Chamonix jusqu'au Montenvers, à 1 900 mètres d'altitude. De là, un magnifique point de vue sur la mer de Glace, les Drus et les Grandes Jorasses.

Le saviez-vous ?

Un glacier... Que dis-je ? Une mer !

En juin 1741, deux aventuriers britanniques, William Windham et Richard Pococke partent de Genève et mènent une expédition dans la vallée de Chamonix, considérée à l'époque comme inhospitalière. Ils y arrivent armés jusqu'aux dents avec leurs domestiques et rencontrent une aimable population. Les deux intrépides parviennent au Montenvers et admirent les flots gelés de la « glacière ».

Plus tard, en 1744, Windham peine à décrire cette vision dans son récit de voyage : « Je vous avoue que je suis extrêmement embarrassé à vous donner une idée juste, ne connaissant, de tout ce que j'ai encore vu, rien qui y ait le moindre rapport. La description que donnent les voyageurs des mers de Groenland me paroît (*sic*) en approcher le mieux. Il faut imaginer le lac agité d'une grosse bise et gelé tout d'un coup ; encore ne sais-je pas bien si cela feroit (*sic*) le même effet ». L'expression « mer de Glace » semble née dans ce texte. En tout cas, la fortune du pays commence. Reconnaissants, les Chamoniards gravent un gros bloc de pierre du glacier aux noms de Windham et Pococke. Il est en place aujourd'hui encore.

Un siècle à peine après nos Anglais, Alexandre Dumas – auteur des *Trois Mousquetaires* – foule la mer de Glace avec son guide, Pierre Payot. Il note dans ses *Impressions de voyage* :

« Cependant, je ne pus rester au milieu de ces crevasses ouvertes sous mes pieds, de ces vagues suspendues sur ma tête ; je pris le bras de mon guide, et je lui dis :

– Allons-nous en.

Payot me regarda.

– En effet, vous êtes pâle, me dit-il.

– Je ne me sens pas bien.

– Qu'avez-vous donc ?

– J'ai le mal de mer.

Payot se mit à rire et moi aussi. »

Un glacier vide-ordures...

La mer de Glace, le plus grand glacier de France mais aussi l'un des plus pollués au monde. Un grand ménage a lieu au début de l'automne et, chaque année, les bénévoles ramassent deux ou trois tonnes de débris, surtout des erreurs du passé qui remontent à la surface : câbles, poulies.

Dans les années cinquante, durant la construction du téléphérique de l'aiguille du Midi, le glacier du Géant qui alimente la mer de Glace fait office de vide-ordures. Derrière l'aiguille du Midi, un couloir s'appelle d'ailleurs « le couloir des poubelles » ! Plusieurs kilomètres de câbles doivent aussi être évacués après l'accident d'un avion de chasse en 1961. Il sectionne la ligne entre l'aiguille du Midi et la pointe Helbronner au-dessus de la vallée Blanche. Trois télécabines chutent, six touristes sont tués.

De drôles de promeneuses !

CURIOSITÉ

Des vaches sur la mer de Glace : la carte postale date de la fin du XIXe siècle. Le glacier est alors beaucoup plus épais et les troupeaux partent du Montenvers au début de l'été pour rejoindre l'alpage de Bayer sur la rive droite. Les paysans, dont certains sont guides, aménagent des passages, taillent des marches, mettent des chaussettes aux vaches pour éviter les glissades. Un boucher chamoniard accompagne l'équipée en cas d'accident ! Mais les tarines et les vaches d'Hérens ont le pied montagnard. La traversée, totalement improbable aujourd'hui, s'effectue jusqu'au début des années cinquante.

LÉGENDE

Les quilles des fées

La légende raconte que la mer de Glace est autrefois un vert pâturage, où les fées se plaisent à jouer aux quilles près de leur château de cristal de roche. Des quilles faites de l'or le plus pur. Lorsque le glacier recouvre les alpages, les fées se retirent et oublient leurs jouets, qui s'usent peu à peu dans leur voyage sous la glace. C'est ainsi que dans les sables de l'Arveyron se cachent aujourd'hui encore des paillettes d'or féeriques...

Quand le glacier perd les eaux

Tout petit mais surveillé comme le lait sur le feu : c'est le glacier de Tête Rousse, à Saint-Gervais-les-Bains !

Une lave torrentielle

12 juillet 1892, 2 heures. Saint-Gervais-les-Bains dort. Une détonation, un souffle puis un flot d'un million de mètres cubes d'eau, de glace, de roche, de terre – dénommé « lave torrentielle » – déferle sur la vallée. Le hameau de Bionnay est anéanti, l'établissement thermal balayé. Il y a cent soixante-quinze morts. À l'origine de la catastrophe : la rupture à 3 200 mètres d'altitude d'une poche d'eau au glacier de Tête Rousse, au pied de l'aiguille du Goûter sur la voie classique du mont Blanc.

Un danger, encore ?

Juillet 2010. L'un des plus hauts chantiers d'Europe se met en place pour pomper l'eau qui s'est de nouveau accumulée dans le glacier. Le volume est alors estimé à 65 000 m^3. L'opération est renouvelée en 2011 et 2012 pour parer à toute vidange brutale et protéger la population en aval. Si la poche glaciaire venait à céder, une sirène alerterait les Saint-Gervolains du danger immédiat. Les habitants du hameau de Bionnay disposeraient de dix minutes, ceux du Fayet de trente minutes pour rejoindre l'un des dix-huit points de rassemblement sécurisés de la commune.

Existe-t-il une solution autre que les pompages ponctuels ? Creuser une galerie jusqu'au lit rocheux du glacier pour créer un exutoire permanent ? Après la tragédie de 1892, deux tunnels de reconnaissance sont ouverts en 1899 et 1904. Le premier est introuvable, le second inutile désormais en raison de sa localisation. Les scientifiques s'interrogent aujourd'hui sur le rythme d'accumulation de l'eau dans le glacier, sa circulation, l'évolution de la cavité. Tête Rousse, tout petit glacier de 8 ha, suscite beaucoup plus de questions qu'il ne fournit de réponses !

Chapitre 10

Un jardin extraordinaire

Dans ce chapitre :

- Des arbres et des plantes en résistance
- Des animaux en lutte
- Des sanctuaires sur grand écran

Ils tiennent debout. Les arbres, les herbes, les fleurs, les animaux. Mais à quel prix ? Rester petit, se replier, se calfeutrer, se protéger. Puis relancer le cycle de la vie, aux jours meilleurs. Et l'homme, dans tout ça ?

Une végétation étagée

Dans les Alpes, chaque espèce végétale s'adapte à l'altitude. Entre les collines et le monde minéral des sommets, tout un nuancier de verts, bruns, gris et toute la palette des roses, bleus et jaunes apportés par les fleurs. Brossons le tableau.

Vous montez à quel étage ?

Cinq étages de végétation se distinguent, du plus bas au plus élevé.

- Étage collinéen jusqu'à 800 mètres : cultures, chênes, charmes, châtaigniers.
- Étage montagnard jusqu'à 1 500 mètres : forêts de hêtres, sapins, pins sylvestres.
- Étage subalpin jusqu'à 2 000 mètres : épicéas, mélèzes, pins à crochets, pins cembros.
- Étage alpin jusqu'à 3 000 mètres : pelouses alpines où viennent pâturer les troupeaux.

- Étage nival au-delà de 3 000 mètres : neiges éternelles, plantes de roche et lichens.

Ces limites sont des moyennes et peuvent varier de plusieurs centaines de mètres en fonction de la nature du sol, de l'exposition au soleil et au vent.

Adret/ubac ou endroit/envers. L'adret est le versant de la montagne le plus ensoleillé et donc le plus chaud contrairement à l'ubac qui est le versant le moins exposé. Chaque étage végétal a une limite plus élevée à l'adret qu'à l'ubac.

Avez-vous déjà marché sur un arbre ? Cela pourrait arriver par inadvertance à l'étage alpin où le saule herbacé tapisse les combes. Sa taille de 2 cm environ en fait le plus petit arbre du monde. Deux petites feuilles arrondies, quelques fruits au cœur et voilà ! Un arbre réduit à sa plus simple expression pour se protéger du froid.

Des pins et des sapins

Sapin, pin, épicéa, mélèze. Ils ont des aiguilles. Ce sont des résineux. Mais encore ? Petite révision pour les distinguer.

- **Sapin :** de forme pyramidale, il peut atteindre 50 mètres de haut. Son écorce grisâtre est lisse, ses branches sont horizontales, ses aiguilles vert foncé posées en peigne sur le rameau, courtes au bout arrondi. Ses cônes sont gros et se dressent comme des chandelles.
- **Pin sylvestre :** hauteur de 35 mètres au maximum avec le bas du tronc dégagé et le houppier pyramidal. Il a besoin de lumière et souffre de la présence d'arbres plus grands. Son écorce brun-pourpre se détache par écailles, les aiguilles aux reflets argentés de 4 à 8 cm sont groupées par deux. Ses cônes mesurent 4 cm environ.
- **Épicéa :** conique, d'une taille de 40 mètres en moyenne, à l'écorce brun-rougeâtre en écailles, ses branches tombent. Il possède de petites aiguilles pointues vert foncé disposées en brosse sur le rameau. Les cônes sont allongés, pointus et pendent, à la différence du sapin.

  Une forêt composée d'épicéas s'appelle une pessière.
- **Mélèze :** son port est conique, ses branches tombent comme l'épicéa. Il atteint 40 mètres de hauteur. L'écorce, de couleur gris-brun, est lisse dans un premier temps puis se fend en plaques. Les cônes mesurent 4 cm. Les aiguilles, vert clair, sont groupées en bouquets de vingt à quarante sur les rameaux.

  Le mélèze est le seul conifère d'Europe à perdre ses aiguilles chaque automne. Elles jaunissent, rougissent et brunissent avant de tomber.

- **Pin à crochets :** d'une taille de 25 mètres au mieux, de forme conique, il ressemble au pin sylvestre avec ses aiguilles vert foncé, groupées par deux, de 4 à 8 cm. L'écorce est gris-brun. L'arbre doit son nom aux écailles des cônes qui se recourbent en crochets.
- **Pin cembro :** appelé aussi arolle (ou arole), c'est le pin des hautes altitudes par excellence avec une taille qui ne dépasse pas 25 mètres, rigueur climatique oblige. Arbre en pyramide, son écorce lisse gris-verdâtre s'écaille avec le temps. Ses aiguilles vert foncé et regroupées par cinq sont longues de 5 à 12 cm. Ses cônes ovales mesurent 8 cm.

  Le pin cembro n'est pas un rapide : il lui faut trente ans pour devenir un « grand » de 1,30 mètres. Mais il compense avec une espérance de vie de six cents ans. *Qui va piano va sano.*

Un arbre d'une circonférence de 6,40 mètres. Il trône à 1 800 mètres d'altitude dans la forêt de la Mélèzia, à Montricher-Albanne, en Maurienne et passe pour être le plus gros mélèze d'Europe. Selon le carottage effectué par l'Office national des forêts, cet arbre est né en 1400, sous le règne d'Amédée VIII de Savoie. 30 mètres de haut et plus de six cents ans. Respect !

Un tapis de fleurs

Les crocus tissent des tapis blancs et violets dans les prairies dès le mois de février. Plus rare, le sabot de Vénus, une grande orchidée jaune et rouge-brun, apparaît en mai dans les sous-bois. À l'ombre des épicéas, la linnée boréale déploie en juin ses petites clochettes roses. La grande gentiane s'éveille, robuste et vivace avec ses fleurs jaunes. Les landes à rhododendrons se couvrent de rose vif et saupoudrent les randonneurs de leurs notes poivrées. Le chardon bleu attend juillet pour s'épanouir, de même que la délicate ancolie alpine, elle aussi bleue. Plus haut, les fleurs foisonnent dans les pelouses et répandent leurs parfums et leurs couleurs : rose violacé du lis martagon, jaune de l'arnica, bleu profond de la gentiane des Alpes. Le génépi aime les rochers. Comme l'edelweiss et ses étoiles blanches duveteuses, emblème de la flore alpine.

Edelweiss provient de l'allemand *edel*, noble et *weiß*, blanc. La fleur est aussi appelée étoile d'argent ou étoile des glaciers. Son nom botanique (*Leontopodium*) signifie « pied de lion ».

Le chardon bleu est de la même famille que la carotte, le persil, l'aneth ou la ciguë (apiacées ou ombellifères), à la différence des « vrais » chardons (astéracées). Son autre nom : panicaut des Alpes.

La couleur de l'amour ou du sang ?

La couleur des rhododendrons trouve son origine dans deux légendes. Dans la première, un berger d'Argentière tombe des rochers des Chéserys. Les fées ne peuvent lui rendre vie, elles souhaitent perpétuer son souvenir : « Du sang de ses blessures naîtront des fleurs rouge vif ». Aux premiers rayons du soleil le lendemain, des rhododendrons fleurissent au pied des falaises.

La seconde légende raconte qu'un jeune et charmant cavalier est séduit par le chant d'une bergère puis ébloui par la pâleur de son visage et le bleu de ses yeux. Il ramasse quelques rhododendrons blancs et les lui offre. Touchée par l'amour, la jeune fille sent son front se colorer. Aussi loin que porte la vue, toutes les fleurs s'empourprent à leur tour. Et depuis cette lointaine époque, les rhododendrons blancs sont très rares...

À ne toucher que du regard !

Attention, certaines fleurs sont protégées sur l'ensemble du territoire national, comme le sabot de Vénus, le chardon bleu, la linnée boréale et l'ancolie des Alpes : la cueillette, la destruction, l'arrachage, la vente et l'achat de spécimens sauvages sont interdits. D'autres espèces sont soumises à la réglementation d'espaces protégés, tels les réserves naturelles, les parcs naturels régionaux ou les parcs nationaux. Vous l'aurez compris : information et savoir-vivre. L'appareil photo ou le carnet de dessin, c'est aussi une bonne idée pour garder le souvenir d'une belle plante !

À la rencontre de la faune sauvage

Elle se fait discrète, parfois se laisse observer à quelques mètres ou à la jumelle. Approchons-nous à petits pas.

Le royaume du bouquetin

Dessiné – déjà – dans la grotte de Lascaux au Néolithique, le bouquetin a bien failli disparaître à cause de la chasse. Il est sauvé par le roi Victor Emmanuel II qui crée, en 1856, une réserve royale de chasse. Elle devient, en 1922, le parc national italien du Grand Paradis. La protection est étendue en France en 1963 avec la création du parc national de la Vanoise puis avec les programmes de réintroduction dans les réserves naturelles de Sixt, Passy, des Aiguilles-Rouges et des Contamines-Montjoie dans les années soixante-dix.

LE SAVIEZ-VOUS ?

Le parc national de la Vanoise abrite aujourd'hui la plus grande population de bouquetins en France, environ 1 800 individus.

Les parois rocheuses de 2 000 à 3 500 mètres d'altitude constituent leur terrain de jeu. Dans la famille, il y a le bouc, l'étagne et le cabri. Les cornes du mâle peuvent atteindre un mètre, c'est dire si les combats sont sonores : ils s'entendent à un kilomètre à la ronde !

Un acrobate : le chamois

Autre acrobate de la montagne, le chamois est plus à l'aise sur la neige que le bouquetin. Ses sabots comportent une cloison interdigitale qui fait office de raquette et lui évite de trop s'enfoncer. C'est d'ailleurs sur des névés que vous avez le plus de chance de le distinguer avec sa robe brun-roux en été, brun-noir en hiver, sa tête tachetée de blanc et ses petites cornes.

ANECDOTE

De la chasse aux chamois par Horace Benedict de Saussure

Dans ses *Voyages dans les Alpes* (1779-1796), l'homme de sciences et alpiniste Horace Benedict de Saussure consacre quelques pages de ses récits aux chasseurs de « Chamouni » (Chamonix).

« Le chasseur de chamois part ordinairement dans la nuit, pour se trouver à la pointe du jour dans les pâturages les plus élevés où le chamois vient paître avant que les troupeaux y arrivent [...] Arrivé au point de pouvoir distinguer leurs cornes, c'est à cela qu'il juge de la distance, il appuie son fusil sur un rocher, ajuste son coup avec bien du sang-froid, et rarement il les manque [...] Mais si, comme c'est le cas le plus fréquent, le vigilant animal aperçoit venir le chasseur, il s'enfuit avec la plus grande vitesse dans les glaciers, sur les neiges, et sur les rochers les plus escarpés [...] Ces chasseurs restent quelquefois ainsi plusieurs jours de suite dans ces solitudes, et pendant ce temps-là leurs familles, leurs malheureuses femmes surtout, sont livrées aux plus affreuses inquiétudes, elles n'osent pas même dormir dans la crainte de les voir paraître en songe ; car c'est une opinion reçue dans le pays, que, quand un homme a péri, ou dans les glaces, ou sur quelque rocher ignoré, il revient de nuit apparaître à la personne qui lui a été la plus chère, pour lui dire où est son corps, et pour la prier de lui faire rendre les derniers devoirs. »

Et que fait la marmotte ?

La marmotte, mascotte des Alpes ! N'est-elle pas craquante quand elle se nourrit, assise sur son arrière-train et serrant son repas entre ses pattes avant ? Mais attention, en cas de danger, elle se dresse sur un rocher et émet un bref sifflement. Car les prédateurs rodent : aigle royal, renard ou homme.

LE SAVIEZ-VOUS ?

Dormir comme une marmotte...

À l'automne, lorsque les jours raccourcissent et que la température baisse, la marmotte sait qu'il est temps d'aller au lit. Une nuit de six mois ! Auparavant, à la belle saison, elle mange sans restriction pour accumuler l'énergie sous forme de graisses. Elle s'abrite dans un terrier à 3 mètres de profondeur. La chambre est tapissée d'herbe séchée et peut accueillir une vingtaine de marmottes serrées les unes contre les autres. La température corporelle descend alors de 38 °C à un minimum de 5 °C, le rythme cardiaque passe de 200 battements par minute à 30. La marmotte pèse 5 ou 6 kg en octobre, plus que la moitié en avril à la fin de l'hibernation !

Des yeux de lynx

Solitaire, il vit dans les forêts sur un vaste domaine vital. Le lynx se laisse rarement observer, les derniers indices de présence relevés le situent dans le Chablais, les Bauges et le massif de la Chartreuse. Le grand félin à épais pelage gris-roux tacheté se montre discret mais pas farouche, ni agressif. Il chasse principalement le chamois et le chevreuil.

LE SAVIEZ-VOUS ?

L'expression « avoir des yeux de lynx » – avoir le regard perçant et par extension, y voir clair dans le comportement d'autrui – ne fait pas référence à notre animal. Il s'agit d'une déformation des « yeux de Lyncée ». L'Argonaute de la mythologie grecque, compagnon de Jason dans la quête de la Toison d'or, a des yeux qui voient à travers les nuages et jusqu'au centre de la Terre. Le lynx, lui, a une vision inférieure à celle de l'homme. Son ouïe, en revanche, est excellente !

LE SAVIEZ-VOUS ?

Hermine, lièvre variable et lagopède en tenue de camouflage

À l'approche de l'hiver, l'hermine, le lièvre variable et le lagopède (ou perdrix des neiges) ont la particularité de se fondre dans les pelouses alpines en changeant de couleur. Les poils des uns et les plumes de l'autre deviennent blancs, à l'exception du bout de la queue pour l'hermine et du bout des oreilles pour le lièvre. Ce phénomène de camouflage, l'homochromie, les rend invisibles aux prédateurs. Lors de la mue printanière, tous les trois redeviennent gris-brun pour passer inaperçus cette fois dans le paysage minéral.

Le tétras-lyre

Chez ce petit coq de bruyère réputé pour ses parades nuptiales, le plumage du mâle est resplendissant, noir à reflets bleus, tandis que celui de la femelle est passe-partout, brun barré de noir pour couver en sécurité. L'été, le tétras-lyre dort dans les arbres. L'hiver, il s'enfonce dans la neige pour se protéger du froid. Très craintif, il s'envole brusquement s'il est dérangé et s'épuise en brisant la croûte de neige de son abri alors même qu'il essaie de survivre une saison de plus.

L'aigle, oui, mais royal

Majesté des airs, l'aigle royal peut planer de longues heures. Sa technique de chasse laisse peu de chances à sa proie. Il la cerne avec son regard huit fois plus perçant que celui de l'homme, fond sur elle et projette ses serres en avant lorsqu'il l'atteint.

Avec le lynx, l'aigle royal est un « super-prédateur », capable de tuer d'autres prédateurs comme les renards et les hermines. Les marmottes, les lagopèdes et les lièvres restent toutefois son ordinaire.

Monarque mais aussi oiseau solaire. La légende veut que l'aigle royal soit le seul être vivant à pouvoir regarder le soleil en face sans se brûler les yeux.

Le gypaète barbu

C'est le plus grand rapace de France, ses ailes ont une envergure de près de 3 mètres ! Un oiseau impressionnant et inoffensif. Le gypaète est un charognard. Son surnom ? « Casseur d'os » car il se nourrit d'os pour l'essentiel et il les brise en les lâchant en vol sur des rochers. Pourtant, accusé de s'en prendre aux troupeaux et aux enfants, il est exterminé des Alpes au début du XXe siècle. Est-ce son allure démoniaque, avec son œil cerclé de rouge, sa barbichette autour du bec et son plumage roux sur la tête et le poitrail ? Grâce aux actions de réintroduction menées dans les années quatre-vingt, le gypaète barbu est de retour dans les cieux alpins.

Le chocard, quel pique-assiette !

Il est souvent appelé à tort « chouca » ! Le chocard est un habitué des cimes alors que le chouca ne dépasse pas une altitude de 1 000 mètres en général. Autres différences entre les deux cousins : le chocard a le bec jaune et les pattes rouges, le chouca s'habille de noir intégral. Le chocard accompagne les randonneurs, il fréquente assidûment les aires de pique-nique et les refuges !

Le chocard se laisse facilement nourrir mais attention à ne pas lui donner de pain : comme beaucoup d'oiseaux, il ne digère pas le gluten du blé.

Connaissez-vous le dahu des Alpes ?

À quoi ressemble-t-il ? À un chamois, un bouquetin, peut-être un lama à cornes. Où vit-il ? À flanc de montagne. L'animal est taillé pour. Ses deux pattes droites sont plus courtes que les gauches. À moins que ce ne soit l'inverse. Bref, il est équipé pour un seul sens de marche. Comment le chasser ? Siffler. Sa curiosité naturelle le pousse à faire demi-tour. Et là, c'est la chute.

Attention, zones protégées !

Leurs principales missions ? Protéger les milieux et les espèces, les gérer et accueillir le public pour l'informer et le sensibiliser.

Le parc national de la Vanoise

Site touristique majeur avec 600 kilomètres de sentiers de randonnée et cinquante-trois refuges, la Vanoise cherche un équilibre entre son cœur inhabité, réglementé, riche d'une faune et d'une flore protégées et sa périphérie, la zone d'adhésion, animée par l'activité des stations de sports d'hiver les plus connues : Les Ménuires, Val-Thorens, Méribel, La Tania, Courchevel, Pralognan-la-Vanoise, La Plagne, Les Arcs, Tignes, Val-d'Isère.

La Vanoise : fiche d'identité

- Création : 1963, premier parc national français à voir le jour.
- Situation : en Savoie, entre les vallées de la Tarentaise et de la Maurienne.
- Superficie : 53 500 ha.
- Point culminant : la Grande Casse, 3 855 mètres.

La réforme des parcs nationaux de 2006 instaure la rédaction d'une charte de territoire avec les communes concernées. Objectif : définir un projet de développement durable pour quinze ans. Chance pour les uns, pesanteur pour les autres, le parc suscite des réactions souvent passionnelles de la part des élus et des populations. Ce n'est pas nouveau. À sa création, les habitants d'un village s'indignent d'une perte d'autonomie auprès de Charles de Gaulle, président de la République.

LE SAVIEZ-VOUS ?

Un nouveau venu dans le parc de la Vanoise : le loup

Les bouquetins sont réintroduits depuis cinquante ans, les gypaètes barbus depuis plus de vingt ans. Le loup, lui, s'est invité dans le parc national ! Nouveau venu dans le décor de la Vanoise depuis quelques années, il arrive des Abruzzes en Italie via le Mercantour. La présence du loup justifie le recours aux protecteurs de troupeaux, les patous. Gros chien blanc, le patou naît dans la bergerie et tisse des liens très forts avec les moutons. D'instinct, il réagit à tout danger potentiel pour sa « famille » : sa corpulence et ses aboiements tiennent en respect les prédateurs… ou les intrus que sont les randonneurs. À l'approche d'un troupeau, un conseil : gardez vos distances, le patou veille !

Le parc naturel régional du massif des Bauges

« Vous habitez où ?

– Dans les Bauges.

– Ah, les Vosges !

– Non, non, les Bauges. »

Dialogue imaginaire ? Pas tant que ça ! Le massif des Bauges, situé entre Chambéry, Annecy et Albertville est méconnu et joue la carte du territoire préservé pour accueillir des visiteurs en quête de ressourcement.

Les Bauges : fiche d'identité

- Création : 1995 (label Geopark décroché en 2011, voir chapitre 7)
- Situation : Savoie (46 communes) et Haute-Savoie (18 communes)
- Superficie : 89 000 ha
- Point culminant : l'Arcalod, 2 217 mètres

Ce bastion calcaire, couvert à 60 % de forêts, abrite la moitié des espèces d'orchidées recensées en France. Le parc naturel régional assure la promotion de l'activité agricole à travers l'AOC fromagère « Tome des Bauges » et sa propre marque accolée à de la viande bovine, des plantes aromatiques et médicinales et du miel. La marque « Produit du Parc » concerne aussi le bois, en soutien à une exploitation de l'épicéa commun et du sapin pectiné respectueuse des saisons et des cycles lunaires, comme au temps des anciens.

LE SAVIEZ-VOUS ?

Utilisation de l'espace, alimentation, reproduction, survie en milieu montagnard : les Bauges constituent un terrain d'étude du chamois de renommée internationale. L'Office national de la chasse et de la faune sauvage (ONCFS) et le Centre national de la recherche scientifique (CNRS) conduisent depuis 1985 un programme de recherche sur des chamois équipés de colliers ou de GPS. L'observation des animaux a notamment permis de conclure que près de 40 % des petits ne survivent pas à leur premier hiver.

On dirait le Sud…

Par leur exposition au sud, la combe de Savoie et le plateau de la Leysse, dans le massif des Bauges, accueillent des espèces d'affinité méditerranéenne comme l'érable de Montpellier, des arbustes caractéristiques des garrigues tels le nerprun alaterne et le baguenaudier, des ophrys (petites orchidées), des insectes comme l'ascalaphe. Et ces *tsss, tsss, tsss* ? Oui, oui, des cigales !

Le parc naturel régional de Chartreuse

À quoi pensez-vous à l'évocation de Chartreuse ? À un massif, une liqueur ou un ordre religieux bien plus qu'à un parc naturel régional, non ? Pas étonnant. Les Chartreux et leur Chartreuse ont déjà une longue et riche histoire derrière eux. Par-delà les frontières…

La Chartreuse : fiche d'identité

- Création : 1995
- Situation : Savoie (19 communes) et Isère (41 communes)
- Superficie : 76 000 ha
- Point culminant : Chamechaude (Isère), 2 082 mètres

Plus de deux mille espèces végétales poussent dans le parc, notamment la vulnéraire des Chartreux. La petite fleur jaune entre-t-elle dans la composition de la fameuse liqueur ? Chut, seuls les pères chartreux connaissent les noms des cent trente plantes qui donnent son goût unique à l'élixir élaboré en Isère depuis le XVIIIe siècle. Chantée par ZZ Top, mentionnée dans la BD *Blake et Mortimer*, bue dans le roman *Gatsby le Magnifique* de Francis Scott Fitzgerald et dans le film *Boulevard de la mort* de Quentin Tarantino, la Chartreuse assure la renommée internationale d'un territoire. Au-delà d'un nom porteur, le parc naturel régional espère être reconnu pour ses actions de soutien aux savoir-faire artisanaux et agricoles et aux activités pleine nature : randonnée, escalade, canyoning, spéléologie, ski et depuis 2011, trail avec 80 kilomètres de parcours spécifiques.

LE SAVIEZ-VOUS ? Les bouquetins dévalent les falaises calcaires de la Chartreuse depuis peu. Initiateur de la réintroduction de trente animaux en provenance du massif de Belledonne et de la Vanoise en 2010 et 2011, le parc naturel régional s'engage à suivre à la trace Chipie, Popeye, Iris, Kiwi et leur descendance pendant au moins six ans. Le nom des bouquetins ? Choisis par les écoliers.

CURIOSITÉ Non, vous ne voyez pas double ! Il y a bien, au cœur du parc, un Saint-Pierre-d'Entremont en Savoie et un Saint-Pierre-d'Entremont en Isère. Entre les villages coule une rivière, le Guiers Vif, frontière naturelle autrefois entre la Savoie et la France. Deux départements, deux communes mais un seul bureau de poste distributeur, côté savoyard, et donc un code postal unique : 73670. Étonnant, non ?

Les réserves naturelles

Les paysages de Savoie et de Haute-Savoie sont décidément précieux. Aux côtés du parc national et des parcs naturels régionaux, les réserves naturelles. Pas moins de quinze dans les deux départements !

- La réserve naturelle du Delta de la Dranse, au bord du Léman, étape pour un grand nombre d'oiseaux migrateurs.
- La réserve naturelle de Sixt, dans le massif du Giffre avec le cirque glaciaire du Fer-à-Cheval, plus grand cirque alpin et sa trentaine de cascades l'été.
- La réserve naturelle de Passy, face au massif du Mont-Blanc, ses alpages et ses tourbières.
- La réserve naturelle de Carlaveyron aux reliefs contrastés, plateau d'altitude et gorges de la Diosaz.
- La réserve naturelle des Aiguilles-Rouges, paradis des marmottes, observatoire privilégié des glaciers et sommets du massif du Mont-Blanc, au bord du lac Blanc.
- La réserve naturelle du vallon de Bérard, dans le prolongement de la réserve des Aiguilles-Rouges, important couloir de migration pour les oiseaux et insectes.
- La réserve naturelle des Contamines-Monjoie, la plus haute de France entre 1 100 mètres et 3 892 mètres, et son imposant glacier de Tré-la-Tête.
- La réserve naturelle du Roc de Chère, petit massif forestier au bord du lac d'Annecy, belvédère sur la baie de Talloires et les montagnes des Bauges.
- La réserve naturelle du Bout du Lac, grande zone humide sur les rives du lac d'Annecy et ses castors.
- La réserve naturelle de Tignes-Champagny, en Vanoise, couloir de migration des bouquetins.
- Les réserves naturelles des Hauts de Villaroger, de la Grande Sassière, de la Bailletaz et du Plan de Tueda, créées pour compenser le développement des stations de sports d'hiver en Vanoise et son impact sur la nature.
- La réserve naturelle des Hauts de Chartreuse, l'un des plus longs réseaux de grottes de France (250 kilomètres explorés), abris des chauves-souris.

CURIOSITÉ

L'une des grottes des Hauts de Chartreuse, la Balme à Collomb, recèle un trésor. En 1988, au hasard d'une exploration, des spéléologues découvrent des milliers d'ossements d'ours des cavernes. Le dernier animal emblématique de la préhistoire y passe les longs mois d'hiver il y a plus de vingt mille ans. Collombine, ourse des cavernes reconstituée avec de vrais os, vous accueille au musée d'Entremont-le-Vieux. La grotte, elle, est fermée au public afin de préserver le gisement.

RENCONTRE

Le point de vue… d'un photographe

Il est géologue de formation et photographe de profession. Il aime le paysage dans son ampleur et le détail dans sa fragilité. Une montagne ou des cristaux de glaces. Une forêt ou un narcisse des poètes. Il est né à Annecy en 1977 et vit aujourd'hui dans le massif des Bornes. Il s'appelle Antoine Berger.

« J'ai étudié ces montagnes de manière scientifique. Je vois les plis, les failles et je ne peux plus m'en détacher. Avec la photographie, j'ai un regard plus contemplatif. Il y a des photos que je n'aurais jamais prises si je n'étais pas géologue : un très beau pli que je veux mettre en valeur, l'alternance entre le calcaire et l'argile. Je vis dans des montagnes très vertes, très forestières, plutôt accueillantes. J'aime bien les massifs préalpins, ils ont un air débonnaire et pas forcément exceptionnel. Mais finalement, les petites montagnes à vache offrent des paysages extraordinaires si la lumière est là. Le meilleur moment ? Au lever du jour et en fin de journée, la lumière est douce. Je vais rechercher les temps capricieux, les ambiances. Je suis très fan du brouillard en forêt. Il faut qu'il y ait des nuages, de la matière. Le ciel bleu est ennuyeux. Il fait gris, il pleut un peu, je me dis : « Je vais tenter la sortie ». Et tout se dégage la dernière heure avec des nuages et le soleil couchant. On part sans conviction et on revient avec des étoiles dans les yeux. Les mots pour évoquer la montagne ? Sérénité, apaisement. Un petit côté drogue aussi. À un moment, je sais qu'il faut que je monte. »

Une nature grand écran

Alpages, glaciers, pentes enneigées, lacs : les Savoie font leur cinéma. Flash back sur quelques-uns des films sortis ces vingt dernières années.

- *Tout ça… pour ça !* de Claude Lelouch (1993) tourné à Chamonix, Excenevex et sur le mont Blanc.
- *Les Marmottes* d'Élie Chouraqui (1993) ou la vie en tribu à Chamonix, à Argentière et aux Houches.
- *Le Parfum d'Yvonne* de Patrice Leconte (1994) flotte à Évian-les-Bains, Excenevex, Thonon-les-Bains et sur le Léman.
- *Les Voleurs* d'André Téchiné (1996) autour de Catherine Deneuve et Daniel Auteuil à Samoëns, Taninges et Cluses.
- *Fallait pas !* de Gérard Jugnot (1996) réalisé à Val-d'Isère, Sainte-Foy-Tarentaise, Montmélian et à Challes-les-Eaux.

- *Rien ne va plus* de Claude Chabrol (1997) avec l'association de malfaiteurs Michel Serrault-Isabelle Huppert au casino d'Aix-les-Bains.
- *La Classe de neige* de Claude Miller (1998) et son tournage aux Gets, à Morzine et dans la vallée d'Aulps.
- *Le monde ne suffit pas* de Michael Apted (1999) et l'agent 007/Pierce Brosnan dévalant les pistes, dans la vallée de Chamonix.
- *Les Rivières pourpres* de Mathieu Kassovitz (2000), thriller tourné dans la vallée de la Maurienne et aux glaciers du Tour et d'Argentière.
- *Mademoiselle* de Philippe Lioret (2001) mettant en scène Sandrine Bonnaire et Jacques Gamblin à Annecy, Chambéry, Aix-les-Bains.
- *Taxi 3* de Gérard Krawczik (2003) et une scène réalisée à Tignes.
- *Malabar Princess* de Gilles Legrand (2004) filmé à Chamonix, aux alentours du mont Blanc, Argentière, Vallorcine, Saint-Gervais, Les Houches et La Plagne.
- *Mon petit doigt m'a dit* (2005), *Le crime est notre affaire* (2008), *Associés contre le crime* (2012) de Pascal Thomas, trois volets des aventures de Prudence et Bélisaire Beresford au château de Châtillon au bord du lac du Bourget, au château des Avenières à Cruseilles, au Châtelard dans les Bauges, aux thermes d'Aix-les-Bains, aux Gets et à Talloires.
- *Les Aiguilles Rouges* de Jean-François Davy (2006) ou le Brévent, dans le massif du Mont-Blanc, comme punition pour un groupe de scouts.
- *La Jeune Fille et les Loups* de Gilles Legrand (2008) avec Laetitia Casta dans les paysages de Sixt, du plateau des Glières, d'Argentière et du cormet d'Arêches.
- *La Première Étoile* de Lucien Jean-Baptiste (2009) ou les premières vacances aux Gets d'une famille.
- *Vertige* d'Abel Ferry (2009) tourné aux environs de Modane.
- *Le Dernier pour la route* de Philippe Godeau (2009) réalisé à Aix-les-Bains, Viviers-du-Lac, sur le lac du Bourget, Sainte-Marie-d'Alvey et Yvoire.
- *Au-delà* de Clint Eastwood (2010) avec des scènes tournées à Chamonix.
- *Mince alors !* de Charlotte de Turckheim (2012) et un gros plan sur les cures à Brides-les-Bains.
- *11.6* de Philippe Godeau (2013) à Chamonix, Passy, Argentière avec François Cluzet dans la peau de Toni Musulin, convoyeur de fonds.
- *Belle et Sébastien* de Nicolas Vanier (2013) ou l'histoire d'une amitié filmée en Haute-Maurienne, à Bessans, Bonneval-sur-Arc, Lanslebourg, Bramans.

ANECDOTE

Le planter de bâton !

Il en manque un dans la liste, non ? Un film culte. Évidemment *Les Bronzés font du ski* ou la suite des aventures de Gigi, Jérôme, Popeye, Nathalie, Bernard et Jean-Claude en 1979. Le réalisateur Patrice Leconte et la troupe du Splendid se retrouvent à Val-d'Isère. Au générique : Marie-Anne Chazel, Christian Clavier, Thierry Lhermitte, Gérard Jugnot, Josiane Balasko, Michel Blanc mais aussi Fernand Bonnevie. Fernand Bonnevie, non pas acteur mais vrai moniteur de ski à Val-d'Isère qui enseigne l'inoubliable « planter de bâton » à Jean-Claude Dusse. Le réalisateur cherche un moniteur avec du caractère ? Il tombe sur le bon numéro. Fernand Bonnevie, né en 1915, a alors plus de 60 ans, l'accent savoyard et déjà tenu tête à Jean Gabin lors d'une leçon. D'accord pour le tournage mais que ça ne dure pas trop longtemps ! Quant à la scène « Monsieur Dusse, ce qui ne va pas, c'est le planter de bâton », elle aboutit à une trentaine de trous dans le blouson bleu du moniteur avalin. « C'est un trésor, ce blouson », confie Nicole, sa fille qui va voir le film dès sa sortie. Elle ressent « beaucoup de fierté. C'était tout à fait lui. C'était quelqu'un mon père ». Le 26 mai 2013, Fernand Bonnevie rejoint les neiges éternelles. À 98 ans.

Chapitre 11

Le ciel, l'air et le réchauffement climatique

Dans ce chapitre :

- Des températures extrêmes
- Des envies de changer d'air
- Des glaciers qui se retirent

Un soleil plus chaud, un froid plus glacial, un air plus pur ? Quelle est la réalité ? À la montagne, l'homme révèle sa vraie nature. Parfois, ce n'est pas sans conséquence.

Quel temps fait-il ?

Le climat de montagne ? Très riche dans sa diversité. La faute au relief ! Tout change d'un massif à l'autre, d'une vallée à l'autre.

Des températures extrêmes !

Les randonneurs n'oublient jamais de prendre un vêtement chaud en plein été. Et pour cause. La température diminue avec l'altitude. Un exemple : nous sommes à Chamonix (1 042 m), un samedi d'octobre ensoleillé. 23 °C l'après-midi. Au même moment à 2 365 m, dans les Aiguilles-Rouges, la température n'est plus que de 8 °C et à l'aiguille du Midi (3 845 m), le thermomètre affiche – 3 °C. La règle retenue ? 0,6 °C de baisse en moyenne tous les 100 mètres. La température varie aussi selon l'exposition du versant. À altitude égale, l'adret orienté vers le sud bénéficie de plus de chaleur que l'ubac, orienté vers le nord.

LE SAVIEZ-VOUS ?

Il arrive que les températures soient plus élevées en altitude qu'en vallée. Ce phénomène appelé « inversion des températures » est particulièrement sensible l'hiver en conditions anticycloniques. Par nuit claire, le sol se refroidit naturellement et au contact, l'air se refroidit à son tour. Plus lourd, il reste plaqué en fond de vallée sous une couche d'air chaud. L'inversion des températures peut donc aggraver les effets de la pollution atmosphérique.

De l'art de souffler le chaud et le froid

Prenons quatre lieux : Chambéry (256 m), Annecy (426 m), Chamonix (1 042 m) et Bessans (1 715 m) en Haute-Maurienne. Où et quand fait-il le plus chaud ? À Annecy, le 13 août 2003, Météo-France enregistre 40 °C. Le maximum absolu de Chambéry est 38,8 °C le 11 août 2003, de Chamonix 37,2 °C le 31 juillet 1983, de Bessans 30,6 °C le 19 août 2012. Quant au minimum absolu, il atteint – 19 °C à Chambéry le 7 janvier 1985, – 20,4 °C à Annecy le 9 janvier 1985, – 25,2 °C à Chamonix le 6 janvier 1985 et – 31 °C à Bessans le 12 janvier 1987 !

LE SAVIEZ-VOUS ?

Par leur masse d'eau, les lacs du Bourget, d'Annecy et le Léman (voir chapitre 8) régulent le climat. Ils tempèrent la chaleur estivale et adoucissent la rigueur hivernale.

Que d'eau !

Les Alpes constituent un château d'eau. En Savoie et Haute-Savoie, la pluviométrie est l'une des plus élevées de France : elle s'échelonne entre 500 et 2 000 millimètres par an. À titre de comparaison, il tombe entre 600 et 700 millimètres d'eau dans le bassin parisien. La ligne des précipitations maximales se situe le long des Préalpes : Chartreuse, Bauges et jusqu'aux Aravis. Imaginez 2 mètres d'eau sur ces massifs chaque année ! En revanche, les Alpes internes sont moins arrosées : à peine 1 300 millimètres par an dans la vallée de Chamonix et le minimum de 500 à 600 millimètres enregistrés en Haute-Maurienne. Où est-on le plus au sec ? Dans le bassin genevois et dans le secteur de Modane.

LE SAVIEZ-VOUS ?

Au-dessous de 1 000 mètres, la neige est présente durant les trois mois de l'hiver. Au-delà de 2 000 mètres, l'enneigement persiste au moins six mois, d'octobre-novembre à avril-mai.

Fermés à la circulation l'hiver, les hauts cols comme le Petit-Saint-Bernard (2 188 m), le Galibier (2 645 m) ou l'Iseran (2 770 m), plus haut passage routier d'Europe, ne rouvrent qu'aux mois de mai-juin. Au Petit-Saint-Bernard, deux vallées fêtent leurs retrouvailles chaque année. Face à face, les engins de déneigement savoyard et valdôtain dégagent les derniers mètres de route et ouvrent symboliquement la voie de l'amitié franco-italienne.

ANECDOTE

L'âne et le bonnet

Le plus haut sommet de l'Europe occidentale se coiffe parfois d'un nuage lenticulaire. « L'âne du mont Blanc » prédit la pluie. Mais comme « mont Blanc ne peut si Verte ne veut », tout peut s'arranger si l'aiguille Verte est dégagée. Les Chambériens, eux, s'en remettent à la dent du Nivolet : « Quand le Nivolet met son bonnet de nuit, Chambéry prend son parapluie » !

Tableau 11-1 : Le mercure et la rainette

	Température moyenne annuelle	*Précipitations moyennes annuelles*
Chambéry (256 m)	11,5 °C	1 221 mm
Lescheraines (590 m)	8,9 °C	1 369 mm
Bourg Saint-Maurice (865 m)	10 °C	986 mm
Aillon-le-Jeune (900 m)	–	1 905 mm
Modane (1 228 m)	8,1 °C	574 mm
Gaillard (396 m)	11 °C	970 mm
Annecy (426 m)	10,8 °C	1 229 mm
Chamonix (1 042 m)	7,3 °C	1 281 mm
Le Grand Bornand (1 300 m)	6,9 °C	1 959 mm
Paris (50 m)	12,4 °C	637 mm
France	12,6 °C	932 mm

Sources : Météo France. N.B. : la station d'Aillon-le-Jeune, dans les Bauges, n'effectue que les relevés de précipitations.

Soufflé par le foehn ou la lombarde

Quand le vent bute contre un relief, il le contourne ou il le surmonte. Si une masse d'air humide s'élève le long d'un versant, elle se refroidit, se condense et produit des précipitations, pluie ou neige. L'air franchit la crête, redescend l'autre versant et se réchauffe par compression. De frais et humide, le vent devient chaud et sec. C'est l'effet de foehn, en référence au vent de sud qui souffle dans les vallées des Alpes autrichiennes et suisses. Le phénomène peut entraîner une différence de température de 10 °C entre les versants au vent et les versants sous le vent d'un massif.

LE SAVIEZ-VOUS ?

Le versant « au vent » d'une montagne subit le vent tandis que le versant « sous le vent » en est abrité. L'effet de foehn explique pourquoi le versant au vent est plus humide et plus verdoyant que le versant sous le vent.

Par extension, on parle de « foehn » à propos du vent violent qui arrive d'Italie et redescend les vallées de Chamonix et de la Tarentaise. Un vent chargé d'humidité sur le versant italien et asséché de l'autre côté de la frontière. Ce même vent est baptisé « lombarde » dans la vallée de la Maurienne.

CURIOSITÉ

C'est le vent le plus fort relevé jusqu'à présent dans toute la région Rhône-Alpes en zone habitée. Il souffle en mars 1986 à Chambéry, à près de 173 mètres/h ! La cluse de Chambéry est très sensible aux rafales orageuses. Elle en connaît une autre à 155 km/h en août 2003, lors de la canicule.

Une station météo au zénith !

Elle est située 3 mètres au-dessus du sommet lui-même. À 3 845 mètres, la station météorologique de l'aiguille du Midi est la plus haute de France. Son capteur de vent à ultrason et sa sonde thermométrique permettent de connaître la force du vent et la température en temps réel et d'évaluer le « refroidissement éolien » pour les personnes, plus connu sous le nom de « températures ressenties ».

Le bon air de la montagne !

La montagne, source d'air pur ? C'est vrai globalement. Sauf à mettre le nez certains jours dans la vallée de l'Arve…

Des globules à gogo

« Ah, ce qu'on respire bien ». Parole de randonneur ou de skieur. Pourquoi cette sensation de bien-être ? Parce qu'en altitude, nous « globulons » ! Explication : plus nous grimpons, plus l'apport en oxygène diminue. Or, l'organisme a besoin d'oxygène pour produire de l'énergie. Il va alors compenser ce manque par une accélération de la respiration et du rythme cardiaque. Après plusieurs semaines en altitude, le corps s'acclimate et produit des globules rouges supplémentaires. Pas de soucis à se faire pour les Savoyards et Haut-Savoyards, ils sont équipés de naissance en globules ! En revanche, pour les visiteurs, la montagne agit comme un produit dopant dont ils conservent le bénéfice à leur retour pendant plusieurs semaines. Un effet que viennent rechercher les sportifs pour réaliser de meilleures performances.

L'air qui soigne

Dès le XIXe siècle, en pleine révolution industrielle, la science médicale met de l'espoir dans les vertus de la montagne, son air pur et vivifiant hors de portée des banlieues enfumées. Des sanatoriums témoignent de la lutte engagée contre la tuberculose. Face au massif du Mont-Blanc, plusieurs établissements hospitaliers naissent sur les hauteurs ensoleillées de Passy, au plateau d'Assy, dans les années vingt à trente. Des bâtiments construits entre 1 100 mètres et 1 400 mètres d'altitude pour accueillir les malades tout le temps que nécessite leur cure climatique. L'un d'eux, le Roc des Fiz, est emporté par une coulée de boue et de neige dans la nuit du 15 au 16 avril 1970. Cinquante-six enfants venus soigner leur affection pulmonaire et quinze membres du personnel meurent. Les recherches dans les gravats durent trois jours. Une modeste stèle rappelle le souvenir des victimes.

Inspirez… toussez : le cas de la vallée de l'Arve

Sur l'Autoroute Blanche, des panneaux demandent certains jours aux conducteurs de lever le pied pour ne pas aggraver la pollution. Cluses, Sallanches, Passy, Chamonix : nous sommes dans la vallée de l'Arve et c'est là, particulièrement, que les poumons ne disent pas merci. Les principaux fauteurs de troubles ? Les PM10 et les oxydes d'azote.

LE SAVIEZ-VOUS ?

Les PM10 (*particulate matters* en anglais) sont des particules en suspension dans l'air de moins de 10 micromètres de diamètre. Leurs effets sur la santé ? Asthme, insuffisance respiratoire, bronchite chronique, maladies cardio-vasculaires, accidents vasculaires cérébraux, cancers pulmonaires. Ces poussières fines sont produites pour moitié par le chauffage au bois, le reste par le trafic routier et l'industrie. Quant au dioxyde d'azote, à l'origine également de troubles respiratoires, il est lié à 80 % au transport.

Parce qu'ils concentrent l'habitat, la circulation et l'activité économique, les fonds de vallée sont davantage touchés par la pollution atmosphérique. De plus, l'hiver, période de chauffage et donc de pics d'émission de PM10, ils subissent fréquemment le phénomène d'inversion de température qui agit comme un couvercle et empêche la dispersion des rejets polluants. Mais pourquoi la vallée de l'Arve plus que d'autres ? Elle est densément peuplée : environ cent cinquante mille habitants, sans compter le tourisme d'hiver et d'été. Elle constitue l'un des principaux pôles industriels de la région Rhône-Alpes avec le décolletage. Elle voit s'engouffrer environ un million huit cent mille véhicules dans le tunnel du Mont-Blanc chaque année. Une vallée hors la loi puisqu'elle franchit le seuil admis de pollution aux PM10.

LE SAVIEZ-VOUS ?

La réglementation sur les particules PM10, fixée à 50 $\mu g/m^3$ en moyenne journalière, autorise un dépassement trente-cinq fois par an. Or la vallée de l'Arve dépasse ce seuil depuis 2007. En 2011, elle affiche même l'inquiétant record de soixante-dix jours au-dessus des normes de concentration ! Chaque année, les mois de janvier et février totalisent à eux seuls une trentaine de jours de dépassement. La vallée de l'Arve n'est pas l'unique mauvais élève en France : cela nous vaut un contentieux avec l'Union européenne.

Les feux d'artifice, explosion de particules

Le passage au nouvel an s'accompagne souvent d'un pic de pollution. Les concentrations en PM10 bondissent en effet entre 21 heures et 3 heures dans la nuit du 31 décembre au 1er janvier. Mis en cause : les feux d'artifice. Ils sont interdits dans la vallée de l'Arve en cas d'épisode de pollution. La municipalité de Chamonix va plus loin. Elle les interdit totalement l'hiver mais maintient la tradition du 14 juillet, sauf bien sûr si les seuils aux PM10 sont dépassés !

Quels remèdes alors à ces menaces sur la santé ? Les pouvoirs publics élaborent des plans de protection de l'atmosphère (PPA). Celui de la vallée de l'Arve concerne quarante et une communes, de Contamine-sur-Arve (à l'ouest de Bonneville) à Vallorcine (à la frontière suisse) et agit sur deux leviers principaux : le chauffage et les transports. Le plan prévoit un fonds pour inciter les populations à remplacer leurs appareils de chauffage à faible rendement énergétique par des équipements plus performants. Il mise aussi sur l'interdiction du brûlage des déchets verts et de l'écobuage, la réduction de la vitesse maximale en période hivernale et l'interdiction de circuler des véhicules les plus polluants. Ces mesures vont-elles assez loin ? Y a-t-il suffisamment de contrôles ? Prendre un bon bol d'air en montagne, les touristes y parviennent. À quand le tour des habitants de la vallée de l'Arve ? Eux aussi ont envie de changer d'air…

La mémoire des glaciers

Les glaciers se souviennent des nuages nucléaires. Sur la voie normale du mont-Blanc, au col du Dôme (4 300 m), des poussières en provenance de la centrale nucléaire de Tchernobyl apparaissent lors de carottages. Près de trente ans après la catastrophe ukrainienne (1986), des radioéléments sont emprisonnés à 90 mètres de profondeur.

Un environnement sensible au réchauffement climatique

Chaud, froid, chaud. Le climat est cyclique. Il ressemble à celui de la Floride lorsque les Alpes s'élèvent. Bien plus tard, la chaleur cède la place à près de trente glaciations. Aujourd'hui, le réchauffement climatique modifie les paysages.

Les glaciers, marqueurs du climat

Souvent impressionnant et pourtant si sensible. Sensible aux variations climatiques. Donnez-lui froid et le glacier est en bonne santé ! Entre 1955 et 1983, les glaciers vivent de belles années avec des étés plus frais et des hivers bien enneigés. Ils reprennent du volume. Mais aujourd'hui, tous les glaciers alpins sont en retrait.

LE SAVIEZ-VOUS ?

Un glacier recule-t-il ? À proprement parler, non, il ne remonte pas la pente ! En fait, un glacier avance en permanence sous l'effet de son poids. Seul le front glaciaire perd du terrain à cause du réchauffement des températures. Mieux vaut donc parler d'un retrait du glacier !

L'exemple de la mer de Glace

La mer de Glace connaît son maximum d'extension au milieu du XIXe siècle : 2,5 kilomètres plus longue qu'aujourd'hui et 190 mètres de plus d'épaisseur au Montenvers. La vitesse d'écoulement traduit aussi la vigueur du glacier : 110 m/an au niveau du Montenvers en 1890, 75 m/an en 1980 alors qu'il est en crue, 30 m/an environ aujourd'hui ce qui est très faible. Chaque année, la mer de Glace perd en moyenne 40 mètres de longueur et 4 mètres d'épaisseur au Montenvers.

Et dans les années qui viennent ?

En Haute-Savoie et Savoie, des glaciers sont suivis de près. Plusieurs fois par an, des chercheurs du Laboratoire de glaciologie et de géophysique de l'environnement (LGGE) de Grenoble mesurent le volume, l'épaisseur, la longueur et la vitesse d'écoulement de la mer de Glace et du glacier d'Argentière dans le massif du Mont-Blanc, du glacier de Gébroulaz en Vanoise et du glacier de Saint-Sorlin dans le massif des Grandes Rousses. Ils étudient l'évolution de la fonte. À l'échelle mondiale, la communauté scientifique prévoit une élévation des températures de 1,5 °C à 6 °C d'ici la fin du XXIe siècle. En partant d'une hypothèse de 3 °C de hausse, plausible dans les Alpes selon le LGGE, le glacier de Saint-Sorlin disparaît en 2090.

RENCONTRE

Le point de vue… d'un glaciologue

Originaire de la vallée de Chamonix, Sylvain Coutterand est glaciologue, géomorphologue et docteur en géographie. Ses activités se partagent entre vulgarisation, enseignement et recherche. Les conséquences du réchauffement climatique sont-elles préoccupantes selon lui ?

« À l'échelle de nos générations, oui, c'est inquiétant parce que dans vingt ou trente ans, on ne verra plus de belles choses. Le retrait des glaciers est parti pour durer quelques dizaines d'années, c'est évident. À l'échelle de plusieurs siècles, c'est moins inquiétant. Il y a beaucoup de phénomènes cycliques, réchauffements puis refroidissements. À l'âge du bronze ou à l'époque romaine, les glaciers des Alpes étaient plus courts qu'aujourd'hui. Grâce à des souches d'arbres retrouvées dans les moraines de la mer de Glace, on a la preuve que la végétation remontait 200 mètres plus haut. Actuellement, les glaciers retrouvent l'état dans lequel ils étaient au Moyen Âge, vers l'an 1000.

Nous sommes dans une phase de réchauffement depuis 1850 et à partir des années soixante-dix, il y a une remontée très impressionnante de la teneur en gaz à effet de serre dans l'atmosphère. C'est un phénomène jamais vu à une telle vitesse. L'impact humain est vraiment là : les carottes de glace du Groenland le révèlent. Beaucoup de petits glaciers disparaissent aujourd'hui dans les Pyrénées. Dans le massif du Mont-Blanc, on a encore une centaine de glaciers et quelques gros appareils comme la mer de Glace ou le glacier d'Argentière, les Bossons. Si les glaciers devaient un jour complètement disparaître des Alpes, le dernier serait celui du sommet du mont Blanc, du fait de l'altitude. »

La montagne qui s'écroule

ÉVÉNEMENT

Juin 2005. Dans la vallée de Chamonix, une partie de l'histoire de l'alpinisme part en poussière. Les Drus tremblent. Dans la face ouest, le pilier Bonatti – du nom de l'Italien Walter Bonatti qui ouvre cette voie en solitaire en 1955 – glisse le long de la paroi dans un fracas mémorable. Plus de 260 000 m³ de roche se détachent d'un bloc, la cicatrice est encore visible. En 1997 déjà, le pilier est grignoté, 20 000 m^3 s'écroulent. Un peu plus de 6 000 m^3 en 2003 pendant l'été caniculaire. Après le pilier Bonatti, 12 000 m^3 de roche s'effondrent encore dans les Drus en septembre 2011, 60 000 m^3 le mois suivant…

Que se passe-t-il ? L'explication tient en trois mots : dégradation du permafrost. Responsable : le réchauffement climatique.

Le permafrost (terme anglais) ou pergélisol désigne les terrains gelés en permanence dans lesquels les eaux d'infiltration, transformées en glace, jouent le rôle de ciment. Quand la température remonte et s'approche de 0 °C, la glace fond dans les fissures des parois rocheuses ou les éboulis. La roche perd sa cohésion. Fragilisée, elle s'effondre ou devient meuble. Le dégel se produit chaque année à des altitudes de plus en plus élevées. Selon les spécialistes, les Alpes s'exposent à des risques plus fréquents d'écroulements et de glissements de terrains.

La face nord du Granier

Dans le massif de la Chartreuse, un sommet, le Granier et son impressionnant abrupt de 900 mètres de haut. Une falaise née tragiquement en 1248 de l'écroulement d'une partie de la montagne. Plusieurs millions de mètres cubes de roche ensevelissent la population de Saint-André et de villages alentour. Seule la chapelle de Myans est épargnée. Ainsi naît la légende et les pèlerins viennent toujours nombreux au sanctuaire se recueillir auprès de la Vierge noire. Au pied du Granier, la végétation et les hommes reconquièrent le chaos rocheux au fil des siècles. Les abymes de Myans et leurs coteaux caillouteux sont aujourd'hui couverts de vignobles. Ils produisent le cru le plus connu de Savoie : l'apremont.

La montagne du futur

Quel visage auront demain la Savoie et la Haute-Savoie avec le réchauffement de la planète ? Une élévation des étages de végétation, un écosystème bousculé. Quel impact sur l'agriculture ? Des menaces sur la flore et la faune, notamment le bouquetin, le lagopède, le tétras-lyre qui préfèrent la fraîcheur. L'apparition de nouvelles espèces. L'altération des paysages caractéristiques, tels les glaciers. La raréfaction de l'enneigement dans les Préalpes. Quelles conséquences pour le tourisme ? Des questions sur la ressource en eau. Le renforcement des aléas naturels, laves torrentielles, avalanches, feux de forêts. Quelle prévention des risques ? Quelles politiques publiques mettre en œuvre ? La réflexion est engagée. Anticiper pour relever au mieux les défis du changement climatique.

Troisième partie

Une économie créée entre monts et merveilles

Dans cette partie...

Des champs de blé aux déserts glacés, en passant par les vallées industrielles, les villes carrefours, les lacs poissonneux, les côtes plantées de vignes, les villages d'antan, les versants blancs comme neige ou verts évasion, les Pays de Savoie multiplient les richesses des lieux. Les Savoyards les font fructifier ici et ailleurs et les visiteurs les dévorent.

Chapitre 12

Terre, lacs, vignes, brebis, chèvres et vaches, la récolte du meilleur

Dans ce chapitre :

- Petit état des lieux de la Savoie et de la Haute-Savoie
- Des pâtes crémeuses, des poissons rares, des petits champignons, des fruits ronds
- Des vins d'initiés
- De bonnes bêtes
- Et tout le ramdam des alpages

Les chiffres clés des terres et des hommes

À première vue (de Paris au moins), la Savoie et la Haute-Savoie se ressemblent et s'assemblent. Eh non ! Faits et chiffres à l'appui.

Dans toutes leurs dimensions

Savoie

- **Superficie :** 6 028 km^2 (soit 14 % de la région Rhône-Alpes) ;
- **Population :** 428 751 habitants ;
- **Densité :** 68 hab/km^2 ;
- **Villes principales :** Chambéry, Aix-les-Bains, Albertville, La Motte-Servolex, Saint-Jean-de-Maurienne ;
- **Emploi :** 1,6 % agriculture, 7,6 % BTP, 11,9 % industrie, 28,5 % tertiaire non marchand, 50,4 % tertiaire marchand (Source INSEE, 2010).

Haute-Savoie

- **Superficie :** 4 388 km^2 (soit 10 % de la région Rhône-Alpes) ;
- **Population :** 760 979 habitants ;
- **Densité :** 165 hab/km^2 ;
- **Villes principales :** Annecy, Annemasse, Thonon-les-Bains, Annecy-le-Vieux, Cluses ;
- **Emploi :** 1,5 % agriculture, 7,8 % BTP, 16,5 % industrie, 27 % tertiaire non marchand, 47,2 % tertiaire marchand (Source INSEE, 2010).

Ce que l'autre a ou n'a pas

Savoie

- 90 % du territoire situé en zone de montagne ;
- 63 stations de ski alpin et/ou nordique ;
- Premiers sites touristiques visités : abbaye d'Hautecombe, galerie Euréka (Chambéry) et aquarium de la Maison du lac (Aix-les-Bains) (Source Observatoires départementaux de Rhône-Alpes, 2011).

Haute-Savoie

- 50 stations de sports d'hiver ;
- 652 100 lits touristiques pour une clientèle à 25 % étrangère (britannique, néerlandaise, allemande, suisse, italienne, etc.) ;
- Fin 2012, 82 000 personnes résidant en Haute-Savoie travaillent en Suisse. Pour la plupart dans la santé, les actions sociales, le commerce de détail et la construction ;
- Premiers sites touristiques visités : le téléphérique de l'aiguille du Midi, le chemin de fer du Montenvers-mer de Glace et le téléphérique du Brévent (Source Observatoires départementaux de Rhône-Alpes, 2011).

Savoie et Haute-Savoie confondues

- 599 communes et 71 cantons ;
- 2 aéroports régionaux : Annecy et Chambéry ;
- 17 gares desservies par les TGV, Thalys neige et Eurostar des neiges en saison ;

- Plus de 320 kilomètres d'autoroutes (A40, A410, A41, A41 nord, A43, A430) ;
- 14 190 kilomètres de sentiers balisés ;
- 5 426 kilomètres d'itinéraires cyclo balisés ;
- 107 sites d'envol en parapente ;
- 48 vias ferratas ;
- Au 1er janvier 2013, 1 189 730 personnes habitent dans les Pays de Savoie (Savoie et Haute-Savoie) ;
- Territoire de montagne, les Pays de Savoie voient leurs populations s'installer majoritairement dans les centres urbains et les vallées ;
- Après les hivers 2008-2009 et 2011-2012, la France arrive, pour la troisième fois, en tête des destinations les plus prisées pour le ski, devant les États-Unis et l'Autriche. Les stations de ski françaises enregistrent 57,9 millions de journées-skieurs pour la saison 2012-2013 dont 35 millions en Savoie Mont-Blanc ;
- Avec plus de 110 stations et villages de sports d'hiver, les Pays de Savoie représentent la première destination neige mondiale ;
- Un domaine skiable de 566 km², soit 55 % du domaine skiable français ;
- 18 domaines alpins dont les Trois Vallées, l'Espace Killy, les Portes du Soleil, Paradiski, l'Espace Diamant, le Grand Massif, l'Espace San Bernardo, les Sybelles, Évasion Mont-Blanc… ;
- 85 % des stations de sports d'hiver optent pour la production de neige de culture ;
- Les stations et villages de sports d'hiver voient, en moyenne, leur population doubler en hiver (de mi-décembre à mi-avril) et en été (du 1er juillet au 31 août) ;
- Ces deux saisons en une année contraignent nombre de montagnards à la pluriactivité : moniteur de ski et accompagnateur en moyenne montagne en saison, par exemple, artisan le reste de l'année ;
- Avec les lacs, le thermalisme (8 stations thermales) et la montagne, les Pays de Savoie proposent des emplois (serveurs, cuisiniers, animateurs sportifs, employés de petits commerces…) au bord des lacs en été, en station en hiver ;
- 89 % de la production du lait des Pays de Savoie est transformée en fromages AOP ou IGP (reblochon, tomme de Savoie, abondance…) ;
- La forêt de sapins et d'épicéas pour l'essentiel couvre 33 % de la Savoie et 41 % de la Haute-Savoie. Le Pôle d'excellence bois (PEB) des Pays de Savoie créé à Rumilly en novembre 2012 vise à dynamiser les marchés de la construction bois et du bois source d'énergie.

Un chariot de nourritures terrestres

De l'entrée au dessert, il y en a pour tous les goûts ! Des classiques fromages aux fruits croquants ou fondants, en passant par les poissons de lac et les champignons des bois. Avant-goût avant dégustation *in situ*.

Sept fromages sur un plateau !

Non pas un, non pas deux, mais sept ! La Savoie et la Haute-Savoie présentent sept fromages de très grande qualité sur leur plateau : cinq Appellations d'origine contrôlée (AOC) – reblochon de Savoie, beaufort, abondance, tome des Bauges et chevrotin – et deux Identifications géographiques protégées (IGP) – emmental de Savoie et tomme de Savoie. Au lait cru entier (sauf pour la tomme de Savoie et la tome des Bauges où il peut être écrémé) de vache et au lait cru entier de chèvre pour le chevrotin.

LE SAVIEZ-VOUS ?

Alors AOC, AOP ou IGP ?

Pour les deux premiers, c'est comme vous voulez ! Simplement l'Appellation d'origine contrôlée (AOC) qui exprime le lien étroit entre un terroir, des hommes et une production, est française ou suisse. Son équivalence au sein de l'Union européenne est l'Appellation d'origine protégée (AOP).

L'Identification géographique protégée (IGP) certifie et protège au niveau national et européen la provenance d'une région déterminée et la qualité d'un produit.

Ces deux appellations valorisent l'agriculture de massif et l'identité des Savoie.

À chacun sa spécificité

- **Abondance (AOC)** : versez 100 litres de lait cru et entier de vache tarentaise, abondance ou montbéliarde dans un chaudron en cuivre. Un lait qui, parfois, fleure bon la gentiane. Laissez le caillé se former sous l'action de la présure. Découpez-le avec un tranche-caillé puis chauffez-le. Et là, surprise et tradition ! Pour sortir les grains du caillé du chaudron et laisser le petit-lait au fond, vous nouez une toile de lin autour de votre cou et vous plongez ! Vous soutirez, comme ils disent, à la toile. Avant de presser la future meule de 7 à 12 kg dans un « cercle » qui donne une forme concave au talon de l'abondance.
- **Beaufort (AOC)** : les secrets de fabrication de ce gruyère datent du XVIIe siècle : fromage moulé dans un cercle en bois et une toile de lin,

affiné cinq mois au moins, autrement dit salé, frotté et retourné, sur des « tablards » d'épicéa.

- **Chevrotin (AOC)** : ce petit fromage à pâte pressée non cuite est un pur produit des montagnes des Savoie (Chablais, Mont-Blanc, Aravis et Bauges) et du troupeau de chèvres (alpines ou de Savoie) de chaque producteur. Et ce, depuis le XVIIe siècle !
- **Emmental de Savoie (IGP)** : il faut 800 litres de lait cru de vache pour produire une meule bombée et pleine de gros trous ! Une meule de 75 kg, 75 cm de diamètre, affinée au minimum 75 jours !
- **Reblochon de Savoie (AOC)** : fermier, ce fromage au goût onctueux de noisette est fabriqué deux fois par jour sur le lieu même de la traite, avec le lait d'un seul troupeau de vaches abondance pour l'essentiel.
- **Tome des Bauges (AOC)** : produit sur le territoire du Parc naturel régional du massif des Bauges, ce fromage au lait cru de vache et à la croûte gris foncé rustique se distingue aussi à son seul « m »… en lien direct avec le patois savoyard « *toma* » qui signifie « fromage fabriqué dans les alpages ».
- **Tomme de Savoie (IGP)** : LE fromage savoyard *light* avant l'heure ! Pendant des siècles, des familles le préparent avec du lait écrémé à 20 % de matière grasse !

CURIOSITÉ

Pas toujours bleu !

On l'appelle bleu de Termignon même s'il est parfois blanc, étrange non ? Explication : en cave, ce fromage se marbre ou se nervure naturellement de moisissures, contrairement à d'autres bleus ensemencés en pénicillium. Autre spécificité : le bleu de Termignon est fabriqué, de juin à septembre, exclusivement sur les alpages de Termignon entre 2 000 et 2 250 mètres d'altitude dans le Parc national de la Vanoise. Et ce, avec du lait cru de vaches tarentaise et abondance dont deux caillés (celui du jour et celui de la veille) mélangés puis conservés, immergés dans une seille en bois. Brassée puis salée, la meule est pressée à la main dans un moule en pin cembro garni d'une toile de lin. Attention : seuls quatre producteurs fabriquent ce fromage de haute tradition rudimentaire !

Doux et parfumés

Pour apprécier toute la gamme aromatique des fromages, mieux vaut les déguster par ordre croissant de saveur, du plus doux au plus affirmé. Commencer, par exemple, par un emmental de Savoie, une tomme de Savoie, un beaufort, une tome des Bauges. Poursuivre par un abondance ou un reblochon de Savoie et terminer par le chevrotin, le seul fromage de Savoie au lait de chèvre. En sachant que les pâtes pressées non cuites (tome des Bauges, tomme de Savoie, reblochon de Savoie et chevrotin) doivent être consommées rapidement alors que les pâtes semi-cuites (abondance) et cuites (beaufort et emmental de Savoie) peuvent être conservées en parfaits « fromages de garde ».

Système D : la rebloche

Le reblochon naît au XIIIe siècle au cœur du massif des Aravis, dans le Pays de Thônes, d'une tradition… plutôt d'une roublardise ! Le fermier qui loue un alpage doit au propriétaire une rétribution proportionnelle à la quantité de lait produite. Il a donc tout intérêt à ne pas traire complètement ses vaches le jour du règlement ! Le propriétaire à peine parti, le fermier rebloche (en savoyard) autrement dit trait une seconde fois. Il obtient alors un lait plus gras avec lequel il fabrique un petit fromage rond et onctueux : le reblochon.

Ils en font tout un (bon) fromage !

« Ils seront moines, s'ils vivent du travail de leurs mains. » À l'abbaye Notre-Dame de Tamié, une petite dizaine de frères fromagers entendent cette exhortation extraite de la règle de Saint-Benoît.

Chaque jour, ils collectent le lait auprès de cinq éleveurs de vaches tarentaise, abondance ou montbéliarde, et produisent, dans le respect de la tradition et le secret de la fabrication, un fromage au lait cru entier répertorié à l'Inventaire du patrimoine culinaire de France. Soit 160 tonnes de fromage par an. Ferme en pâte, doux en goût, affiné quatre semaines sur des planches d'épicéa installées dans les caves de l'abbaye.

Un fromage que les non-connaisseurs comparent volontiers au reblochon. Entretenant, sans le savoir, le mystère de l'origine. Pour les uns, une belle fermière amoureuse « contraint » un moine à quitter le monastère. Pour gagner sa vie, il initie les fermiers des environs à la fabrication du reblochon. Pour les autres, une belle Savoyarde éconduit un fermier. Inconsolable, il rejoint l'abbaye de Tamié et apprend aux moines à (re)produire le reblochon.

Sans réfuter l'une ou l'autre légende croustillante et pleine de sentiments, frère Nathanaël, responsable de la fromagerie, relie l'origine du fromage de Tamié au Port-Salut, le fromage trappiste par excellence élaboré par les moines de l'abbaye Notre-Dame de Port-du-Salut en Mayenne. Un fromage que les moines de Tamié s'approprient à leur retour à l'abbaye en 1861 et fabriquent à leur façon. Autre différence : « Le tamié ne passe pas au séchoir, contrairement au reblochon. Il garde un goût plus doux, moins corsé. »

Comment déguster ce grand cru des Pays de Savoie ? « Au couteau et à température après l'avoir laissé vingt-quatre heures entre deux assiettes, dans la cuisine. Ou passé au four sur une tranche de pain arrosée d'un petit vin blanc (altesse ou chignin-bergeron) comme le veut la recette du croûton du moine. »

L'épouse testée au fromage !

Un jeune homme veut se marier mais il hésite entre trois jeunes femmes aussi sympathiques les unes que les autres. Sa mère lui suggère de les inviter à souper.

À la fin du repas, une tomme est posée sur la table. La première jeune femme se sert en ôtant toute la croûte. La deuxième gratte à peine sa tomme et ne laisse presque pas de déchet. La troisième enlève soigneusement une fine pellicule. Ni prodigue ni avare, le jeune homme la choisit avant même la première bouchée… et l'épouse ! Maman est-elle ravie ?

La pêche en deux ou trois lignes

Pêcheur professionnel sur les lacs alpins (Léman, Annecy, Le Bourget), voici un métier singulier ! Rythmé par les saisons, les périodes d'ouverture et de fermeture, le temps, exercé le plus souvent de père en fils selon des méthodes particulières (filet dormant, hameçon ou casier) et des techniques spécifiques (montage des filets, pose et pêche). Au final, le pêcheur vend perche, omble chevalier, féra ou lavaret, lotte, truite de lac, brochet et autre écrevisse soit en l'état aux mareyeurs, soit après transformation aux poissonniers, magasins ou restaurateurs.

Au filet dormant

Dans le lac d'Annecy, les salmonidés, perches et féras viennent se prendre dans les mailles de filets dormants – « pics » (en surface) et « araignées » (en profondeur) – tendus au coucher du soleil et relevés au petit jour.

Dans le Léman, les pêcheurs utilisent le « grand pic », un immense filet de 120 mètres de long et 20 mètres de haut tendu non pas à fleur d'eau mais à quelques brasses (3 mètres au moins) sous la surface du lac, pour capturer féras et salmonidés. Pour les perches, ils embarquent sur un canot, une « monte », un filet traînant du type « senne » muni en son centre d'une poche.

Bonne pêche !

250 ? 500 ? 1 000 tonnes ? Non ! 1 286 tonnes de poissons pêchés dans le Léman en 2011. La prise toutes espèces confondues des vingt-cinq dernières années ! Le trio de tête ? La perche, la féra et le brochet. Quant à savoir qui du professionnel ou de l'amateur pêche le plus, les chiffres sont sans appel : 1 180 tonnes pour les premiers ; 106 tonnes pour les seconds !

Une poêlée fondante

En montagne, les champignons ont leur saison : les morilles en mai, les bolets et les girolles à compter de la mi-juillet, les lactaires en septembre…

Conseils de Sioux : partez à la cueillette aux aurores, après des journées de pluie et de températures tièdes sans vent, coupez les champignons délicatement au couteau en laissant un bout de pied, disposez-les dans un panier tête en bas pour que, le cas échéant, les vers montent dans le pied et soient plus faciles à supprimer.

La corbeille est pleine

Des fromages, des poissons, des champignons… et des fruits ! Oui, oui, puisque 16 pommes et 6 poires de Savoie obtiennent, les premières en France, en 1996, le label IGP. Dans la corbeille : golden de Savoie, reine des reinettes, gala, conférence, doyenne du comice, passe crassane…

Oubliez les vins de fondue, les vins de raclette !

Comme partout ailleurs des millésimes peuvent être supérieurs à d'autres. La question étant : ce vin me plaît-il ou pas ? Chaque fois, les vins de Savoie donnent une leçon d'histoire et de géographie.

Un vignoble de vallées et de coteaux

Réparti sur 2 200 hectares en Savoie, en Haute-Savoie, en Isère et dans l'Ain, le vignoble de Savoie forme des îlots étagés de 250 à 450 mètres d'altitude. Entre la cluse de Chambéry, la combe de Savoie, les environs de Chapareillan en Isère, la commune de Seyssel dans l'Ain et la rive sud du Léman. Avec des versants sud plutôt rouges et des versants ouest plutôt blancs.

La viticulture avec trois AOC (Vin de Savoie, Roussette de Savoie, Seyssel) et une production moyenne de 120 000 hectolitres, sur les cinq dernières années, dont 70 % de blancs, représente la deuxième activité agricole des Pays de Savoie, après la production fromagère.

À la carte

À choisir entre blancs et rouges, voici une sélection de cépages autochtones.

- **En blancs :** la **jacquère** règne sur les crus d'Apremont, des Abymes, de Chignin, de Saint-Jeoire-Prieuré, de Cruet et de Jongieux avec une gamme aromatique composée de notes minérales et de fleurs blanches. L'**altesse** ou **roussette** importée de Chypre au xve siècle, donne les crus de Frangy, de Marestel, de Monthoux, de Monterminod et de Seyssel, des vins de garde floraux et fruités. La **roussanne** est à la base du célèbre chignin-bergeron, un vin gras aux arômes de fruits mûrs et aux notes miellées.
- **En rouges :** la **mondeuse** portée par les crus Arbin et Saint-Jean-de-la-Porte donne un vin de garde tannique aux arômes d'épices, de poivre blanc et de fruits noirs.

Tous ces vins sont produits sur un terroir choisi, avec des plants moins productifs, plus qualitatifs et le savoir-faire de l'homme. Oublié donc le « C'est du nôtre ! », cette « piquette » de 6-8 % vol. cultivée en Maurienne ou en Tarentaise et bue non pas pure mais coupée d'eau !

Tout à l'abri !

Dans la nuit du 24 novembre 1248, un gigantesque écroulement emporte une partie du mont Granier. Laissée inculte durant des siècles, cette zone est défrichée, plantée de vignes et distribuée en parcelles de 2 500 m^2 (soit un journal). Avec les pierres et les cailloux du défrichage, les vignerons construisent une cabane – un sartot – sur chaque journal. À la fois atelier, cellier et pièce à vivre équipée ou non d'une cheminée, de placards, d'étagères et d'un trou à bouteilles. Petits lieux de mémoire que certains ravivent aujourd'hui.

À coups de pierre !

Au début des années trente, des Savoyards cultivent encore la vigne sur de minuscules parcelles superposées en terrasses comme à Orelle en Maurienne. Ils remontent le fumier, le limon et les pierres emportés par les pluies de l'automne et du printemps, dans un grand panier en osier fixé sur deux bras en bois : le casse-cou ou la benette. Travail sempiternel ! Le fumier et le limon pour enrichir la terre, logique ! Mais les pierres ? Elles réverbèrent la chaleur du soleil et la « répartissent » entre le jour et la nuit.

LE SAVIEZ-VOUS ?

Le vignoble d'Ayze dans la vallée de l'Arve (Bonneville et Marignier) produit un vin effervescent aux senteurs florales dont le cépage – le gringet – est cultivé ici et nulle part ailleurs !

Mariages parfaits

Vous avez d'un côté le fromage, de l'autre le vin. Quel accord composer pour que chacun s'exprime pleinement ? Voici les conseils de Pierre Gay, meilleur ouvrier de France 2011, fils et petit-fils de maîtres-affineurs : « Le chignin-bergeron, un vin rond en bouche, va bien avec un fromage à pâte molle, le reblochon par exemple. La mondeuse, le vin rouge de Savoie, fait ressortir les arômes acidulés de la tomme de Savoie et de la tome des Bauges. L'apremont, un vin assez minéral, se marie très bien avec le beaufort. L'idéal est de respecter la saison du fromage pour le déguster au moment optimum. En se souvenant du mot de Jean Anthelme Brillat-Savarin, le gastronome français : Un repas sans fromage est une belle à qui il manque un œil ! »

Des brebis, des chèvres et autres vaches sur nos montagnes !

L'agriculture ne représente pas le secteur d'activité n° 1… loin s'en faut c'est même le dernier ! Mais nous ne résistons pas au plaisir d'écrire sur la Thônes et Marthod, la « chamoisée », l'abondance et les verts pâturages.

Les petites bêtes qui montent, qui montent

Dans les alpages, quatre races ovines tiennent la corde :

- La **mérinos d'Arles** communément appelée « métis » : née vers la fin du XVIIIe siècle du croisement de la cravenne (l'ancienne race du pays d'Arles) et de la mérinos d'Espagne, elle est importée sur les conseils du naturaliste Daubenton pour améliorer la qualité des laines françaises.
- La **mourerous** : « la rouge », la « Péone » ou la « Rouge de Guillaume » sans cornes apparaît dans les vallées du Var, de la Tinée, de l'Ubaye et du Verdon. Entièrement rousse jusqu'à l'âge de six mois environ, elle blanchit excepté sur les pattes et la tête avec parfois une ligne blanche

sur le chanfrein (entre le front et le nez). C'est une bonne mère, féconde, laitière et rustique.

- La **commune** : rustique, elle est bien adaptée aux terrains alpestres et aux pâturages pauvres.
- La **Thônes et Marthod** : avec ses cornes en spirales à l'horizontale, ses oreilles, ses lunettes, son museau et ses chaussettes noirs, sa toison blanche à mèches longues, cette brebis née, au début des années trente, de l'union de deux rameaux localisés dans les villages de Thônes en Haute-Savoie et de Marthod en Savoie, peut disparaître. C'est sans compter sur la détermination d'éleveurs soucieux de sauver et de relancer la race présente à 80 % en Savoie et en Haute-Savoie, pour la production de lait et d'agneaux.

Bon pied, bon œil et estomac d'acier

Côté chèvres, l'**alpine** dite « chamoisée » en raison de sa couleur fauve barrée d'une ligne dorsale noire domine. Elle est parfois détrônée par une congénère la **Saanen** (originaire de la haute vallée de la Sarine – *Saane* en allemand – dans l'Oberland bernois en Suisse). La **chèvre de Savoie** porte, elle, une robe à poil ras type « à barrettes » noir, gris ou chocolat, « cou clair » beige ou marron, « pie » à la base noir et/ou marron panaché de blanc ou « classique » soit totalement noir, roux, chocolat, gris ou blanc.

Autrefois conduites en accompagnement des vaches, les chèvres sont de plus en plus élevées en troupeaux distincts.

Diamant, Bouquet ou Mignonne ?

Et les vaches **abondance**, **tarentaise** et autre **montbéliarde** ? L'abondance et la tarentaise sont des autochtones. L'autre laitière – la montbéliarde – et les vaches à viande – charolaise, Aubrac, Salers, blonde d'Aquitaine – montent, elles aussi, dans les alpages.

LE SAVIEZ-VOUS ?

Pourquoi donc Diamant, Bouquet ou Mignonne ? Parce que les éleveurs baptisent leurs vaches en fonction d'une particularité : la couleur du poil (Diamant, poil brillant), la forme ou la disposition des taches (Bouquet), l'aspect ou le caractère (Mignonne)… Autant de noms et de sobriquets transmis de génération en génération, à quelques exceptions près.

Une grande montagnarde

Au premier abord, elle se fait star : robe fauve, cornes en forme de lyre, yeux maquillés de noir (super-lunettes de soleil naturelles), solides sabots, adepte des pentes raides et des nuits à la belle étoile. Elle a bien raison la tarentaise (tarine pour les Savoyards) ! Car en Maurienne, en Tarentaise et dans le Beaufortain, la petite vache laitière remporte (rapporte aussi) un grand succès avec son produit phare : le beaufort.

« À la robe unie et chamoisée, aux cornes blanches, vive et intelligente, réputée comme la plus montagnarde d'Europe. Elle vit dehors tout l'été jusqu'à plus de 2 400 mètres d'altitude et son lait est le plus crémeux du monde grâce à l'excellence des alpages soignés comme des jardins. »

Qui d'autre que Roger Frison-Roche, l'enfant de Beaufort, peut rendre à la tarine plus bel hommage ? Dans *Mont-Blanc aux sept vallées.*

Bête contre bête

« Les gens d'Argentière ont l'orgueil de leur condition de pasteurs montagnards, ils aiment à la passion leurs troupeaux de vaches noires aux cornes blanches, porteuses de lourdes clarines d'acier, et les batailles des reines sur l'alpage. » (Roger Frison-Roche, *Mont-Blanc aux sept vallées*).

CURIOSITÉ

À la descente des alpages, les communes de Vallorcine, d'Argentière, des Houches, de Servoz et des Contamines-Montjoie organisent alternativement le combat des reines. De quoi s'agit-il ? D'un combat entre vaches de la race d'Hérens classées par catégorie (I, II et III vaches de plus de 4 ans ayant vêlé ; IV vache 1er veau ; V génisse jusqu'à 3 ans et VI génisson jusqu'à 2 ans). Est déclarée reine du combat, celle qui triomphe de toutes les vaches de sa catégorie et remporte la demi-finale puis la finale ! *Quid* de l'Hérens ? Une race originaire du Valais en Suisse répandue dans le Val d'Aoste et la vallée de Chamonix-Mont-Blanc. Une bête solide à la robe noire tranchée de feu, aux cornes ouvertes comme celles des taureaux, aux jambes fines et nerveuses, aux sabots ramassés, prête donc aux combats !

Là-haut, l'herbe est toujours plus verte

À l'alpage, le paysan préfère le mot montagne. À Ugine, par exemple, la route des montagnes conduit aux alpages.

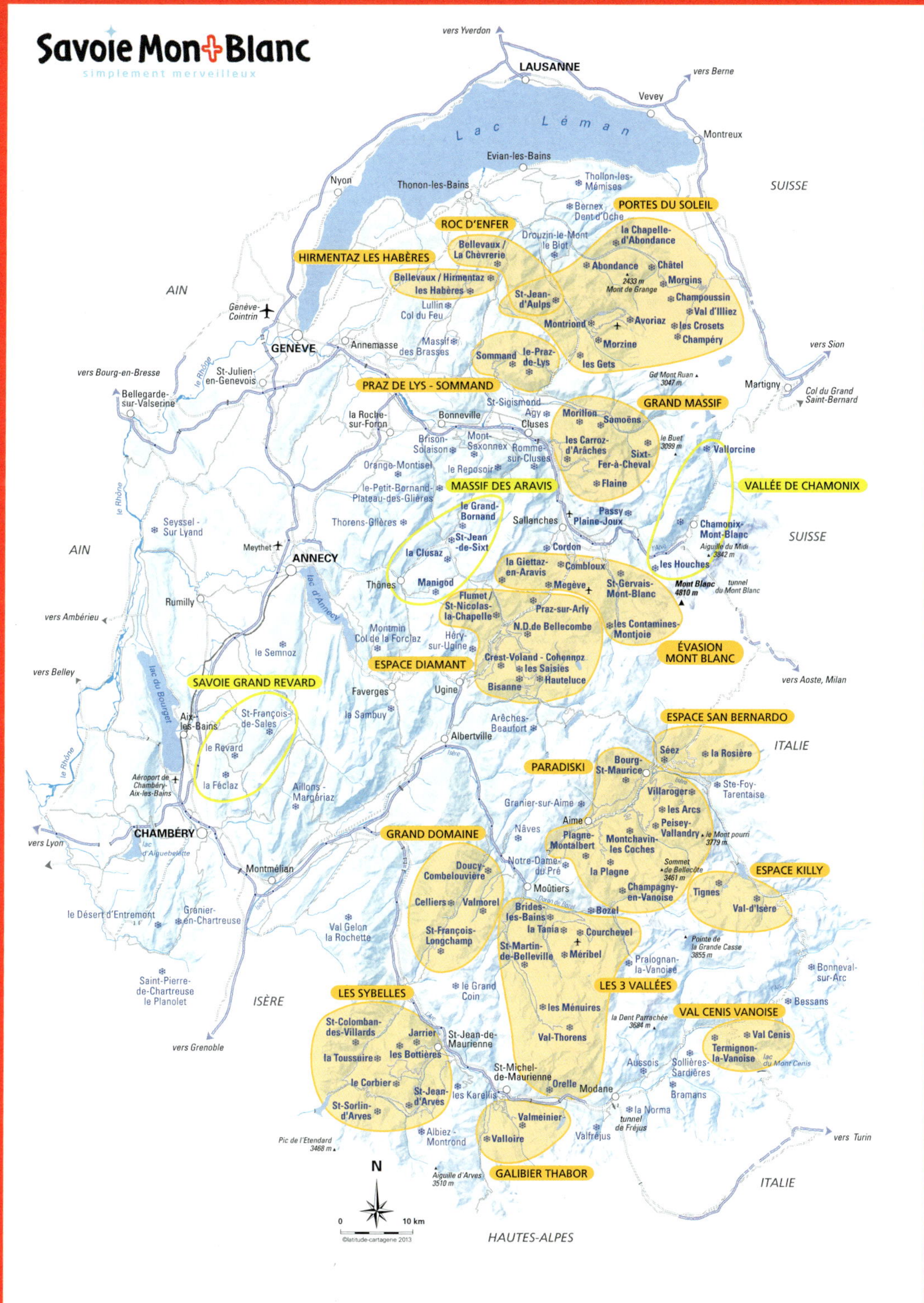
Savoie Mont Blanc
simplement merveilleux
vers Yverdon
LAUSANNE
vers Berne
Vevey
Lac Léman
Montreux
Evian-les-Bains
Thollon-les-Mémises
Nyon
Thonon-les-Bains
SUISSE
Bernex Dent d'Oche
PORTES DU SOLEIL
ROC D'ENFER
Drouzin-le-Mont le Biot
la Chapelle-d'Abondance
HIRMENTAZ LES HABÈRES
Bellevaux / La Chèvrerie
Abondance
Châtel
2433 m Mont de Grange
Morgins
Bellevaux / Hirmentaz les Habères
AIN
St-Jean-d'Aulps
Champoussin
Val d'Illiez
Genève-Cointrin
Lullin
Col du Feu
Montriond
Avoriaz
les Crosets
Champéry
GENÈVE
Annemasse
Massif des Brasses
Morzine
vers Sion
vers Bourg-en-Bresse
le Rhône
St-Julien-en-Genevois
Sommand
le Praz-de-Lys
les Gets
Gd Mont Ruan 3047 m
Bellegarde-sur-Valserine
PRAZ DE LYS - SOMMAND
Martigny
Col du Grand Saint-Bernard
St-Sigismond
GRAND MASSIF
la Roche-sur-Foron
Bonneville
Agy
Morillon
Samoëns
Cluses
Brison-Solaison
Mont-Saxonnex
les Carroz-d'Arâches
le Buet 3099 m
Vallorcine
Romme-sur-Cluses
Sixt-Fer-à-Cheval
Orange-Montisel
le Reposoir
le-Petit-Bornand-Plateau-des-Glières
MASSIF DES ARAVIS
Flaine
VALLÉE DE CHAMONIX
le Rhône
Seyssel - Sur Lyand
Thorens-Glières
le Grand-Bornand
Sallanches
Passy Plaine-Joux
Chamonix-Mont-Blanc
SUISSE
St-Jean-de-Sixt
Cordon
Aiguille du Midi 3842 m
AIN
Meythet
ANNECY
la Clusaz
la Giettaz-en-Aravis
Combloux
les Houches
Thônes
Manigod
Megève
St-Gervais-Mont-Blanc
Mont Blanc 4810 m
tunnel du Mont Blanc
Rumilly
lac d'Annecy
Flumet / St-Nicolas-la-Chapelle
Praz-sur-Arly
vers Ambérieu
N.D.de Bellecombe
les Contamines-Montjoie
Montmin
Col de la Forclaz
Héry-sur-Ugine
le Semnoz
ÉVASION MONT BLANC
Crest-Voland - Cohennoz
ESPACE DIAMANT
les Saisies
vers Belley
lac du Bourget
Bisanne
Hauteluce
vers Aoste, Milan
SAVOIE GRAND REVARD
Faverges
Ugine
Aix-les-Bains
St-François-de-Sales
la Sambuy
Arêches-Beaufort
ESPACE SAN BERNARDO
Albertville
Séez
la Rosière
ITALIE
le Revard
Isère
PARADISKI
Bourg-St-Maurice
le Rhône
Aéroport de Chambéry-Aix-les-Bains
la Féclaz
Aillons-Margériaz
Ste-Foy-Tarentaise
Villaroger
Granier-sur-Aime
les Arcs
Aime
Peisey-Vallandry
le Mont pourri 3779 m
vers Lyon
CHAMBÉRY
lac d'Aiguebelette
GRAND DOMAINE
Nâves
Plagne-Montalbert
Montchavin-les Coches
Montmélian
Notre-Dame-du Pré
la Plagne
Sommet de Bellecôte 3461 m
ESPACE KILLY
Doucy-Combelouvière
Moûtiers
Champagny-en-Vanoise
Tignes
le Désert d'Entremont
Granier-en-Chartreuse
Celliers
Valmorel
Brides-les-Bains
Bozel
Val-d'Isère
la Tania
Courchevel
Val Gelon la Rochette
St-François-Longchamp
Pointe de la Grande Casse 3855 m
St-Martin-de-Belleville
Méribel
Pralognan-la-Vanoise
Bonneval-sur-Arc
Saint-Pierre-de-Chartreuse le Planolet
le Grand Coin
LES 3 VALLÉES
ISÈRE
LES SYBELLES
Bessans
les Ménuires
la Dent Parrachée 3684 m
VAL CENIS VANOISE
St-Colomban-des-Villards
Jarrier
St-Jean-de-Maurienne
Val-Thorens
Val Cenis
vers Grenoble
la Toussuire
les Bottières
Termignon-la-Vanoise
Aussois
Sollières-Sardières
lac du Mont Cenis
St-Michel-de-Maurienne
le Corbier
Bramans
St-Jean-d'Arves
Orelle
Modane
les Karellis
St-Sorlin-d'Arves
la Norma
Valmeinier
tunnel de Fréjus
Albiez-Montrond
Valloire
Valfréjus
vers Turin
Pic de l'Etendard 3468 m
GALIBIER THABOR
N
Aiguille d'Arves 3510 m
ITALIE
0
10 km
©latitude-cartagene 2013
HAUTES-ALPES

LES ALPES SUISSES
Le Mont-Blanc
Vallorcine
Chamonix-Mont-Blanc
PAYS DU MONT-BLANC
Les Houches
Flaine
Passy
Servoz
St Gervais
Mont-Blanc
Avoriaz
Sixt-Fer-à-Cheval
Châtel
Montriond
La Chapelle d'Abondance
Morzine
Samoëns
Les Carroz d'Araches
Sallanches
Combloux
PORTES DU SOLEIL
Les Gets
Morillon
GRAND MASSIF
Cordon
Megève
Lausanne
Thollon les Memises
Abondance
Verchaix
Taninges
Agy
A 40
Bernex
St Jean d'Aulps
Lugrin
Publier
CHABLAIS
FAUCIGNY
Cluses
BORNES ARAVIS
VAL D'ARL
Praz sur Ar
Evian-les-Bains
Lullin
Le Biot
Mieussy
Perrignier
Bellevaux
Megevette
La Giettaz
Thonon-les-Bains
Le Reposoir
LAC LÉMAN
Excenevex
Habère-Poche
Mont Saxonnex
Le Grand Bornand
La Clusaz
Yvoire
Sciez
St Geoire
St Jean de Sixt
Messery
Bogève
Douvaine
Manigod
Bonneville
Thônes
Cranves-Sales
La Roche sur Foron
Annemasse
Petit Bornand-les-Glières
GENÈVE
Montmin
Saint Julien en Genevois
Faverges
Doussard
GENEVOIS
Talloires
Thorens Glières
Menthon Saint Bernard
LAC D'ANNECY
Veyrier-du-Lac
Andilly loisirs
Annecy-le-Vieux
Sevrier
A 41
Le Rhône
A 40
Cruseilles
ANNECY
HAUT RHÔNE
Rumilly
Frangy
Le Revard
Bellegarde
Alby sur Chéran
Albens
ALBANAIS
AIX LES BAINS
PLATEAU DE RETORD
Seyssel
CHAUTAGNE
Chanaz
LAC DU BOURGET
Le Rhône
Ruffieux
Nantua
Culoz
AVANT-PAYS SAVOYARD
Yenne
arthur et bérerre novat
2010

LES ALPES ITALIENNES
La Rosière
Montvalezan
Ste Foy Tarentaise
Lac du Chevril
Villaroget
Val d'Isère
Tignes
Bonneval sur Arc
Bessans
Val Cenis Lanslevillard
Val Cenis Lanslebourg
Termignon la Vanoise
Sollières-Sardières
Lac du Mont Cenis
TARENTAISE
Séez
Bourg St Maurice
Les Arcs
Peisey Vallandry
Champagny en Vanoise
Pralognan la Vanoise
Courchevel
PARC NATIONAL DE LA VANOISE
Bramans
MAURIENNE
Bozel
La Tania
Montchavin Les Coches
La Plagne
La Plagne Montalbert
Brides les Bains
Méribel
Les Menuires
Val Thorens
Aussois
La Norma
Valfréjus
Granier
Aime/Macot La Plagne
ND du Pré
Modane
Arêches
Beaufort
St Martin de Belleville
La Côte d'Aime
Moûtiers
Orelle
Valmeinier
Naves
Valmorel
Doucy Combelouvière
St François Longchamp
St Michel de Maurienne
La Léchère
Celliers
Valloire
LES ARVES
Les Karellis
St Jean de Maurienne
Albiez-Montrond
St Jean d'Arves
LES GRANDES ROUSSES
La Chambre
A 43
St Colomban des Villards
Jarrier
Les Bottières
La Toussuire
Le Corbier
St Sorlin d'Arves
St Pancrace
TVILLE
Aiguebelle
BELLEDONNE
A 430
La Rochette
Montmélian
COMBE DE SAVOIE
A 41
Isère
Challes les Eaux
A 43
CHAMBERY
St Pierre d'Entremont
GRENOBLE
Le Drac
CHARTREUSE
A 48
LAC D'AIGUEBELETTE
Lépin le Lac
A 43
Les Echelles
Voiron
A 49

Le parc national de la Vanoise abrite, aujourd'hui, 1 800 individus soit la plus grande population de bouquetins en France

© Savoie Mont Blanc / Ramus

Des fleurs par milliers, telle la gentiane acaule, tapissent les montagnes

© Thinkstock

En cas de danger, la marmotte se dresse sur un rocher et émet un bref sifflement

AIGUILLE DU MIDI

Descendre de l'aiguille du Midi et remonter vers le mont Blanc par le mont Blanc du Tacul et le mont Maudit

Les trois monts - mont Blanc du Tacul, mont Maudit et mont Blanc - depuis l'aiguille du Midi

Vue sur le massif du Mont-Blanc depuis l'aiguille du Midi

Édifié au XIe siècle sur une presqu'île du lac d'Annecy, le château de Duingt se laisse admirer en bateau

Le Palais de l'Île à Annecy, l'image de la Venise des Alpes

Un vignoble sur la commune des Marches et le mont Granier en partie emporté par un écroulement en 1248

La tarine : une robe fauve, des cornes en forme de lyre et des yeux maquillés de noir

Le ciel, la neige et l'espace rien que pour soi

SPÉCIALITÉS LOCALES

© AFTalp / S.Madelon

Les 7 fromages de Savoie sous signe de qualité AOP et IGP : abondance, beaufort, chevrotin, emmental de Savoie, reblochon, tome des Bauges et tomme de Savoie

La fondue savoyarde

À la page de l'alpage

L'été, les troupeaux pâturent l'incomparable flore des montagnes. Entre 900 et 1 800 mètres d'altitude en Haute-Savoie ; 1 500 et 2 200 mètres en Savoie. L'hiver, ils le passent dans les vallées et à l'étable.

En 2013, les deux départements comptent 2 300 alpages dont une centaine organisée collectivement (sous forme de groupements pastoraux) répartis sur 235 000 hectares. Soit 20 % de la surface des deux départements.

Certains alpages et certains « quartiers d'alpage » sont meilleurs que d'autres. Pourquoi ? Parce que la nature (maigre, grasse ou, entre les deux, fraîche) et la qualité d'une prairie d'alpage résultent d'une alchimie entre la nature du sol, l'altitude, l'ensoleillement et le savoir-faire du berger ! Cette alchimie produit entre 40 et 80 espèces végétales dans une même prairie d'alpage (une quinzaine seulement dans une prairie temporaire de plaine !). Soit une abondance de composés aromatiques (terpènes) parfaitement reconnaissables dans les fromages affinés. Certains pourraient, comme les vins, être reconnus grands crus !

Grande et petite montagne

Rachetés par les communes aux nobles et aux évêques avant 1790, les alpages deviennent propriétés collectives en Tarentaise. Ils sont exploités par les paysans de la commune sous forme collective dite du « fruit commun ». Ce mode d'exploitation traverse les siècles et devient, avec la loi pastorale de 1972, le groupement pastoral.

Dans le Beaufortain, les grands alpages sont acquis par de gros propriétaires aux XIXe et XXe siècles et le Val d'Arly, le Pays de Thônes ou la Maurienne (hormis le secteur de La Chambre) sont plutôt exploités en « petites montagnes » individuelles. En petits alpages (propriétés privées ou propriétés communales louées) qui supportent le troupeau d'une seule exploitation. Et sont le plus souvent valorisés par les membres d'une même famille.

Par monts et par mots

Le mot transhumance apparaît dans la langue française en 1823. Composé de *trans* « au-delà de » et d'*humus* « terre » en latin, il présage un long déplacement qui mène à un ailleurs différent et lointain… entre la plaine et les grandes Alpes.

« Emmontagner » et « démontagner », « inalpage ou inalpe » et « désalpe »… et quoi encore ? Une multitude de mots pour signifier que les vaches, les brebis et les chèvres partent, encadrées par les ordres des bergers et l'aboiement des chiens, pour un long et haut voyage, avant de revenir passer le reste de l'année dans la vallée. Ces définitions valent pour les montagnards.

Dès le début du XXe siècle, les géographes parlent, eux, de remue : migration saisonnière des hommes et des troupeaux dans les différents étages d'une exploitation agricole.

Et *poya* ? Montée en franco-provençal. Comme la montée des troupeaux vers les alpages que des artistes (de la vallée de Chamonix-Mont-Blanc essentiellement) peignent sur des planchettes en bois. Copiant les éleveurs ou les autodidactes suisses qui croquent leurs vaches sur les murs des fermes ou des supports en bois, dans la première moitié du XIXe siècle.

CURIOSITÉ

L'ancêtre du portable

Non, il n'attire pas les foules, excepté lors de grands rassemblements festifs. Oui, il est limité à deux tonalités (principales) : fa dièse et fa. Mais le cor des Alpes porte en lui l'âme de nos montagnes. Le temps où les bergers (suisses à l'origine) soufflent dans ce long tuyau en épicéa au pavillon recourbé, semblable à une longue pipe, pour communiquer à distance. Envoyer un message codé.

Un message que les quinze Sonneurs de Savoye dont deux femmes renvoient, depuis 2005, dans les événements familiaux, les fêtes de village ou les concours internationaux. Ils sont alors dans leurs plus beaux atours : robe en laine noire, corsage blanc brodé et coiffe blanche pour les femmes, veste en drap de Bonneval anthracite, gilet et pantalon noir pour les hommes. Ils interprètent les pièces composées par Robert Scotton : *Le printemps des Alpes*, *La Mélodie du Tsàblo*, *Le Retour des Alpages*…

Jean-Noël Place, facteur

RENCONTRE

Dans son petit atelier, Jean-Noël Place évoque les facteurs qui, dans la forêt, sonnent les épicéas avec un petit marteau pour évaluer leur résonance (le sapin et le hêtre, par exemple, ne résonnent pas) ou testent la portée d'une bille de 18 mètres : ils doivent entendre le tic-tac d'une montre gousset à l'autre bout ! Lui, débite, creuse à la gouge, assemble et colle l'embouchure et la sortie du pavillon, découpe à la scie à ruban, passe l'instrument au tour à bois, réalise l'emmanchement des trois parties et les bagues en pommier, poirier, noyer ou hêtre, avant de vernir le cor, le tout en cent-cinquante heures !

Transports en commun

Même si depuis la fin des années cinquante, les vaches, les brebis et les chèvres utilisent les camions dans leurs migrations plaines-montagnes et montagnes-plaines, les bergers sont encore nombreux à les accompagner dans la transhumance.

Le départ, traditionnellement le 21 juin à la Saint-Jean, n'est plus vraiment célébré – c'est le moment où les vaches ont le plus de lait et les hommes le plus de travail. Mais au retour prévu le 29 septembre à la Saint-Michel, des groupes folkloriques et musicaux accompagnent les troupeaux en ville, à Bourg-Saint-Maurice notamment.

Ça carillonne de tous les côtés !

CURIOSITÉ

Souvent marquée aux initiales du propriétaire, agrémentée de thèmes parfois religieux et pendue au cou par un large collier en cuir orné de motifs ou de clous de cuivre, la cloche ne constitue pas un détail folklorique ! Elle différencie les bêtes des autres troupeaux, les localise dans la brume ou la nuit, évite même le pire car, selon la légende, une vache privée de cloche dépérit.

À chacune la sienne :

LE SAVIEZ-VOUS ?

- **Clarine** : à l'origine jurassienne, elle est fabriquée en bronze ou en laiton et ressemble à une cloche d'église ;
- **Sonnaille** : en forme de trapèze ou de cylindre, elle est découpée dans une tôle d'acier selon un tracé étudié pour former, par simple pliage, les deux côtés. Les bords sont rivés et joints par une brasure au cuivre qui donne un son particulier.

Clarine, sonnaille mais aussi carron en Tarentaise… d'où l'expression « Encarroner un troupeau » : lui mettre de grosses sonnailles carrées en tôle d'acier. Pour créer l'harmonie du carillon dans le silence de l'alpage…

Bons bergers

LE SAVIEZ-VOUS ?

Combien sont-ils ces bergers que l'on imagine le béret sur la tête et le bâton en main ? Plus de 2 000 paysans-bergers à demeure et gardiens de leurs propres troupeaux en Savoie et en Haute-Savoie. Des paysans-bergers auxquels il faut ajouter entre 220 et 250 bergers venus de France et d'ailleurs travailler 100 ou 110 jours (selon les conditions météorologiques) dans les alpages de Savoie essentiellement. Mis en relation par l'Association d'économie alpestre avec des employeurs potentiels, ces bergers salariés prêtent main-forte aux paysans-bergers ou guident des troupeaux depuis le midi de la France (la plaine de la Crau le plus souvent) et l'Italie.

Que font-ils ? Ils conduisent les bêtes, étape par étape, vers les verts pâturages, s'assurent de leur alimentation et de leur santé, posent des clôtures mobiles électrifiées, gardent eux-mêmes les vaches, comptent parfois sur un patou (le chien de montagne des Pyrénées) pour éloigner les prédateurs (loup, lynx et vautour) des chèvres et des brebis, se chargent de la traite matin et soir en vue d'une production fromagère spécifique (essentiellement reblochon en Haute-Savoie, beaufort et tomme en Savoie) et partagent des moments avec les randonneurs. Entretiennent, à leur manière, la montagne, sa biodiversité et ses paysages… Véhiculent aussi l'image carte postale des Savoie.

Entre le fruit et le fromage

Qui dit « fruitières » pense spontanément aux fruits peut-être même aux hangars où ils sont stockés et conservés. Eh non ! Les fruitières sont des coopératives laitières. En Savoie, elles sont à gestion directe : le producteur maîtrise la traite, la fabrication, l'affinage et la vente du fromage. En Haute-Savoie, les coopératives laitières collectent le lait et le vendent à un industriel.

LE SAVIEZ-VOUS ?

L'histoire des fruitières date de la fin du XVIIIe siècle où, l'été venu, les Tarins (montagnards de Tarentaise) regroupent les bêtes du village sur l'alpage appartenant à la communauté. Pour gérer au mieux ce « fruit commun », deux procureurs (paysans-bergers nommés par la collectivité) embauchent un premier et un second berger pour conduire le troupeau, et un fromager appelé fruitier pour fabriquer le fromage. Il prépare les meilleures meules de gruyère et répartit le « fruit commun » entre sociétaires, en fonction de la quantité de lait livrée par chacun.

À l'origine installées dans les alpages en été et dans les hameaux le reste de l'année, les fruitières se regroupent progressivement dans les chefs-lieux de canton, à la croisée des chemins. Elles produisent le beurre, la tomme, l'emmental, l'abondance et le beaufort.

Une exclusivité savoyarde !

LE SAVIEZ-VOUS ?

À la différence des autres alpages, ceux des Savoie (du Val d'Aoste et de Suisse) sont « laitiers » : on y produit du lait et du fromage. Ailleurs, seules montent les génisses et les vaches allaitantes. Et ce depuis des lustres. La montée en alpage permet, en effet, de libérer de l'espace dans les vallées. Espace utilisé autrefois pour la culture des céréales (indispensable à l'agriculture vivrière) ; espace grignoté aujourd'hui par l'urbanisation.

Des jours et des nuits sur les versants

Au fil des saisons, l'homme vit au rythme de la montagne, selon ses humeurs. Pour combien de temps encore ? Éphéméride un *chouia* nostalgique.

Printemps

Peu importe où nos pas nous mènent, la nature s'éveille en couleurs, en bruissements et en parfums.

Été

Les troupeaux montent vers les hauts pâturages. Les myrtilles se gorgent de vitamines. « Une année de foin est une année de bien. » Les guides célèbrent leur fête (le 15 août). « Celui qui n'ose pas regarder le soleil en face ne sera jamais une étoile » souffle William Blake, le poète anglais. Au pied du mont Blanc, ils sont des milliers dans ses rayons.

Automne

Les travaux d'été accomplis, les touristes partis, c'est le retour au calme et à la magie des couleurs. Les cèpes, chanterelles et bolets poussent comme au bon vieux temps. La jacquère, l'altesse, la roussanne, la mondeuse s'annoncent pleines de promesses. La forêt abrite cerfs, chevreuils et sangliers. En altitude, les chamois attaquent la saison des amours.

Hiver

Les premiers flocons tournicotent. Les animaux vivent au ralenti. Les hommes reprennent et multiplient les activités neige pour fondus.

Chapitre 13

Des entreprises et des hommes n° 1 des Alpes françaises

Dans ce chapitre :

- Des techniques locales exportables
- Des *success-stories* en stock
- Des produits *made in* Savoie Mont-Blanc

Précurseurs, initiateurs et chercheurs !

Avec des savoir-faire d'hier et les développements de demain, la Savoie et la Haute-Savoie esquissent le présent… sur terre et dans les airs.

Oser le décolletage

Actini, Mecalac, Rexroth Bosch Group, Valeo, Dassault Aviation, Somfy, Thalès, Cegid, Sopra… Point commun de ces sociétés leaders en machines-outils, mécanique, électronique et informatique ? Le décolletage. Le quoi ? Le DÉCOLLETAGE ! Rien à voir avec une quelconque échancrure qui découvrirait le buste d'une femme. Cet usinage ou ce tournage de précision consiste à fabriquer des pièces de révolution (vis, boulon, axe, etc.) à partir de barres de métal, en enlevant de la matière avec un outil coupant. Ouf, c'est résumé et compris… nous l'espérons ! Ces pièces sont utilisées sur les cinq continents dans l'aéronautique, l'armement, l'automobile, le médical, la connectique, l'électronique, la mécatronique (mécanique + électronique + informatique)…

LE SAVIEZ-VOUS ?

Toute une technique !

À l'origine, le décolletage désigne la production de vis. Pour réaliser le pas de vis dans une barre du diamètre de la tête, il faut dégager le collet. Le mot décolletage naît ainsi.

Le décolletage haut-savoyard majoritairement implanté dans la vallée de l'Arve représente aujourd'hui 66 % du décolletage français.

Une aire d'industries et de sciences

Tout commence en 1985-1987. Acteurs politiques, économiques et universitaires s'engagent dans la création d'un technopôle sur l'ancienne base aérienne du Bourget-du-Lac. Savoie Technolac doit susciter l'innovation en associant les entreprises, la recherche et la formation. La pépinière d'entreprises innovantes s'ouvre en 1987. L'Université de Savoie installe son pôle scientifique en 1992 tout comme EDF son centre d'ingénierie hydraulique. Le solaire touche la base, en 2006, avec l'Institut de l'énergie solaire (INES). Les sociétés spécialisées en énergie-bâtiment et en énergies renouvelables ne cessent de se développer. La Base Académie devient l'incubateur n° 1 de la région Rhône-Alpes. Dans l'air du temps, la plateforme web collaborative multiplie les échanges communautaires.

Au tableau d'honneur, Savoie Technolac est n° 1 mondial de l'énergie hydraulique, n° 1 européen de l'effacement énergétique (avec Energy Pool-Schneider Electric), n° 1 français des centres de formation et d'évaluation solaires, n° 1 français des Écoparcs… 230 entreprises, 21 laboratoires de recherche et 5 000 étudiants y travaillent.

Tout est effacé...

Le réseau de production électrique français nous dit quelque chose ; l'effacement tel que définit dans le dictionnaire « faire disparaître ou son résultat » aussi. L'effacement de consommation électrique nous semble plus compliqué à cerner. Plus simple en réalité depuis le 5 avril 2013.

Ce jour-là, la France vit un jour de froid exceptionnel durant une période persistante de basses températures. Les capacités de production d'électricité des centrales nucléaires en cours de maintenance sont réduites et les autres pays européens victimes des mêmes conditions météorologiques ne peuvent compenser ce manque d'énergie. Pour répondre à cette demande inhabituelle et éviter toute interruption de la production et de la distribution d'électricité, Energy Pool (l'opérateur en modulation d'électricité du groupe Schneider Electric) et ses consommateurs (entreprises) partenaires décident de réduire provisoirement leur consommation pour ne sacrifier ni le confort des ménages ni la production des entreprises. Il procède ainsi au plus gros effacement impromptu de puissance électrique de son histoire : 500 mégawatts en une matinée ! Comment ? À l'interface entre les distributeurs d'électricité et les gros consommateurs (sidérurgie, électrométallurgie, ciment, agroalimentaire, hôpitaux...), Energy Pool peut parfaitement, grâce à sa centrale de modulation de 1 000 mégawatts de capacité, moduler la consommation aux heures critiques. Un réseau électrique intelligent peut (doit) satisfaire la demande en tout temps ! C.Q.F.D.

Dans le souffle des avions

Au lendemain de la Seconde Guerre mondiale, des chercheurs, des ingénieurs, des techniciens et des ouvriers dispersés durant les combats se retrouvent pour lancer l'Office national d'études et de recherches aérodynamiques (ONERA) placé sous la tutelle du ministère de la Défense, convaincus qu'« à condition d'aller résolument de l'avant et de faire vite, la France peut encore nourrir l'ambition de se constituer une aviation moderne ».

À Modane-Avrieux, ils installent une soufflerie importée d'Autriche en 1946 au titre des dommages de guerre. Des ventilateurs munis de pales de 4 mètres entrent en action dans des tubes géants de 24 mètres de diamètre pour simuler des écoulements allant des vitesses subsoniques aux vitesses hypersoniques. En peu de temps, les constructeurs français d'avions, d'hélicoptères, de missiles et de moteurs les sollicitent pour accroître les performances et la compétitivité de leurs appareils. Les lanceurs de satellites et les programmes de missiles stratégiques et tactiques s'appuient sur leurs compétences en propulsion supersonique et hypersonique.

L'ONERA (et ses huit centres dont Modane-Avrieux) devenu l'Office national d'études et de recherches aérospatiales en 1963 peut se vanter de beaux succès technologiques. Avions Airbus, hélicoptères Eurocopter, avion de combat Rafale, avion d'affaires Falcon 7X, lanceur Ariane V… la liste est longue. Normale pour le premier acteur français de la recherche aéronautique, spatiale et de défense !

Ski, marche et rêve…

Côté sports, les marques Dynastar (skis, chaussures et bâtons…), Millet (vêtements techniques, sacs à dos, chaussures de montagne…), Patagonia (vêtements de montagne), Quechua (matériel, textile, chaussures, accessoires de montagne), Salomon (skis et équipement de sports d'hiver)… sises dans les Pays de Savoie trustent les marchés.

CURIOSITÉ

Testé grandeur nature

En 2012, l'association Outdoor sports valley (OSV) établit, avec des laboratoires scientifiques, un pôle innovation, recherche et développement pour favoriser l'innovation et l'éco-conception. Unis dans ce *moutain lab* pleine nature unique en Europe, les plus grands : l'École nationale de ski et d'alpinisme (ENSA), l'Institut de formation et de recherche en médecine de montagne (IFREMMONT), la communauté de communes de la vallée de Chamonix-Mont-Blanc, la Compagnie du Mont-Blanc, l'OSV (pilote du projet) et les entreprises prêtes à tester ou à faire tester, en conditions réelles, leurs chaussures, vêtements et sacs à dos. Et ce en physiologie générale, thermo-physiologie et biomécanique. Avec, peut-être, à terme un label « testé au Mont-Blanc » !

Images, images

Le Festival international du film d'animation d'Annecy (FIFA) et son marché (MIFA)… et nous voici au cœur de la filière image en mouvement et industries créatives, à fort potentiel. Les accros comprennent vite à l'annonce de Daesign, Netdesign, Onde M, Ubisoft… mais si mais si les jeux, Playstation, Nintendo et autres Wii.

Et tutti quanti

L'économie savoyarde se fait remarquer dans des secteurs historiques :

- L'agroalimentaire : Évian, Entremont, Fruité, cafés Folliet, Alpina Savoie... ;
- L'équipement du foyer et de la personne : Tefal, Pilot, Tomy, Hasbro... ;
- Et dans des secteurs à fort potentiel : l'industrie pharmaceutique, les biotechnologies et les sciences de la vie : Bayer HealthCare, Institut de recherche Pierre Fabre...

Entre les deux : les frontaliers

Depuis le 1er juin 2002 et l'entrée en vigueur de l'accord de libre circulation des personnes entre les États membres de la Communauté européenne (Union européenne aujourd'hui) et la Confédération suisse, tout ressortissant européen et tout citoyen suisse se voit accorder les mêmes conditions de vie, d'emploi, de séjour et de travail sur chacun des territoires, que celles accordées aux nationaux. Les résidents des Pays de Savoie peuvent donc prétendre à un emploi en Suisse. Résultat ? Fin 2012, le marché du travail suisse emploie 82 000 Haut-Savoyards et 575 « Bas-Savoyards ». La Suisse est le premier employeur de Haute-Savoie !

Par ailleurs, le département et les communes de la Haute-Savoie (de l'Ain également) reçoivent de Genève une compensation appelée « fonds frontaliers » au prorata du nombre de frontaliers qui y résident mais n'y travaillent pas, en conséquence créent de la richesse en Suisse et « coûtent » des logements et des équipements en France. Genève accepte de reverser 3,5 % de la masse salariale brute des frontaliers.

Les Savoyards vont donc, en nombre, travailler « sur Suisse » ; les Genevois et les Vaudois se précipitent pour s'installer ou faire des affaires « sur France ». Oui, oui, vous avez bien lu. C'est du cru !

Et côté italien, la « traversée » se fait-elle ?

Certains aimeraient le voir avancer plus vite ; d'autres le stopper net. Une chose est sûre : le projet voyageurs et fret de la ligne à grande vitesse (LGV) Lyon/Turin lancé lors d'un sommet franco-italien en 1991 ne laisse personne indifférent. Titanesque (140 kilomètres de ligne nouvelle côté français, 57 kilomètres dans un tunnel transfrontalier bitubes entre Saint-Jean-de-Maurienne et Bussoleno-Val de Suse), politique (trois entités assurent la maîtrise d'ouvrage des parties française, internationale et italienne), ultra-rapide (un trajet en deux heures contre près de quatre heures actuellement), polémique (la Cour des comptes pointe la « faible rentabilité socio-économique » de la ligne due à la diminution du fret), très complexe en raison du relief et de la géologie, cette liaison veut stabiliser (voire diminuer) le trafic routier transalpin, développer le transport de marchandises par voie ferrée, améliorer les dessertes internationales, nationales et régionales des voyageurs sur un grand réseau ouest-est entre Lisbonne et Kiev, sud-nord entre Rome et Londres, et respecter l'environnement naturel et humain. La rigueur du budget européen 2014-2020 n'est pas la moindre des difficultés à surmonter ! Mise en service du tunnel transfrontalier… à l'horizon 2025.

Intuitions, actions !

D'une idée, d'un nom, d'un don, ils et elles font une révolution. Hommage à ces (heureux) visionnaires qui changent la vie.

Un hyperman savoyard

PORTRAIT

En un héritage, une provocation et une publicité, Marcel Fournier révolutionne le petit commerce. L'héritage concerne la mercerie-bonneterie de 1822 devenue le Grand Magasin de Nouveautés Fournier spécialisé dans le textile à Annecy. La provocation vient d'Édouard Leclerc. En 1949, il ouvre un premier Centre Leclerc à Landerneau en Bretagne avec un seul credo : casser les prix et rendre service aux consommateurs. Dix ans plus tard, fort de son succès, il annonce à la Bourse du travail d'Annecy, son intention de s'implanter dans la ville. Marcel Fournier, le Haut-Savoyard de 35 ans, ne l'entend pas ainsi. Il aménage un rayon de produits alimentaires de 200 m^2 au sous-sol de son magasin. Et s'associe avec Denis et Jacques Defforey, grossistes en alimentation dans l'Ain. De leur entente et de leur réussite naît, en 1960, le premier supermarché d'Annecy, à l'angle de l'avenue du Parmelan et de la rue André-Theuriet. Carrefour s'impose comme nom d'enseigne.

La publicité faite autour du large éventail de produits, des cadeaux promis aux premiers clients, du libre-service, de l'essence vendue à prix coûtant et des parkings à proximité car « *no parking, no business* » attire les chalands. Un deuxième Carrefour voit le jour, en avril 1963, à Cran-Gévrier, dans la périphérie d'Annecy, avec la même surface de vente de 1 000 m^2. Trop petite sans doute pour les associés. En juin, ils inaugurent un hypermarché de 2 500 m^2 avec de l'alimentaire, du bazar, du textile, de l'électroménager, des caddies, 18 caisses et un parking de 450 places à Sainte-Geneviève-des-Bois dans l'Essonne. Le nom hypermarché n'est pas encore officiel mais le succès est bel et bien là ! En Haute-Savoie comme ailleurs.

LE SAVIEZ-VOUS ?

« À vous Cognacq-Jay ! À vous les studios ! »

Qui parle ainsi ? Les journalistes de l'ORTF, l'Office de radiodiffusion télévision française. La maison de l'information des années 1959-1974 située rue Cognacq-Jay dans le 7e arrondissement de Paris. Savent-ils qui se cache sous ce patronyme ? Ernest Cognacq et Marie-Louise Jaÿ, originaire de Samoëns, les fondateurs, en 1870, du grand magasin La Samaritaine, et bienfaiteurs d'œuvres charitables.

Pierre Balmain et la « jolie madame »

PORTRAIT

Avec lui, la « femme charme et insolence » efface les marques de la guerre. Avec lui, la France signe un « *new French style* » fait de toilettes richement brodées puis de formes dépouillées aux épaules marquées, à la poitrine soulignée et à la taille rehaussée. Avec lui, la « jolie madame » des années cinquante apparaît pétulante, soignée, élégante, désinvolte même. Avec lui, Pierre Balmain (1914-1982), l'enfant de Saint-Jean-de-Maurienne, la haute couture puis le prêt-à-porter gagnent leurs lettres de noblesse et le cœur des reines, princesses et vedettes du monde entier, la reine Sirikit de Thaïlande, Brigitte Bardot, Marlène Dietrich, Katherine Hepburn.

Qui se souvient de Françoise Ballinari, la mère de Pierre Balmain, directrice des Galeries parisiennes, la boutique de mode où il joue avec les tissus, de l'actuel lycée Vaugelas à Chambéry où il étudie, d'Edward Molyneux, le couturier et parfumeur britannique et de Lucien Lelong, le couturier et parfumeur français, les grands noms des années trente auprès de qui il apprend le métier ? Petits cailloux sur le chemin de sa vocation et de son rêve. En 1945, Pierre Balmain crée sa marque et ouvre son salon de couture, rue François-Ier à Paris. Il connaît un grand succès dès sa première collection !

D'un garage au monde

C'est l'histoire de deux garçons. Le premier, Jean-Claude Bibollet, découvre en Amérique du Nord, une raquette à neige en bois. De retour en Haute-Savoie, il fabrique une raquette en plastique à ses initiales JCB et crée, en 1981, la société Thônes Sports Loisirs. Philippe Gallay, le second garçon, moniteur de ski à La Clusaz, remarque l'intérêt et note le plaisir de ses clients pour ces raquettes. En 1986, il rachète TSL en difficultés financières.

Et, assemble raquettes et fixations dans son garage-atelier… pour approvisionner les magasins des alentours.

Au fil des ans, le génial « bidouilleur » dépose soixante brevets pour la taille de guêpe, l'amortisseur de bruit, la *step-in* (système d'insert), la fixation télescopique, et maîtrise la chaîne de fabrication, de l'injection plastique à l'assemblage final. Au Japon, en Europe puis aux États-Unis, les « raquettistes » en redemandent. Résultat ? En 2013, TSL est la marque leader sur le marché mondial de la raquette à neige ! Elle s'impose aussi dans les bâtons de marche nordique et le Yooner, le « kart des neiges » ou la glisse sur des pistes, assis à 20 cm du sol !

Des chefs étoilés

Le tour des (très) bonnes tables de Savoie et de Haute-Savoie nous entraînerait dans un voyage sans fin. Des lacs aux sommets. Des produits du terroir aux saveurs du monde… De Marc Veyrat, Jean-Pierre Jacob, Pierre Maillet, René et Maxime Meilleur, Jean Sulpice, Mickaël Arnoult… aux géniaux « bistrotiers ». Ce voyage du goût vous est réservé *in situ*. Avec sa part d'inconnu, de (re)découverte et de plaisirs.

PORTRAIT

Les Airelles, montagne de luxe

À Courchevel, Les Airelles – un « Château en Bavière » – obtiennent l'appellation « Palace » dès le premier classement en 2011. Une reconnaissance amplement méritée pour, peut-être plus que quiconque, son ancienne propriétaire Raymonde Fenestraz dont la vie et celle de son mari André se fondent dans les lieux.

Née à Moûtiers dans une famille d'agriculteurs, la jeune femme remarque, alors qu'elle garde les vaches aux champs, les « touristes » grimper au village de Courchevel, dans les années cinquante. Toujours plus nombreux. À 17 ans, Raymonde va au Royaume-Uni apprendre l'anglais et les bonnes manières des *ladies*. À son retour, elle s'installe à Courchevel 1650 et travaille dans une agence immobilière qu'elle rachète deux ans plus tard pour bâtir, avec son mari, des chalets de luxe et des « résidences skis aux pieds ». Un univers griffé. En 1988, « Madame » fait bâtir un château austro-italien dans le Jardin Alpin. Un « Château en Bavière » racheté par Stéphane Courbit, P.-D.G. de Lov Group, en 2007 dont Christophe Tollemer, l'architecte-décorateur, imagine le cours de l'histoire. Dans un salon-boudoir tendu de soie où Pierre Gagnaire concocte un dîner de roi. Dans les suites garnies d'objets antiquaires ou créations. Entre les voituriers et les bagagistes en chasseurs alpins, les hôtesses en corselet et jupe de Salzbourg. Au mur, Bernard Faucon signe une photo : « Un jour, nous aurons connu le bonheur. » Dehors une calèche patiente. Le vent parfumé comme un sorbet peut bien souffler…

De Savoie et du monde !

Vous le ou la prenez en main. Par besoin, envie ou plaisir. Et… vous ne pouvez plus vous en passer. Vous êtes des millions, accros de fraîche date ou inconditionnels depuis des générations !

Simond, le piolet de l'exploit

Dans la famille Simond de Chamonix, je voudrais le frère ! Lequel ? Au début des années 1820, ils sont tous cristalliers en quête de quartz incolore et de fluorine rose, et forgerons ! Au bord de l'Arve, ils travaillent aussi bien le fer que le bois, fabriquent des outils agricoles, des cloches, des massettes, des burins… et se révèlent précieux conseillers des conquérants du mont Blanc !

En 1860, devant « l'affluence », François Simond se spécialise dans la conception et la fabrication de matériel de montagne : piolets, crampons, luges, skis… Au pied du glacier des Bossons, il dispose de tous les facteurs de réussite : le savoir-faire bois et fer, la technologie (une forge et une petite centrale électrique) et les clients aux portes de Chamonix, la capitale mondiale de l'alpinisme. Son fils, Claudius, en 1925, et son petit-fils, Ludger, en 1960, font de Simond la référence du matériel de haute montagne avec un seul credo : allier le meilleur de la technologie aux exigences des hommes. Au chapitre de leurs exploits : la première de l'Annapurna (le premier 8 000 mètres vaincu) en 1950, la première de l'Everest (8 848 m) en 1953 avec Edmund Hillary et Tensing Norgay, le premier marteau-piolet avec lame banane en 1975, le premier piolet avec tête en titane en 2007… En 2008, Simond rejoint le réseau Oxylane et élargit sa gamme de produits aux cordes, harnais, chaussons…

Peut-être le piolet symbolise-t-il la réussite des Pays de Savoie ? Il en offre tout le moins l'image de l'histoire rurale et de l'évolution technologique. Les paysans adaptant un instrument à la fois pioche et hache pour attaquer la montagne ; les concepteurs développant des modèles performants pour conquérir le monde.

Sophie ? Oui, Sophie, la girafe !

Ne dites pas que vous ne la connaissez pas ! Elle se penche sur votre berceau ou celui de votre bébé et ne vous lâche plus. Avec ses grands yeux ronds, son pelage blanc tacheté de roux, ses oreilles et ses pattes à mordiller, son ventre et sa tête qui couinent… Oui, c'est bien de Sophie – le jouet girafe dont il s'agit ici – née le 25 mai 1961.

Ce jour – de la sainte Sophie bien sûr ! – un certain monsieur Rampeau conçoit le premier animal exotique en caoutchouc issu de la sève d'hévéa 100 % naturelle. Les bébés l'adoptent dès l'âge de 3 mois, comme doudou ou tétine. Les mamans adorent. Sophie grandit par le bouche-à-oreille. Son secret de fabrication en plus de quatorze opérations manuelles est jalousement gardé par son fabricant, la société Vulli à Rumilly. Ses signes particuliers pour mettre tous les sens de l'enfant en éveil restent les mêmes : taille 18 cm, 76 taches foncées et contrastées sur le corps, sifflet incorporé, caoutchouc 100 % naturel et peinture alimentaire, peau douce, parfum d'hévéa. À plus de 50 ans, vendue à cinquante millions d'exemplaires, Sophie la girafe ne vieillit pas ni pour les tout-petits ni pour les grands !

Une eau... source de l'éternelle jeunesse

Regardez-le bien dans les yeux ce garçonnet. Inquisiteur et rêveur. Avec un slogan : « *Live young* », vivons jeune. Une promesse faite depuis des générations par des bébés potelés, des seniors tonifiés et des adolescents plus ou moins rebelles.

La saga s'écrit depuis 1789, l'année où le marquis de Lessert se désaltère à la fontaine Sainte-Catherine sur la propriété d'un dénommé monsieur Cachat à Évian. Souffrant de calculs rénaux, il constate avec cette eau « légère et bien passante » une amélioration quasi miraculeuse de sa santé. Les médecins la prescrivent. Cachat enclot la source et l'exploite. La révolution de l'eau est en marche ! En 2013, après un cheminement-filtration de quinze ans entre les roches, au cœur des Alpes, elle s'écoule à 1,5 milliard de litres !

Chapitre 14

Blanche ou verte, la montagne vous gagne par la tête et les jambes

Dans ce chapitre :

- La destination hiver n° 1
- Le sport en Savoie et en Haute-Savoie ? Un catalogue de sensations revigorantes
- D'une abbaye à une forteresse, d'un lac émeraude à une montagne à vaches, au cœur des villages et des Savoyards
- Pour le cocooning… c'est par ici aussi

Ici, la montagne vous gagne… dans un espace (soyons totalement partisanes) unique au monde. Merveilleux.

Tout schuss !

LE SAVIEZ-VOUS ?

En avril 2013, 1 700 personnes inscrites dans les fichiers de France Montagnes, Rhône-Alpes Tourisme et Savoie Mont Blanc Tourisme déclarent comme incontournables des sports d'hiver le vin chaud (41 %), la tenue rouge des moniteurs de l'École du ski français (37 %), la fondue (36 %), la descente aux flambeaux (30 %), *Les bronzés font du ski* à la télévision en début de saison (26 %)… un *top five* du blanc sportif et convivial… non ?

De la neige… à perte de vue ou de dénivelé. Irrésistible ! Mais pour éprouver de bonnes sensations et glisser en toute sécurité, voici quelques recommandations.

ANECDOTE

Patins de glisse et de chasse

Le ski remonterait à 3 000 ans environ avant notre ère comme en témoignent les peintures rupestres découvertes en Scandinavie. Les hommes s'en servent alors pour parcourir de longues distances sur la neige et chasser. Ils réservent les planches longues et effilées – semblables aux skis de fond – aux grands parcours. Les planches plus courtes, plus larges à la pointe recourbée munies parfois de semelles en fourrure, leur permettent d'approcher, en silence, le gibier. De le surprendre...

Skier ne s'improvise pas !

En ski alpin, préparez-vous en marchant rapidement ou en courant doucement (de vingt à trente minutes), deux fois par semaine. Au fur et à mesure, votre vitesse augmente naturellement. En un mois, vous dépassez la demi-heure de footing. Vous pouvez également effectuer des mouvements d'assouplissement, de la tête aux pieds.

Sport complet, le ski de fond fait travailler tous les muscles du buste, des bras et des jambes sans trop les brusquer. Pour les fortifier et développer votre endurance, courez de plus en plus longtemps sur des reliefs de plus en plus élevés.

Jour J, heure H

Évitez en ski alpin comme en ski de fond, toute activité intense par des températures extérieures inférieures à – 5 °C.

Avant de chausser les skis, accordez-vous une vingtaine de minutes d'échauffement pour « ranimer » les muscles, étirer les ligaments et oxygéner l'organisme. Faites des demi-cercles avec votre tête, de gauche à droite et de droite à gauche, levez la tête, baissez la tête, enroulez vos épaules une dizaine de fois vers l'avant ; une dizaine de fois vers l'arrière, faites du *hula-hoop* avec votre bassin, faites tourner vos poignets et vos chevilles, ramenez votre talon en le prenant dans une main vers les fesses, maintenez la position une ou deux minutes, répétez avec l'autre talon. Terminez l'échauffement en courant vite sur une trentaine de mètres.

Les pentes ou les kilomètres avalés, accordez-vous un temps de récupération d'au moins dix minutes avec des exercices d'étirements (fentes et torsions) pour que le ski reste une parenthèse de pur plaisir.

Un matériel de pro

- En ski alpin, les skis sont d'une longueur allant de la taille de l'utilisateur (les « compacts » pour débutants) à 25-30 cm de plus (les « compétitions » pour les skieurs confirmés). La hauteur des bâtons est égale aux centimètres qui séparent le sol du coude. Les chaussures, étanches et ajustées aux pieds, sont fixées aux skis.
- En ski de fond, la longueur moyenne des skis correspond à la taille du skieur plus 20 cm environ. Souples et légers, les bâtons doivent arriver au niveau de l'épaule. Les chaussures sont attachées aux skis par l'avant du pied.

LE SAVIEZ-VOUS ?

Bois coupé...

En norvégien, le mot « ski » signifie « morceau de bois coupé/fendu, bois préparé donc ». Rien de surprenant à cela quand on sait que les premières paires sont taillées dans le bois à coups de hache !

Attention, la leçon !

Des spatules, des chaussures, des bâtons et après ? Comment dévaler une piste de ski alpin ou avaler des kilomètres en ski de fond ? Le b.a.-ba en deux temps, trois mouvements expliqués par Guy Delavay, directeur de l'École du ski français (ESF) des Gets et délégué régional Haute-Savoie du Syndicat national des moniteurs, et Bruno Clément, ancien entraîneur de l'équipe de France de biathlon et moniteur de ski de fond aux Saisies.

Ski alpin

Leçon n° 1 : un petit effort

Avant l'hiver, une légère préparation physique (musculation des jambes notamment) vous évite douleurs et courbatures, à peine la première leçon prise !

Leçon n° 2 : anticipez le jour J

Réservez via Internet, en fonction de votre budget et de votre motivation, une leçon particulière ou un cours collectif. En leçon particulière, le moniteur s'adapte à votre forme physique et à votre engagement. Vous pouvez prendre quelques cours pour « dégrossir » l'apprentissage, idéalement une semaine.

Renseignez-vous sur les offres dites « Packs débutants » souvent attractives financièrement. En cours collectif (homogène), vous vous stimulez les uns les autres, dans une ambiance décontractée. Avec un professionnel, vous évitez mauvaises habitudes et/ou mauvais réflexes. Pensez à souscrire un contrat d'assurance sauf s'il est inclus dans votre assurance responsabilité civile.

Leçon n° 3 : optez pour le bon équipement

Prévoyez (louez, si besoin) une tenue technique : bonnet, écharpe, veste, pantalon, gants ou moufles. Ne superposez pas les couches qui engoncent. Côté skis, chaussures et bâtons, suivez les conseils du loueur : inutile de choisir du matériel « grands skieurs » plus lourd et plus complexe. Jouez la sécurité avec un casque. N'oubliez ni les lunettes de protection solaire ni le masque pour les jours de neige ou de grand froid. La crème solaire indice élevé est, elle aussi, indispensable !

Leçon n° 4 : heure H, posture et classe

Skis aux pieds, bâtons en main, vous apprenez, avant toute chose, l'équilibre. Dans une zone réservée aux débutants, vous marchez sur une piste relativement plate pour prendre conscience des skis, de leur poids et de leur longueur.

Leçon n° 5 : glissez et freinez

Vous attaquez la trace directe, skis parallèles, face à la pente, vous vous laissez glisser pour sentir de bonnes vibrations.

Le moniteur vous enseigne ensuite le chasse-neige : en ouvrant les talons, vous maîtrisez la vitesse, négociez les virages à droite et à gauche et vous vous arrêtez ! La chute ? Pour vous relever sur le plat, vous ramenez vos skis parallèles sous les fesses et vous vous aidez de la main ou avec un bâton. Dans une pente, vous tournez vos skis en parallèle vers l'aval (le bas) par rapport à la piste et perpendiculaires à la ligne de pente. Vous êtes fin prêts pour skier sur une piste verte… et affiner votre technique.

Leçon n° 6 : des médailles ESF comme s'il en pleuvait

À condition de réussir ces tests de niveau :

LE SAVIEZ-VOUS ?

- **Piou Piou :** je reconnais mon matériel et j'effectue mes premières glissades sur terrain plat et pente faible ;
- **Ourson :** je sais chausser et déchausser seul, utiliser les premières remontées mécaniques, contrôler ma vitesse, glisser skis parallèles face à la pente et m'arrêter par un virage chasse-neige ;
- **Flocon :** je contrôle ma vitesse, j'effectue des virages chasse-neige, j'apprends la trace directe en travers et face à la pente skis parallèles, je sais m'arrêter ;

- **Première étoile :** je négocie mes premiers virages élémentaires dérapés (début du virage en chasse-neige, fin du virage skis parallèles), je contrôle ma traversée de piste skis parallèles ;
- **Deuxième étoile :** j'affine mes virages élémentaires en terminant mes skis parallèles, je maîtrise le dérapage en biais et le pas de patineur ;
- **Troisième étoile :** je commence à dominer mes virages, skis parallèles, de rayons court et moyen, je contrôle mon équilibre en schuss et sur terrain varié ;
- **Étoile de bronze, étoile d'or, compétition :** j'affine mes acquis techniques, virages skis parallèles, grands virages et godilles (enchaînements de petits virages face à la ligne de pente), je me perfectionne en toute neige, tout terrain (bosses, hors-piste), j'aborde les tests de compétition chronométrés (flèche, chamois, etc.).

Leçon n° 7 : le grand saut

Avant de vous lancer seul, ne vous sous-estimez pas, ne vous surestimez pas non plus ! Sur un plan du domaine skiable, repérez les remontées mécaniques (télécabine, télésiège, téléski) et les pistes vertes, bleues, rouges ou noires. Misez sur une verte sans chuter plutôt que sur une bleue tout crispé. Mieux vaut y aller progressivement !

Skiez plutôt le matin quand vous êtes pleins de jus, sur une neige poudreuse ou un peu ramollie. Vous avez de meilleurs appuis et de plus grandes sensations que sur une neige verglacée et dure.

Leçon n° 8 : à mi-pente et/ou à mi-temps

Accordez-vous une pause chocolat chaud (et non vin chaud !) sur une terrasse ensoleillée !

Leçon n° 9 : à vous le paysage, le bon air…

Et les histoires même pas belges : vraies ! Où certains enfilent le pied droit dans la chaussure gauche ou l'inverse. Et mettent les spatules derrière et non devant…

Leçon n° 10 : après l'effort…

Les stations se décarcassent pour vous procurer le réconfort dans un bain bouillonnant, un hammam…

LE SAVIEZ-VOUS ?

Verte, bleue, rouge ou noire la piste ?

- Verte : zone pour les débutants et les hésitants, ne présente pas de difficultés majeures.
- Bleue : piste très facile mais un peu plus raide, avec parfois quelques ruptures de terrain marquées.
- Rouge : piste recommandée aux bons skieurs à l'aise techniquement, pentue voire bosselée mais domptable.
- Noire : piste préférée des skieurs confirmés.

Attention : une neige gelée peut transformer une piste bleue en un cauchemar et une neige fraîche damée rendre une piste rouge plus accessible ! Par ailleurs, les statistiques prouvent que la majorité des accidents se produisent en fin d'après-midi... sur un kilomètre ou une pente de trop.

Ski de fond

Leçon n° 1 : des vêtements adaptés

Bonnet, gants et vêtements pas trop épais – vous fournissez des efforts, en conséquence réchauffez votre corps – qui facilitent les mouvements. Prévoyez un vêtement supplémentaire pour ne pas prendre froid après la leçon.

Leçon n° 2 : un matériel rien de sorcier

Familiarisez-vous avec les skis à écailles légèrement courbés. Ces écailles reprennent le principe des écailles d'un poisson : elles glissent dans un sens et accrochent à la neige dans l'autre. Permettent donc d'avancer et de ne pas reculer. Faites vous expliquer comment mettre les fixations des skis.

Leçon n° 3 : la marche glissée

Le corps légèrement incliné vers l'avant pour bien pousser sur les bras, faites quelques pas en vous laissant glisser, les deux skis en contact avec la neige.

Leçon n° 4 : le pas alternatif

Enlevez un ski et faites la trottinette autrement dit poussez avec le pied sans ski et laissez-vous glisser sur le ski. Puis changez de pied et de ski pour pousser ou glisser.

Leçon n° 5 : la trace directe

Dans des traces déjà faites sur une pente douce, un plat ou une légère remontée pour ne pas avoir à freiner, les genoux fléchis, les bras en avant, les bâtons qui pendent mais ne touchent pas la neige, laissez-vous glisser en regardant droit devant.

Leçon n° 6 : le demi-chasse-neige

Un ski dans la trace et l'autre sorti, appuyez avec le talon du pied pour écarter l'arrière du ski – l'ouvrir en demi-chasse-neige – et réduire ainsi plus ou moins l'écartement, en fonction de votre vitesse.

Leçon n° 7 : le chasse-neige complet

Sur un plan lisse, ouvrez un chasse-neige en intégral les genoux un peu rentrés vers l'intérieur pour mettre les skis sur les carres (les côtés un peu plus tranchants) jusqu'à vous arrêter.

Leçon n° 8 : et la montée ? Et le virage ?

À un moment ou à un autre, les écailles n'accrochent plus et vous n'avancez plus. Pas de panique ! Vous pouvez monter en escalier. Pour cela, mettez-vous perpendiculaire à la pente et montez un ski après l'autre. Vous pouvez aussi ouvrir légèrement le canard autrement dit ouvrir l'avant des skis (à l'inverse du chasse-neige), rentrer légèrement les genoux vers l'intérieur pour vous mettre sur les carres et monter un pied après l'autre. Dans une pente raide, vous ouvrez un canard très large !

Pour prendre un virage sur une piste verte, il suffit de suivre la trace. Sur une piste bleue, vous devez en sortir, ouvrir un chasse-neige et appuyer sur la jambe droite pour tourner à gauche et inversement.

Leçon n° 9 : chaud et froid

Partez plutôt le matin, bien reposé, sur du tonus musculaire et sur une neige *a priori* plus dure donc plus glissante. Toutes les heures, buvez au moins 15 cl de thé chaud légèrement sucré. Ne vous privez pas non plus d'une barre de céréales ou de quelques fruits secs.

À l'arrivée, une bonne douche et des rechanges jusqu'au bonnet ne font jamais de mal !

Leçon n° 10 : que du bonheur !

En ski de fond, vous faites travailler tout le corps (y compris les abdominaux) dans un effort continu sans chocs (car glissé), idéal donc pour garder la forme et brûler les graisses. Et ce en forêt, sur un plateau, au calme et au grand air... loin de tout !

LE SAVIEZ-VOUS ?

Verte, bleue, rouge ou noire la piste ?

- Verte : piste pour les débutants et les hésitants, de 4 kilomètres environ en boucle.
- Bleue : piste intermédiaire avec un peu plus de montées et de descentes, et quelques virages sur 6-10 kilomètres.
- Rouge : piste de 10-15 kilomètres pour skieurs avancés.
- Noire : piste pour les experts avec des montées et des descentes très raides, des creux et des bosses sur 20 kilomètres environ.

À bon entendeur…

LE SAVIEZ-VOUS ?

Voici les dix règles de conduite approuvées par le congrès de la Fédération internationale de ski en 2002… à respecter donc !

- **1 – Respect d'autrui**

  Tout skieur ou snowboarder doit se comporter de telle manière qu'il ne puisse mettre autrui en danger ou lui porter préjudice.

- **2 – Maîtrise de la vitesse et du comportement**

  Tout skieur ou snowboarder doit descendre à vue. Il doit adapter sa vitesse et son comportement à ses capacités personnelles ainsi qu'aux conditions générales du terrain, de la neige, du temps et à la densité de la circulation sur les pistes.

- **3 – Maîtrise de la direction**

  Tout skieur ou snowboarder amont, dont la position dominante permet le choix d'une trajectoire, doit prévoir une direction qui assure la sécurité du skieur ou snowboarder aval.

- **4 – Dépassement**

  Le dépassement peut s'effectuer, par amont ou par aval, par la droite ou par la gauche, mais toujours de manière assez large pour prévenir les évolutions du skieur ou snowboarder dépassé.

- **5 – Pénétrer et s'engager sur la piste ainsi que virer vers l'amont**

  Tout skieur ou snowboarder qui pénètre sur une piste de descente, s'engage après un stationnement ou exécute un virage vers l'amont, doit s'assurer par un examen de l'amont et de l'aval, qu'il peut le faire sans danger ni pour lui ni pour autrui.

- **6 – Stationnement**

  Tout skieur ou snowboarder doit éviter de stationner sans nécessité sur les pistes dans les passages étroits ou sans visibilité. En cas de chute, le skieur ou snowboarder doit dégager la piste le plus vite possible.

- **7 – Montée et descente à pied**

  Tout skieur ou snowboarder qui monte ou descend une piste à pied doit marcher sur le bord de la piste.

- **8 – Respect du balisage et de la signalisation**

  Tout skieur ou snowboarder doit respecter le balisage et la signalisation des pistes.

- **9 – Assistance**

  En cas d'accident, tout skieur et snowboarder doit prêter secours.

- **10 – Identification**

  Tout skieur ou snowboarder témoin, responsable ou non d'un accident est tenu de faire connaître son identité.

RENCONTRE

Jean-Baptiste Grange et ses montagnes

Dans sa mémoire sportive, Jean-Baptiste Grange garde sa troisième place aux Championnats du monde de slalom 2007 à Are en Suède « ma première médaille au niveau international alors que je ne figurais pas parmi les favoris », le globe de cristal 2009 couronnant le vainqueur de la Coupe du monde de slalom « après mes mauvais résultats aux Championnats du monde 2009 de Val-d'Isère, il m'a redonné l'espoir et l'envie », son titre aussi de champion du monde de slalom 2011 à Garmisch-Partenkirchen. « Même s'il ne représente pas le sport national comme en Autriche, le ski a marqué le sport français. Jean-Claude Killy, Christine et Marielle Goitschel et bien d'autres nous ont laissé un bel héritage. Un esprit, une valeur montagne. J'y suis attaché tout comme à l'histoire et à l'âme de Valloire, mon village. C'est le milieu où je me sens bien. En famille, entre amis, en randonnée, sur un VTT, une moto trial ou à la chasse aux chamois, cerfs, chevreuils… Je ressens toujours un petit pincement quand je vois "mes" sommets : je rentre chez moi, dans ma nature ! »

Dans sa mémoire affective, Jean-Baptiste Grange garde la course Mickey, sa première, organisée par le ski club de Valloire. « Même si j'ai toujours eu l'esprit de compétition, j'aimais plus que tout tracer des passages dans la poudreuse et faire des bosses avec mes copains. De retour au village, je savourais la potée que Josette, ma grand-mère paternelle, cuisinait pour la famille. »

Au téléphone, juste avant son départ pour le slalom de Coupe d'Europe à Kranjska Gora en Slovénie, le 10 mars 2013. Jean-Baptiste Grange le remporte.

La montagne apprivoisée

Liberté et sécurité ! Tout est envisagé en ce sens : canons à neige, professionnels de la montagne (dameur, pisteur-secouriste, *security patrol*…), déclenchement d'avalanche…

Une neige toujours fraîche

Comment assurer un enneigement suffisant et constant des pistes ? En utilisant un canon à neige. Soit des réserves d'eau, des chambres de compression, des canalisations de distribution et des canons à neige qui fabriquent et pulvérisent le mélange eau et air comprimé. Un mélange qui, par temps suffisamment froid, donne la neige de culture.

Une chenille et un homme

- Le **dameur** pilote un engin sur chenilles équipé d'accessoires qui tassent, stabilisent et nivellent la neige fraîche des pistes, avant leur ouverture au public.
- Le **pisteur-secouriste** assure la protection des usagers. En cas de chute ou de collision, il apporte les premiers secours et véhicule les blessés en bas des pistes. En cas de disparition, il mène des recherches à ski ou à motoneige. En patrouillant, il donne des conseils de prudence et de respect des règles de sécurité, veille à l'entretien et à la sécurisation du domaine skiable. Dans certaines stations, les ***security patrols*** lui viennent en aide en sensibilisant les usagers sur les comportements à risques.

Explosions de neige

CURIOSITÉ

L'hiver, les stations de ski sécurisent tous leurs domaines. Elles déclenchent volontairement des avalanches le jour J à l'heure H, en provoquant des ondes de choc qui déstabilisent et mettent en mouvement la neige dans la zone de départ. Une mesure préventive qui prend diverses formes.

- **Gazex** : les deux gaz utilisés – l'oxygène et le propane – sont stockés dans un abri puis acheminés par une double conduite jusqu'à un tube exploseur coudé installé au sommet d'une pente. L'explosion est commandée depuis un PC par ordinateur.
- **Canon avalancheur** : un propulseur pneumatique lance, avec de l'azote comprimé, un projectile empli d'explosif liquide.

- **Charge explosive lâchée par hélicoptère** : elle explose dans la neige entre 90 et 110 secondes après le lâcher.

Spontanée ou provoquée, voici l'avalanche

Avalanche de neige poudreuse

Quand la neige tombe en grande quantité sans avoir le temps de se fixer, elle roule vers l'aval (le bas de la montagne) sous l'effet mécanique d'une pente très raide et d'un faible poids (la neige légère se mélange à l'air). À une vitesse pouvant atteindre les 350 km/h, elle balaie tout sur son passage.

Avalanche de neige humide

Quand la température se réchauffe et dépasse 0 °C, la neige commence à fondre en profondeur. Elle se détache et dévale lentement mais puissamment les couloirs naturels.

Avalanche de « plaque à vent »

Tout commence par la rupture et le glissement d'une plaque de neige relativement dense car accumulée par le vent, sur une sous-couche sans cohésion donc plus fragile. À l'origine de cette rupture ? Le plus souvent, le passage d'un alpiniste ou d'un skieur. Sous son poids, la couche superficielle se détache, glisse et se casse en blocs dans la pente.

L'échelle européenne du risque d'avalanche précise les niveaux de risque – de 1 faible à 5 très fort – hors pistes de ski balisées et ouvertes. Ces risques évalués par Météo France sont liés au volume des chutes de neige, au vent, à la structure du manteau neigeux, à l'exposition et à la déclivité de la pente.

Question du jour

Protéger ou développer la montagne ? La protéger pour des raisons d'ordre environnemental, esthétique, sentimental, patrimonial, sécuritaire voire cynégétique mais aussi économique (un label espace protégé peut être rentable). Ou la développer par de nouvelles infrastructures plus pratiques, spacieuses, confortables ? Comment concilier les deux ?

Des activités d'hiver et d'été

L'hiver, le ski décliné à l'infini ; l'été, les versants, les cimes, les cieux à explorer. Ceci n'est pas un inventaire de toutes les activités sportives à pratiquer dans les Pays de Savoie. Juste une invitation à découvrir les traditionnelles et les insolites. En liberté et en sécurité.

Freestyle, le ski acrobate

Il descend tout droit du ski de bosses, du *half-pipe* et du saut acrobatique de la fin des années quatre-vingt-dix. Le (ski) freestyle consiste à enchaîner en snowboard ou à skis des sauts, à partir de structures (modules) en neige ou en métal et d'effectuer, une fois en l'air, des figures aériennes (*tricks*) toutes plus originales les unes que les autres… avant de retomber sur le snowboard ou sur les skis, en marche avant ou arrière. Histoire d'assurer le *show* dans différentes disciplines – *big air*, *slope style* olympique aux Jeux de Sochi 2014 ou encore *half-pipe* olympique depuis les Jeux de Nagano 1998 – dans des zones spéciales (*snowparks*). Les plus téméraires et les plus « nature sauvage » s'écartent de ces aires de jeux pour s'éclater dans la poudreuse, dans le *trendy freestyle backcountry*…

VTT sur neige, descente, virages, freinage

À la fermeture des pistes, des vététistes prennent le Funitel de Péclet pour monter à 3 000 mètres d'altitude, au pied du glacier de Val-Thorens. La suite ? Les recommandations d'un moniteur diplômé d'État et 700 mètres de dénivelé sur 6 kilomètres de piste bleue, à la tombée de la nuit. Le temps (quarante-cinq minutes au moins) de faire des sauts et de « lâcher les freins » !

La vallée blanche : un cadre unique

Dans le massif du Mont-Blanc, la vallée blanche, un itinéraire de haute montagne ni sécurisé ni balisé, suit plusieurs glaciers depuis l'aiguille du Midi : glaciers du Géant, de la Noire, d'Envers du Plan, du Tacul et de la mer de Glace… dans un cadre unique. À tenter selon ses goûts et ses capacités de skieur expérimenté !

ÉVÉNEMENT

Le Mont-Blanc en spectacle

Selon les prévisions, il doit ouvrir en 2015 et embarquer 300 000 passagers par an, soit quatre fois plus qu'aujourd'hui, au rythme de 600 à l'heure. Qui il et où ? Le nouveau téléphérique du Mont-Blanc reliant le village de Courmayeur en Italie à la pointe Helbronner (3 462 m) dans le massif du Mont-Blanc. Le plus gros chantier de téléphérique au monde : quatre ans de travaux à plus de 3 000 mètres d'altitude, des stations de départ, intermédiaire et d'arrivée spacieuses avec restaurants, cinéma et musée, des bennes ovoïdales vitrées et tournantes sur un panorama à 360°, une plateforme pivotante de 14 mètres de diamètre pour admirer les Alpes françaises, suisses et italiennes en talons aiguilles ou partir, bien équipé, pour le secteur glaciaire de la vallée blanche.

Ski extrême, pas au-delà de 70° !

Ici, le « jeu » est dans l'inspiration géniale et le risque illimité si ce n'est par la physique : au-delà de 70°, la neige ne colle plus aux parois ! Alors à skis, en surf ou en speed riding, les *riders* dévalent couloirs de neige et parois glacées. Et ce depuis 1928, année où, au Tyrol, des skieurs se lancent dans des pentes à 50° avec – étrange idée – leurs crampons accrochés sur le sac à dos pour s'immobiliser en cas de glissade incontrôlée !

Télémark, de la part des Norvégiens

LE SAVIEZ-VOUS ?

Le télémark n'est pas né dans une grande nation alpine (Suisse, Autriche, Italie ou France) mais en Norvège, dans la province du même nom. Là-bas, Sondre Norheim, un charpentier, imagine deux lames de bois et une grande nouveauté, le fléchissement de la jambe intérieure avec le talon libre pour prendre un virage. Il descend ainsi, au plus vite, de son chalet au village de Morgedal. Pour améliorer le tout, il donne à ses lames une taille de guêpe et les fixe à ses pieds avec des lanières en cuir. Le 8 février 1868, il domine outrageusement le concours d'Iverslokken. La nouvelle de ce ski révolutionnaire à la fois ski alpin pour la vitesse et snowboard pour le toucher avec la neige, fait vite le tour de l'Europe qui, à l'époque, ne sait pas encore skier !

Ski de rando, en peau de phoque

Les Scandinaves posent, les premiers, des peaux de bêtes – élan, phoque ou renne – à poils courts et durs sous les semelles de leurs skis pour se déplacer partout, tout le temps. Ils savent que le poil se dresse comme des épines… sans céder !

Les skieurs de rando(nnée) utilisent le même procédé – avec des bandes synthétiques autocollantes (appelées peaux de phoque) comme système antirecul – pour gravir des glaciers ou des cimes. Au sommet, ils enlèvent les peaux et glissent dans des combes ou couloirs enneigés.

Raquettes, sur toutes les neiges

Deux « tamis à crampons et à griffes » capables de porter le débutant ou l'initié à plat, en montée ou en descente, sur une neige tassée ou profonde. Les raquettes fixées sous les chaussures, les bâtons télescopiques en main, les pas moins serrés pour ne pas s'emmêler les pieds, la balade peut débuter sur des sentiers damés ou non, balisés ou hors-piste (avec moniteur). Le top du top ? Être en forêt au petit matin ou tard le soir, avec un vent de face, en veillant à ne pas faire craquer la neige pour ne pas effrayer les cerfs, chevreuils, chamois ou bouquetins.

Ski-joëring, au rythme du cheval

« C'est en retrouvant une vieille carte postale montrant des skieurs tractés par des chevaux que je me suis dit qu'on pouvait remettre au goût du jour cette activité dans nos stations » raconte Jacques Fillietroz du centre équestre La Cavale aux Arcs, l'un des artisans de la renaissance du ski-joëring en France dans les années quatre-vingt-dix.

Après quelques minutes de briefing pour bien se placer derrière l'animal et acquérir les bons gestes pour le guider, le skieur goûte au plaisir de la glisse tractée par la plus belle conquête de l'homme.

La Grande Odyssée Savoie Mont-Blanc

400 chiens marathoniens des neiges, 30 mushers parmi les meilleurs au monde, une course de 1 000 kilomètres et 30 000 mètres de dénivelé positif disputée sur deux semaines en 9 étapes, au long d'un parcours tracé entre les massifs alpins de Savoie et de Haute-Savoie. Pour renforcer le côté sauvage et grands espaces, l'aventure se déroule à 70 % en dehors des domaines skiables, pour moitié de nuit avec 2 bivouacs en haute montagne. Jack London n'est peut-être pas loin…

Ruisseling, au fil de l'eau

Comment marcher sur l'eau gelée des cascades et des rivières ? En trouvant, comme pour tout déplacement à la verticale, un équilibre entre le mouvement des mains et des pieds. Le grimpeur ancre ses marteaux-piolets dans la glace puis s'élève en poussant sur une jambe et en exerçant une traction avec les bras. Sa seconde jambe élevée, il ancre le premier marteau-piolet plus haut puis le second… pour progresser, à son rythme, en hauteur. Au-dessus, au-dessous, sur les côtés tombent des rideaux, se dressent des colonnes, apparaissent des choux-fleurs d'eau gelée. Merveilles de la nature plus ou moins transparentes, blanches ou bleutées. Filets ou cours d'eau solidifiés en surface et liquides en profondeur. « L'ultime bonheur, estimait Nietzsche, le philosophe allemand, est de ne pas avoir peur ! »

Speed riding, vol et glisse

En théorie, il suffit de décoller skis aux pieds, une mini-voile équipée d'une sellette au-dessus de la tête et d'atterrir sur la neige. En pratique, le speed riding (que l'on pourrait traduire par vol libre à ski) requiert une parfaite maîtrise de l'air et du hors-piste… pour se jouer du relief.

Dans l'azur, une mini-voile (de 8 à 14 m^2). Un homme skie pour prendre son élan. Ses mouvements sont rapides, vifs, coordonnés, instinctifs. L'envol. Le pilote s'exerce aux points de décrochage en essayant de rétablir une bonne position. Il plane, seul dans le vide, deux minutes ou deux heures selon les caprices du vent. Concentré, attentif au moindre point de repère. Il découvre des sensations de liberté, occupe l'espace, vole de 1 500 à 3 000 mètres d'altitude avant de toucher terre et de glisser sur la neige.

Héliski, attention les pales !

L'hélicoptère est au col du Petit-Saint-Bernard. Aux côtés du pilote, des skieurs et un guide de haute montagne. En une rotation, ils sont en Italie, au sommet du Ruitor. À eux, 600 mètres de dénivelé en hors-piste, entre crevasses et séracs face au Mont-Blanc.

La bataille contre l'héliski et l'hélitourisme est engagée. Est-ce éthiquement défendable d'emmener des personnes vers un sommet pour une descente à skis, dans un hélicoptère de deux tonnes qui consomme environ 180 l/h de carburant ?

Dans la légende du Galibier

Que serait le Tour de France sans étapes en Savoie ou en Haute-Savoie ? Sans hauteur !

En 1903, année de sa création, 60 coureurs partent pour une boucle de 2 428 kilomètres en 6 étapes, du 1er au 19 juillet. Ils ignorent tout de cette épreuve bientôt marquée par l'ascension de cols dans les Alpes et dans les Pyrénées. Dans les années vingt, on les présente comme les « forçats de la route ». C'est peu dire quand ils s'attaquent au col du Galibier, la frontière naturelle élevée à 2 646 mètres, entre les Alpes du Nord et les Alpes du Sud !

Qui mieux qu'Henri Desgrange, père de cette course cycliste inégalée, de cette grande fête populaire, patron de presse entreprenant et rédacteur en chef de *L'Auto* peut présenter ce redoutable défi ? Voici ce qu'il écrit sur la cinquième étape Chamonix/Grenoble du Tour 1911, dans un article daté du 10 juillet.

« Lorsque nous avons pensé que nous entrions dans le paradis en longeant les bords du lac d'Annecy, l'enfer, tout à coup, s'est dressé devant nous : nous y sommes entrés par une porte basse, par une ruelle étroite à la sortie du contrôle de Saint-Michel-de-Maurienne, et au-dessus de nos têtes, presqu'à pic, le fort du Télégraphe, à 1 500 mètres, nous a défiés.

D'abord, et lentement, du heurt puissant de leurs cuisses, nos hommes se sont élevés, et les vallées retentissaient des "Han !" formidables qu'ils poussaient.

Et, dans le bas, Saint-Michel-de-Maurienne, qui diminuait à vue d'œil, se demandait si quelque avalanche n'allait pas lui rejeter tous ces mécréants qui violaient la montagne.

Et ils arrivèrent tous à 1 500 mètres, au col du Télégraphe et, comme ils soufflèrent un peu dans la descente, ils reprirent des forces pour emporter d'assaut le Galibier.

Ô Sappey ! Ô Laffrey ! Ô col Bayard ! Ô Tourmalet ! Je ne faillirai pas à mon devoir en proclamant qu'à côté du Galibier, vous êtes de la pâle et vulgaire "bibine" ; devant ce géant il n'y a plus qu'à tirer son chapeau et à le saluer bien bas !

Comme il nous semblait que nous escaladions ce géant depuis des heures, nous avons demandé à des paysans, au seuil de leurs chaumines enfouies au creux des rocs : "Le sommet est-il loin ?" "Plus que 12 kilomètres" nous ont-ils répondu. Et dans les virages innombrables de la route, nous apercevions au-dessus de nous, très haut, des fourmis qui avançaient ; c'étaient nos hommes occupés à grignoter le monstre des dents de leurs pédales. Enfin le sommet fut en vue, au moment où les neiges commençaient à nous entourer de toutes parts. Une dernière résistance de la nature, quelques edelweiss, quelques héliotropes que nous tendent d'adorables petits sauvages savoyards ; puis, des éboulis, le chaos des pierres chues des sommets ; puis la neige figeant tout de son linceul silencieux [...] »

Marche nordique, tonique à souhait

Marcher avec deux bâtons de ski spécifiques sous le soleil, la pluie, le vent mais sans un flocon de neige, quelle drôle d'idée ? Une idée lancée en Finlande au début des années soixante-dix pour permettre aux skieurs de fond de s'entraîner sans fin sur tous les terrains. Comment ? En marchant vite et loin avec des bâtons. Au programme des Scandinaves et des Savoyards nouveaux adeptes ? Dix minutes d'échauffement bâtons en main, une heure de marche environ et des étirements musculaires en fin de séance… pour être hypertoniques et joliment musclés !

Dix règles de conduite en randonnée… dictées par le bon sens

- 1 – Informer un proche de l'itinéraire et lui donner l'heure de départ et l'heure d'arrivée (ne serait-ce qu'une estimation), en tenant compte du dénivelé et des difficultés ;
- 2 – Prévoir de bonnes chaussures, des chaussettes de rechange, des vêtements contre la pluie, des lunettes, une crème solaire, une petite pharmacie, de l'eau, des fruits secs ;
- 3 – Se renseigner sur les conditions météorologiques ;
- 4 – Partir tôt le matin pour profiter d'une belle luminosité, ne pas monter en pleine chaleur et redescendre dans la vallée avant la nuit.

Fais pas ci, fais pas ça : la charte du randonneur

- 1 – Rester sur les sentiers pour limiter l'érosion des espaces naturels sensibles ;
- 2 – Ne jeter à terre ni mégot ni allumette ;
- 3 – Ne pas allumer de feu ;
- 4 – Ne pas effrayer les animaux sauvages ou domestiques ;
- 5 – Emporter tous les déchets même biodégradables dans son sac ;
- 6 – Ne cueillir ni plante ni fleur (rare, protégée ou en voie de disparition).

Via Ferrata, accroché au rocher

La via ferrata est un parcours tracé sur une paroi rocheuse équipée d'éléments spécifiques (câbles, barreaux d'échelle, pont de singe, tyrolienne…) sur lesquels le grimpeur progresse en toute sécurité sans peur du vide… en théorie tout le moins ! Les vias ferratas sont classées par niveau de difficultés, de F (facile) à ED (extrêmement difficile).

RENCONTRE

Une femme en équilibre

Dans les années quatre-vingt-quatre-vingt-dix, Catherine Destivelle escalade blocs et falaises à la force des doigts, du bout des pieds ou grimpe aux sommets, munie de piolets et crampons. Telle une aventurière de la roche, de la neige et de la glace. En apesanteur.

Ses parents l'ont inscrite au Club alpin français à 14 ans. L'adolescente est ravie : elle s'imagine que l'escalade sur les rochers de la forêt de Fontainebleau va la mener à l'alpinisme, à la montagne et au métier dont elle rêve : bergère. À 20 ans, diplômée en kinésithérapie, elle n'a plus envie de grimper et veut quitter le milieu de la montagne. Elle y revient pour les besoins d'un film et enchaîne les exploits.

Grimper avec son corps, gagner avec sa tête

En octobre 1990, Catherine Destivelle gravit en solo le pilier Bonatti. Le 26 juin 1991, elle est la première femme à ouvrir seule un itinéraire sur la face ouest des Drus. Le 10 mars 1992, elle réussit, en dix-sept heures, la première hivernale féminine en solitaire de la face nord de l'Eiger (l'ogre en allemand). Le 10 février 1993, elle vainc la pointe Walker dans les Grandes Jorasses. « Un sommet se conquiert à 70 % dans la tête et à 30 % dans les jambes. J'ai pensé à l'Eiger un an à l'avance, en allant à ses pieds repérer le tracé, observer ses parois. Je voulais l'apprivoiser, me préparer psychologiquement et m'entraîner en conséquence. Le jour J, j'avais l'impression de le connaître par cœur. Les conditions météorologiques étaient idéales. Je savais que j'allais réussir. J'ai savouré le bonheur une heure ou deux au sommet. Le lendemain, devant la réaction de mes amis, j'ai réalisé la grandeur de l'exploit. Dans le froid qui mort comme sous le soleil qui brûle, la nature apprend le danger, développe la faculté d'adaptation, enseigne l'humilité et la nécessité d'être en osmose avec son environnement. Elle forge aussi le caractère et donne confiance en soi. »

Hier comme aujourd'hui (cofondatrice des Éditions du Mont-Blanc), Catherine Destivelle veut faire connaître ce qui l'attire et inspirer les gens, leur donner une envie, un rêve, « une certaine forme de liberté où chacun est, en escalade comme en alpinisme, en phase avec soi-même. Apprend à se détacher de la Terre pour la laisser à ses pieds ».

Équipement haute montagne

LE SAVIEZ-VOUS ?

- L'alpiniste se glisse dans un **baudrier**, un ensemble ceinture-bretelles qui le supporte et l'accroche par un mousqueton à la corde d'assurance ou de rappel.
- Les **Vibram** sont des chaussures dont le nom dérive des semelles antidérapantes de caoutchouc moulé.

- Le **mousqueton**, une boucle métallique généralement de forme ovale, s'ouvre et se ferme rapidement grâce à une lame élastique et à un ergot articulé.
- Le **piton**, une broche de fer composée d'une lame et d'une tête en forme d'anneau pour passer le mousqueton, est enfoncé comme un clou dans un rocher lisse ou surplombant. L'alpiniste fixe ainsi des prises et avance.
- Sur un **étrier** – une petite échelle de corde – l'alpiniste cale son pied ou sa cuisse et progresse en équilibre et à l'horizontale sous le rocher.
- Pour marcher sur la glace, il doit accrocher des **crampons** – des semelles amovibles de pointes en acier – sous ses chaussures.
- Dans un **piolet**, un instrument qui tient à la fois de la pioche et de la hache, la pointe perce la glace et la lame (appelée panne) taille des marches.

LE SAVIEZ-VOUS ?

Distinguo escalade/alpinisme

En escalade, vous atteignez le haut d'une structure naturelle (bloc, dalle, paroi, arête…) ou artificielle (mur d'escalade) appelée voie, avec ou sans matériel (corde, coinceurs, pitons, pendule…), en recherchant des prises autrement dit des reliefs où poser la main et le pied. L'escalade se dit aussi varappe en référence au couloir rocheux du mont Salève près de Genève que des grimpeurs escaladent dès 1876 !

La difficulté d'une voie est signalée par un système de cotation. En France, il va de 3 à 9 avec des divisions en lettres de a à c et, parfois, l'ajout d'un « + » pour signifier que la voie est un peu plus difficile sans pour autant être du niveau supérieur.

L'alpinisme consiste à gravir des sommets ou à parcourir des glaciers, à s'attaquer à la roche, à la glace ou aux deux !

Ultra-trail du Mont-Blanc

ÉVÉNEMENT

Depuis 2003, c'est la course à pied sur sentiers en semi-autonomie de tous les superlatifs : un parcours de 168 kilomètres qui gravite autour du Toit de l'Europe, entre la France, l'Italie et la Suisse, 9 600 mètres de dénivelé positif, 2 300 coureurs maximum (hommes et femmes) dont les derniers bouclent le tour en 46 heures, l'élite et la masse, l'aiguille de Bionnassay au clair de lune, le col de la Seigne au soleil levant et puis le val Vény en Italie, l'alpage de La Peule en Suisse, des difficultés majeures aussi, la descente sur Courmayeur, la montée vers Bovine, l'ascension du col de Voza… l'exploit, le rêve d'entrer dans le cercle restreint des *finishers*, ceux qui l'ont fait.

Kílian Jornet, l'ultra-terrestre-trailer

« À l'école, un professeur m'a demandé ce que je voulais être quand je serai grand. J'ai répondu : *Heureux !* Il a insinué que je n'avais pas compris la question. Je lui ai signifié qu'il ne comprenait pas la vie ! » L'auteur de ces mots ? John Lennon. L'adepte ? Kilian Jornet, le triple vainqueur en 2008, 2009 et 2011 de l'Ultra-trail du Mont-Blanc.

À 26 ans, le jeune homme né à Sabadell en Catalogne le 27 octobre 1987, suit, ascension après ascension, temps record après temps record, défi après défi, cette ligne de conduite. Et se montre – mentalement et physiquement – sans limites. Son objectif ? Gravir en courant les « *Summits of my life* », soit la traversée du mont Blanc de Courmayeur à Chamonix, le Cervin, l'Elbrouz, le McKinley, l'Aconcagua, et, en 2015, le Toit du monde, l'Everest. À des années-lumière de ses premiers pas en altitude entre un père guide de haute montagne et gardien du refuge Cap del Rec, et une mère entraîneur au Centre technique de ski de montagne de Catalogne. Dans la suite de ses records : le Tuc de Molières – un sommet de 3 010 mètres – atteint à 3 ans, le Breithorn – 4 164 mètres – à 6 ans, le mont Blanc (4 810 mètres) en 4 h 57 min 44 s, le Cervin (4 478 m) en 2 h 52 mn 2 s... Aujourd'hui, le « *sky-runner* » d'1,71 m pour 57 kg n'a plus rien à prouver. Mais il doit avancer. *Courir ou mourir* est le titre de son autobiographie.

Parapente, libre comme l'air

27 juin 1978 : Jean-Claude Bétemps, André Bohn et Gérard Bosson, trois parachutistes passionnés, s'élancent de la pente herbeuse de la montagne de Pertuiset et se posent 1 000 mètres plus bas dans le village de Mieussy en Haute-Savoie. Avec cette manœuvre habituelle pour eux, ils créent le parapente. Bientôt adopté par toute la profession car, sans avion, les parachutistes peuvent s'entraîner, à moindres frais, à la précision d'atterrissage. Les randonneurs, eux, évitent les interminables descentes à pied. Et, les constructeurs ne cessent de concevoir des ailes pour voler plus haut, plus loin, plus longtemps...

Quid du BASE jumper ?

Équipé d'un parachute, il considère la montagne comme un promontoire d'où il peut se jeter dans le vide. Dans le massif du Mont-Blanc, Jean-Marc Boivin est le premier à tenter l'exploit, en 1990, du haut du Grand Capucin. La même année, Patrick de Gayardon et Bruno Gouvy s'élancent de la Dent du Géant.

BASE jump est un acronyme anglais – *buildings, antennas, spans, earth* – en français immeubles, antennes, ponts ou sommets de la terre d'où l'on peut sauter... en adeptes de l'extrême.

Vol en wingsuit, comme un oiseau

Un vol en wingsuit est un saut effectué en s'élançant d'une falaise ou d'un avion, vêtu d'une combinaison souple en forme d'aile qui se gonfle d'air à peine dans le vide, pour augmenter la portance. Le parachute ouvert, l'atterrissage se fait en douceur.

Highline, la marche dans le vide

Tels des funambules, les *highliners* marchent sur une sangle en nylon (*slackline*) tendue entre deux sommets. Pourquoi ce nom de *highline* (haute ligne, ligne ultime) ? Car, au-delà de 5 mètres de hauteur, tous les repères visuels habituels sont modifiés et rendent la progression extrêmement difficile !

Plus près des étoiles

Se faire curieux du ciel et se laisser emporter par la Voie lactée... À 2 083 mètres, au-dessus de la vallée de la Maurienne et du Val de Suse, le col du Mont-Cenis offre le cadre idéal pour observer les étoiles. À condition, l'été, de s'éloigner de la pollution lumineuse de la route et, l'hiver, de braver la neige et le froid.

Quelle que soit la saison, quel que soit le jour, du seul fait de la rotation de la Terre autour du Soleil, les constellations, ces fantastiques ensembles d'étoiles, changent. L'été place à l'Aigle, au Cygne et à la Lyre. L'hiver, Gémeaux, Orion et Taureau s'imposent. À l'œil nu, avec des jumelles 10 x 50 minimum (grossissement)... sans oublier la lampe de poche recouverte d'un tissu rouge ou la frontale à iode rouge pour se déplacer. Pourquoi rouge ? La lumière blanche aveugle : instinctivement la pupille se referme. Au bout de dix-quinze minutes dans le noir le plus absolu possible, la pupille se dilate. La carte du ciel en main (celle fournie par `www.stellarium.org/fr`, un logiciel gratuit et très simple d'utilisation, est excellente)... le show peut commencer. La Lune et ses cratères, mers et montagnes, Mercure, Vénus, Mars et ses calottes polaires... l'infiniment grand !

Et les étoiles filantes ? Voici les périodes où, si le ciel est clair et la Lune discrète, vous pouvez les observer :

- Quadrantides – 3 et 4 janvier
- Lyrides – 21 et 22 avril
- Eta Aquarides – 4 et 5 mai
- Delta Aquarides – 28 et 29 juillet
- Perséides – 11 et 12 août
- Orionides – 20 et 21 octobre
- Taurides – 1er et 2 novembre
- Léonides – 17 et 18 novembre
- Géminides – 13 et 14 décembre
- Ursides – 21 et 22 décembre

Avant et après l'effort... le booster et le réconfort

Trois heures avant l'effort, mangez un repas équilibré en glucides (pain, pommes de terre, riz, chocolat), « Non, un bon plat de pâtes ne suffit pas ! », en lipides (beurre, huile d'olive ou de tournesol) et en protides (viande, œufs, poisson, lait). Buvez entre un litre et demi et deux litres d'eau. Supprimez l'alcool et ne fumez pas, au moins dans les deux heures qui précèdent et suivent votre activité sportive.

Après l'effort, mélangez sucres lents (céréales, par exemple) qui sont stockés dans les muscles et le foie (feu de bois) et sucres rapides (confiture, entre autres) qui fournissent vite de l'énergie (feu de paille).

Un appétit de Gargantua

Nous mangeons plus en montagne ! Dans les villes et les campagnes, une journée « normale » nécessite 2 000-3 000 calories. En montagne, le corps en altitude et en pleine activité sportive peut consommer entre 5 000 et 7 000 calories.

100 g de lait en poudre, 100 g de riz (pâte ou semoule), 100 g de fruits secs, 5 barres énergétiques, 2 sachets de sucre en poudre, 2 sachets de thé ou café et de la pâte d'amandes constituent une ration quotidienne idéale en altitude. Là-haut, mieux vaut être dans « le un peu plus » que dans « le pas assez ».

Temps de destruction

En montagne, le froid et la neige ralentissent la décomposition des déchets en agissant comme un réfrigérateur.

- Pelure : 6 mois
- Chewing-gum : de 2 à 5 ans
- Mégot : de 2 à 15 ans
- Canette en aluminium : de 100 à 500 ans
- Bouteille en plastique : de 100 à 1 000 ans !

Juste au-dessous du ciel, des Pays de Savoie pluriels

Certes l'image du village rassemblé autour de son clocher, des hameaux accrochés au versant du soleil, des hommes et des femmes épargnés par la fureur du monde disparaît. Mais la réalité des Pays de Savoie reste liée à la nature, à l'histoire, à l'économie, à la culture des lieux. Tout donne à voir et à comprendre qu'il fait encore bon vivre là-haut sur les cimes. Ou à leur pied.

Le constat d'abord

LE SAVIEZ-VOUS ?

Deux chiffres : entre 1999 et 2009, dans presque 9 communes sur 10 la population augmente de + 1,4 % en Haute-Savoie et celle de Savoie de 1,01 % entre 1998 et 2008. Dans les autres départements rhônalpins, toujours d'après les dernières données de l'Insee publiées en 2012, la hausse est d'environ 1 % entre 1998 et 2008.

Deux raisons à cela : un solde naturel conséquent et une arrivée de population extérieure (solde migratoire) régulière. Les Pays de Savoie attirent, certains disent depuis les Burgondes, d'autres depuis la signature du traité de Turin, et le rattachement de la Savoie à la France en 1860. Se déclenchent alors plusieurs vagues d'émigration italienne provenant, à la fin du XIXe siècle, du Frioul, du Piémont ou de Gênes, avec des hommes prêts à travailler comme ouvriers ou saisonniers puis, après la Première Guerre mondiale, laminés par la pauvreté ou le régime politique.

En 2013, l'essor démographique s'explique par le dynamisme économique des deux départements impulsé, en grande partie, par la proximité de la Suisse. Développé aussi par l'attractivité « lacs et montagnes » naturelle et touristique !

En hiver, nombre de skieurs veulent suivre les moniteurs en cours individuels ou dans des expéditions engagées… loin des serpentins d'élèves glissant aux basques des célèbres hommes en rouge. En été, des randonneurs partent pour des itinéraires en boucle ou en étoile, en parfaite autonomie. Les alpinistes accompagnés ou non de guides attaquent les sommets… encore libres d'accès. De retour dans les villages, les villes ou les vallées, ils apprécient le savoir-faire des artisans-artistes, les tables des chefs célèbres ou anonymes, les mille et un attraits authentiques et insolites de la montagne. Conclusion : ils cherchent l'or blanc ou l'or vert des lieux mais pas que…

Les offres donc

Les villages préservés de Sixt-Fer-à-Cheval ou de Bonneval-sur-Arc reconnus parmi les plus beaux de France replongent dans le passé tout comme les bastions militaires (la barrière de l'Esseillon notamment), les édifices religieux (cathédrales, églises, chapelles, abbayes…), les sites historiques remarquables (plateau des Glières, site minier des Hurtières, etc.) et les musées singuliers (Maison des jeux Olympiques d'hiver à Albertville, musée des costumes et des traditions populaires à Saint-Jean-de-Maurienne, Espace Pierre Tairraz – l'alpinisme dans les Alpes d'hier et d'aujourd'hui) à Chamonix. Bleu turquoise ou vert émeraude, posés en plaine ou enchâssés dans la montagne, les lacs invitent au farniente, à la baignade ou à prendre le large sur des bateaux dont les premiers à vapeur datent de la fin du XIXe siècle. Les Parcs naturels (national et régionaux) et les Réserves naturelles préservent la faune, la flore, les savoir-faire et les produits du terroir.

L'itinérance et les circuits à thèmes sont en vogue. La fondation Facim propose de visiter les chemins du baroque ou de l'hydroélectricité, les architectures d'altitude… Les vins de Savoie se laissent découvrir par étapes entre Léman et Arves, Chautagne et Jongieux, cluse de Chambéry et combe de Savoie. Les fromages ont leur route.

L'artisanat (authentique… kitch parfois) se nourrit des fruits (lait, baies, plantes médicinales, fleurs…) des montagnes, de la pierre, du fer, du bois et de la laine aussi.

ÉVÉNEMENT

Bateau de légende… coulé !

13 mars 1971 : le France – le dernier bateau à roues à aubes français long de 47,5 mètres et large de 12 mètres – ancré depuis des années au large de la plage d'Annecy disparaît. Comment expliquer ce naufrage ? Nul ne le sait !

Mis à l'eau le 13 mai 1909, ce France construit à Zurich par la société Escher Wyss et assemblé au chantier de La Puya à Annecy, peut pavoiser. À bord, 700 passagers profitent de deux ponts, de deux salles couvertes, d'un grand salon et d'un fumoir. Une machine à vapeur actionne les deux roues à aubes et permet de voyager à 23 km/h. De jour, le France assure les transports en commun et fait passer, pour les amateurs, la nuit au clair de lune. Le 13 mars 1944, les prisons d'Annecy pleines, il est réquisitionné après une rafle. Cent personnes y sont entassées. Les miliciens ne réussissent pas à le faire démarrer pour l'ancrer au large. L'escale forcée en prison flottante ne dure que cinq jours !

Avec l'arrivée de l'automobile, le France est délaissé. En 1962, monsieur Bruel, directeur de la Société des Bateaux-Mouches de Paris, le sauve *in extremis* d'une découpe au chalumeau. Des mécaniciens, ouvriers, peintres, menuisiers lui donnent une seconde jeunesse très début du siècle, l'équipent de cabines et de douches, le dotent d'un billard dans le grand salon et de fauteuils profonds sur le pont. Même sans certificat de navigation (perdu !), monsieur Bruel offre à son bateau un ultime tour du lac, le 27 mai 1965, en toute illégalité. Le France triomphe ! Il repose, aujourd'hui, à 42 mètres de fond dans la baie d'Albigny, au large de l'Impérial Palace.

Des bulles de bien-être

Le sport intensif ou dilettante, les escapades naturelles ou culturelles suscitent curiosité ou intérêt. Et le bien-être ? Comment ne pas profiter des eaux chaudes, froides, sulfurées, carbonatées, sodiques ou alcalines (aux nombreuses vertus donc) des huit stations thermales des Pays de Savoie ? Comment résister aux chalets douillets ou aux refuges authentiques ? Comment ne pas s'asseoir à une table conviviale ou étoilée ? Les Pays de Savoie ont, dans ce registre, de nombreuses cartes à jouer.

De l'eau bienfaisante

Elle jaillit des entrailles d'un massif, chemine entre les roches, s'enrichit de minéraux et d'oligoéléments, étanche la soif, apaise ou fortifie le corps et l'esprit. Précieuse eau à consommer sur place ou à emporter… sans modération.

Des cabanes d'altitude

Depuis ses origines en 1874, le Club alpin français (actuelle Fédération française des clubs alpins et de montagne) rend la haute montagne accessible au plus grand nombre, dans des refuges, malles à épopées, aventures et souvenirs. Au cœur du massif du Mont-Blanc, les Grands Mulets, le Goûter (l'ancien), le Couvercle, le Requin résonnent encore des cieux plus ou moins cléments et des grands noms de l'alpinisme.

La piste aux étoiles

À elles seules, les Trois Vallées brillent de 7 étoilés Michelin (2 étoiles) 2013 ! Sur les 12 des Pays de Savoie. Des chefs qui partagent leur savoir et leur talent, créent des événements, animent des classes, révèlent des traditions, des textures, des couleurs, des saveurs, de nouvelles émotions, d'autres horizons…

Quatrième partie

Le mont Blanc, un sommet de sensations

Dans cette partie…

Montagne maudite, Taupinière blanche, Géant des Alpes, Toit de l'Europe… En trois ou quatre formules, le mont Blanc décline son histoire. Une aventure, des découvertes, des exploits, des émotions. À chacun sa version.

Chapitre 15

De l'horrible contrée au paradis blanc

Dans ce chapitre :

- Loin de tout, près de l'enfer
- Une approche par le Montenvers
- Des artistes conquis

Inaccessible, mystérieuse, marquée par des catastrophes emportant les hommes, les animaux et les récoltes, l'histoire du mont Blanc débute dans la peur ou le rejet. L'attrait aussi de l'inexploré.

L'inconnu se mêle au fantastique

Abominable et introuvable sommet

Au XVIIe siècle, les glaces qui couvrent la vallée de Chamonix sont appelées les « Glacières de Savoye ». Pis encore, sur une gravure datée de 1607, Jean-Baptiste Vrients et Hugues Picart écrivent : « La Mont Maudite ». Elle terrorise les Chamoniards.

Maintes fois, ils en appellent à monseigneur d'Arenthon d'Alex. En 1690, l'évêque vieillissant les rassure par ces mots : « Mes bons amis, quand bien même je devrais m'y faire porter, je viendrais pour joindre mes prières aux vôtres ». Le résultat de son exorcisation est à la hauteur des espérances : les « Glacières » se retirent d'un demi-quart de lieue (soit 2,222 km) ! Mais jusqu'au milieu du XIXe siècle, la fin du petit âge glaciaire cause encore de nombreux dégâts (avalanches, éboulements, inondations, disparitions de hameaux…).

CURIOSITÉ

Nulle part mentionné

Dans l'*Atlas sive cosmographicae meditationes de fabrica mundi* (Atlas ou méditations cosmographiques sur la fabrication du monde) de 1595 de Gérard Mercator, le mathématicien et géographe flamand, son cartographe Josse Hondt ne mentionne ni le mont Blanc ni ses 4 000 (Grandes Jorasses, aiguille Verte, dent du Géant, aiguille de Bionassay, mont Blanc du Tacul, mont Maudit). La distraction de Josse Hondt ne confine pas à l'aveuglement puisqu'il note l'existence d'un sommet important – la montagne Maudite – mais le situe sur la rive nord de l'Arve, à l'est de Bonneville… ce qui peut prêter à confusion avec le Buet (3 096 m) souvent surnommé le mont Blanc des Dames. Ces oublis et erreurs illustrent peut-être l'embarras des savants face à la verticalité ! De l'imposant mont Blanc notamment puisque Josse Hondt situe parfaitement Chamonix – le bourg – à ses pieds.

Il faut attendre Pierre Davity (1573-1635), un géographe français, pour enfin, en 1626, repérer « la plus haute montagne du païs, la glaciale appelée maudite par les habitants, à cause des neiges perpétuelles… ».

En 1742, Pierre Martel, un ingénieur géographe, mathématicien et fabricant d'instruments d'optique suisse, va aux Glacières cartographier le massif. Il donne, le premier, le toponyme juste… et définitif.

Un nom que Gaston Rébuffat, le guide de haute montagne, chérit dans *Mont Blanc, Jardin féerique* : « Aucune autre montagne n'a un nom aussi beau : d'une telle clarté, d'une telle rigueur. Quelle nudité et quelle richesse dans ces deux mots ! À travers un sommet, ils définissent dans notre esprit la montagne entière, et se répètent comme un écho : mont Blanc ».

Les premiers guides

À la fin du XVIIIe siècle, les premiers visiteurs de la vallée de Chamonix qui souhaitent se faire conduire « sur les hauteurs » s'adressent tout naturellement aux paysans. Ils mènent les vaches vers des pâtures dangereusement escarpées, cultivent des terres maigrement nourricières, abattent les arbres de chauffe. Ils franchissent les torrents, les forêts et les barres rocheuses. Ils parcourent le pays dans tous les sens, musclent leur corps, aiguisent leur regard. De la montagne, ils font une affaire d'audace et de nerfs solides… pourquoi pas une affaire rentable comme « guides » ?

« Messieurs les Anglais, tirez les premiers ! »

Le 19 juin 1741, William Windham et Richard Pococke, deux aventuriers anglais, accompagnés de six explorateurs et de cinq domestiques bien armés quittent Genève où ils séjournent pour avoir « la première vue des glacières, de Chamougny (*sic*), un village sur le bord nord de l'Arve ». Mais « cela ne contentait pas notre curiosité et nous trouvions que nous étions venus de trop loin pour en rester là ». Windham et Pococke ne découvrent pas Chamonix : les évêques dans leurs tournées pastorales et les collecteurs d'impôts intéressés par cette vallée retirée, les ont précédés.

En se rendant au Montenvers, les Anglais ouvrent le chemin des glaciers du Mont-Blanc… la voie aux amoureux d'une nature grandiose. « Tout le mérite que nous pouvons prétendre, estime William Windham, est d'avoir frayé le chemin à quelques curieux. Les habiles gens feront des choses que nous n'avons pas faites. »

La sorcière de la mer de Glace

Dans la vallée de Chamonix, au-dessus des villages des Tines et des Bois, s'étendait jadis un vaste et riche pâturage. Une source limpide qui jaillissait de la montagne sous un bloc de granit, l'arrosait de gais ruisseaux bordés de mousses et de fougères. Des bouquets de pins, de mélèzes sous lesquels croissaient abondamment airelles, myrtilles et fleurs alpestres lui donnaient l'aspect d'un beau parc. De longues et puissantes aiguilles de rochers l'entouraient, sauf du côté des deux hameaux que l'on pouvait apercevoir au bas d'une gigantesque paroi de pierre rougeâtre. Dans les fentes profondes des rocs déchiquetés s'entassaient des masses de neige que le soleil ne parvenait pas à fondre. Seule, la couche superficielle des névés se changeait en eau glacée qui dégringolait en bruyantes cascades roulant sable et graviers.

Quelques chalets de bois brun roux composés d'une pièce, de l'étable et de la grange, abritaient les bergers qui montaient de la vallée avec leurs troupeaux dès les premières belles journées du printemps. Ils séjournaient dans cette solitude jusqu'aux premiers froids de l'automne.

Un de ces bergers avait son chalet en face de l'aiguille du Dru, dont l'énorme arête de pierre perçait le ciel. Il la regardait souvent, le soir, avant de s'endormir ; elle aussi le regardait, et tantôt elle avait l'air d'une divinité sereine et splendide, tantôt d'une puissance ténébreuse et terrible. Quelquefois de fines gazes glissaient le long de ses flancs ; elles s'étiraient lentement avec une paresse capricieuse, ou disparaissaient, fugitives comme l'éclair… Le pâtre croyait que ces formes blanches cachaient des fées malfaisantes dont il fallait se méfier. C'était un homme silencieux et rude, mais bon fromager, soigneux de ses bêtes. À la tombée de la nuit, il les faisait rentrer une à une en les appelant par leurs noms : Violette, Lionne, Étoile… Elles marchaient lentement, et leurs grosses sonnailles, attachées au cou par un collier de cuir noir, tintaient avec une allégresse menue dans le calme du crépuscule.

Un soir, il était assis devant la porte de son chalet, et il regardait de légers brouillards cotonneux qui serpentaient au bas des aiguilles comme des messagers de mauvais temps, lorsque soudain se dressa devant lui une fée blanche, mince et pâle : « Donne-moi du lait » dit-elle. Il la regarda d'un air farouche.

« Non, passe ton chemin, sorcière, tu n'auras pas du lait de mes vaches. – Méchant berger, tu seras puni ! » s'écria-t-elle avec colère en levant sa baguette. À l'instant, le ciel noircit ; une brume sombre envahit l'alpe ; de formidables grondements se répercutèrent de rocher en rocher comme si des pans de montagne s'écroulaient ; une trombe de neige s'abattit sur le pâturage dont les arbres se figèrent en pyramides de glace… Depuis lors, le bel alpage verdoyant n'est plus qu'un désert gelé connu sous le nom de mer de Glace.

Légende recueillie par Agathe C. auprès de son grand-père qui, lui-même, la tenait de ses parents des Tines, près de Chamonix, 1910.

Histoires et légendes au Pays du Mont-Blanc – Syndicat mixte Pays du Mont-Blanc

Un sentier initiatique

Un peu plus haut que la terre, juste au-dessous du ciel…

Le Mont-Blanc aux sept vallées – trois françaises (vallée de Chamonix, val Montjoie, vallée des Glaciers), deux italiennes en une (val Veni et val Ferret italien) et deux suisses (val Ferret suisse et vallée de Trient) ; le Mont-Blanc aux 101 glaciers ; le Mont-Blanc aux 150 sommets dont les mythiques mont Blanc, Grandes Jorasses et Drus ; le Mont-Blanc aux 4 000 itinéraires rocheux et glaciaires.

Le Mont-Blanc demeure le troisième site naturel le plus fréquenté au monde après les chutes du Niagara entre le Canada et les États-Unis et le mont Fuji au Japon.

Mont-Blanc ou mont Blanc ?

Recourir aux deux majuscules et au trait d'union permet de distinguer le massif du Mont-Blanc – le plus haut massif des Alpes long d'une quarantaine de kilomètres et large de 12 à 15 kilomètres, à cheval sur la France, la Suisse et l'Italie – du mont Blanc, le point culminant de l'Europe occidentale élevé à 4 810,06 mètres. Deux réalités bien différentes ! Tout en respectant la règle grammaticale selon laquelle dans une désignation géographique et topographique, si le nom propre est un adjectif, il est le seul à prendre la majuscule.

Dans un monumental décor

Aujourd'hui, au Montenvers dont l'aspect topographique est à l'envers, comme disent les Savoyards lorsqu'ils veulent souligner qu'une montagne regarde le nord, il y a ce curieux bâtiment octogonal – temple de la nature – le plus ancien refuge des Alpes, cet hôtel grouillant de touristes… Et l'impression de vivre une parenthèse historique et jubilatoire dans un décor planté entre les Drus et les Grandes Jorasses.

Tout commence en 1779 lorsque, pris dans une tempête, Lord Blair, un gentilhomme anglais, offre quelques guinées (espèces sonnantes et trébuchantes) à qui améliorerait l'abri du berger aménagé là sous un bloc. Une cabane de planches et de pierres sèches porte bientôt l'inscription « *Blair's hospital* ».

Devant l'afflux de savants, naturalistes, artistes ou simples promeneurs, Marc-Théodore Bourrit obtient, en 1795, l'autorisation d'élever une construction – temple de la nature – au Montenvers. Un toit et, à l'intérieur, une cheminée ornée d'un miroir, une table, des chaises, quatre lits de sangles, des bâtons ferrés, une hache, une lampe, un thermomètre, un baromètre, quelques ustensiles de cuisine, des bandages…

François René Chateaubriand, Victor Hugo, Alexandre Dumas, Charles Dickens, Napoléon III et l'impératrice Eugénie, Louis Pasteur, Théophile Gautier, Alphonse Daudet passent de délicieux moments dans ce temple de la nature puis dans le nouvel hôtel de 1840 doté de quatre chambres, d'une salle à manger, d'une cuisine et d'une cave.

Quarante ans plus tard, le Grand Hôtel du Montenvers perché à 1 913 mètres d'altitude accueille alpinistes, écrivains et voyageurs venus admirer les Grands et Petits Charmoz, les Grandes Jorasses, les Drus, ou visiter la mer de Glace.

De ce temps, il reste un grand bâtiment de granit percé de petites fenêtres, une salle à manger lambrissée, des chambres boisées rustiques… et, le dernier train du Montenvers redescendu dans la vallée, le bonheur suprême de vivre seul (ou presque) au pied de sommets sublimes, sous les étoiles.

Le train du Montenvers

LE SAVIEZ-VOUS ?

Le 8 août 1908, lorsqu'il atteint un arrêt provisoire à l'hectomètre 42,5, au lieu-dit « Caillet », le train à crémaillère du Montenvers ne fait pas l'unanimité !

Avec cette ligne ferroviaire reliant Chamonix à la mer de Glace déclarée d'intérêt public en 1897, 200 guides et 300 muletiers chamoniards crient au sacrilège. Ils estiment, fort justement, que ce nouveau moyen de locomotion sur l'itinéraire le plus fréquenté de la vallée, va supprimer leur activité. Malgré le refus de la Compagnie des guides de Chamonix et du conseil municipal, le département lance les travaux en 1906… sûr de disposer d'une nouvelle attraction et d'un fabuleux trésor !

En 1909, le train à crémaillère atteint le terminus du Montenvers, en 55 minutes (contre 20 aujourd'hui). Sur son parcours de 5 141 mètres : un passage à niveau, deux ponts métalliques, une galerie, deux zones de croisement, un tunnel, huit paravalanches (depuis le début des années quatre-vingt-dix), un viaduc, un petit pont et des rampes de 11 à 22 % ! Le tout vaillamment avalé par des locomotives vapeur (remplacées par des automotrices électriques en 1954) poussant des voitures voyageurs ouvertes ou fermées… de la gare de Chamonix (1 042 m) au pied de la mer de Glace (1 913 m).

Alors : 4 807 ou 4 810 mètres ? Et la frontière, elle est où ?

Depuis 2001, les Géomètres-Experts de la Haute-Savoie effectuent tous les deux ans une campagne de mesure du mont Blanc pour déterminer l'altitude exacte du sommet. En 2013, ils l'indiquent à 4 810,06 mètres. Un chiffre comparable à ceux des années précédentes qui oscillent entre 4 810,40 m en 2001 et 4 810,44 m en 2011, en passant par un pic à 4 810,90 m en 2007. Ces légères variations s'expliquent : enchâssée entre des aiguilles granitiques, la calotte glaciaire épaisse d'une quarantaine de mètres est alimentée par des précipitations (neige) et soumise aux vents dominants. Difficile dans ces conditions de ne pas prendre ou perdre quelques centimètres ! D'autant plus que les géomètres-experts plantent leur GPS sur le point est-ouest et nord-sud qu'ils jugent le plus haut. Facile à déterminer dans le sens nord-sud là où le sommet est pointu ; plus compliqué dans le sens est-ouest où il est arrondi.

Une chose est sûre : depuis 2008, l'Institut géographique national (IGN) adopte la cote de 4 810 mètres sur les cartes au 1/25 000. Oubliés donc les 4 807 m tant de fois lus et répétés ? Oui ! Car estimés, jusqu'en 2001, par stéréophotogrammétrie, un procédé de transformation de photographies aériennes en cartes topographiques, moins précis.

Mais où se situe le sommet du mont Blanc ?

Au même endroit sur les cartes françaises et les cartes italiennes… c'est déjà ça ! Ce qui diffère, c'est le tracé de la frontière !

Les cartes françaises – depuis la première au 1:40 000 établie en 1865 – positionnent toutes le sommet du mont Blanc entièrement en France conformément à l'arrêté préfectoral du 21 septembre 1946 (qui fait toujours foi en 2013) englobant intégralement le sommet du mont Blanc en territoire français, en limite entre les communes de Saint-Gervais et de Chamonix-Mont-Blanc. Les cartes italiennes – depuis la première au 1:50 000 établie en 1868 – font passer la frontière sur la ligne de partage des eaux entre les bassins du Rhône et du Pô, le sommet étant à cheval sur Chamonix (versant nord-ouest) et Courmayeur (versants sud et est).

Saura-t-on un jour où culmine le « Toit de l'Europe » ?

À l'inventaire de l'Unesco

Les communes de Chamonix-Mont-Blanc (France) et de Courmayeur (Italie) sollicitent le classement de « l'Alpinisme en style alpin » au titre de Patrimoine culturel immatériel – ou patrimoine vivant – de l'humanité. Pour préserver l'art de gravir les montagnes en toute saison et à toute altitude, en autonomie et dans le respect de l'environnement. Avec l'espoir que l'Unesco considère l'alpinisme en style alpin comme des « pratiques, représentations, expressions, connaissances et savoir-faire [...] que les communautés, les groupes et, le cas échéant, les individus reconnaissent comme faisant partie de leur patrimoine culturel [...] transmis de génération en génération [...] et leur procure un sentiment d'identité et de continuité [...] ».

Un patrimoine que des paysans chamoniards fondent, sans le savoir, au XVIIIe siècle. En atteignant les sommets par des itinéraires vierges, à la seule force de leur courage, avec leur expérience des espaces hostiles et attirants. En audacieux et judicieux aventuriers.

Une intarissable source d'inspiration

« Le mont Blanc n'est point un passage. Il n'offre pas à mi-côte ces grandes routes des nations, où se croisent éternellement la France, l'Allemagne et l'Italie. Il est à part. Il faut aller tout exprès le saluer, voir cet illustre solitaire, dont la tête domine l'Europe. » Jules Michelet, *La Montagne, 1868*

D'Alphonse de Lamartine à Pierre Tairraz en passant par François René de Chateaubriand, Gabriel Loppé, des poètes, écrivains, peintres et photographes ont saisi la grandeur, le mystère, la rigueur, la beauté du dôme blanc. Extraits choisis.

Avec des mots toujours des mots...

La montagne de Lamartine

« Montagne à la cime voilée,
Pourquoi vas-tu chercher si haut,
Au fond de la voûte étoilée,
Des autans l'éternel assaut ?

[...]

Ce sommet où la foudre gronde,
Où le jour se couche si tard,
Ne veut resplendir sur le monde
Que pour briller dans un regard ?

[...] »

Harmonies poétiques et religieuses
Alphonse de Lamartine
Paris, 26 mars 1849

Les Alpes de Hugo

« On dirait une ville d'obélisques, de cippes (*), de colonnes et de pyramides, une cité de temples et de sépulcres, un palais bâti par des fées pour des âmes et des esprits ; et je ne m'étonne pas que les primitifs habitants de ces contrées aient souvent cru voir des êtres surnaturels voltiger entre les flèches de ce glacier à l'heure où le jour vient rendre son éclat à l'albâtre de leurs frontons, et ses couleurs, à la nacre de leurs pilastres... »

Victor Hugo à propos du glacier des Bossons

Voyage dans les Alpes, en compagnie d'Adèle, de Léopoldine et des Nodier durant l'été 1925

(*) petites stèles funéraires ou votives, en forme de colonnes courtes ou de piliers quadrangulaires, toujours ornées d'une inscription.

La vision de Chateaubriand

« Ces cimes anguleuses sous le dôme transparent du ciel, ressemblent à de superbes morceaux d'histoire naturelle, à de beaux arbres de coraux ou de stalactites renfermés sous un globe du cristal le plus pur. Le montagnard cherche dans ces découpures élégantes l'image des objets qui lui sont familiers : de là ces roches nommées les Mulets, les Charmoz ou les Chamois ; de là ces appellations empruntées de la religion, les Sommets des croix, le Rocher du reposoir, le glacier des Pèlerins ; dénominations naïves qui prouvent que si l'homme est sans cesse occupé de l'idée de ses besoins, il aime à placer partout le souvenir de ses consolations.

[...]

Il ne reste plus qu'à parler du sentiment qu'on éprouve dans les montagnes. Eh bien ! Ce sentiment, selon moi, est fort pénible. Je ne puis être heureux là où je vois partout les fatigues de l'homme, et ses travaux inouïs qu'une terre ingrate refuse de payer. Le montagnard qui sent son mal est plus sincère que les voyageurs : il appelle la plaine le *bon pays*, et ne prétend pas que des rochers arrosés de ses sueurs, sans en être plus fertiles, soient ce qu'il y a de plus beau et de meilleur dans les distributions de la Providence. S'il paroît (*sic*) très attaché à sa montagne, cela tient aux relations merveilleuses que Dieu a établies entre nos peines, l'objet qui les cause, et les lieux où nous les avons éprouvées ; cela tient aux souvenirs de l'enfance, aux premiers sentiments du cœur, aux douceurs, et même aux rigueurs de la maison paternelle. Plus solitaire que les autres hommes, plus sérieux par l'habitude de souffrir, le montagnard appuie davantage sur tous les sentiments de sa vie. Il ne faut pas attribuer aux charmes des lieux qu'il habite, l'amour extrême qu'il montre pour son pays, mais à la concentration de ses pensées, et au peu d'étendue de ses besoins. »

Voyage au Mont-Blanc et réflexions sur les paysages de montagnes (1806)
François René de Chateaubriand

La lettre de Dickens

« Le mont Blanc, la vallée de Chamonix, la mer de Glace et toutes les merveilles de ce merveilleux endroit sont au-dessus et au-delà des espoirs les plus insensés. Je ne puis rien imaginer dans la nature de plus stupéfiant et de plus sublime. Si j'avais à écrire quelque chose maintenant, je divaguerais complètement, tant sont prodigieuses les impressions qui bouillonnent en moi. »

Lettre que Charles Dickens, l'écrivain britannique, adresse à John Forster, l'auteur, le conseiller littéraire, le confident, le 2 août 1846.

John Ruskin, le poète des cimes

LE SAVIEZ-VOUS ?

John Ruskin (1819-1900) vient à Chamonix en 1833 pour vérifier les descriptions de Saussure et la vraisemblance des paysages de Turner. Âgé de 14 ans, le jeune britannique se laisse captiver par le Mont-Blanc et guider, dès 25 ans, par Joseph Couttet.

Mais l'écrivain (également illustre dessinateur) amoureux de Chamonix n'aime pas l'alpinisme sportif. Dans la préface de *Sesame and Lilies*, il s'insurge contre les nouveaux conquérants : « Vous avez fait des champs de courses des cathédrales de la terre. Les Alpes elles-mêmes que nos poètes ont aimées si pieusement, vous les considérez comme des mâts de cocagne dans des arènes d'ours, auxquels vous vous mettez en devoir de grimper, puis de redescendre en poussant des hurlements de joie ».

Les montagnes demeurent, pour lui, d'inestimables sources d'inspiration et de vie : « Les seuls jours dont je peux me souvenir comme ayant été correctement et sagement dépensés, l'ont été en vue du mont Blanc, du mont Rose et de la Jungfrau ».

Des pinceaux et des photos

Samivel, « peintre du silence »

Samivel ? Paul Gayet-Tancrède (1907-1992) emprunte ce nom à Sam Weller, le héros des *Aventures de Monsieur Pickwick* de Charles Dickens… affectueusement surnommé Samivel.

Derrière ce pseudonyme plein de sel et de vie, l'explorateur, écrivain et poète, dessinateur et aquarelliste, cinéaste et conférencier à l'humour très *british,* semble se recréer. Mieux déclarer son amour pour la montagne. En quelques aquarelles éthérées, petits bonhommes confrontés à l'immensité, à la solitude, à la foule, en quelques images sans légendes, variations de bleu et titres sans appel : *Trop de prises, Qui veut faire l'ange…, Pour leur plaisir…, Les chenilles processionnaires, Complet ! Les déserts à tout le monde…*

Dans *L'Amateur d'abîmes* publié en 1940, Samivel écrit un *Petit dictionnaire des termes en usage chez les montagnards*, dans l'intérêt, souligne-t-il, de ses lecteurs « des enfants de 10 à 80 ans » qui ne connaissent pas la montagne. Et que le « poète du verbe et de l'image » invite à respecter et à choyer. Mots retenus :

- **Alpinisme** : sport consistant à parcourir à pied la haute montagne.
- **Baver (en)** : regretter amèrement de ne pas être allé, cette année enfin, au bord de la mer.
- **Course** : ensemble de l'ascension proprement dite et de la descente.
- **Edelweiss** : petite fleur en coton poussant en haute altitude.
- **Montagnard** : habitant des montagnes, personne possédant le « sens » de la montagne, tous les alpinistes ne sont pas forcément des montagnards.
- **Refuge** : maison construite en haute montagne pour abriter les alpinistes.
- **Voie** : itinéraire d'une ascension.

LE SAVIEZ-VOUS ?

Enfin le Mont-Blanc apparaît…

La Pêche Miraculeuse (1444) de Konrad Witz (vers 1400-1445/1446), le peintre suisse, est considérée comme le premier tableau dans l'histoire de l'art comportant un paysage réaliste. Des montagnes savoyardes – le Salève, le Môle et les Voirons (ou le Mont-Blanc) – sont représentées dans leur grandeur et leur beauté, au fond du Léman.

Gabriel Loppé, peintre officiel du mont Blanc

Dans la seconde moitié du XIXe siècle, les alpinistes anglais veulent illustrer – magnifier aussi – l'aire de leurs exploits. Gabriel Loppé (1825-1913), un languedocien amoureux comme eux du massif, exauce ce vœu en connaissance de cause : il s'installe dans la vallée en 1870 et gravit plus de quarante fois le mont Blanc !

Pour les alpinistes et autres amateurs français et britanniques, il peint des centaines de toiles, *in situ*, dans les cabanes du col du Géant, de Pierre à Bérenger ou dans celle qu'il a construite au sommet de la montagne de la Côte. Il prend aussi modèles sur ses photographies : un art qu'il découvre le 22 juillet 1861, lors de l'ascension du mythique sommet. Parmi ses œuvres : *Les séracs du Géant, Le Mont-Blanc du Buet, lever du soleil, Le Mont-Blanc de Chamonix en hiver, L'aiguille du Midi…*

Marcel Wibault au pied de la lumière

« Il a peint ce qu'il a vu » confie son fils Lionel. Attiré par Chamonix en 1936, Marcel Wibault (1904-1998) ne cesse de sublimer ce qu'il regarde. L'infinie déclinaison de la lumière sur les montagnes, les froides ombres bleues et les arêtes étincelantes de clarté, les lacs aux reflets moirés ou irisés, l'orage sur les aiguilles…

Lionel Wibault, guide de haute montagne, suit les traces de son artiste de père. En faisant du Mont-Blanc, univers de cimes, de neige et d'efforts, une intarissable source de création. Un « chassé-croisé » d'aiguilles, de glaciers, de tourmentes, de zones d'ombre et de lumière en libre interprétation.

Pierre Tairraz, le passager des cimes

En accompagnant son père au cœur du Mont-Blanc, Pierre Tairraz (1933-2000) pose son regard sur la neige, les cimes et la lumière. Il se laisse conquérir par l'harmonie des montagnes. Pour en révéler, au fil du temps et de ses émotions, les plus beaux clichés.

« Je ne suis qu'un passager des cimes, modère Pierre Tairraz. Je vis, au temps présent, une grande aventure qui ne me conduit pas vers un but mais me fait cheminer et percevoir quelque chose de plus grand. Un autre monde. Comme disent les bouddhistes : “Le but n'est pas important, c'est le chemin qui y conduit !”. »

Ce chemin de haute montagne où des paysages enneigés se dessinent dans une harmonie de lignes et de formes, où l'espace et l'instant prennent une autre dimension, où les sentiments s'épanouissent dans le silence et la solitude. « Aucun artifice ne saurait égaler la puissance créatrice de la nature. Brute par elle-même, elle réserve très rarement de mauvaises surprises esthétiques. Elle propose des paysages travaillés par le temps, naturellement, des paysages en mouvement. La montagne évolue constamment dans ses lignes, ses masses, ses ombres et ses lumières. »

L'œil du photographe

Au photographe de l'éphémère et de l'éternel de voir au bon moment et au bon endroit, lorsque la lumière s'y prête. À l'aube et au crépuscule où le soleil rasant densifie la matière, amplifie les volumes, souligne les contrastes, la profondeur, le caractère. « Mon père m'a appris que c'était aux alentours du solstice d'été que les faces nord étaient les plus belles : encore fardées de neige et davantage touchées par le soleil. »

Modeste et perfectionniste, Pierre Tairraz estime que dix très bons clichés représentent, pour lui, une très bonne année. « Je prends plaisir à photographier le plus harmonieusement possible des paysages accessibles à tous avant d'en éditer, tous les ans, cent à cent cinquante de bonne composition, sous forme de cartes postales, de posters ou d'illustrations de magazines et d'ouvrages courants. Le très bon cliché satisfait à des exigences géographiques, géométriques, à des exigences de lumières et d'atmosphères et s'inscrit en harmonie avec mon état d'esprit… au risque de ne pas plaire à tout le monde. »

Dans ce qu'il voit, aime et ressent, le photographe situe toujours l'homme à sa juste mesure, « à l'échelle de la montagne qui lui survivra. Au cœur de la nature, l'homme grandit, vit une aventure fabuleuse mais n'est que de passage ».

En expédition ou en randonnée, Pierre Tairraz s'entoure de guides, d'hommes de la montagne.

« Mes compagnons (des figurants) sont merveilleux. Par leur position, leur attitude, leur être, ils magnifient, valorisent la photo… et me préviennent du danger moi qui ai les yeux rivés sur les hauteurs et les pieds au bord du précipice. Tous, qu'ils soient originaires de Chamonix ou de la Vanoise, font preuve d'abnégation, n'hésitant pas pour les besoins de la cause à redescendre dans la vallée aux heures où peuvent se déclencher des avalanches, ou à dormir sur une vire (un palier très étroit) sans toutefois jouer à trompe-la-mort. » Avec, en tête, l'idée d'une photo indépendamment du temps passé pour la prendre. « L'essentiel est d'être en montagne, de voir et de pouvoir faire. »

Une histoire de famille

Pierre Tairraz suit, en cela, les pas de trois générations de Tairraz, trois générations de photographes chamoniards. Joseph (1827-1902), l'arrière-grand-père, qui ouvre, dans les années 1850, un studio de photographie alpine et rapporte, le premier, en 1861 sept vues du sommet du mont Blanc. Sept plaques de verre sensibilisées au collodion donc développées sur place avec tente, « chambre noire », produits chimiques et eau à dégeler idoines ! Seule « retouche », les personnages que l'artiste dessine sur la première photographie pour la rendre plus vivante. Seules « incartades », les photographies de touristes non-alpinistes avec accessoires et guides qu'il prend, en studio, devant un décor peint du mont Blanc.

Georges I (1868-1924), le grand-père, un guide accompli fait son apprentissage chez le photographe Pierre Petit à Paris. Et Georges II (1900-1975), le père, un étudiant en médecine, succède comme photographe à ses deux frères aînés emportés par la Première Guerre mondiale, devient guide en 1923 et s'oriente vers le cinéma.

Dans cette lignée, Pierre Tairraz choisit son chemin, parfois hors des voies ordinaires, dans un couloir, sur une arête ou au bout d'un rocher déjà vus mais toujours beaux et changeants. Sans oublier de se laisser conter par des guides et des amis, d'autres itinéraires uniques. Ou d'aller en repérage sur un site jugé, d'un regard, beau de loin. « De près, s'il me convient, je le photographie. Sinon, j'ai au moins le privilège de passer une belle journée en altitude ! » De retrouver ce bonheur simple et grand d'être en montagne.

Un bonheur que Pierre Tairraz goûte à 3-4 ans, « dès l'âge où mon père très aimant m'a emmené et m'a supporté dans ses expéditions. Le verre dépoli, la chambre noire avec l'image retournée aiguisaient ma curiosité et faisaient travailler mon imagination. Dix ans plus tard, je portais le pied et les objectifs des appareils ».

Diplômé de l'École nationale de la photographie à Paris et de l'IDHEC, l'Institut du cinéma, Pierre Tairraz se fait photographe, cinéaste, réalise des films destinés pour la plupart à Connaissances du monde, voyage, découvre des natures, des civilisations, des cultures différentes, en compagnie de Roger Frison-Roche, de Gaston Rébuffat et du guide Fernand Audibert. « En 1960, en tournage sur le film *Entre terre et ciel*, Gaston Rébuffat, Haroun Tazieff et moi-même avons creusé un igloo au sommet du mont Blanc, tellement nous y étions bien ! Comme le dit Gaston Rébuffat dans son film *Étoiles et tempêtes :* “Celui qui n'a pas dormi une nuit en montagne, pour vivre dans son atmosphère, avec ses silences et ses bruits, ne la connaît pas vraiment”. »

En quelques décennies, Pierre Tairraz troque son appareil 13x18 (de l'époque de son père) contre un 24x36, passe du noir et blanc « qui magnifie les équilibres » à la couleur « car c'est ainsi que nous voyons la montagne ». Avec un ordinateur, il affine, grâce à la numérisation, d'anciennes photos enfouies dans ses tiroirs. Et ouvre encore et toujours son regard à l'infini, à la symbolique et à l'interprétation.

Pierre Tairraz dans sa maison de Divajeu (Drôme), au bout d'un chemin non loin des Trois Becs. D'où il part pour l'ultime voyage, le 14 septembre 2000.

Chapitre 16

Des expéditions surhumaines

Dans ce chapitre :

- Les découvreurs ? Un paysan et un savant
- Trois femmes dans la course
- Une montagne de conquêtes et de renommée

« Le mont Blanc n'est pas une montagne comme les autres : c'est la plus haute de nos montagnes ; ses neiges sont éternelles et d'abord elle s'appelle mont… Blanc. […].

Supposons un instant que le mont Blanc – c'est absurde – s'appelle autrement. […]. C'est absurde, et pourtant il n'y a pas si longtemps – un siècle environ – la sœur aînée du mont Blanc, ChomoLungma, ce qui, en tibétain, veut dire : "Mère déesse des Neiges", a bien été débaptisée et rebaptisée Mont-Everest parce qu'en 1852, année où les topographes anglais l'ont identifiée, Sir George Everest était Surveyor general of India. »

Le mont Blanc, un point c'est tout pour Gaston Rébuffat dans *Mont-Blanc, Jardin féerique*.

Une première pour la gloire… et le savoir

En deux ascensions, le mont Blanc conquiert ses lettres de noblesse. Et fait avancer la science.

8 août 1786 : Jacques Balmat (1762-1834), le cristallier, et Michel-Gabriel Paccard (1757-1827), le médecin, atteignent le sommet du mont Blanc à 18 h 23. Une première dans l'histoire !

La conquête du mont Blanc… certifiée conforme

Est-ce possible ? Alors que Jacques Balmat et Michel-Gabriel Paccard conquièrent le mont Blanc, le 8 août 1786, des dizaines de Chamoniards et de curieux les observent avec des lunettes, depuis la vallée. Le lendemain, une attestation est faite en bonne et due forme à la demande du même Michel-Gabriel Paccard !

« Nous soussignés Adolf Traugott von Gersdorff, seigneur de Meffersdorf, et Charles-André de Meyer, nous étant trouvés au bourg de Chamonix en Faussigny (*sic*), pour y voir les glaciers et les autres curiosités de l'endroit, le 8 août 1786, nous avons vu avec nos lunettes d'approche que le respectable Michel-Gabriel Paccard, docteur en médecine dudit Chamonix, est parvenu avec Jacques Balmat, son guide, sur le sommet du mont Blanc, situé audit lieu, sur les 6 h 23 min du soir. (*) Nous l'y avons vu se promener : et sur lequel mont, ils sont restés une demi-heure 4 minutes, ayant commencé à descendre sur les 6 h 57 min et nous avons vu de même que plusieurs habitants de ce bourg les traces de leur route dans la neige, ce que nous avons observé avec nos lunettes, en témoins de quoi nous avons signé le présent à la prière dudit docteur Paccard audit Chamonix, le 9e d'août 1786. » Dont acte !

(*) Au sommet, le docteur Paccard fait des relevés : « Le thermomètre marque six degrés au-dessous de zéro. Le baromètre, après calcul, m'indique 2 700 toises (soit 5 262 m, NdA). C'est beaucoup plus que les estimations précédentes. Il est possible que l'instrument se soit déréglé pendant l'ascension. Je prends la précaution de marquer les niveaux de mercure à coups de lime sur le verre ».

Prémices du succès

ANECDOTE

Le mont Blanc, Jacques Balmat le conquiert neuf fois, entre le 8 août 1786 (avec Michel-Gabriel Paccard) et le 8 septembre 1812 dont six fois entre 1786 et 1788 ! Plus surprenant encore, il réalise sa « première » le 7 juin 1786… incognito. Ce jour-là, dans l'ascension, cinq guides en désaccord rebroussent chemin. Lui tente sa chance en solitaire. La nuit l'oblige à bivouaquer (un grand mot pour l'époque !) à plus de 4 000 m d'altitude, sur la glace où aucun chasseur, aucun cristallier encore moins touriste n'a jamais dormi, de peur de mourir gelé. Il détruit la vieille superstition de montagne maudite. Mais, de retour dans la vallée, personne ne le croit, excepté le docteur Michel-Gabriel Paccard qui soigne sa femme et rêve, lui aussi, d'accéder au sommet. La suite ? Vous la connaissez…

LE SAVIEZ-VOUS ?

Le bâton des premiers exploits

L'alpenstock (bâton alpin en allemand) est l'ancêtre du piolet. Taillé dans une branche de frêne ou de cornouiller renforcé par une pointe de fer et muni d'une cordelette, il sert aux bergers qui arpentent la montagne avec leurs troupeaux puis aux cristalliers en quête du précieux quartz. Dans leur ascension du mont Blanc, Jacques Balmat et Michel-Gabriel Paccard se munissent d'un alpenstock pour garder l'équilibre et sonder la neige. Avec cette courte hache-piolet, ils taillent, dans la glace, les marches de leur succès !

Pour solde de tout compte

Peut-être ignorez-vous que Michel-Gabriel Paccard paie un salaire de guide – un écu de six livres – à Jacques Balmat et reprend ses occupations… avant de sortir de sa réserve détruit par les écrits d'un certain Marc-Théodore Bourrit. Outre cet écu, Jacques Balmat reçoit, entre 1786 et 1787, un écu neuf de France de la part du baron von Gersdorff, la somme de 240 livres de Victor-Amédée III, roi de Sardaigne, ainsi que la libéralité de porter le nom de « Jacques Balmat dit Mont-Blanc ». Horace Benedict de Saussure, le savant genevois, lui remet également la récompense (le montant reste un mystère absolu !) qu'il avait promise au premier vainqueur du mont Blanc, ainsi que 5 louis pour l'avoir mené au sommet en 1787. Cinq ans plus tard, Jacques Balmat perçoit 407 livres, 12 sols 6 deniers de France, soit le montant de la souscription lancée à son profit par le baron von Gersdorff.

Jacques Balmat dit Mont-Blanc

Jeune homme, Jacques Balmat est un laboureur comme le sont les 3 614 Chamoniards que compte le prieuré de Chamonix en cette fin de XVIIIe siècle. Il parcourt la montagne pour chasser le chamois ou cueillir les cristaux que recherchent les taillandiers et les joailliers de Genève et de Milan.

Son mariage en 1782 avec Jeanne-Marie Simond, la naissance de leur premier enfant Joseph-Alexandre, en 1783, pèsent sur le budget familial et incitent sans doute Jacques Balmat à forcer le passage de la « taupinière blanche »… pour recevoir la récompense promise par Saussure. L'œil vif et le pied montagnard, courageux et endurant, il peut largement tenter sa chance.

Jacques Balmat conte son mont Blanc à Alexandre Dumas

Malgré les salaires et les récompenses de la victoire, Jacques Balmat connaît déboires financiers, événements familiaux heureux et malheureux. Il se met en quête d'un filon d'or. Peut-être même d'une notoriété ! Au point de conter une étrange version de l'ascension à Alexandre Dumas, au mois d'août 1832. Une version dont le romancier tire un texte fleuve – un chapitre entier sur Jacques Balmat dit Mont-Blanc – dans ses *Impressions de voyage en Suisse* (1833-1834). Dans les années 1830, la Suisse signifie les Alpes.

« J'étais bon là… Un jarret du diable et un estomac d'enfer ! J'aurais marché trois jours de suite sans manger. Ça m'est arrivé une fois, que j'étais perdu dans le Buet. J'ai croqué un peu de neige, voilà tout. Je me disais de temps en temps, en regardant le mont Blanc de côté :

– Oh ! farceur, tu as beau faire et beau dire, va, je te grimperai dessus quelque jour. Enfin, c'est bon… »

« Le docteur Paccard […] désirait m'accompagner. »

« Nous partîmes vers les cinq heures du soir, prenant l'un du côté gauche, et l'autre du côté droit de l'Arve, afin que nul ne se doutât de notre projet, et nous nous réunîmes au village de la Côte. Le même soir, nous allâmes coucher au sommet de la Côte, entre le glacier des Bossons et celui de Taconnay (*sic*). […] À deux heures, la ligne blanche parut, et bientôt le soleil se leva sans nuage, sans brouillard, beau et brillant, enfin nous promettant une fameuse journée ; je réveillai le docteur et nous nous mîmes en route. »

« […] j'étais enfin arrivé sur la sommité du mont Blanc.

Alors je retournai les yeux autour de moi, tremblant de me tromper et de trouver quelque aiguille, quelque pointe nouvelle, car je n'aurais pas eu la force de la gravir ; les articulations de mes jambes me semblaient ne tenir qu'à l'aide de mon pantalon. Mais non, non. J'étais au terme de mon voyage. J'étais arrivé là où personne n'était venu encore, pas même l'aigle et le chamois ; j'y étais arrivé seul, sans autre secours que celui de ma force et de ma volonté ; tout ce qui m'entourait semblait m'appartenir ; j'étais le roi du mont Blanc… »…

« Ce premier moment d'exaltation passé, je pensai à mon pauvre docteur. Je redescendis vers lui aussi vite que je le pus…. Je lui dis que j'étais parvenu au haut du mont Blanc ; cela parut médiocrement l'intéresser, car il ne répondit que pour me demander où il pourrait se coucher et dormir. »

« À six heures passées, nous étions sur le sommet du mont Blanc », Paccard ne voyait rien, je lui racontais tout. Nous restâmes ainsi trente-trois minutes. »

« Le lendemain, à six heures, je fus réveillé par Paccard.

– C'est drôle, Balmat, me dit-il, j'entends chanter les oiseaux et je ne vois pas le jour ; probablement que je ne peux pas ouvrir les yeux. »

« Je n'étais pas reconnaissable ; j'avais les yeux rouges, la figure noire et les lèvres bleues ; chaque fois que je riais ou bâillais, le sang me jaillissait des lèvres et des joues. Enfin, je n'y voyais pas plus qu'à l'ombre.

Quatre jours après, je partis pour Genève, afin de prévenir M. de Saussure que j'avais réussi à escalader le mont Blanc ; il l'avait déjà appris par les Anglais. Il vint aussitôt à Chamouny (*sic*), et essaya avec moi la même ascension ; mais le temps ne nous permit pas d'aller plus haut que la montagne de la Côte, et ce ne fut que l'année suivante qu'il put accomplir son grand projet. »

En 1786, Jacques Balmat a tout intérêt à s'associer à Michel-Gabriel Paccard, docteur à Chamonix, le concurrent le plus dangereux de cette conquête qui plus est désintéressé financièrement. Il soigne sa femme puis sa fille Judith, née le 21 juillet 1786 et morte le 8 août tandis que les deux hommes redescendent victorieux de la cime. « Paccard avait trois routes projetées pour gravir le mont Blanc, écrit l'astronome Lalande, en 1796, lorsque Balmat lui fit préférer celle qu'il a suivie. »

Mystérieuse disparition

En septembre 1834, un renseignement probablement faux fait croire à Jacques Balmat qu'il trouvera un filon sur les flancs du mont Ruan. Agé de 72 ans, il part avec un nommé Louis Pache, chasseur à Vallorcine. Dans le cirque du Fer-à-Cheval, près des séracs du glacier de Crezon, Pache s'arrête. Balmat continue seul, presque suspendu sur une vire. Il ne réapparaît pas. Ses deux fils et son dernier compagnon de course tentent de le retrouver. En vain.

Vers 1853, le syndic de Sixt livre le secret de cette mystérieuse disparition : il fait disparaître les traces de l'accident et obtient le silence de Louis Pache et de deux enfants témoins… de peur de voir des prospections minières entreprises sur les lieux mêmes de l'accident. Des explorations qui auraient pillé la forêt, l'or vert de la vallée.

Les trois pruneaux de Jacques Balmat

ANECDOTE

Quand l'illustre conquérant foule, pour la première fois, le sommet du mont Blanc, devant l'énormité de son exploit et afin de laisser une preuve de son passage, il enfouit les trois noyaux des pruneaux qu'il a consommés lors de l'ascension. Cent et quelques années plus tard, des guides qui tentent d'ancrer la maçonnerie de l'observatoire Janssen sur la cime, trouvent les trois noyaux. Edward Whymper, le vainqueur du Cervin, affirme, lui, qu'un seul noyau est retrouvé, le 18 août 1891. Ces « reliques » à qui l'on attribue des vertus de protection et de bonheur passent alors de main en main provoquant, à chaque fois, la mort tragique de leur détenteur. François Couttet, tué à Sixt, à l'affût du chamois ; puis, jusqu'en 1914, les trois frères Devouassoux qui périssent ensemble au mont Maudit ; un Cachat mort en montagne ; un Tournier mort en montagne ; un François Ravanel disparu dans une crevasse. Pour les guides et les porteurs, seuls peuvent être responsables de ces « malheurs » la science et ce maudit savant qui veut établir un observatoire au mont Blanc. […] Dernière victime de ces fameux noyaux : Marie Couttet. Il les détient depuis 1914. Et les montre à Blaise Cendrars en lui sous-louant le chalet du Plan de l'Aiguille. Où sont les notes de l'écrivain-reporter concernant Chamonix et les trois noyaux de Jacques Balmat ?

Deux mystères persistants

Il est dans l'histoire des Alpes, deux événements qui font couler beaucoup d'encre.

Le premier – le lieu de passage d'Hannibal dans le massif – fait dire à Mark Twain, l'écrivain américain : « Les travaux de nombreux chercheurs ont déjà jeté beaucoup d'obscurité sur le sujet et il est probable que, s'ils continuent, nous n'y verrons plus rien du tout ! »

Le second – la conquête du mont Blanc – aurait pu, du fait de Marc-Théodore Bourrit, revenir au seul Jacques Balmat et faire sombrer Michel-Gabriel Paccard dans l'oubli.

La cordée Balmat-Paccard

Marc-Théodore Bourrit (1739-1819), un artiste suisse, chantre de la cathédrale de Genève, alpiniste, fait, par ses écrits, peintures et gravures, connaître le monde Blanc… avant même qu'il ne soit conquis sans être lui-même parvenu au sommet. L'échec de sa vie ! Comment « l'historiographe des Alpes » pourrait-il laisser croire que Michel-Gabriel Paccard, un autre érudit passionné de botanique, de physique, de géologie, ait atteint LA cime, le 8 août 1786 ? Tous les moyens lui sont bons pour minimiser la part du docteur dans l'exploit : c'est Balmat, le cristallier, qui prend l'initiative des opérations, pousse son compagnon de cordée jusqu'au sommet, se fait attaquer par des calomnies. Le 10 août, Paccard fait signer un certificat à Balmat, devant témoin : « Le docteur m'a nourri, il m'a payé et m'a fait valoir de l'argent qu'on lui avait donné pour me remettre. » Drôle d'acte authentique pour une si grande aventure ! Mais rien n'y fait. Michel-Gabriel Paccard ne trouve pas d'éditeur pour son récit *Premier voyage à la cime de la plus haute montagne de l'ancien continent*, juste une parution dans le *Journal de Lausanne*. La version de Bourrit vantant Balmat et diffamant Paccard devient officielle. Six ans après la mort du docteur, Alexandre Dumas consacre même un chapitre à la gloire d'un Balmat buveur et volubile, dans *Impressions de voyage en Suisse (1833-1834).*

La réalité l'emporte pourtant sur la fiction. Avec les mises au point faites par Edward Whymper, l'alpiniste britannique, et l'ascension reconstituée à partir du manuscrit incomplet et de quelques écrits dont la lettre de Michel-Gabriel Paccard adressée le 12 février 1823 au docteur J. G. Ebel de Zurich soulignant son rôle déterminant dans le choix de l'itinéraire.

La cordée Balmat-Paccard (même si, à l'époque, les hommes ne s'encordent pas !) était liée pour le meilleur et pour le pire ! L'un sans l'autre, ce 8 août 1786, ils ne deviennent pas des sommités.

Le rêve d'une vie

Un an plus tard, le 1er août 1787 précisément, Horace Benedict de Saussure (1740-1799) et son domestique emmenés par dix-huit guides et porteurs de Chamonix dont Jacques Balmat, s'engagent dans l'ascension.

L'ascension du naturaliste, géologue, botaniste et minéralogiste genevois

ÉVÉNEMENT

Le 3 août 1787, le savant suisse réalise son rêve : il atteint le sommet du mont Blanc. Un rêve fait, le 24 juillet 1760, sur les pentes du Brévent : « Ce jour-là, cette vue (du mont Blanc, NdA) fit sur moi une impression qui ne s'effacera jamais de mon souvenir ». Dès lors, il promet une « récompense assez considérable à celui qui trouverait le chemin pour aller, le premier, là-haut ». Son attente – entrecoupée de nombreux espoirs déçus – dure jusqu'au 8 août 1786, jour où Michel-Gabriel Paccard et Jacques Balmat touchent, les premiers, la cime.

Au sommet, en ce 3 août 1787, Horace Benedict de Saussure songe à celles et ceux qui le guettent d'en-bas. « Mes premiers regards furent sur Chamouni (*sic*) où je savais ma femme et ses deux sœurs, l'œil fixé au téléscope ; suivant tous mes pas avec une inquiétude trop grande sans doute, mais qui n'en était pas moins cruelle ; et j'éprouvais un sentiment bien doux et bien consolant lorsque je vis flotter l'étendard qu'elles m'avaient promis d'arborer au moment où, me voyant parvenu à la cime, leurs craintes seraient au moins suspendues. […]

Je n'en croyais pas mes yeux, il me semblait que c'était un rêve lorsque je voyais sous mes pieds ces cimes majestueuses, ces redoutables aiguilles, le Midi, l'Argentière, le Géant, dont les bases mêmes avaient été pour moi d'un accès si difficile et si dangereux. »

LE SAVIEZ-VOUS ?

Un mal aigu

Au-delà de 3 000 ou 3 500 m d'altitude, vous pouvez souffrir de maux de tête, de vomissements, d'étourdissements… de ce qu'il est convenu d'appeler le mal aigu des montagnes. Pourquoi ? En raison de la pression atmosphérique : avec moins d'oxygène en altitude, le cerveau est moins bien oxygéné. Seule prévention efficace contre le MAM ? Une acclimatation à la haute montagne autrement dit un temps donné à l'organisme pour s'adapter en douceur. Des montées de 700 m par jour entre 1 700 et 3 500 m d'altitude puis de 350 à 400 m par jour, au-dessus.

Affaibli par le mal aigu des montagnes, le savant reste 4 h 30 au sommet. Il décrit la forme de la cime, étudie la nature de la neige, prend des mesures barométriques lui permettant d'annoncer une altitude de 2 450 toises pour le mont Blanc, soit 4 775 m. Un calcul plus qu'honorable puisque la cote aujourd'hui admise est de 4 810,44 m ! Puis, il utilise son hygromètre à cheveu (partant du principe que le cheveu s'allonge naturellement dans l'air humide et se rétracte dans l'air sec) pour mesurer l'humidité de l'air, compare son pouls avec celui d'un de ses guides (100 pulsations à la minute contre 98) et détermine la température d'ébullition de l'eau à 80 °C. « Mon but n'était pas seulement d'atteindre le point le plus élevé, il fallait surtout y faire des observations et les expériences qui, seules, donnaient quelque prix à ce voyage. »

Sa *Relation abrégée d'un voyage à la cime du mont Blanc, en août 1787* écrite de retour de l'ascension, reprise et complétée dans *Voyages dans les Alpes* est le premier récit d'un cristallier et d'un savant ayant gravi le mont Blanc.

Les Voyages dans les Alpes de Saussure

« [...] je cherchai un moyen de rapporter, pour ainsi dire, un échantillon du ciel du Mont-Blanc, ou du moins de la couleur que ce ciel m'aurait présentée. Pour cet effet, j'avais teint, avec du bleu d'azur ou du beau bleu de Prusse, des bandes de papier de seize nuances différentes [...]

(Les recherches de Horace Benedict de Saussure pour mesurer l'intensité du bleu du ciel n'aboutissent pas. Cependant, il imagine à juste titre qu'à très haute altitude, le ciel devient noir... ce qui corrobore les frayeurs des Chamoniards, NdA)

Nous ne vîmes près de la cime d'autres animaux que deux papillons : l'un était une petite phalène grise qui traversait le premier plateau de neige ; l'autre un papillon de jour qui me parut être le Myrtil ; il traversait la dernière pente du mont Blanc, environ à cent toises au-dessous de la cime. J'ai quelquefois été témoin de la manière dont ces insectes s'engagent sur les glaciers. En voltigeant sur les prairies qui les bordent, ils s'aventurent au-dessus de la neige ou de la glace ; et s'ils perdent la terre de vue, ils vont toujours en avant, et ne sachant pas où se poser, pour peu que le vent les soutienne, ils volent jusque les sommités les plus élevées, où ils tombent enfin de fatigue et meurent sur la neige. »

C'est sur cette montagne « laboratoire de la nature » que Horace Benedict de Saussure se rend, chaque été, malgré une santé fragile et l'inquiétude de sa famille. Là-haut, il observe, en savant météorologue et géologue, ce qui ne l'a jamais été auparavant.

Horace Benedict de Saussure, *Voyages dans les Alpes* (1779-1796)

À leur manière chamoniarde, aristocratique ou britannique

Aller là-haut par tous les moyens, pour toutes les raisons. Toucher à l'unique. Entrer dans l'histoire. Trois femmes dans la course.

Marie Paradis, une fille du pays, la première au mont Blanc !

14 juillet 1808 : Marie Paradis, 32 ans, jeune maman et humble servante originaire de Saint-Gervais, réalise l'exploit dans la douleur « et pour quelques sous » en compagnie de guides de Chamonix qui l'ont choisie pour être la première femme au mont Blanc ! Lequel d'entre eux a l'idée ? L'histoire ne le dit pas.

Maris Paradis atteint les Rochers Rouges, traînée, poussée, portée, à bout de souffle et de résistance, en suppliant : « Fichez-moi dans une crevasse et allez où vous voudrez. Sur la cime, je n'y voyais plus clair, je ne pouvais plus ni souffler ni parler ; c'était bien blanc là où j'étais, et bien noir là-bas où ce qu'on regardait. »

Ainsi vécue et qualifiée, l'ascension du 14 juillet 1808 ne fait pas des émules. La réputation de la payse du hameau du Bourgeat (Les Houches) ne dépasse pas les confins de la vallée.

Grâce à cette prouesse sportive, Marie Paradis (1779-1839) ouvre une buvette-crèmerie dans la forêt des Pèlerins, à l'usage des voyageurs, au retour du mont Blanc.

Une comtesse et son « amant glacé »

Trente ans plus tard, le 4 septembre 1838 précisément, Henriette d'Angeville (1794-1871) pose, à son tour, le pied sur la cime. Et émeut l'opinion par une énergie peu commune et une somme d'informations collectées. Auprès, notamment, de Marie Paradis – « Marie du mont Blanc » – après son ascension : « J'étais à mon travail lorsque des guides, sous la conduite de Jacques Balmat, vinrent me dire : "Marie, nous allons monter au mont Blanc, tu es forte, tu marches bien, tu devrais venir avec nous. [...] Dame ! C'est pour ton bien que nous te disons ça ; tu es pauvre, tu as besoin de gagner : comme tu es une luronne, tu iras peut-être jusqu'à la cime ; ça fera du bruit qu'une femme soit allée là !... Les étrangers voudront te voir, ils te donneront de bonnes étrennes et ça t'aidera toujours d'autant". »

Henriette d'Angeville relate son propre défi dans *Mon excursion au Mont-Blanc*, le livre qu'elle écrit, entre mars et avril 1839, un an après l'ascension. Le temps pour elle d'expliquer ses motivations et de compléter les notes qu'elle a prises, au jour le jour, dans un carnet vert… carnet miraculeusement retrouvé par une arrière-petite-nièce. Extraits.

Notes de voyage

« […] tout Chamonix savait qu'une dame française était venue pour faire l'ascension. Les habitants de la vallée ont une si profonde vénération pour le mont Blanc qu'ils ne pouvaient croire qu'une femme ayant la prétention de le vaincre fût dans son bon sens. […]

J'appris que Julien Dévouassoud, l'un des guides les plus expérimentés de la vallée, offrait publiquement le pari de mille francs contre cent sols que l'ascension n'irait pas à terme, ou qu'il arriverait malheur si je m'obstinais. […]

Je gardai Couttet pour conférer sur l'approvisionnement de notre caravane […] poursuit-elle : « Un bon et solide déjeuner au moment du départ pour six guides, six porteurs et le muletier. Puis, dans les sacs : deux gigots de mouton, deux longes de veau, vingt-quatre poulets rôtis, six pains de trois à quatre livres, dix-huit bouteilles de vin de Saint-Jean, une eau-de-vie de Coignac (*sic*), une de vinaigre, une de sirop capillaire, un petit baril de vin ordinaire pour le goûter des porteurs aux Grands Mulets, douze citrons, trois livres de sucre, trois livres de chocolat, trois livres de pruneaux, un bon gros dîner bien restaurant, au retour de l'ascension. »

Comment, aujourd'hui, imaginer une telle quantité de vivres quand on sait que la majorité des guides et de leurs clients emportent quelques en-cas – fruits secs, barres de céréales, thé – et passent à la table du refuge des Cosmiques, des Grands Mulets ou du Goûter ?

Un grand bâton ferré, deux paires de souliers…

Côté vêtements, Henriette d'Angeville n'est pas en reste. Elle emporte le nécessaire et le superflu d'une tenue sportive et décente. Un grand bâton ferré, deux paires de souliers à crampons imperméables et d'inégales grandeurs, deux paires de bas de soie, une pelisse entièrement doublée de fourrure pour la nuit et les heures les plus froides de la journée, une paire de gants en tricot fourrés, un boa, un masque de velours noir, un grand chapeau de paille de Chamonix doublé d'étoffe verte et garni de quatre attaches pour pouvoir le fixer solidement et protéger totalement la blancheur de son teint…

« À une heure vingt-cinq minutes (le 4 septembre 1838, NdA), mon pied foulait enfin le sommet du mont Blanc, et je plantais mon bâton ferré sur sa croupe, comme un soldat arbore son étendard sur la citadelle qu'il a emportée d'assaut. […]

“À présent que vous avez vu tout ce qu’on peut voir de la cime, me dit Couttet, il faut que vous alliez encore plus haut que le mont Blanc.” […]

Et me présentant ses deux mains réunies à celles de Desplan, il m’invita à m’asseoir sur ce siège improvisé ; […] alors les deux montagnards, me détachant du sol neigeux, m’élevèrent autant qu’il leur fut possible ; et, par cette espèce d’ovation, ils me firent effectivement arriver plus haut que le mont Blanc, et n’en déplaise à l’orgueil masculin, plus haut que tous mes devanciers. […]

Avant de m’en éloigner pour toujours, je gravai sur la neige mon axiome favori : “Vouloir c’est pouvoir” puis je donnai le signal du départ. »

Le comte polonais Karol de Stoppen et Ferdinand Eisenkramer, le gérant de l’hôtel de l’Union accompagné de son chien, gravissent également le mont Blanc, ce 4 septembre 1838.

ANECDOTE

Tête de mule et mollets de coq

Au milieu du XIXe siècle, tous les mulets groupés, aux alentours du 15 mai, sur la place de l’église de Chamonix défilent devant une commission composée du juge de paix de Saint-Gervais, d’un vétérinaire et du guide-chef de la Compagnie des guides de Chamonix. Puis, un cavalier teste chaque bête, un sellier vérifie son harnachement. Le verdict est sans appel : tout mulet poussif, rétif, ombrageux est renvoyé à ses écuries ; toute brave et solide monture peut, ainsi que le rapporte le journal *L’Abeille de Chamonix* en 1865 : « attendre les touristes qui honoreront leurs croupes de leurs poses plus ou moins gracieuses ». Les femmes assises en amazone, les hommes à califourchon.

Dans toutes les excursions, les classiques notamment – le Montenvers, la Croix de la Flégère ou le Brévent – un guide conduit les mulets. De jeunes gens – les rentourneurs – se contentent de ramener les bêtes attachées les unes derrière les autres au point de départ. Ou rejoignent la rive opposée de la mer de Glace pour y attendre les guides et les randonneurs qui l’ont traversée à pied. En compagnie, parfois, de « pirates », d’anciens guides capables de faire franchir seracs et crevasses. Détails d’équipement : les touristes progressent un grand bâton en main et des chaussons de chanvre tricotés par les femmes de la vallée, enfilés sur les chaussures. Ce beau monde redescend ensuite dans la vallée.

Les « gens de la haute » ou apeurés par toute incartade animalière préfèrent louer les services de porteurs de chaise, guides pour la plupart. Si les mulets protestent rarement contre une surcharge, les hommes, eux, ne s’en privent guère. « Une fois de plus, nous est échue une grosse matrone que mes camarades et moi avons acheminée […] toute une longue journée pour douze francs ; la dame n’est jamais descendue de son siège. […] J’en garde tout de même un bon souvenir car, en cours de route, les bretelles qui soutenaient la chaise ont cassé et la dame a versé dans les cailloux, sans trop de mal heureusement. Elle s’est plainte au guide-chef dès l’arrivée… »

Au tour d'Isabella !

31 janvier 1876 : miss Isabella Stratton conquiert le mont Blanc en plein hiver – une première ! – avec les guides Sylvain Couttet, Jean-Estéril Charlet, et le porteur Michel Balmat.

Avant elle, aucun homme, aucune femme ne brave les frimas de l'hiver. L'Anglo-saxonne fait également sensation en épousant, le 29 novembre 1876 à l'église d'Argentière, Jean-Estéril Charlet, le Chamoniard ! Unis par les dangers, les renoncements et les joies de la montagne.

Une aventure à la mode de chez nous et d'ailleurs

Le 9 octobre 1834 à 15 h 30, le comte Henri de Tilly, vainqueur du mont Blanc, explique son succès par ces mots : « Bon pied, bon œil, bonne tête et surtout forte volonté ! » Aucun alpiniste n'ose, aujourd'hui, le contredire !

So Mont-Blanc...

12 et 13 août 1851 : Albert Smith (1816-1860) réalise la 36e ascension du mont Blanc. Et « le met à la mode » selon Gaston Rébuffat, légende de l'alpinisme.

Le 15 mars 1852, le Britannique loue l'Egyptian Hall de Londres pour y donner la première d'un grand spectacle *Mr. Albert Smith's ascent of Mont Blanc*. Là, il commente, enthousiaste, les dessins de l'ascension réalisés par le peintre William Beverley qui l'a accompagné au pied du massif. Albert Smith imite les guides, décrit les personnages rencontrés, ajoute de la musique spécialement composée. Son succès (inespéré) est tel qu'il raconte son expédition dans un petit livre illustré et invente *The new game of the ascent of Mont Blanc*, le nouveau jeu de l'ascension du mont Blanc, semblable au jeu de l'oie.

À la demande de la reine Victoria, il présente à Windsor plus qu'un spectacle, un numéro en présence de François Favret, son guide préféré, et des chiens du Grand-Saint-Bernard !

Avec cette « publicité » sans doute exagérée, Albert Smith incite les Anglais à explorer les Alpes et à gravir les cimes vierges.

Souvenirs, souvenirs

Le mont Blanc vaincu, l'exploit est salué à Chamonix par des tirs de canon, des salves de mousquets… et une liesse populaire ! Coup double : les courageux alpinistes sont honorés et leurs compatriotes rivés aux télescopes ravis. Chamonix séduit ainsi conquérants et touristes venus vaincre ou admirer le « Géant de la nature » ! Le mont Blanc devient une aubaine pour les Chamoniards…

ANECDOTE

Pour quelques carrés de chocolat

Le 3 septembre 1860, peu de temps après l'annexion de la Savoie à la France, Napoléon III, l'impératrice Eugénie et leur suite accompagnés par soixante guides montent à dos de mulets au Montenvers jusqu'au pied de la mer de Glace. L'un des guides, Auguste Balmat, veille à chaque instant sur l'impératrice. « Combien de temps nous sépare encore de l'arrivée à Chamonix ? Je sens un vif désir de me rapprocher du déjeuner… Mais vous, Balmat, qui marchez à pied, et qui êtes à jeun comme moi, vous devez être bien plus pressé d'arriver… Tenez, j'ai fort heureusement mis dans ma poche une tablette de chocolat, nous allons la partager. » Le guide veut « se défendre de cette charmante prévenance, mais l'impératrice me força d'en accepter la moitié sur laquelle je feignis de mordre ».

Quinze jours plus tard, Auguste Balmat reçoit une épingle ornée d'un brillant. Il la conserve jusqu'à sa mort… avec la moitié de la tablette de chocolat.

Version italienne

Face sud, avec « l'envers du mont Blanc » haut de 1 400 m, large de près de 2 kilomètres, hérissé d'arêtes et de piliers, les Italiens sont moins bien lotis ! Conséquence directe ou pas, ce sont les Anglais qui se lancent, les premiers, à sa conquête. Jakob et Melchior Anderegg, deux cousins, Frank Walker, son fils Horace et ses amis Adolphus Moore et George Mathews escaladent, le 15 juillet 1865, le difficile et exposé éperon de la Brenva, guidés par deux Suisses.

Là-haut pour la science

ÉVÉNEMENT

Grand scientifique et alpiniste confirmé, Joseph Vallot (1854-1925) réussit sa première ascension du mont Blanc, le 6 août 1886, et fait avec les guides Michel Savioz et Alphonse Payot, une heure d'expérimentations, thermomètres, sphygmomanomètres et spiromètres en main.

LE SAVIEZ-VOUS ?

Mesures du cœur et des poumons

Le sphygmomanomètre : constitué d'un brassard relié à un manomètre, cet appareil permet de mesurer la pression artérielle.

Le spiromètre : appareil servant à mesurer les volumes et les débits inspirés et expirés, soit la fonction de ventilation pulmonaire.

Un refuge de découvertes

En juillet 1887, il plante une tente de 2 m de long et de 1,80 m de large au sommet pour trois jours d'observations quasi ininterrompues, dans des conditions suffisamment difficiles pour inciter le savant à construire, en 1890, avec l'aide de 110 guides et porteurs, une cabane en bois au pied de l'arête des Bosses, à 4 350 m d'altitude. « Une telle installation rendrait service à la science, en même temps qu'elle faciliterait les ascensions des touristes et pourrait servir de refuge en cas de mauvais temps. » Une cabane-observatoire d'astronomie, de météorologie et de physique « doublée » deux ans plus tard d'une cabane-refuge sur les Rochers Foudroyés à 4 362 m. L'un des premiers utilisateurs de cet observatoire-refuge est Achille Ratti, un prêtre italien, futur pape Pie XI. « Tel que nous le vîmes et tel que nous nous en servîmes, le refuge Vallot est déjà une chose assez admirable sans en faire un incroyable mythe. »

Joseph Vallot reste l'initiateur de la recherche environnementale en haute altitude. Recherche globale, multidisciplinaire (météorologie, glaciologie, études médicales, photographie, cinématographie, etc.) et appliquée. Un cas unique dans l'histoire des sciences !

L'impossible rêve

Membre de l'Académie des sciences, spécialiste de l'astronomie physique (particulièrement de l'atmosphère dans l'oxygène), Jules Janssen (1824-1907) pense logiquement trouver une atmosphère limpide donc favorable à ses expériences, au sommet du mont Blanc. Il y monte, en 1890, porté dans une chaise-échelle de son invention, et en redescend convaincu que « la rareté de l'air et la stabilité des masses d'air font de ce sommet un point de vue extraordinaire sur le ciel et les planètes ». Un observatoire doit y être construit ! Gustave Eiffel accepte de relever le défi à une condition : disposer, à moins de 12 m sous la glace, d'une assise rocheuse pour arrimer la structure métallique de la future bâtisse. Des sondages révèlent plus de cinquante mètres sans aucun rocher ! Eiffel abandonne le projet. Janssen s'y accroche. Il conçoit et fait assembler le local à l'Observatoire de Meudon. Comment hisser les quinze tonnes nécessaires à la construction et les instruments scientifiques indispensables aux astrophysiciens dont une lunette de 33 cm, au sommet ? À dos d'hommes (ou sur des treuils légers), pièce par pièce, depuis Chamonix.

LE SAVIEZ-VOUS ?

Le 8 septembre 1893, Jules Janssen tient son observatoire au sommet du mont Blanc.

Avec le mouvement lent mais continu de la calotte glaciaire, il se disloque peu à peu au point d'être abandonné et démoli en 1909. Unique vestige : la tourelle en sapin qui couronne l'observatoire. Redescendue en 1909, elle est conservée au Musée alpin de Chamonix.

Chapitre 17

Les conquérants d'un Géant

Dans ce chapitre :

- Les dieux de l'alpinisme
- Des empreintes françaises
- Des alpinistes de l'harmonie et de renom
- Les passeurs d'émotion

Ils ont ouvert des voies, écrit les grandes heures de l'alpinisme. Sur tous les versants.

LE SAVIEZ-VOUS ?

La haute montagne en mots divers

Bivouac : emplacement – plateforme parfois très étroite sur une paroi – utilisé par les alpinistes pour passer la nuit. Ou le « campement » lui-même.

Cairn : ce tas de cailloux amoncelés en une forme pyramidale indique un passage plus ou moins visible entre la pierre, la neige ou la glace, dans la brume ou le brouillard. Un caillou ajouté au tas consolide le balisage et porte, dit-on, bonheur.

Course : ascension réalisée par un ou plusieurs alpinistes.

Dévisser : tomber d'une paroi rocheuse ou glaciaire. En opposition peut-être à l'expression « être vissé à une paroi » autrement dit rivé au rocher ou à la glace. Et d'un coup lâcher prise et chuter dans le vide.

Glaciériste : alpiniste qui préfère évoluer sur la neige et la glace.

Mixte : ascension effectuée sur le rocher, dans la neige et/ou sur la glace.

Première : itinéraire emprunté pour la première fois. En hiver (première hivernale), en solitaire (première solo)…

Rochassier : alpiniste spécialisé dans l'escalade sur les rochers.

Variante : itinéraire sur rocher, neige et/ou glace qui s'écarte des itinéraires précédemment ouverts et couramment suivis.

Voie extrême : itinéraire de très haut niveau et d'ampleur (d'une grande hauteur de la base au sommet).

Voie normale : itinéraire le plus pratique et le plus recommandable pour atteindre un sommet.

Britanniques ou Italiens, ils sont entrés dans l'histoire

Edward Whymper en quête des sommets vierges

1860 : un éditeur londonien dépêche dans les Alpes un jeune dessinateur de 20 ans : Edward Whymper (1840-1911). Le novice s'initie dans le Dauphiné, inscrit à son palmarès, en cinq ans, l'aiguille d'Argentière, de Tré-la-Tête, le mont Dolent, l'aiguille Verte, un des sommets des Grandes Jorasses… et termine ses conquêtes alpines par l'ascension dramatique du Cervin, le 14 juillet 1865.

Ce jour-là, le Cervin conquis, Michel Croz, l'un des plus grands guides de l'histoire de l'alpinisme, ouvre la marche de la descente. Edward Whymper la ferme. Soudain, Hadow Taugwalder, un jeune client néophyte, glisse et entraîne Michel Croz dans sa chute. Marqué par cet accident, Edward Whymper renonce à grimper dans les Alpes. « Le courage et la force ne sont rien sans la prudence, et un moment de négligence peut détruire le bonheur de toute une vie » confie-t-il.

Albert Frederick Mummery, l'alpiniste jusqu'au-boutiste

Pour Albert Frederick Mummery, alpiniste et écrivain britannique (1855-1895), l'alpinisme est un jeu extraordinaire où l'homme peut et doit s'engager à fond. Il grimpe sans guide et affectionne plus que tout la difficulté des voies. Les Grands Charmoz, l'aiguille Verte, le Grépon, l'aiguille du Plan, la dent du Requin parmi les plus belles courses des Alpes, n'ont bientôt plus de secrets pour lui. « Le véritable alpiniste est celui qui aime aller là où aucun homme n'est allé avant lui », estime-t-il.

Walter Bonatti, le maestro de l'alpinisme

Guide à Courmayeur, Walter Bonatti (1930-2011) est fasciné par l'envers du Mont-Blanc, un versant de glace et de granit semblable à un sommet himalayen qui mène, côté italien, au Toit de l'Europe ! Initiateur de l'alpinisme en solitaire « à la vie, à la mort », il vainc la face ouest de l'aiguille Noire de Peuterey, l'éperon Walker dans les Grandes Jorasses, la face est du Grand Capucin, le pilier sud-ouest du Petit Dru (qui porte son nom), l'hivernale de la Brenva, l'éperon nord-est du pilier d'Angle, le pilier Rouge du Brouillard, le pilier central du Frêney, l'hivernale de l'éperon Walker dans les Grandes Jorasses…

Dans le pilier sud-ouest du Petit Dru, l'Italien ouvre, en cinq jours – du 17 au 22 août 1955 –, une voie d'une extrême difficulté avec pour seuls « outils » deux cents pitons et un sac sur le dos ! En haut des 600 m de granit, Walter Bonatti avoue qu'il a eu le sentiment de s'être engagé au-delà de la « barrière infranchissable qui le séparait de son âme ».

En 1953, Walter Bonatti est le plus jeune des onze alpinistes de l'expédition italienne lancée à la conquête du K2 (8 611 m) dans l'Himalaya. Dans le plan d'attaque, il doit avec Madhi (un Hunza, originaire du nord du Pakistan) ravitailler en bouteilles d'oxygène, Achille Compagnoni et Lino Lacedelli montés au camp IX, à environ 8 100 m d'altitude. Après maintes recherches, les deux hommes bivouaquent dans la neige et redescendent le lendemain, Madhi gravement gelé, Bonatti moins atteint. Compagnoni et Lacedelli déclarent avoir vaincu le sommet sans oxygène (ils ont abandonné les bouteilles deux heures avant) et accusent Bonatti de l'avoir utilisé durant son bivouac improvisé. Ardito Desio, le chef de l'expédition, et le Club alpin italien officialisent cette version. Walter Bonatti mène le combat de sa vie pour rétablir la vérité : il ne touche pas aux bouteilles d'oxygène montées au camp IX. Le Club alpin italien le reconnaît, en 2004, cinquante ans après les faits !

« La conquête de l'homme par la montagne »

Qui évoque l'alpinisme comme « la conquête de l'homme par la montagne » ? Roger Frison-Roche, l'un des grands montagnards et guides du XXe siècle ! (Voir chapitre 28.)

Armand Charlet, LE guide de Chamonix

Dans les faces nord, Armand Charlet (1900-1975), l'alpiniste et le guide d'Argentière, coiffe la tarte (le plat béret des chasseurs alpins). Par tout temps, il porte un pantalon en drap de Bonneval et des chaussures à clous. Dans les refuges, il ne boit pas, ne fume pas. Il n'appréhende rien, excepté une nuit en bivouac. Il jette son dévolu sur l'aiguille Verte. Une aiguille qu'il gravit plus de cent fois en ouvrant sept voies remarquables sur des versants vitreux. « Il faut faire quelque chose ! » insiste-t-il. À l'École nationale de ski et d'alpinisme (ENSA) dont il est l'un des plus illustres professeurs comme auprès de clients qui cherchent sa compagnie en dépit de son mutisme légendaire. À ce sujet, l'alpiniste Marcel Couturier rapporte qu'un jour, au sommet de la face nord de l'aiguille Verte, après sept heures d'ascension, Armand Charlet annonce simplement : « La course est réussie ».

Louis Lachenal, un joyeux « fou » volant

Louis Lachenal (1921-1955) se joue littéralement de toutes les difficultés rocheuses et glaciaires, par des méthodes d'escalade quasi révolutionnaires.

Avec Lionel Terray et Gaston Rébuffat, deux autres guides d'exception, il part pour l'Himalaya avec Maurice Herzog, le chef d'expédition.

Le 3 juin 1950, à quelques dizaines de mètres du sommet de l'Annapurna, dans le froid, le vent et la fatigue, à l'extrême limite, Louis Lachenal poursuit la course pour Maurice Herzog. « Herzog m'a dit qu'il continuerait. Je n'avais pas à juger ses raisons ; l'alpinisme est une chose trop personnelle. Mais j'estimais que s'il continuait seul, il ne reviendrait pas. C'est pour lui et pour lui seul que je n'ai pas fait demi-tour. Cette marche au sommet n'était pas une affaire de prestige national. C'était une affaire de cordée. » note-t-il dans ses *Carnets du Vertige*. Louis Lachenal rentre de ce premier 8 000 vaincu par des alpinistes avec des moignons de pieds. Lionel Terray dans « un affreux mélange de douleur et de joie, d'héroïsme et de bassesse, de soleil et de boue, de grandeur et de mesquinerie ». Gaston Rébuffat, blessé et déçu par les hommes, n'évoque plus jamais l'Annapurna.

Lionel Terray et Les Conquérants de l'inutile

Connu pour ses nombreuses premières dans les Alpes et sur tous les continents – Aconcagua, Fitz Roy, Chacraraju, Jannu, Makalu, Annapurna – Lionel Terray (1921-1965), le globe-trotter, écrit *Les Conquérants de l'inutile,* un livre culte. « Bien des fois, lorsque halluciné de fatigue nerveuse, je cherchais le sommet ou lorsque après de longs efforts, je regagnais la vallée, vidé de toute force, j'avais pensé qu'il fallait arrêter ce jeu avant que les dés ne se retournent contre moi. Alors, pour quelques jours, je rêvais au plaisir d'une vie paisible dans la chaleur du foyer et l'amour de la nature. Mais aussitôt mon équilibre retrouvé, j'étais envahi par la montagne du passé. Tout ce qui m'entourait me semblait petit, laid, médiocre et monotone. Le souvenir des heures ardentes que j'avais connues occupait tous mes instants et je me sentais brûler de désir d'en retrouver de semblables. À nouveau, je me jetais dans le grand jeu. »

L'enchanteur Gaston Rébuffat

Certains connaissent Gaston Rébuffat (1921-1985) comme le Marseillais qui intègre la Compagnie des guides de Chamonix en 1946 sur proposition d'Alfred Couttet parce qu'il a « une bonne moralité » et grimpe les plus belles parois. D'autres comme l'alpiniste qui, en compagnie de Maurice Baquet

(1911-2005) le violoncelliste, gravit le 13 juillet 1956 grâce aux techniques de l'escalade artificielle, la face sud de l'aiguille du Midi – une première plus tard appelée « La Rébuffat ».

Le funambule et le musicien également acteur de théâtre et de cinéma, forment une cordée inattendue et reconnaissable entre toutes. L'un avec son pull jacquard et ses chaussettes en laine ; l'autre avec son violoncelle sur le dos.

De ses aventures et de ses exploits au sommet, l'alpiniste livre une leçon de sagesse dans *Mont-Blanc, Jardin féerique* : « Combien de fois l'ai-je gravi le grand dôme de neige, l'atteignant à toute heure du jour et de la nuit, par les routes classiques ou les grandes voies italiennes, en été ou en hiver, à pied ou à skis, par beau temps ou par tempête ? Combien de fois suis-je arrivé en bonne forme ou à bout de fatigue, sur cette longue arête de neige ciselée au gré des vents ? Mais d'abord en ai-je assez rêvé ? »

Gaston Rébuffat peut-il imaginer que la Nasa, l'agence spatiale américaine, le choisit, lui, en photo au sommet du pic de Roc dans les aiguilles de Chamonix et l'embarque, en 1977, dans une sonde du programme Voyager, pour montrer aux éventuels martiens ce qui se fait de mieux en France ? Un homme au sommet d'un rocher vertigineux, en équilibre et en osmose avec son milieu.

Ils ont gravé leur nom dans le Mont-Blanc

Certains recherchent l'harmonie, partagent leur amour des hautes et moyennes montagnes ; d'autres cultivent la performance.

Patrick Gabarrou, pèlerin de la beauté du monde

À 15 ans, dans un refuge de l'Oisans, Patrick Gabarrou voit un homme descendre d'un glacier. « Pour moi, il revenait d'une autre planète. Un univers inconnu, grandiose et magique. J'ai eu envie de découvrir cet espace de liberté. » À 18 ans, il gravit la dent Blanche en Suisse son premier 4 000 m. « Je voulais revivre ces instants de bonheur où dans la neige, sur la glace, j'étais libre et heureux dans un décor féerique. » Depuis dans le massif du Mont-Blanc, en Himalaya, au Canada, dans les Pyrénées, il compte plus de 250 premières et vit la même passion. « Pour moi, gravir une montagne, seul ou en cordée, c'est un jeu, un très beau jeu. Atteindre un sommet, dominer un relief qui aura disparu dans des millénaires, c'est dérisoire et en même temps rare et fort. Après des heures d'ascension, mon corps s'allège, mes yeux s'ouvrent aux merveilles de la nature. Je vois la lumière, je touche la beauté du monde. Je dis : Merci la vie ! Petit pèlerin sur le sentier de la vie, j'essaie de faire partager ce qui m'est donné de vivre. »

RENCONTRE

Christophe Profit, le compagnon de cordée

Dans les années quatre-vingt, Christophe Profit incarne l'engagement total en haute montagne. Le 30 juin 1982, il réussit la voie directe américaine dans la face ouest du Petit Dru, l'une des escalades les plus impressionnantes du Mont-Blanc, en trois heures et dix minutes, avec pour tout équipement des chaussons d'escalade, un survêtement, un sac de magnésie et un marteau à glace. Durant l'été 1985 puis l'hiver 1987, il enchaîne les trois grandes faces nord – Cervin, Eiger, Grandes Jorasses – des Alpes, en quarante-deux heures non stop !

De ces performances sportives et presque surhumaines, de déconvenues en Himalaya, l'alpiniste revient. Avide d'autres sensations, d'autres émotions à nouer avec le fil de sa vie : parcourir la montagne comme guide. « Avant d'exercer ce métier, j'ai eu la chance d'accumuler de multiples expériences – ascensions express, en solo, enchaînements été-hiver, première avec Pierre Beghin, au K2 (8 611 m, le deuxième sommet du monde, NdA) le 15 juin 1991 – pour vivre ma passion dans un souci – un devoir même – d'excellence. »

Sur les versants français et italien du mont Blanc, le guide replonge dans le mythe, les débuts de l'alpinisme, le rêve aussi. « Cette très belle montagne en haute altitude me procure des plaisirs renouvelés, dans des conditions différentes, avec un nouveau compagnon de cordée, sous une lumière changeante. Avec le mont Blanc, je dois composer, être patient en laissant le vent se calmer par exemple, et saisir ma chance. Seule la montagne laisse passer. Avec un compagnon, je construis une aventure, j'apprivoise la montagne, j'essaie de trouver les meilleures solutions pour vivre pleinement des instants et garder de bons souvenirs. »

L'alpiniste, le guide condense cette philosophie de vie au sommet en trois points : « Sortir de sa zone de confort (s'engager), tracer sa route et se faire confiance, et composer avec la montagne et la vie. » Sortir de sa zone de confort « en préférant à l'itinéraire classique un itinéraire plus escarpé, conscient des risques, vigilant mais prêt à se surpasser. On ressort toujours plus fort d'une ascension ». Tracer sa route « en reprenant la devise de Maurice Baquet : "Si tu veux être heureux, sois-le". » Composer avec la montagne et la vie « dans le dernier espace de liberté accessible à tous ».

Cette liberté, Christophe Profit la trouve à contre-courant sur la voie repérée par Jacques Balmat et Michel-Gabriel Paccard, les premiers ascensionnistes, loin de la foule des voies royale et des trois monts, au sommet avec un panorama à 360° rien que pour lui à l'heure où les cordées sont redescendues, dans une nuit, seul au monde ou presque, au refuge des Grands Mulets. Avec à l'esprit les mots de René Char : « Impose ta chance, serre ton bonheur et va vers ton risque. À te regarder, ils s'habitueront ».

Christophe Profit, le 26 juin 2013, de retour d'une expédition au sommet avec nuits aux Grands Mulets. Au téléphone, il est encore là-haut. Il y repart dans deux jours.

Sylviane Tavernier, première femme guide

La montagne ? Sylviane Tavernier y naît. À Servoz en Haute-Savoie, précisément. Là où ses parents lui en parlent dès son plus jeune âge, où les anciens lui racontent ses dangers et ses mystères. Au point de la décider à suivre des cours par correspondance dès la classe de cinquième et à partir, le reste du temps, en randonnée en solitaire ou avec des amis.

À 10 ans, elle escalade seule la pointe noire de Pormenaz (2 323 m) et casse des branches sur son passage, à la manière du Petit Poucet, pour retrouver le chemin du retour.

Un jour aux amis qui lui proposent de l'emmener faire une course en montagne, la jeune femme répond : « Le mont Blanc ! » Ils partent tous les trois et ouvrent une voie sur le versant italien. Au sommet, ils l'appellent « Abominette » : abo (abominable) compte tenu des difficultés rencontrées et minette en clin d'œil.

Pour vivre pleinement la montagne et la partager, Sylviane Tavernier s'inscrit à l'École nationale de ski et d'alpinisme (ENSA), passe les examens d'accompagnateur en moyenne montagne, d'aspirant-guide, effectue le stage de guide et dépose une candidature à la Compagnie des guides de Chamonix. Cette demande faite par une femme – la première ! – crée la surprise au sein du comité. Ses origines locales, sa vision moderne du métier, son tempérament sportif font pencher la balance en sa faveur. Le 15 août 1988, elle reçoit du doyen de la Compagnie, un titre, une médaille et un bouquet de fleurs. « La montagne ne s'explique pas, elle se vit. Elle est source de sensations, d'émotions chaque fois renouvelées. Pourquoi une femme serait-elle moins maligne qu'un homme pour chercher un itinéraire ? Moins apte à penser au danger qu'un homme ? Ricardo Cassin, le grand alpiniste italien, disait : “Le plus grand montagnard est celui qui sait avoir peur quand il le faut.” La montagne est une belle et grande aventure qui apprend à être exigeant avec soi-même et avec les autres. À apprécier sa vie d'en-bas en passant par en-haut. »

Comment oublier ?

Maurice Herzog (1919-2012), le vainqueur, avec Louis Lachenal, de l'Annapurna le 3 juin 1950 et l'homme politique français secrétaire d'État à la Jeunesse et aux Sports (1958-1966), maire de Chamonix (1968-1977) et député de Haute-Savoie (1967-1978).

Pierre Mazeaud, le vainqueur de l'Everest (1978), le secrétaire d'État chargé de la Jeunesse et des Sports (1973-1976), le président du Conseil constitutionnel (2004-2007).

Année après année, ils l'ont découvert et partagé

Avec leurs mots, sous leur regard, dans leur nature, le Mont-Blanc prend une autre dimension, imprime des souvenirs à l'encre rouge passion.

René Claret-Tournier, recordman du mont Blanc

Cinq cent trente fois sur le Toit de l'Europe ! Qui dit mieux ? De ce record, René Claret-Tournier – le descendant de Michel-Gabriel Paccard, le vainqueur du mont Blanc – ne dit presque rien. Ou si peu. Ceux qui lui importent : les hommes et les femmes qu'il a, vaille que vaille, conduits (portés souvent) au sommet.

René Claret-Tournier construit sa réputation dès la Seconde Guerre mondiale. Fait prisonnier de guerre de 1940 à 1945, il apprend la langue de Goethe. De retour dans la vallée, les Allemands et les Autrichiens le réclament. À commencer par Otto Flich, un magnat de la Ruhr, qui l'engage avec un autre guide Anderl Heckmair, ni plus ni moins que le vainqueur de la face nord de l'Eiger ! En 1966, Josef Klaus, le chancelier fédéral autrichien, pose avec le Chamoniard à la une du *Dauphiné libéré*.

Chaque fois, le guide prend le temps de connaître ses clients illustres ou inconnus pour évaluer, développer leurs capacités et les mener au bout de leur rêve « une ou deux fois, épuisés, sur mes épaules à deux cents mètres du but ! » Leur éviter l'angoisse de se croire perdus dans la tourmente « j'avais alors un altimètre et une boussole pour me repérer » ou pris dans le brouillard « ils se raccrochaient à moi, leur guide, alors que je ne savais pas où j'étais ». Leur donner aussi l'espoir d'être sauvés « plus d'une fois je suis descendu du refuge du Goûter avec une seringue de camphre – remède de médecin – pour donner du nerf à des alpinistes qui me prenaient pour un docteur ! »

René Claret-Tournier se souvient, ému, de l'envie pressante d'une jeune femme suisse : « En redescendant du mont Blanc, elle ne pouvait pas, frigorifiée, baisser son pantalon. J'ai fait la nounou en lui glissant un petit : "Ce n'est rien, je pourrais être ton père !" ce à quoi elle m'a répondu en levant de ces yeux : "Merci papa !" »

René Claret-Tournier, en novembre 2004, dans sa maison de Chamonix, serré contre Louisa, sa femme, après leur promenade de fin d'après-midi. « Qu'est-ce que tu m'as donné là, c'est bien fort ! Un carré de Vache qui rit au roquefort et un autre au piment ! » « Mais, c'est écrit en anglais ! Si ça avait été écrit en allemand ! »

Armand Comte, le don de la montagne

RENCONTRE

Et si le Mont-Blanc vous était conté ? Par un homme qui naît à ses pieds, le découvre dans un refuge, en extrait les cristaux, y conduit ses élèves puis ses clients comme guide à la Compagnie de Chamonix. Vous vous effacez et laissez Armand Comte l'approcher. Quelques mots-clés et souvenirs égrenés…

Clients

« Je me réjouis d'avoir des clients raisonnables qui vont au mont Blanc pour le plaisir et non pour une conquête ou une réussite absolue. Dans les années trente, des Allemands et des Autrichiens veulent vaincre les faces nord des Alpes – Cervin, Eiger, Grandes Jorasses – pour rendre gloire au führer. En 1979, je prends Jean et François Constantin au tour de rôle. Ils veulent faire les trois cols – col du Chardonnet, fenêtre de Saleina et col du Tour – à skis. Depuis trois générations, j'ai l'impression de faire partie de leur famille. En chemin, je note les courses, leurs intérêts, les difficultés, des considérations générales sur la montagne et les saisons. À Noël, je remets tout au propre. Dans le livret de guide de mon grand-père, des clients écrivent en 1909 : "dévouement et persévérance". »

Four à cristaux

ANECDOTE

« En 1951, je tombe par hasard sur un grand four à cristaux en contrebas du refuge du Couvercle où je passe l'été avec mon oncle gardien. En prenant de l'âge et de l'assurance, je m'aventure seul vers l'aiguille de Pierre-Joseph. En 1959, mon cousin et moi trouvons un four garni de quartz incolore et de fluorine rose. Un an plus tard, le jour de Pâques, une nouvelle découverte nous lie – mon cousin, Jean Claret-Tournier, le gardien du refuge du Plan de l'Aiguille, et moi – à cette activité. Tous les ans en juillet-août, nous cueillons les cristaux dans les glaciers d'Argentière, de Talèfre ou de Leschaux et dans les Périades. Avec pour seuls instruments : une massette, un burin, quelquefois une petite tringle, des journaux ou de la mousse de nylon pour envelopper le quartz minéral dur mais fragile et le serrer comme un œuf dans une boîte. »

Instituteur

« Mes anciens élèves de l'école des Frasserands, un petit village situé entre Argentière et Montroc, ne me parlent ni de mes cours d'orthographe ni de mes cours de calcul. Ils se souviennent de nos escalades au col de l'Aiguillette et au col des Montets où je les emmène se "faire les doigts", de nos marches vers la cascade du Dard ou dans le parc de Merlet, de nos sorties ski de descente ou ski de fond dans la vallée Blanche. Par ces activités organisées avec des parents et les gendarmes du PGHM, ils découvrent la forêt, les animaux et les sommets. »

Médaille des guides

« Entourée d'une corde, elle représente les Drus avec la Verte dressée au milieu et deux piolets entrecroisés, symboles, peut-être, de la cordée. »

Montagne

« Je vais là-haut pour le plaisir d'évoluer dans un milieu changeant exceptionnel, par goût de l'effort, pour le bonheur de marcher et de partager des heures en cordée avec des clients, ou de me retrouver seul au sommet sous une lumière particulière. »

Mort en montagne

« Quand un guide se tue en montagne, nous ne sommes pas tenus d'assister à ses obsèques mais le tour de rôle ne se déroule pas la veille, et aucun guide ne peut partir en course ce jour-là. Par respect et en souvenir. »

Peur

« Que le guide qui n'a jamais peur se lève ! Appréhension, peur, panique : tout est dans la nuance de cette activité à risques. Je ne suis jamais décontracté, dans un passage imposé, sous une imposante barre de séracs. Encore moins lorsque je guide un client dont j'ai l'entière responsabilité. Mais je ne dois pas l'inquiéter. »

Piolet

« Un fabricant de Chamonix – Simond – conçoit un piolet démontable. Idéal pour les courses mixtes avec une marche d'approche en neige puis une escalade en rocher. Pour ne pas être gêné, on le démonte et on le glisse dans le sac. »

Refuge du Couvercle

ANECDOTE

« En 1946, mon oncle prend le gardiennage du Couvercle au pied de l'aiguille du Moine. Orphelin de père, j'ai la chance, dès l'âge de 11 ans, d'être là-haut avec lui pour les vacances d'été. J'entretiens les dortoirs : balayage, rangement des couvertures et pliage des draps. Je suis de la corvée de pluches pour la soupe aux légumes. Je sers les repas. Pendant mes temps libres, je me balade autour du refuge, regarde les marmottes, cueille des fleurs, grimpe sur les rochers, glisse sur les névés. Et j'écoute les guides raconter leurs histoires. Armand Charlet, le guide d'Argentière, le professeur-maître de l'ENSA, me marque. Il vient très souvent au refuge du Couvercle, le point de départ pour la Verte, son sommet préféré qu'il gravit cent fois par tous les itinéraires. Guido Rey, l'alpiniste, écrit : “Le refuge du Couvercle est situé dans le lieu le plus admirable du monde.” Sans doute souligne-t-il la vue panoramique sur le bassin de Talèfre, les Grandes Jorasses, la dent du Géant, la Tour ronde, les aiguilles du Diable, le mont Blanc, les aiguilles de Chamonix. »

« Je ne me sens pas physiquement capable de devenir guide, ni mon grand-père Armand, guide, ni mon oncle Clément, guide et gardien, ne m'encouragent dans cette voie, seul Joseph Burnet, instituteur et guide, me suggère, en 1956, de me présenter au stage d'aspirant. J'apprends énormément en le regardant : sa façon de conduire la course, de s'assurer, d'assurer le client, de le surveiller. Armand Charlet m'indique les rochers sur lesquels je peux monter au col des Montets pour me préparer au mieux. Je deviens aspirant-guide puis guide en 1960. »

(Cinq) Sens

« Vue : les arêtes de Rochefort sous la neige.

Ouïe : une chute de pierres ou de séracs, un certain spectacle, des bruits pas toujours sympathiques.

Odorat : l'odeur en haute montagne est très fugitive. Un vent léger rafraîchissant. Un bloc de pierre qui heurte un rocher et dégage une trace de poudre.

Goût : les myrtilles qui poussent en moyenne montagne. »

Tour de rôle

ANECDOTE

« À 18 h 30, le responsable du tour de rôle étale sur la table d'une salle réservée aux guides, les billettes autrement dit les petits papiers où sont notés le jour, le nom du client, la course demandée, le nombre de personnes de la cordée, la langue parlée (anglais, allemand, etc.), le nombre de guides souhaité, le lieu et l'heure du rendez-vous pour la course. Les noms des guides sont inscrits sur un tableau dans un ordre tiré au sort en début d'année. À l'appel de son nom, le guide prend la course ou la refuse (passe son tour). »

L'aiguille Verte

« Beau et grand sommet. Mythique. C'est une "grosse" comme on dit, une course sérieuse accessible à une minorité bien entraînée, qui mène à un 4 000 m très bien situé. »

Le Mont-Blanc pourrait vous être encore et encore conté. Jamais aussi juste et beau patronyme n'a été porté.

Armand Comte chez lui, en novembre 2003, ses cristaux, notes, cartes, piolets sous les yeux. Et tant d'autres souvenirs, questions et réflexions en tête.

Fernand Pareau et ses petits bonheurs

« J'aperçois le Mont-Blanc en 1945 à hauteur de Sallanches depuis l'arrière découvert d'un train. La fraîcheur de l'air, ce massif, c'est extra !

L'après-midi, je grimpe à la Flégère. Les bosses s'enchaînent. Je veux aller au-delà. De retour dans la vallée, je suis heureux. Décidé à grimper toujours plus haut.

En 1945, je quitte les Vosges et mon village brûlé par les Allemands pour rejoindre ma sœur mariée à un guide d'Argentière. Je me glisse dans les familles Ravanel, Croz, Ducroz, Devouassoud, les grands noms de la montagne. Employé dans la scierie des frères Simond, je fais le bûcheron l'hiver et je mine la glace, l'été, dans le glacier d'Argentière pour approvisionner les hôtels de Chamonix et des Houches qui n'ont pas de réfrigérateurs ! Je descends les cubes dans une petite benne avant de les charger dans un camion et d'aller les vendre. Trois ans après, je deviens menuisier puis je travaille aux chemins de fer.

J'entre à la Compagnie comme aspirant-guide en 1953… au temps où les anciens prennent les petits nouveaux comme seconds de cordée ou porteurs. J'apprends le métier avec, entre autres, Camille Tournier, le président de la Compagnie. Au retour d'une course en Suisse, nous dormons à la cabane (refuge, NdA) du Trient. Le lendemain, dans le brouillard, je me demande comment nous allons nous en sortir ! Camille traverse le plateau comme si de rien n'était. Il arrive au col du Tour sans boussole, ni GPS. Il a le nez !

Pourquoi je choisis le métier de guide ? Je ne réfléchis pas vraiment tellement je suis bien là-haut. Je veux partager de belles choses. En cordée. Un lien qui mène très loin.

Je ne monte jamais au sommet contraint et forcé. J'ai toujours les arguments pour dissuader un client… comme pour l'emmener au bout de son rêve, pas à pas, en le faisant passer en premier pour lui faire plaisir et lui donner confiance. Connaître le bonheur d'arriver. De découvrir le beau et l'immensité. De se poser aussi des questions : Qui ? Comment ? Pourquoi ? Du plus petit insecte au plus haut sommet, tout semble incroyable !

Là-haut, j'emporte le nécessaire à la vie, autrement dit le matériel adapté à la course, et l'indispensable aux petits bonheurs. L'Opinel et le briquet pour allumer un feu dans la neige, chercher un bout de bois et faire fondre un morceau de fromage. Dans la lumière des flammes. L'étincelle et la chaleur de la vie. Avant de redescendre, d'être heureux, d'avoir envie de revoir les uns et les autres et de repartir.

On dit tellement que le mont Blanc est un sommet facile, que cela en devient dangereux. Les aménagements de la montagne sont-ils bons ou mauvais ? Bons parce qu'ils réduisent le nombre d'accidents. Mauvais car ils attirent plus de conquérants. Malgré toutes les protections imaginables, la montagne commande toujours. Et incite à la raison. »

Fernand Pareau au coin du feu dans son petit chalet, les yeux pétillants, les mots doux, l'engagement intact. Les Houches, novembre 2003.

Le Rouge, une gloire locale

Les Ravanel d'Argentière ? Quarante guides en quatre générations dont Joseph Ravanel dit le Rouge (1869-1931) en raison de sa chevelure rousse, guide d'Albert Ier, le roi des Belges, et d'Edgard Bouillette (1872-1960), le peintre de la montagne, compagnon de Mummery. Alpiniste aux innombrables premières – aiguille du Fou, aiguille des Pèlerins, dent du Caïman, aiguille du Peigne… –, porteur de deux vierges qu'il contribue à hisser et à faire trôner au sommet du petit Dru et du Grépon, initiateur, en 1903, de la « haute route » Chamonix-Zermatt qui relie les deux capitales historiques de l'alpinisme, le raid à ski par excellence. Héros – le fameux Ravanat – de *Premier de cordée* de Roger Frison-Roche

L'autre « petit » livre rouge

C'est un livre de photos noir et blanc, de mots fluides et précis, signé d'un grand nom de l'alpinisme. Un livre que Michel Guérin, le libraire-publicitaire devenu éditeur en 1995, dessine et écrit dans un carnet : rustique, ergonomique, « rouge comme les chaussettes et les pulls portés par les montagnards de mon enfance », avec des images invitations à lire de beaux et grands textes « surtout pas un musée sur papier ! ».

Michel Guérin veut faire entrer ce livre dans une collection « Texte et images ». Pour conserver et traduire ce qu'il y a de plus précieux dans la littérature de montagne – les héros magnifiques Louis Lachenal, Lionel Terray, Gaston Rébuffat, Roger Frison-Roche et les personnes dont il s'inspire pour *Premier de cordée*, Walter Bonatti… – et les auteurs étrangers – Greg Child, David Roberts… Le connu et l'inconnu. La simplicité et la vérité. La force et la poésie de l'aventure. Ces hommes qui là-haut sans témoin éprouvent, ici-bas, le besoin de raconter, de partager.

Première de cordée de la maison d'édition depuis 2007, Marie-Christine Guérin offre d'autres démarches proches ou lointaines, alchimies du corps et de l'esprit, arrêts sur le temps qui court… Sans abandonner le livre rouge, bréviaire des amoureux de la montagne et de la belle ouvrage.

Chapitre 18

Le Mont-Blanc et ses drames

Dans ce chapitre :

- Retour sur une série noire
- Tous les cris, les SOS

Aire de jeux et d'explorations, le Mont-Blanc emporte, parfois, ses adeptes ou ses passagers malchanceux, téméraires ou inconscients. En hiver dans son manteau blanc ; en été sur ses verts pâturages ou ses pics acérés.

Entre ombres et lumières

Premier drame : « L'accident d'Hamel »

Le 18 août 1820, le docteur Joseph Hamel, « Conseiller à la cour de sa majesté l'Empereur de toutes les Russies », accompagné de l'opticien genevois Selligue, de deux Anglais, Joseph Dornford et Gilbert Henderson, et de douze guides bivouaquent aux Grands Mulets. Mais le temps exécrable diffère l'assaut final du mont Blanc. Le 20 août, à 2 heures du matin, le docteur Hamel poursuit son « voyage » dans cinquante centimètres de neige fraîche, avec les deux Anglais et dix guides. Les deux autres préfèrent à la nécessité de gagner leur vie, la sagesse de la sauver en redescendant dans la vallée, en compagnie de Selligue. Là-haut, sous le poids de la caravane, une avalanche se déclenche et précipite cinq guides dans une crevasse. Trois d'entre eux – Pierre-Joseph Balmat, Jean-Marie-Auguste Tairraz et Pierre Carrier – restent engouffrés. Leurs restes sont retrouvés en 1861 et 1863 au pied du glacier des Bossons.

Cette expédition – la première mortelle au Mont-Blanc – marque douloureusement les esprits. Et soulève une question : Qui du client ou du guide est responsable et décide ? Le client-payeur issu majoritairement (à l'époque) de l'aristocratie et de la bourgeoisie ou le guide connaisseur de la montagne et de ses dangers ?

Le crash du Malabar Princess

Le 3 novembre 1950, le Malabar Princess, un Lockheed L-749 Constellation de la compagnie Air India assurant le vol Bombay/Londres via Le Caire et Genève ne répond plus alors qu'il survole les Alpes. Avec 48 personnes à bord. Il faut deux jours pour localiser le lieu du crash : La Tournette sur l'arête sommitale du mont Blanc. Même en sachant qu'il n'y a plus aucune chance de trouver des survivants, une caravane de secours est dépêchée. Pierre Leroux et René Payot de la Compagnie des guides de Chamonix accompagnés du lieutenant Jay partent du téléphérique des Glaciers. René Payot fait la trace dans plus d'un mètre de neige. En vue des Grands Mulets, à l'approche de la nuit, il est enseveli sous une avalanche de poudreuse. Après l'avoir retrouvé, ses compagnons tentent en vain de le réanimer. Sa mort soulève polémique et questionnement. Quelle urgence y a-t-il à envoyer des hommes dans des conditions extrêmes pour contempler des cadavres ? La rumeur selon laquelle le Malabar Princess transporte des lingots d'or y est-elle pour quelque chose ? Alors qu'à Chamonix, 4 000 personnes assistent à l'enterrement de René Payot, quatre guides de la Compagnie de Saint-Gervais arrivent, malgré l'ordre de redescendre du préfet, sur le lieu de l'accident. Exploit d'alpinistes certes… construit sur une rivalité mal placée entre les deux Compagnies.

Le glacier des Bossons livre un trésor !

Des émeraudes, des rubis, des saphirs enveloppés dans des petits sachets et rassemblés dans une boîte métallique *Made in India*. Des gemmes de 136 g estimées entre 130 000 et 246 000 euros. Un fabuleux trésor découvert cet été (2013) par un jeune alpiniste sur le glacier des Bossons dans le massif du Mont-Blanc. Ces pierres précieuses pourraient appartenir à l'un des passagers ou membres d'équipage morts dans le crash du Malabar Princess ou du Kangchenjunga, deux avions de la compagnie Air India, le 3 novembre 1950 ou le 24 janvier 1966. Tout le laisse supposer puisque le glacier charrie régulièrement des morceaux de carlingue, des valises et même des restes humains des catastrophes aériennes. Pour l'heure, ces merveilles mises sous scellés sont "conservées" au parquet d'Albertville. Au terme des recherches menées par Air India et les autorités indiennes pour retrouver le propriétaire ou ses héritiers, et sans résultat dans un délai de deux ans, ce fabuleux trésor reviendrait pour moitié au "découvreur" et pour moitié soit à la commune de Chamonix-Mont-Blanc, propriétaire du glacier des Bossons, soit à l'Etat. L'honnêteté pourrait payer…

La tragédie Vincendon-Henry

Noël 1956 : malgré de bonnes prévisions météorologiques, une tempête surprend Jean Vincendon, un jeune parisien de 24 ans, et François Henry, un jeune bruxellois de 22 ans, dans la face est du mont Blanc, sur l'éperon de la Brenva et les stoppe durant cinq jours au Grand Plateau, sous le sommet du mont Blanc.

Une opération de sauvetage en hélicoptère – une première pour les secours en montagne – est envisagée : avec le mauvais temps, elle se solde par un largage de vivres et de sacs de couchage. La France et la Belgique suivent l'événement à la radio, à la télévision, dans les journaux et attendent désespérément l'éclaircie. Elle se produit au bout de trois jours. L'hélicoptère dépêché – un Sikorsky – s'écrase. Les pilotes et les sauveteurs-secouristes rescapés retrouvent les alpinistes conscients mais gelés. Ils les abritent dans la carcasse de l'appareil et décident d'emmener l'équipage choqué au refuge Vallot situé 700 m plus haut. Ils atteignent le refuge après huit heures d'efforts dans un froid polaire où ils restent bloqués deux jours et deux nuits. Deux Alouette II – plus légers que le Sikorsky – viennent secourir l'équipage naufragé. Vincendon et Henry restent prisonniers de la glace. « Victimes » des conditions, de la non-structuration et des tergiversations des autorités civiles et militaires protagonistes du secours en montagne.

L'orage du Frêney

10 juillet 1961 : Walter Bonatti, Andrea Oggioni et leur client Roberto Gallieni se lancent, par la marche d'approche, à l'assaut du pilier central du Frêney (face sud du mont Blanc). Une première qui attire, le même jour, Pierre Mazeaud, Robert Guillaume, Antoine Vieille et Pierre Kohlman. Ils progressent rapidement mais bloquent, le deuxième jour, sur la Chandelle, principale difficulté de la paroi. Un orage éclate. Pierre Kohlman est touché par la foudre. Les hommes attendent la fin de l'épouvante dans des bivouacs de fortune. Au troisième jour, Walter Bonatti décide le repli techniquement très difficile. Antoine Vieille meurt d'épuisement. Pierre Kohlman montre des signes de démence. Walter Bonatti gagne seul le refuge Gamba pour chercher des secours. Quand ils arrivent, Robert Guillaume, Andrea Oggioni et Pierre Kohlman sont morts.

L'accident de la télécabine d'Helbronner

29 août 1961 : un F84-F, un chasseur-bombardier d'entraînement et de reconnaissance de l'armée de l'air, passe entre l'aiguille du Midi et le Gros Rognon, touche et sectionne le câble tracteur de la télécabine d'Helbronner – la dernière réalisation du comte Lora Totino mise en service en 1957 – puis

disparaît du ciel chamoniard. Le câble porteur résiste mais trois cabines s'écrasent sous le Gros Rognon. Six passagers perdent la vie. Quatre-vingt-un autres restent suspendus dans les airs avant d'être évacués en moins de vingt-quatre heures par des guides chamoniards et valdôtains, aidés par des chasseurs alpins et des employés du téléphérique.

Une télécabine interdite

Le comte italien Lora Totino propose, en 1953, de construire une traversée mécanisée de la vallée Blanche, à l'aide d'une jonction entre le téléphérique de l'aiguille du Midi et celui de la pointe Helbronner qui monte de Courmayeur. L'État refuse. Le comte passe outre. Un coup de force !

Sa télécabine d'Helbronner (de la vallée Blanche ou actuellement Panoramic Mont-Blanc, c'est selon) relie la France à l'Italie en survolant, sur 5 093 m, la vallée Blanche, le sommet du Gros Rognon, le glacier du Géant, le col des flambeaux avec pour appui un « pylône suspendu » par des câbles tendus entre le Petit Flambeau et le Grand Flambeau, deux sommets rocheux, avant d'atteindre la pointe Helbronner ! Une prouesse technique !

L'avalanche de la Verte et ses 14 morts

7 juillet 1964 : 13 alpinistes de l'École nationale de ski et d'alpinisme (ENSA) dont 9 aspirants-guides encadrés par des professeurs guides, partent pour réaliser l'ascension de l'aiguille Verte par l'arête des Grands Montets. Cette course est la dernière avant l'obtention du diplôme. Charles Bozon, médaillé d'argent (combiné) aux jeux Olympiques de Squaw Valley en 1960, médaillé d'or (slalom) aux Championnats du monde de Chamonix en 1962 et ancien professeur à l'ENSA, est des leurs (arrivé en retard au départ, le téléphérique des Grands Montets fait « demi-tour » rien que pour lui !). Tous passent la nuit dans la gare du téléphérique. Le lendemain, à 70 m du sommet, une énorme plaque de neige formée par le vent cède sous le poids des 14 alpinistes et les précipite dans le couloir Cordier. Pourquoi les cordées sont-elles toutes emportées ? Sont-elles trop proches les unes des autres ?

Le Kangchenjunga

24 janvier 1966 : un Boeing 707 de la compagnie Air India effectuant la liaison Bombay/New York s'écrase presque au même endroit que le Malabar Princess, quinze ans plus tôt. Les débris sont répartis sur les versants italien et français et 117 cadavres gisent dans l'hiver à plus de 4 000 m d'altitude.

Après la première reconnaissance menée sous la responsabilité du GSHM (aujourd'hui PGHM) et du lieutenant Mollaret, la décision est prise d'interdire la zone et de différer les recherches au printemps. S'agit-il d'un accident (en l'occurrence une erreur d'appréciation), d'une collision avec un appareil militaire italien (qui disparaît simultanément des radars) ou d'un attentat visant Homi Jehangir Bhabha, passager de ce vol et père des sciences nucléaires en Inde ? Malgré l'interdiction formelle, une expédition menée par l'alpiniste René Desmaison et composée de techniciens et de journalistes de l'ORTF, se rend dans le plus grand secret sur les lieux de l'accident par le versant italien. Ils rapportent des pièces et des photographies qui, prétendent-ils, ne sont pas celles d'un Boeing ? Où sont ces documents qui tendraient à prouver la collision ?

La caravane de secours

1er novembre 1958 : la gendarmerie nationale crée le Groupe spécialisé de haute montagne (GSHM) de Chamonix (futur PGHM), la première unité professionnelle de secours en montagne. Les guides, les élèves de l'École nationale de ski et d'alpinisme (ENSA) et ceux de l'École (militaire) de haute montagne (EHM) associés à la solidarité montagnarde ne peuvent plus répondre aux appels d'hommes et de femmes toujours plus nombreux à se lancer à l'assaut du mont Blanc. Depuis 1972, le Peloton de gendarmerie de haute montagne (PGHM) assure l'intégralité du secours dans le massif du Mont-Blanc.

En 2013, la gendarmerie nationale compte 15 pelotons de haute montagne dans les Alpes, les Pyrénées, en Corse, à La Réunion et 5 pelotons de montagne dans le Massif central, les Vosges, l'Alsace et le Jura.

LE SAVIEZ-VOUS ?

SOS Mont-Blanc

Si vous êtes victime ou témoin d'un accident, alertez les secours par le 112. Le PGHM de Chamonix répond également au 04 50 53 16 89.

Indiquez :

- votre nom ;
- le numéro de téléphone où l'on peut vous joindre ;
- le lieu de l'accident (commune, lieu-dit, versant, altitude, caractéristiques de l'environnement...) ;
- l'heure et la nature de l'accident ;
- le nombre et l'état des personnes impliquées ;
- les premières mesures prises et les gestes de secours éventuellement effectués ;
- les conditions météorologiques sur le site.

Jean-Baptiste Estachy, aux commandes du PGHM

Jean-Baptiste Estachy est le chef d'escadron commandant le PGHM de Haute-Savoie.

« Ici, le refuge des Mottets.

– PGHM, je vous écoute !

– J'aurais besoin d'une intervention. Un jeune italien s'est luxé une épaule en chutant à skis à la sortie de la vallée Blanche.

– Pouvez-vous me donner votre position exacte ?

– Juste au refuge des Mottets !

– Message bien reçu. »

« DZ de Cordial ?

– J'ai bien entendu. On y va ! C'est aux Mottets même ou en contrebas ?

– Le gars m'a dit aux Mottets.

– Et bien, c'est parti ! »

En quelques minutes, un pilote d'hélicoptère, un mécanicien-treuilliste, deux gendarmes-secouristes et un médecin en poste à la DZ (*dropping zone*, autrement dit hélisurface) des Bois à Chamonix, se mobilisent. Sur ordre de Cordial – la salle opérationnelle du Peloton de gendarmerie de haute montagne (PGHM) – ils vont porter secours à un blessé qui les attend, au cœur du massif du Mont-Blanc.

Qui sont ces hommes qui, de jour comme de nuit, veillent sur les sommets et leurs aventuriers ? Des gendarmes sélectionnés pour leurs compétences en ski et en alpinisme formés au Centre national d'instruction de ski et d'alpinisme de la gendarmerie (CNISAG).

Quel est leur objectif ? Secourir les personnes en difficulté ou blessées en montagne et les soustraire, au plus vite et dans les meilleures conditions, des dangers.

De quels moyens disposent-ils ? En liaison par téléphone portable avec les gardiens de refuge, les responsables des remontées mécaniques, les pisteurs-secouristes des stations de ski, les randonneurs, les alpinistes ou les skieurs, ils évaluent lors d'un appel SOS les besoins en hommes (médecin, maître de chien d'avalanche…) et en matériel (cordes, attelles, matelas coquille, détecteur de victimes d'avalanche – DVA –, instruments de réanimation…) pour lancer les recherches, engager une caravane (groupe de gendarmes) terrestre avec ou sans chien malinois ou berger allemand, ou un équipage en hélicoptère, envisager aussi, en cas d'accident, la médicalisation sur place ou l'évacuation vers un hôpital.

Les hommes du PGHM

Pour les randonneurs, alpinistes et skieurs perdus, blessés, en danger, les hommes du PGHM partent non pas avec témérité mais avec audace et sang-froid. À l'aplomb d'une paroi, au fond d'une crevasse, au sommet d'une aiguille. « Un gendarme-secouriste met sa passion de l'alpinisme au service d'autrui, explique Jean-Baptiste Estachy, chef d'escadron commandant le PGHM de Haute-Savoie. Il ne décide ni du jour ni de l'heure de son action. Il répond à une demande de secours, en tenant compte de l'état d'urgence de la victime, des conditions et des délais d'accès à ses côtés. » Qui décide de l'intervention ? En premier lieu, la salle opérationnelle qui reçoit les SOS et les traite par priorité. Puis les acteurs du terrain : le médecin de permanence – un urgentiste des Hôpitaux du Mont-Blanc – en fonction de l'état d'urgence de la victime, l'équipage de l'hélicoptère (gendarmerie nationale ou Sécurité civile) en fonction de ses potentiels en kérosène, de l'altitude, selon l'aérologie aussi, et le chef de caravane (le secouriste responsable de la mission sur le terrain) qui évalue les conditions et les dangers de la montagne.

Quand la mission du PGHM est-elle accomplie ? Lorsque les divers comptes rendus sont envoyés au groupement de gendarmerie de la Haute-Savoie, au préfet et au maire de la commune concernée, et que le procès-verbal destiné au procureur de la République et aux archives du PGHM est établi. Dans près de 20 % des cas, une enquête reprenant les circonstances et les causes de l'accident ainsi que les responsabilités éventuellement engagées, est nécessaire. Alpiniste, secouriste et enquêteur, le gendarme du PGHM a bel et bien plusieurs casquettes !

Détecteur de victimes d'avalanche (DVA)

Ce sigle ne vous dit rien ? Et pour cause ! La majorité des utilisateurs de cet appareil électronique émetteur/récepteur d'un signal sonore particulier, parle de l'ARVA, l'appareil de recherche de victimes d'avalanche… devenu marque déposée. Privilégiez donc le DVA pour rapidement localiser son porteur enfoui, par exemple, sous une avalanche, en manipulant votre propre DVA à proximité ! Attention : vous ne maîtrisez totalement un DVA qu'en vous exerçant régulièrement.

Le point de vue de... Roger Frison-Roche

« La montagne est vivante ! On l'oublie trop facilement. Elle naît, elle vit, elle meurt. Elle frémit aussi parfois, et ce simple frémissement suffit à déclencher des catastrophes. » rappelle Roger Frison-Roche dans *Mont-Blanc aux sept vallées*.

Des chiffres contre des maux

En 2012, le PGHM de Haute-Savoie (comprenant celui de Chamonix et celui d'Annecy) compétent dans ce département, dans le canton du Valais en Suisse et dans la Vallée d'Aoste en Italie (selon des accords bilatéraux) intervient près de 1 500 fois en Haute-Savoie dont 900 fois dans le massif du Mont-Blanc. Essentiellement du 15 juin au 15 septembre et durant les quatre mois d'hiver de mi-décembre à mi-avril. Le plus souvent pour des accidents d'alpinisme, de glisse, de randonnée pédestre ou à skis, mais aussi des accidents de parapente, de VTT et de nouvelles pratiques comme le BASE jump, le vol en wingsuit et le speed riding. À l'origine de l'incident ou de l'accident ? Un choix peu ou pas judicieux, un comportement inadapté ou des dangers objectifs (avalanches, chutes de pierres ou de séracs...).

Le PGHM recherche également les personnes disparues ou décédées, contrôle le respect des réglementations, constate les infractions, surveille le secteur montagneux, participe aux commissions de sécurité (refuge, domaine skiable...), informe le public et réalise des expertises au profit des magistrats. « N'oublions jamais qu'en montagne, un danger peut guetter au-dessus de la tête dans les parois et sous les pieds sur les terrains glaciaires, rappelle Jean-Baptiste Estachy. Il existe une part de risques que l'on ne maîtrise pas. Aussi est-il essentiel d'adapter son projet à son niveau et aux conditions de la montagne. Parfois, savoir renoncer est la seule assurance-vie ! »

« Grimpez si vous le voulez mais souvenez-vous que le courage et la force ne sont rien sans la prudence et qu'un moment de négligence peut détruire le bonheur de toute une vie » est-il écrit dans le hall du PGHM à Chamonix. L'auteur de ces lignes ? Edward Whymper, l'alpiniste britannique (voir chapitre 17) !

Chapitre 19

Des hommes et des femmes en cordée

Dans ce chapitre :

- Guides et compagnons
- Gros bras et petites lumières

« Pourquoi le mont Blanc représente-t-il un mythe ? Il demeure le Toit de l'Europe et incite à relever un défi. Hier, des alpinistes, quelques hommes et quelques femmes s'essayaient à plusieurs montagnes avant d'en rêver. Aujourd'hui, le mont Blanc est un produit de consommation comme le marathon de New York ! Il permet de se situer dans sa vie, par rapport aux autres, et de se mesurer. Beaucoup tentent le mont Blanc et arrêtent la montagne ! Ils passent au mont Blanc. D'autres vouent leur vie à la Montagne. Ils inscrivent à leur palmarès l'aiguille du Tour, le Grand Paradis pour savourer, pas à pas, le plaisir d'aller en montagne, pourquoi pas une fois au mont Blanc ?

Le Toit de l'Europe représente-t-il le dernier espace de liberté ? C'est un peu compliqué ! Par mauvais temps lorsque les conditions sont difficiles, il reste un 4 800 m avec des glaciers, des avalanches, des chutes de pierres et un engagement considérable ! Par beau temps, il est surfréquenté. Les gens se sentent très courageux car très nombreux. “Il suffit de suivre la trace, pensent-ils, et les guides sont là au cas où…” Ils en oublient les règles de sécurité dont le maintien d'une distance entre les membres d'une même cordée et les cordées. Certains jours avec 400 personnes au sommet, peut-on encore parler d'espace de liberté et de nature sauvage ?

Plusieurs pays ont tranché la question du libre accès à la haute montagne. Aux États-Unis, les parcs nationaux – d'immenses et beaux espaces naturels – sont étroitement surveillés. Pour accéder au parc national de Yosemite en Californie, par exemple, il faut payer un droit d'entrée et prévenir les rangers des dates et du parcours de tout trek de plus d'une journée. [...]

Quoiqu'en disent les journaux ce n'est pas la montagne qui tue mais le fait de brûler les étapes et d'oser se lancer dans une course difficile voire dangereuse en se disant : "Je pars avec tout le matériel nécessaire – téléphone, DVA... – et les secours répondent toujours présent !" Niant par là même les risques et sa propre responsabilité. Aucun équipement ultra-perfectionné ne devrait inciter à aller dans les lieux dangereux ! Toute ascension devrait être précédée d'un temps d'apprentissage pour fixer les crampons, utiliser les cordes. Là-haut, tout est question de bon choix, de bonne décision... La montagne doit rester un fabuleux terrain de jeu. Une école de la vie, des risques, des dangers et des émotions passionnante. La montagne doit être désirée, aimée non consommée. »

Anselme Baud, guide de haute montagne, pionnier du ski extrême et trente-trois ans professeur de guides et de moniteurs de ski à l'École nationale de ski et d'alpinisme (ENSA) à Chamonix. Auteur, Anselme Baud écrit *Neiges éternelles* (éd. Nevitaca) en 2011.

Ouvreurs de voies

Sans eux, le Mont-Blanc serait inaccessible, inhabitable. Avec eux, les rêves restent suspendus entre terre et ciel.

LE SAVIEZ-VOUS ?

« [...] Les itinéraires se rapportent en effet aujourd'hui soit à la moyenne montagne, soit à la haute montagne, qui sont les domaines respectifs du tourisme et de l'alpinisme.

[...] La moyenne montagne s'étend essentiellement depuis les vallées jusqu'à la base des masses rocheuses comprenant les versants, les alpages, les éboulis et pierriers, les régions glaciaires inférieures. En général, chaque membre de la caravane y marche pour son compte, non encordé. Les dangers objectifs y sont pratiquement nuls, ce qui comme on le verra, n'implique pas du tout l'absence de « la difficulté » au sens absolu du mot.

[...] Trois prescriptions : ne jamais partir seul [...], être chaussé de forts brodequins, muni au moins de deux clous forgés à tête de diamant, se servir du piolet d'une manière usuelle. »

Précisions apportées dans le *Guide Vallot – Description de la moyenne montagne dans le massif du Mont-Blanc* – fascicule 1 – Chamonix-Mont-Blanc par Charles Vallot, Librairie Fischbacher, 1927.

La Compagnie des guides de Chamonix

La première compagnie au monde – la Compagnie des guides de Chamonix – est officieusement créée le 24 juillet 1821 par décision du conseil municipal. À la suite de « l'accident d'Hamel », il faut réglementer la profession.

Le 9 mai 1823, le royaume de Piémont-Sardaigne officialise la création de la Compagnie des guides de Chamonix, par un manifeste de la Royale Chambre des Comptes et 53 articles !

Article 1 : « Il est institué dans la commune de Chamonix une Compagnie de guides destinés à diriger les voyageurs et les touristes sur le Mont-Blanc, dans la vallée et les régions circonvoisines. »

Article 2 : « Les habitants de Chamonix ayant leur domicile dans cette commune, et citoyens français, peuvent seuls faire partie de la Compagnie des guides dits de Chamonix. »

[…]

Article 4 : « Tout candidat aux fonctions de guide devra se faire inscrire au bureau du guide-chef sur un enregistre à ce destiné. Cette inscription qui donnera lieu au versement d'une somme de cinq francs au profit de la Caisse des guides sera opérée du 1er au 30 juin de chaque année. […] Le guide se mettra, dès le jour de son inscription, à la disposition du guide-chef pour accompagner, à titre de volontaire, les guides et les touristes dans les courses extraordinaires et ordinaires fixées pour les premières à 40 dont une au sommet du mont Blanc et pour les secondes à 15. » (les courses extraordinaires comprennent le mont Blanc, les cols au-dessus de 3 300 m… ; les courses ordinaires englobent tous les itinéraires de moyenne montagne tel le col de Balme. Ces courses demandées par les clients sont distribuées par le « tour de rôle », un système équitable basé sur la liberté pour le guide d'accepter ou non la course, NdA).

Article 40 : « Tout guide, après avoir utilement passé son examen, devra verser deux cents francs à la Caisse de la Compagnie comme mise de fonds – la masse d'entrée – avant de prendre son premier tour de rôle. […] Il sera prélevé, au profit de la Caisse de la Compagnie, sur tout guide ou porteur, cinq pour cent sur le prix des courses. » (Cette masse couvre les frais généraux. En 1924, la Compagnie ouvre une caisse de secours, avec 2 % des masses, pour aider ses membres ou leurs familles, en cas d'accident. La Fête des guides lancée, la même année, alimente elle aussi la caisse de secours. Aujourd'hui, les guides ne versent plus 5 % sur le prix des courses. Ils paient une masse forfaitaire déterminée, chaque année, par le Comité de direction. Les guides de plus de 70 ans en sont exemptés, NdA).

La petite histoire d'Armand Charlet

« En 1868, au plus grand moment de l'époque héroïque de l'alpinisme [...], la Compagnie des guides de Chamonix comptait 320 membres. Beaucoup parmi ceux-ci ne firent jamais de grandes courses. Une vingtaine était employée au bureau des diligences, d'autres aux écuries des mulets dont les courses étaient très prospères à ce moment. [...]. La course avec mulet était celle qui faisait travailler le plus de monde. On allait parfois jusqu'à Martigny, par le col de Balme et La Forclaz, avec retour par Salvan et le Châtelard ; ou encore, en plusieurs journées, on faisait le tour du mont Blanc (par les cols de Voza, du Bonhomme, de la Seigne, col de Ferret, Orsières, Martigny, La Forclaz ou leurs variantes) à pied ou en chaise à porteurs. De grosses dames se faisaient ainsi transporter durant de pénibles journées au col de Balme, au Montenvers ou ailleurs. »

Petite présentation de la « grande » époque faite par Armand Charlet dans *Vocation alpine*.

La fête du 15 août

Tous les ans depuis 1924, les guides honoraires, expérimentés ou débutants, les accompagnateurs en moyenne montagne de la Compagnie de Chamonix et leurs invités – des stagiaires népalais, tibétains, etc. – se recueillent, au cimetière, pour les guides et les alpinistes morts en montagne, avant de se rassembler sur le parvis de l'église Saint-Michel et de célébrer leur fête, le 15 août.

Mots du président de la Compagnie, remise de médailles (Choucas de diamant, d'or ou d'argent ou Fidélité d'or, d'argent ou de bronze) aux compagnons de cordée émérites ou fidèles, rappel des ascensions exceptionnelles des douze mois écoulés, parrainage des nouveaux guides, hommage à un illustre ancien, présentation de la médaille frappée à son effigie, photo de famille en grande tenue – veste grège, knicker et jupe falaise, chaussettes écrues avec flocons anthracite –, bénédiction des cordes et des piolets, chants de la chorale.

ANECDOTE

Le christ du secours en montagne

Le 15 août 1988, jour de la fête des guides de Chamonix, Roger Colin, pilote d'un hélicoptère Alouette III de la Sécurité civile, Noël Rivière et Francis Delafosse, mécaniciens d'équipage, hélitreuillent un christ rédempteur, au sommet de l'aiguille Pierre Allain à 2 784 mètres d'altitude. Une statue de 2,40 m de haut et de 130 kg d'inox réalisée par René Broissand, en hommage aux équipages d'hélicoptère et aux sauveteurs. Ce christ perpétue le souvenir des 30 000 personnes secourues en montagne, depuis l'utilisation de l'hélicoptère au milieu des années cinquante.

Le matin même, l'abbé Contat, curé de la paroisse, le bénit avec ces mots : « Le Christ ressuscité nous rappelle que toute vie est précieuse. Que tous ceux qui passent près de cette statue au départ comme au retour d'une course ne demeurent pas indifférents. Souvenez-vous que vous avez là un guide qui vous conduira vers d'autres sommets, vers d'autres chemins, ceux de la vie éternelle. » Depuis, non loin du christ, un anonyme a peint un énorme Bouddha sur la surface plate d'un rocher.

Quelles sont les motivations et les passions de ces hommes et de ces femmes qui exercent leur métier dans la plus prestigieuse et la plus ancienne compagnie au monde, forte de 220 guides titulaires et stagiaires en activité, d'une quarantaine de guides honoraires et de 38 accompagnateurs(trices) en moyenne montagne ?

À 80, 60, 40 ou 25 ans, comment maîtrisent-ils la technique et l'art ? Pourquoi s'attachent-ils à ce massif ou s'échappent-ils vers d'autres horizons ? Comment introduisent-ils le néophyte dans leur univers ? Pourquoi tentent-ils de longues courses en solitaire et/ou de jolies voies en cordée ? Comment savent-ils si « ça tient ou ne tient pas » ? Comment font-ils avec la montagne et ses débordements, sans fatalisme ni renoncement ? Que veulent-ils (se) prouver ? Comment apprécient-ils cette profession évolutive socialement et économiquement, aléatoire physiquement ? Comment ressuscitent-ils à la mort des leurs ? Pourquoi aiment-ils tant la vie, la nature ? Se fient-ils aujourd'hui encore, comme les anciens, à la couleur du ciel, à la forme des nuages, au souffle du vent avant de gravir les sommets ? Sont-ils toujours de ces guides « nés les pieds dans la neige » qui, au fil des saisons, apprennent le passé, lisent et interprètent le présent, sentent le devenir de la montagne ? Qui sont ces jeunes originaires de la vallée ou d'ailleurs, formés à l'École nationale de ski et d'alpinisme (ENSA), pendus à leur téléphone mobile, rivés à leur GPS, prêts à s'engager dans une course d'une demi ou d'une journée ? Pourquoi ces guides n'évoquent-ils pas le même passé, ne vivent-ils pas le même présent ?

Saint-Gervais-Val-Montjoie, la deuxième compagnie

On les oublie vite les Jacquet – Joseph, Jean-Baptiste et Guillaume – les Hottegindre, Cuidet et Dechosal. Mais, eux aussi, dès la fin du XVIIIe siècle et le début du XIXe, visent le mont Blanc ! Ils forment même une belle communauté de guides que leur chef Joseph-Auguste Octenier entend défendre auprès de la compagnie de Chamonix qui, seule, délivre l'examen. En 1857, il obtient que le jury soit composé de guides chamoniards et saint-gervolains. L'avenir et les exploits de « ses » compagnons lui donnent raison : en 1895, Alphonse Estevin réussit une première dans la face nord-ouest du sommet des dômes de Miage ; en 1932, Léon et Georges Orset ainsi qu'André Chapelland réalisent la première hivernale du mont Blanc par la voie royale (via le Goûter)…

Entre-temps, en 1864 précisément, la Compagnie des guides de Saint-Gervais est officiellement fondée. En 53 articles en grande partie copiés sur ceux de la compagnie de Chamonix, elle se dote d'un guide-chef, d'un bureau, d'un tour de rôle, d'une caisse de secours, pratique la cooptation de porteurs capables de devenir guides et s'ouvre aux communes limitrophes.

Le point de vue d'Armand Charlet

« Parfois les courses les mieux préparées échouent, car, en montagne, c'est souvent l'imprévu qui arrive ; raison de plus pour être méfiant, laisser le minimum au hasard, à l'improvisation. On est quelquefois favorisé par une suite de circonstances heureuses, mais on peut aussi être rappelé durement à la réalité, si l'on méconnaît trop souvent les règles établies. »

L'humilité et la sagesse d'Armand Charlet dans *Vocation alpine*.

LE SAVIEZ-VOUS ?

En 2013, la Compagnie des guides de Saint-Gervais-Val-Montjoie regroupe les antennes de Saint-Gervais et des Contamines-Montjoie, compte 55 membres (guides et accompagnateurs), sécurise la voie normale du mont Blanc (installe notamment le câble au-dessus du couloir du Goûter) et organise sa fête le 1er août avec animation et démonstration d'escalade (la veille), dépose de gerbes au monument des guides morts en montagne, messe, bénédiction des cordes et des piolets. Dans le respect de la tradition.

La Sorbonne des neiges

Formation professionnelle et sport de haut niveau, voici résumées les deux missions de l'École nationale de ski et d'alpinisme (ENSA) à Chamonix. Bénéficiaires de cet organisme d'État unique au monde créé en 1946 ? Les moniteurs de ski alpin, les guides de haute montagne, les accompagnateurs en moyenne montagne, les moniteurs de vol libre mais aussi d'autres professionnels liés aux sports de montagne (VTT, course d'orientation, pisteurs secouristes, etc.). L'ENSA met à la disposition des athlètes (membres des équipes de France de ski, jeunes espoirs, alpinistes de haut niveau) et des cadres de ces disciplines sportives, un ensemble de services et d'équipements (gymnase, salle de musculation, mur d'escalade, plateau médical...). Elle élabore aussi des méthodes d'enseignement du ski et des sports de montagne et se doit d'être la référence en matière d'expertise, de recherche et d'action internationale.

La maison des troupes de montagne

Fondée en 1932 à Chamonix, l'École de haute montagne (EHM) à vocation interarmes, interarmées et internationale, a pour mission de former les cadres spécialistes de l'alpinisme et du ski. En 1966, l'EHM devient l'École militaire de haute montagne (EMHM). Première école mondiale, l'EMHM représente, aujourd'hui, le Pôle militaire d'excellence de la montagne.

Le point de vue d'Armand Charlet

« Que de cordes sont ainsi restées accrochées dans les rochers depuis qu'il y a des alpinistes ! [...]. Guides et alpinistes, vous serez tôt ou tard en conflit avec les esprits malins qui retiennent sans vergogne les cordes de rappel les mieux disposées. Lorsque les moyens normaux seront épuisés, faites une invocation au génie de la montagne, les mauvais esprits seront annihilés et votre corde vous sera rendue, mais par ce moyen seulement... »

Les bons esprits invoqués par Armand Charlet dans *Vocation alpine.*

Une agence tous risques

En 1972, Gérard Devouassoux, maire-adjoint, vice-président de la Compagnie des guides de Chamonix et expert en sauvetage, ouvre l'Office de la haute montagne (OHM), une première en Europe ! Là, un guide informe et conseille les alpinistes amateurs sur les courses qu'ils peuvent tenter compte tenu de leurs compétences, de leur préparation, des conditions météorologiques locales et des derniers renseignements fournis par les cordées revenues des versants et des cimes.

Aujourd'hui, l'OHM s'apparente à un pôle Montagne Risk. Espace de sensibilisation et de prévention aux risques individuels en montagne et aux risques naturels majeurs, il diffuse, tout au long de l'année, des informations sur la qualité et la praticabilité des itinéraires (randonnée, escalade, alpinisme, cascade de glace, ski…) en moyenne et en haute montagne, les accès et les horaires des refuges, des remontées mécaniques, la réglementation (réserves naturelles, bivouac, sports extrêmes…). Et ce, en lien étroit avec les alpinistes, les randonneurs, les gardiens de refuge, les secouristes, les professionnels de la montagne. En été, un gendarme du PGHM détaché à l'Office sensibilise le randonneur débutant ou initié aux risques encourus dans le massif. Et Météosite donne, chaque jour, les prévisions météorologiques.

Quel type de danger ?

- **Danger objectif :** danger de la montagne inhérent à la nature de la montagne et à la météorologie contre lequel le randonneur ou l'alpiniste ne peut rien : chute de séracs, de pierres, vent, neige, grêle, orage, foudre…
- **Danger subjectif :** danger dû à une erreur du montagnard compte tenu de sa méconnaissance du site, de sa mauvaise préparation physique, d'un équipement inapproprié, d'un matériel inadéquat, de la peur… qui peuvent l'entraîner dans une chute.

Des Madones vigies

Saint Bernard est le patron des alpinistes et des skieurs et la Vierge veille sur les guides et leurs clients, du haut de la dent du Géant, du petit Dru, du Grépon, de la Tour ronde, de l'aiguille Noire de Peuterey et du mont Dolent.

Les guides de Courmayeur hissent les premiers, le 10 septembre 1904, leur statue sur la dent du Géant, pour le 50e anniversaire du dogme de l'Immaculée Conception. Le 18 septembre 1919, Joseph Ravanel dit le Rouge, ses deux frères Camille et Alfred, son fils Arthur, Jules-Félicien Ravanel et l'abbé Coutain scellent une reproduction de Notre-Dame de Lourdes (remplacée en 1940) sur le petit Dru. Depuis le 22 juin 1927, une statue de Notre-Dame de La Salette s'incline du sommet du Grépon sur tout le massif. Auteurs de l'exploit ? Une dizaine de guides dont encore et toujours le Rouge. La dernière Madone du Mont-Blanc est élevée en 1954 sur le mont Dolent, au carrefour de la France, de la Suisse et de l'Italie… par des alpinistes chamoniards, valaisans et valdôtains !

Là-haut dans la montagne…

Comment oublier les porteurs, autrefois de matériaux de construction, de vivres pour l'été, aujourd'hui commissionnaires de viande fraîche, de pain du jour, supplantés par l'hélicoptère ? En approvisionnant les refuges et les buvettes, ils se font les pieds et le corps à la montagne, s'élèvent au rang de seconds de cordée, s'initient aux métiers de guide ou de gardien de refuge.

Comment présenter les « équipeurs » chargés d'aménager et de sécuriser la montagne avec des rampes et des escaliers appropriés, dépêchés parfois après une chute de pierres ?

Sans les refuges, petites lampes allumées dans les altitudes et les tourmentes, les alpinistes s'élèveraient-ils toujours vers les cimes ? Sans espoir de réconfort et de secours auprès des gardiens, témoins de la montagne, tailleraient-ils encore dans la glace pour progresser ?

Un porteur devenu gardien

« Porteur ? Ça m'allait bien : j'étais au grand air et libre à condition d'être à l'heure au refuge. Il n'était pas question, pour moi, de faire attendre les ouvriers qui devaient avancer les travaux, encore moins le gardien qui préparait les repas. Le portage, c'était toute une organisation, toute une époque !

Au milieu des années quarante, il n'y avait pas beaucoup de travail dans la vallée de Chamonix, pas grand-chose à gagner. Une ardoisière et l'usine Pechiney à Chedde, encore fallait-il vouloir y aller. »

Du portage…

« Pour rester vivre à Servoz, mon village, j'ai commencé le portage en 1944. De mi-septembre – lorsque le train du Montenvers n'a plus circulé – à fin octobre avec les premières neiges, je suis monté tous les jours au refuge d'Envers des Aiguilles alors en construction, en suivant la voie ferrée Chamonix-Montenvers puis en empruntant un sentier, avec des conserves de petits pois et d'haricots, du lait en poudre, du café, du sucre et des boissons sur le dos. »

« En 1950, mon frère et moi avons créé une entreprise de portage, avec des jeunes de Servoz. Notre premier chantier fut le refuge du Couvercle. Nous prenions le train du Montenvers avec tout un chargement de ferraille, de ciment, de charbon, de matelas, de bière, de viande. Le soir, nous dînions là-haut, à l'hôtel, et discutions de tout, de travail surtout avec les guides qui allaient tenter l'aiguille de l'M et l'aiguille du Plan.

Le lendemain matin, nous partions vers 4 heures pour éviter la foule et traverser la mer de Glace à la fraîche, crampons aux pieds. Nous placions des charges peu encombrantes, des sacs de ciment notamment sur des crochets (supports avec tablette posés sur le dos, NdA) sans oublier de mettre dessus des provisions. Parfois, je portais une bonbonne de gaz de 24 kg sous un carton de 25 kg de boîtes de conserve ! Pour les poutres, les volets, les fenêtres, les poêles, les tables, les bancs, les lavabos, c'était une autre histoire ! La charge ne devait être ni trop en avant au risque d'accrocher le rocher, ni trop en arrière au risque de briser les reins ou de faire tomber à la renverse. Elle ne devait pas non plus être trop haute lorsqu'on devait sauter au-dessus des crevasses ou des roches dans les moraines. C'était toute une technique ! Surtout avec nos chaussures à clous qui glissaient sur les rochers et dans les passages où il y avait juste un petit câble pour se tenir. Parfois, on mettait un caillou de 3 kg pour équilibrer le tout ! Mais ce caillou n'était pas payé. On n'avait plus qu'à le jeter en arrivant au refuge !

Les charges encombrantes (supérieures à 4 m) étaient payées 75 centimes le kilo, les autres 50. En une saison, on pouvait porter de 6,5 à 8 tonnes. »

Au Couvercle

« L'inauguration du Couvercle, le 10 août 1952, a attiré du beau monde. Le maire, les dirigeants du Club alpin français (CAF), les entrepreneurs de maçonnerie, de menuiserie… Le champagne a coulé à flot. Ce refuge en pierres non jointées (en grande partie démoli et reconstruit en béton depuis, NdA), en cuivre et en ardoise était superbe ! Il a tout de suite été le refuge à la mode au départ des grandes courses : l'aiguille du Moine, l'aiguille Verte, les Droites, les Courtes, le Triolet. Il pouvait accueillir 160 personnes mais certains soirs elles étaient 180-200 ! Partout, dans la salle des réchauds, dans les escaliers, sur les tables, sur les bancs…

C'était l'époque, essentiellement de 1955 à 1960, où des Allemands, des Anglais, des Polonais, des Tchèques qui n'avaient jamais grimpé, se lançaient dans les grandes ascensions parce qu'ils en avaient vu d'autres le faire. Pris dans un orage, ils paniquaient, se "désencordaient", partaient chacun de son côté et ça "débaroulait". Il y en a eu des morts ! »

CURIOSITÉ

Le refuge du Couvercle

Situé à 2 687 m d'altitude, face au bassin de Talèfre, aux Grandes Jorasses et à la dent du Géant, le refuge du Couvercle doit son nom à l'énorme dalle qui, tombée de l'aiguille du Moine, reste posée en porte à faux, comme un couvercle sur de gros blocs. Au temps des cristalliers, cette dalle sert de bivouac naturel, avant d'abriter l'ancienne cabane.

« Après avoir été porteur au Couvercle et au Requin, j'ai gardé le refuge du Requin de 1953 à 1960, avant de m'occuper du Couvercle de juin 1961 à septembre 1978. »

Et au Requin

« Au Requin, je réveillais ceux qui voulaient faire l'aiguille Verte à 23 heures pour un départ à minuit, ou à minuit quand les conditions météo étaient bonnes pour un départ à 1 heure du matin. À 1 heure, c'était le réveil pour les Droites, à 2-3 heures pour les Courtes, le Triolet puis l'aiguille du Moine, la Nonne, l'Évêque, le Cardinal, les petites courses.

En fait, pour être sûr de réveiller la bonne personne au bon moment, je passais la nuit debout ! Comme je plaçais les clients par ordre de départ, je savais où les trouver. Ceux qui n'allaient pas en course et qui avaient dormi sur un banc dans la salle des réchauds, prenaient vite les bat-flanc des premiers partis !

Au Couvercle, je demandais aux alpinistes de me présenter leur carte du Club alpin français et leur carte d'identité. Si on devait entreprendre des recherches, on devait savoir qui on recherchait. Dans un cahier, j'inscrivais les noms et les courses prévues. Mais dans la nuit, certains changeaient d'avis et partaient pour des directions opposées ! »

Comme un ange gardien

« En principe, les gens passaient une nuit au Couvercle, faisaient leur ascension, redescendaient au refuge, réglaient la note et rentraient à Chamonix. Quand je ne les voyais pas revenir, j'allais voir sur la pierre du Couvercle avec mes jumelles. Ceux qui tentaient l'aiguille Verte devaient redescendre au plus tard à 7 heures du matin. Après sous l'effet du soleil, la neige pouvait fondre, les pierres tomber et l'avalanche couler. À 2 heures de l'après-midi, certains étaient encore en plein milieu du couloir Whymper. Et bien, ils en ramassaient, ils en ramassaient !

Pour leur venir en aide, j'organisais une cordée et je prévenais les secours par téléphone (qui fonctionnait à l'époque sur batterie). Par beau temps, l'hélicoptère survolait la zone et déposait une équipe au plus près. Par mauvais temps, la caravane de secours montait à pied de Chamonix.

C'était toujours pareil ! On avait beau dire la météo n'est pas bonne, ne faites pas cette course mais celle-ci plus courte, ou ne partez pas… Certains pensaient : “Le gardien radote, ce n'est peut-être qu'un mauvais passage, on sera de retour avant l'orage…” Ils demandaient des conseils mais ne les suivaient pas. Je parlais dans le vide !

Parfois, la foudre tombait sur la dent du Géant, l'arête de Rochefort, les Grandes Jorasses, les Petites Jorasses, la pointe Isabelle… tout illuminés pendant une heure ! Le refuge était équipé d'un paratonnerre. Mais dehors, les câbles, les rampes, les pitons, les piolets, les crampons pouvaient attirer la foudre. »

« Un jour, j'avais inscrit deux jeunes français de 20-25 ans environ, dans mon cahier. Ils étaient arrivés dans l'après-midi, le temps était mauvais et le refuge noir de monde. Vu les conditions météo, personne n'avait demandé à être réveillé. Je n'avais pas de raison de me lever mais je l'ai fait vers 4 heures du matin. Debout, l'aide-cuisinier m'a prévenu : “Tu en as deux qui sont partis pour les Courtes !” “Non, je n'ai pas eu de réveil, lui ai-je rétorqué. Ils ne sont pas partis d'ici.” Au même moment, une avalanche les emportait sur le glacier de Talèfre. Ils étaient peut-être à Chamonix pour quelques jours, pour faire une course. Ils se sont dit : “On va essayer. On verra bien !” »

Avec le Beatnik des cimes

« Dans les années soixante, l'Américain Gary Hemming, un grand alpiniste, un solide gaillard et un bon vivant surnommé le « Beatnik des cimes », nous rendait souvent visite au Couvercle.

En 1962, il a tracé la directe américaine aux Drus, en compagnie de Royal Robbins et réussi la Walker aux Grandes Jorasses. En 1963, il a réalisé une grande première, la face sud du Fou, l'une des voies les plus difficiles du Mont-Blanc.

Un jour, au petit matin, j'ai trouvé sur la table de la cuisine plein de petites pièces de monnaie qui représenteraient, aujourd'hui, à peine deux euros, et un petit mot : « Je sais que tu ne voudras rien pour mon séjour mais je te laisse cet argent pour le CAF qui en a bien besoin ! » Gary Hemming était retourné vivre dans le Wyoming où il a mis fin à ses jours en 1969, à l'âge de 36 ans. À l'origine du sauvetage de deux Allemands dans la face ouest des Drus, en 1966, il avait été élevé au rang de héros national. »

Ulysse Borgeat, 16 juillet 2004, dans son chalet fleuri et le chant de bergeronnettes, au lieu-dit Le Mont à Servoz, un village de porteurs et de gardiens de refuge.

Chapitre 20

Le mont Blanc comme si vous y étiez…

Dans ce chapitre :

- Rappel historique
- En marche vers le Toit de l'Europe

Lire le mont Blanc puis suivre les mots et les pas de guides. Pour vivre une aventure sur l'un des plus grands et beaux massifs du monde.

Avant de partir à l'assaut du mont Blanc

La bible du Mont-Blanc

Le *Guide Vallot* de Charles Vallot (1884-1953) représente durant un siècle la bible des guides et des alpinistes du Mont-Blanc. Décrivant les voies d'accès à tous les sommets, enrichi de topographies et de notes historiques, il constitue une mine d'informations livrées au format de poche !

Voici, telle qu'elle est décrite, l'ascension par l'aiguille du Goûter, la voie royale (ou normale).

« Cette arête présente en soi le plus recommandable des itinéraires faciles : refuge élevé et deuxième étape courte si l'on couche à l'aiguille du Goûter ; chemin aérien, sans difficultés, offrant une vue admirable, bien venté et exposant moins au mal des montagnes que celui des Grands Mulets.

[…]

Le mont Blanc est tenté par trop de personnes insuffisamment qualifiées et entraînées. C'est ce qui explique aussi avec le poids de la fatigue, le grand nombre d'accidents à la descente du versant W de l'aiguille du Goûter qui est devenu l'un des endroits les plus meurtriers des Alpes.

Danger de chutes de pierres, notamment à la traversée du grand couloir l'après-midi surtout.

[...]

Du refuge de l'aiguille du Goûter (3 817 m), suivre l'arête très large qui monte au SE vers le dôme du Goûter et passer un peu à droite (SW) du sommet (4 304 m), peu marqué (2 heures). On peut, si l'on veut, passer au sommet. Descendre au col du Dôme (4 237 m) par des pentes de neige douces (10 min). Remonter, toujours dans la même direction, les premières pentes de l'arête des Bosses. On passe au refuge Vallot (4 362 m) (30 min). Suivre l'arête de neige raide, parfois durcie par le gel, étroite mais rarement aiguë, de la Grande Bosse (4 513 m), puis de la Petite Bosse (4 547 m). Passer à gauche (NE) des rochers de la Tournette (4 677 m). On arrive bientôt au point culminant (1 h 30-2 heures) du refuge du Goûter (4 h-5 h). »

Ce *Guide Vallot* – le petit livre vert – de Charles Vallot est malheureusement épuisé...

Ni Chamonix ni Saint-Gervais

Eh bien non, les deux voies classiques – par les trois monts ou par la voie royale – du mont Blanc, la première au départ de Chamonix ; la seconde au départ de Saint-Gervais, ne sont tracées ni par des Chamoniards ni par des Saint-Gervolains !

Le 31 juillet 1855, Joseph-Marie Chabod dit Turin et Pierre-Joseph Mochet dit Gros de la Société des guides de Courmayeur fondée en 1850, conduisent un certain Ramsay, client anglais. Ils bivouaquent au col du Midi, traversent le mont Blanc du Tacul puis le mont Maudit mais renoncent au mur de la Côte.

En 1861, Anderegg, Bennen et Perren, des guides suisses, emmènent Leslie Stephen et F. F. Tuckett au sommet par l'aiguille du Goûter et l'arête des Bosses. En réalité, ils enchaînent deux itinéraires connus : Saint-Gervais-Tête Rousse-aiguille du Goûter-col du Dôme découvert le 17 septembre 1784 par Jean-Marie Couttet et François Cuidet, les guides de Marc-Théodore Bourrit, puis col du Dôme-sommet du mont Blanc inauguré, vers 1840, par Marie Couttet dit Moutelet, un personnage original et fantaisiste qui, pour cette raison, perd à peu près toute sa clientèle.

ANECDOTE

Une ascension inachevée...

6 juillet 2000. 5 h 45. Nous ne pouvons pas aller plus haut. Atteindre le sommet du mont Blanc à 4 810 m. Le temps est mauvais. Le vent fort : 80 km/h. L'ascension s'arrête au col du Dôme. Dans l'axe de l'observatoire Vallot, de l'arête des Bosses et du « Géant des Alpes » voilés, perdus dans les nuages.

Le vent griffe le visage. Les pieds refroidissent vite. Une photo-souvenir (à moitié floue) d'une course inachevée et nous revenons sur nos pas, sans allant, sans allure. À la fois détachés et accrochés à ce rêve brisé. Dans les rais de la lumière naissante.

Au refuge du Goûter, les uns avalent une boisson chaude, croquent un biscuit, la tête ailleurs. Les autres, le corps douloureux, l'esprit anesthésié, s'enroulent dans une couverture, s'abandonnent sur un banc, se collent à la fenêtre.

Peu à peu, les conquérants du mont Blanc, les vainqueurs du jour, rentrent le feu et la glace dans le sang, le soleil dans les yeux. « Partis les premiers, ils sont passés ! Ils n'ont pas craint leur peine... et ils ont pris du plaisir ! » Combien sont-ils ces semeurs de beauté, d'infini et d'envie ? Nous sommes trois, Blandine et Michel Peltié et moi, éblouis, liés à un (in)accessible Géant... en suspens.

Le mont Blanc taille l'homme à sa mesure – extrêmement grand et infiniment petit – dans ses limites. Ouvre à un monde de roche, de neige, de glace, de lumière et d'absolu. Capte le regard, crée un désir, anime le cœur et le corps. Dans une beauté démesurée.

Sac garni

Avant de vous lancer dans l'ascension, voici le matériel dont vous avez besoin :

- **Un casque :** seul bouclier contre les chutes de pierres.
- **Un baudrier :** système d'attache de la corde autour de la ceinture et des épaules.
- **Une corde :** lien entre alpinistes, assurance dans les passages difficiles.
- **Des mousquetons :** boucles métalliques généralement de forme ovale, s'ouvrant et se fermant rapidement.
- **Un ou deux piolets :** instrument dont la pointe perce la glace et la lame (appelée panne) taille des marches.
- **Des Vibram :** chaussures dont le nom dérive de la marque (italienne) de semelles de caoutchouc moulé antidérapantes.
- **Des crampons :** semelles amovibles composées de pointes d'acier à planter dans la glace.

Le point de vue de… Roger Frison-Roche

« Prends garde enfin, visiteur du Mont-Blanc, et ceci est un avertissement sérieux, on ne joue pas impunément avec la montagne, on y vient en sceptique, on admire avec condescendance, ensuite on s'étonne, puis on regimbe contre cet attrait qui triomphe de vous peu à peu, et enfin, vaincu, on cède ! Désormais, on ne peut plus se passer des montagnes. On est pris ! On est "fait". »

Déclaration faite par Roger Frison-Roche dans *Mont-Blanc aux sept vallées*.

Le mont Blanc par deux voies

La voie royale (ou normale)…

En compagnie de Jean-Marc Carrière, guide à la Compagnie de Saint-Gervais-Val-Montjoie.

« Le mieux est d'emprunter cette voie en début de saison (mi-juin) lorsque le Tramway du Mont-Blanc (TMB) (*) reprend du service. La neige tient les rochers et les empêche de rouler dans le couloir du Goûter. À la descente, les névés permettent de glisser ! »

LE SAVIEZ-VOUS ?

(*) Au début du XIXe siècle, des ingénieurs veulent, dans leurs rêves les plus fous, atteindre au mieux le sommet du mont Blanc au pire l'aiguille du Goûter… sans demander aucun effort aux conquérants. En 1909, le Tramway du Mont-Blanc (TMB) imaginé par Henri Duportal – aujourd'hui encore le plus haut train à crémaillère de France – circule, pour la première fois, jusqu'au col de Voza avant d'atteindre, en 1912, le Nid d'Aigle, son terminus… à 2 372 m.

Au départ du Fayet

Le premier train du matin au départ du Fayet ou de Saint-Gervais embarque les candidats à l'ascension, casquette, casque, baudrier, harnais, crampons, bâtons télescopiques, piolets, vêtements fins et isolants, lunettes de soleil, masque de skieur (contre le vent), écran total ou crème solaire haute protection, barres de céréales, fruits secs, thermos d'eau de source ou minérale dans le sac à dos, chaussures de randonnée un peu armées et chaudes aux pieds. L'itinéraire ? Motivon (1 400 m), col de Voza (1 653 m), Bellevue (1 800 m), Mont Lachat (2 047 m), passage dans deux tunnels au pied des Rognes et terminus au Nid d'Aigle à 2 372 m, devant le glacier de Bionnassay. Le tout en 1 h 15. Le temps d'admirer les alpages du col de Voza et de Bellevue, les dômes de Miage, l'aiguille de Bionnassay, le dôme du Goûter, l'aiguille du Midi, la vallée de Chamonix… et d'approcher les bouquetins.

Sur la route

L'ascension commence. Lentement. En deux heures de marche sur un chemin, le refuge de Tête Rousse (3 167 m) est atteint. Un repas chaud (soupe, pâtes ou polenta surtout pas de viande en sauce) et il faut repartir. Trouver une foulée bien réglée pour surmonter, sans trop se fatiguer, les 700 m de dénivelé jusqu'au refuge du Goûter (3 817 m). Traverser le couloir exposé aux chutes de pierres, mousquetonné sur le câble. L'ancien refuge (le nouveau est à 200 m) se dresse sous l'aiguille du Goûter assez vertigineuse et souvent enneigée. Extraordinaire balcon posé sur une mer de nuages, la trouée de l'Arve, Genève et les Préalpes. Dans l'après-midi, une fois les bat-flanc repérés dans le dortoir, les bâtons, piolets et crampons rangés à un endroit précis, un thé avalé, il est bon de s'allonger pour pallier une courte et parfois difficile nuit. Le premier dîner est servi à 18 heures ; le second à 19 heures Extinction des feux. Les plus vaillants petit déjeunent à 1 heure du matin. Dehors, à la lumière des frontales, ils mettent les crampons, s'encordent, se font une place parmi celles et ceux qui rêvent d'aller là-haut. Bientôt une chaîne humaine et lumineuse s'étire et grimpe en zigzag les larges pentes du dôme du Goûter, descend au col du Dôme, remonte vers le refuge Vallot (4 362 m). Pause thé ou café, pâte d'amandes ou fruits secs à l'abri du vent. Avant d'enchaîner sur la très effilée et aérienne arête des Bosses (Grande et Petite) et la Tournette. Avec, pour garder l'équilibre, un piolet côté amont (en haut de la pente) et un bâton comme appui côté aval. L'arête s'arrondit, le sommet est là. À 4 810 m. Félicitations, bises, photos souvenirs avec, en toile de fond, selon la visibilité, le mont Blanc de Courmayeur, le Grand Paradis, le Cervin, le massif de la Vanoise, la Barre-des-Écrins… »

« Le dôme du Goûter, ainsi nommé parce que le soleil l'éclaire à l'heure où l'on fait ce repas. » Explication de texte donnée par Alexandre Dumas dans *Impressions de voyage en Suisse* (1833-1834).

CURIOSITÉ

Le nouveau refuge du Goûter, palais de l'équilibre

Une capsule couverte d'inox gris brossé et garnie de bois (sapin ou épicéa) au profil ovoïde pouvant résister à des vents de 240 km/h, posée en surplomb contre l'aiguille du Goûter, à 3 835 m d'altitude. Un condensé de l'écologie de l'extrême (capteurs solaires, photovoltaïques et thermiques, fondoir à neige, traitement des effluents…) pour être sur un site isolé, en très haute altitude, le plus autonome possible. Le refuge de 120 alpinistes sur la voie royale.

Le bâtiment de l'ancien refuge datant de 1962 est démonté ; son annexe transformée en refuge d'hiver et en abri de secours en cas d'incendie. Qui se souvient qu'une première cabane « La cabane à l'oiseau » (du nom du docteur promoteur) est montée en 1854 pour accueillir les conquérants du mont Blanc ?

Les trois monts

Le mont Blanc du Tacul, le mont Maudit et le mont Blanc… en compagnie de Gilles Ravanel, guide à la compagnie de Chamonix.

« Le mont Blanc n'est pas ma tasse de thé. Trop de gens en rêvent. Trop de gens veulent le gravir sans être suffisamment préparés. Impérativement le jour J, le jour où ils ont planifié de relever leur défi de l'année !

Les clés de la réussite ? Maîtriser la technique, l'utilisation des crampons notamment, être entraîné pour endurer les 6-8 heures d'ascension et supporter l'altitude : certaines personnes s'acclimatent facilement ; d'autres, c'est physiologique, n'y arrivent pas. Pour s'habituer, il faut rester – pas forcément fournir des efforts – en altitude. Passer, la semaine précédente, une ou deux nuits dans un refuge à 3 000-3 500 m d'altitude.

Pour vivre pleinement l'ascension, le mieux est de l'envisager entre le 15 juin et le 15 octobre, en semaine, un jour où les conditions montagne sont bonnes et la météo favorable : pas de vent, des températures pas trop basses. Avec un peu de bon sens, vous vous protégez les extrémités : bonnet, masque de skieur, moufles ou gants et bonnes chaussures.

La veille, vous prenez le téléphérique de l'aiguille du Midi à Chamonix vers 16 h-16 h 30. En une demi-heure, vous êtes là-haut à 3 800 m. Une demi-heure plus tard, vous avez rejoint le refuge des Cosmiques (3 613 m). Dîner : 18 h 30 ; coucher : 19 h 30 ; lever : 3 heures. Pourquoi pas à 1 heure du matin ? Pour laisser le gros de la troupe partir… et refaire la trace dans la neige !

L'itinéraire se divise en trois temps où vous devez suivre votre rythme et doser vos efforts : deux heures pour monter à l'épaule du mont Blanc du Tacul ; deux heures pour atteindre le col de la Brenva avec deux difficultés : une pente raide de 50 m, en réalité soit un escalier, soit une pente plus ou moins glacée, et une traversée exposée parfois glacée vers le col, et 2 heures pour être au sommet où vous embrassez du regard le massif du Valais, du Grand Paradis, de la Vanoise et des Écrins. Si le vent souffle à 70-80 km/h, vous faites la bise à vos compagnons et vous redescendez ! »

Le refuge des Cosmiques, l'aventure et la recherche

En 1943, Louis Leprince-Ringuet (1901-2000), éminent professeur de physique et Paul Chanson, jeune officier du génie, dénichent à proximité de l'aiguille du Midi l'endroit idéal pour parfaire leurs connaissances sur les rayons cosmiques et leurs applications à la physique nucléaire.

En haute altitude, l'atmosphère lavée de toute pollution facilite l'étude du rayonnement cosmique et du noyau atomique. Sous l'égide du CNRS, ils ouvrent, en juillet 1946, un laboratoire de recherches à 3 613 m d'altitude. Camp de base avancé au milieu des glaces, il sert à toute sorte d'expérience – étude du rayonnement solaire, résistance au froid, stage d'acclimatation – et accueille bien souvent les alpinistes en perdition.

Le 24 décembre 1983, un incendie le détruit intégralement. Reconstruit, le nouveau refuge des Cosmiques est inauguré le 21 juin 1991. Les chercheurs du CNRS y sont toujours les bienvenus.

Bizarres ces noms...

Mont Blanc du Tacul (4 248 m) : conquis, pour la première fois, le 8 août 1855, par deux Anglais Kennedy et Hudson qui jugea, dit-on : « *Where there's a will, there's a way* » (Là où il y a volonté, il y a chemin).

Bizarrement, le Tacul ne figure ni dans le *Dictionnaire savoyard* d'Aimé Constantin et de Joseph Desormaux, ni dans *Le Patois chamoniard* de Marie Claret ! Il signifie pourtant, en patois, « derrière », « éloigné », « reculé ». Le bon sens ! Car avant l'installation des téléphériques, les alpinistes devaient, une fois parvenus au Montenvers, remonter la mer de Glace et ses prolongements supérieurs pour atteindre le mont Blanc du Tacul. Le bout du monde !

Mont Maudit (4 465 m) : « Ne pouvant l'approcher, les petits hommes peuplèrent le Mont-Blanc de démons et de mauvais génies : "Il y a, dans ce pays, des montagnes d'une prodigieuse hauteur. C'est là où sont celles que l'on nomme les Glacières et que les habitants appellent la Montagne Maudite, parce qu'elle est toujours couverte de neige et de glace." » explique Gaston Rébuffat dans *Mont-Blanc, Jardin féerique*.

Autre version : dans les temps anciens, on raconte l'histoire de saint Bernard ou de saint Théodule qui capture le démon dans les montagnes du Valais en Suisse et lui ordonne d'aller se réfugier dans les précipices des Monts

Maudits pour n'en sortir qu'à la fin du monde ! Le massif du Mont-Blanc tout entier porte alors ce nom… qui ne subsiste, aujourd'hui, que sur deux sommets : le mont Mallet et le mont Maudit.

D'hier et d'aujourd'hui

Vous êtes au pied du mont Blanc, physiquement prêts. Mais vous appréhendez un peu. Souvenez-vous de celles et ceux qui, comme vous, sont déjà là en ce début de XXe siècle avec un chapeau de feutre (parfois un béret), une veste en drap de Bonneval (solide mais lourde) ou en toile (la *windjack*), des bas de laine ou des bandes molletières remplacés par des pantalons de golf (les *knickerboden*), un sac tyrolien sans armature métallique, des chaussures en cuir (style brodequins) munies de clous en « ailes de mouche » ou de « tricounis » susceptibles de faire des étincelles sur les rochers, sans oublier la corde en chanvre qui peut se rompre et geler.

Vêtu plus légèrement (mais tout aussi chaudement), équipé des dernières technologies, le défi vous semble, peut-être, moins grand !

Le point de vue de Gaston Rébuffat

« Faire une belle première procure une grande joie, mais elle est un peu égoïste. Conduire un compagnon, faire partager son domaine, donne un profond bonheur. Je suis allé bien souvent au Mont-Blanc, j'ai gravi presque tous les sommets du massif et chacun d'eux par différents itinéraires, j'ai eu la chance de réussir de belles premières, mais j'ai initié aussi […] bien des compagnons, ne me contentant pas de les conduire au sommet, mais voulant leur faire connaître tous les secrets de la montagne, du ciel, du vent, de la neige, les faisant grimper en premier de cordée chaque fois que cela était possible, afin qu'ils éprouvent le plaisir de chercher et de découvrir […]. J'ai ainsi éprouvé les deux expériences : grimper pour soi, grimper pour les autres. Les plaisirs ne sont pas contradictoires, ils se complètent ; l'un et l'autre m'ont donné les meilleures joies dont on puisse rêver. »

Le profil de l'un des plus grands alpinistes du XXe siècle, Gaston Rébuffat dans *Mont-Blanc, Jardin féerique*.

Cinquième partie

Une forte identité

Dans cette partie…

Savoie, Haute-Savoie. Deux départements mais une histoire partagée. De celle qui forge une identité. Que reste-t-il de ce passé commun ? Un patrimoine, des gestes traditionnels, une gastronomie, une langue, des cousins à Paris et ailleurs.

Chapitre 21

Un patrimoine

Dans ce chapitre :

- Des vieilles pierres
- Des dorures
- Des petites histoires

Riche de son patrimoine naturel, la Savoie historique l'est aussi de ses édifices, villes et villages. Impossible, ici, de faire le tour du propriétaire. Quelques incontournables et quelques insolites !

D'un château à l'autre...

Dans ces demeures, les pierres résonnent encore de la grande et de la petite histoire.

Le château des ducs de Savoie à Chambéry

C'est là que bat le cœur de la Maison de Savoie jusqu'au départ de la cour pour Turin, en 1563. Dans la Sainte-Chapelle repose le saint suaire transféré lui aussi à Turin quelques années plus tard. Ensuite ? Le château de Chambéry demeure une résidence ducale et conserve un rôle administratif.

LE SAVIEZ-VOUS ?

Parmi les employés du château, dans les années 1730 : le jeune Jean-Jacques Rousseau qui se morfond et respire mal ! Jugez plutôt dans cet extrait des *Confessions* : « Au cadastre, occupé huit heures par jour du plus maussade travail, avec des gens encore plus maussades ; enfermé dans un triste bureau empuanti de l'haleine et de la sueur de tous ces manants, la plupart fort mal peignés et fort malpropres, je me sentais quelquefois accablé jusqu'au vertige par l'attention, l'odeur, la gêne et l'ennui. »

Faire Ripaille

Devinette : quel est le point commun entre un château et la bonne chère ? Ripaille ! Situé au bord du Léman, à Thonon-les-Bains, le château de Ripaille est un palais d'été entouré de vignobles, construit au XVe siècle par Amédée VIII. En 1434, lorsqu'il abdique, le duc de Savoie se retire à Ripaille et fonde un ordre religieux chevalier. Les compagnons se délectent des banquets de maître Chiquard, l'un des meilleurs cuisiniers de son époque. Le vin est servi en abondance. De là, l'expression « faire ripaille », synonyme de bombance mais aussi de joyeuse vie !

Les châteaux d'Allinges

Deux châteaux médiévaux dans un même village, Château-Vieux et Château-Neuf, distants de 150 m seulement. Deux forteresses, rivales en leurs temps ! Ne restent plus aujourd'hui que leurs ruines. À plus de 700 m d'altitude, le site offre un joli panorama sur le Léman et le Chablais.

Le château de Thorens

À la sortie du village de Thorens-Glières sur la route du plateau des Glières, ce château érigé au XIe siècle est habité par la même famille depuis 1602 ! Parmi ses illustres propriétaires : François de Sales, théologien de renom, fondateur de l'ordre de la Visitation et futur saint. Cousin de la famille de Sales, le comte Camille de Cavour apprécie les séjours au château de Thorens. Les visiteurs y découvrent d'ailleurs son mobilier ministériel, notamment le bureau sur lequel il signe à Turin le traité qui scelle l'annexion du duché de Savoie et du comté de Nice à la France en 1860.

Le château de Duingt

C'est l'une des cartes postales du lac d'Annecy. Édifié sur une presqu'île au XIe siècle, le château évolue au fil du temps. Impossible de le visiter – ses propriétaires l'habitent – mais le château de Duingt se laisse admirer lors d'un tour du lac en bateau.

Un saint et de bons chiens !

Le château de Menthon, à Menthon-Saint-Bernard, se dresse sur un éperon surplombant le lac d'Annecy. Selon la légende, saint Bernard de Menthon y serait né en 1008. Il fonde les hospices du Petit-Saint-Bernard entre la France et l'Italie et du Grand-Saint-Bernard entre la Suisse et l'Italie, destinés à accueillir et secourir les pèlerins franchissant les Alpes. Protecteur des voyageurs en montagne, c'est lui qui donne son nom aux bons gros chiens sauveteurs… pas toujours équipés du tonnelet de gnole !

Les sentinelles

Châteaux ou fortifications, ils veillent sur les routes, les frontières. Gare aux incursions ennemies !

Le château de Montrottier

Nous ne sommes pas très loin d'Annecy. Les allers et venues sur la route Chambéry-Genève, il les a à l'œil ! Le château de Montrottier est construit à partir du XIIIe siècle au-dessus des gorges du Fier. Léon Marès, collectionneur, le lègue en 1916 à l'Académie florimontane, plus ancienne société savante de Savoie fondée par François de Sales en 1606. Dans son testament, il demande de ne pas déplacer les milliers de pièces exposées et de les rendre visibles au public. Dont acte !

Le château de Miolans

Élevé à 550 m d'altitude, le château fort de Miolans (Saint-Pierre d'Albigny) domine la combe de Savoie et contrôle l'accès à la vallée de la Maurienne, la route vers l'Italie. Avec les châteaux de Montmélian, Montmayeur et Charbonnières, il protège la région contre les attaques dauphinoises.

En témoignent ses meurtrières et ses assommoirs !

Au XVIe siècle, lorsqu'il est cédé au duc de Savoie Charles III, le château de Miolans devient la « Bastille savoyarde », une prison d'État. Jusqu'en 1792 et l'entrée des troupes françaises en Savoie, près de deux cents prisonniers y sont enfermés, parfois torturés : des familles protestantes, des femmes accusées de sorcellerie. Le plus fameux et sulfureux d'entre eux : le marquis de Sade.

Les forts de l'Esseillon

Ils s'appellent Marie-Thérèse, Victor-Emmanuel, Charles-Félix, Marie-Christine et Charles-Albert, du nom des souverains du royaume de Piémont-Sardaigne. Cinq forts épousent parfaitement les reliefs de la barrière rocheuse de l'Esseillon, en Haute-Maurienne. Objectif : tenir les Français à distance du Mont-Cenis à coups de canons. Impressionnants et pourtant, ces bastions ne servent jamais ! Pourquoi ? Ils sont édifiés entre 1817 et 1834. La Savoie devient française en 1860.

Le fort de Ronce

Après l'annexion de la Savoie à la France (voir chapitre 4), l'Italie fortifie le plateau du Mont-Cenis. Entre 1877 et 1880, se dresse à 2 286 m d'altitude une tour circulaire à deux étages de feu pour l'artillerie : le fort de Ronce. Le plateau reste italien jusqu'en 1947. Le fort offre aujourd'hui une pacifique et splendide vue sur les eaux bleues du lac du Mont-Cenis.

Le fort de la Platte

Posé sur une crête à 2 000 m d'altitude, au-dessus de Bourg-Saint-Maurice, le fort de la Platte est un ouvrage de type Séré de Rivières destiné à la fin du XIXe siècle à préserver la Tarentaise d'une intrusion italienne par le col du Petit-Saint-Bernard. Observez-le. Ne ressemble-t-il pas à un « fort Boyard des montagnes » ?

ANECDOTE

Les honneurs pour Flambeau !

C'est l'histoire d'un chien soldat et facteur. Un chien courage qui accomplit sa mission jusqu'au dernier souffle. Flambeau est un chien-loup, attaché au 99e régiment d'infanterie alpine. Il assure le service postal pendant la plus grande partie de sa « carrière » jusqu'en 1937 entre Lanslebourg (1 400 m) en Haute-Maurienne et le poste de Sollières (2 700 m) sous le mont Froid, non loin de l'Italie. Dix ans sans renâcler à la tâche, sans craindre les tourmentes de la neige, du vent, du froid glacial. Tous les jours, vers midi, Flambeau, sacoches attachées aux flancs, descend du poste de Sollières et se rend à la caserne Napoléon à Lanslebourg. Après une bonne gamelle, il repart chargé rejoindre ses compagnons alpins. Rien ne peut le dévier de son chemin, lui le vaguemestre ! Les longs mois d'hiver, les éclaireurs-skieurs l'attendent là-haut avec l'espoir d'un pli secret mais aussi l'anxiété de l'entendre aboyer sa détresse. Jamais Flambeau ne faillit. Il sauve la vie à une dizaine de personnes ensevelies sous des avalanches. L'heure de la retraite sonne. Flambeau passe le témoin à l'un de ses fils. Un an plus tard, en 1938, un jour d'octobre, il quitte discrètement le quartier Napoléon, remonte à Sollières, épuise ses dernières forces et meurt au milieu de ses amis attristés. Flambeau est enterré sur place avec les honneurs militaires. En 1954, un monument à son effigie est inauguré au cœur de Lanslebourg. « Passant, je suis autre chose qu'un monument, peut-être plus qu'un symbole, je suis un exemple »…

La ligne Maginot alpine

Lors de la Première Guerre mondiale, l'Italie s'engage aux côtés des Alliés. Mais, avec Mussolini puis la montée du national-socialisme en Allemagne, les menaces réapparaissent. André Maginot, ministre de la Guerre, ancien combattant de 1914-1918, défend à la chambre des députés un projet de ligne de défense qui sera voté en janvier 1930. Son tracé n'est pas celui d'une « grande muraille de France ». La ligne Maginot est discontinue, composée de plusieurs secteurs fortifiés des Flandres à la Corse ! Le secteur fortifié de Savoie est organisé autour de Bourg-Saint-Maurice dans la vallée de la Tarentaise. Mais c'est surtout dans la Maurienne que l'effort est porté, concentré sur Modane avec les gros ouvrages de Sapey, Saint-Gobain, Saint-Antoine, le Lavoir, le Pas-du-Roc. Des tonnes de béton et d'acier pour bloquer l'offensive italienne. La ligne Maginot alpine agit efficacement jusqu'au 25 juin 1940, date d'entrée en vigueur de l'armistice entre l'Italie et la France.

Comment les hommes de troupes respirent-ils sous terre ? Comment s'éclairent-ils ? Comment peuvent-ils vivre en autarcie pendant trois mois ? Le fort de Saint-Gobain, à Modane, vous ouvre ses portes (blindées !) tous les étés. Racheté et rénové par une association de passionnés, c'est aujourd'hui un musée. Système défensif, communications, réseau de galeries, production d'électricité, ventilation, repas et couchage des équipages : vous saurez tout de cet ouvrage construit en 1933.

La montagne transpercée !

Les frontières se défendent. Les montagnes se franchissent. Par les cols. Notamment le col du Mont-Cenis, le plus fréquenté au XIXe siècle entre Savoie et Piémont. Mais en plein hiver, le voyage en voiture à cheval est des plus périlleux. Alors, pourquoi ne pas passer sous la montagne ? Le chemin de fer est en plein développement. Ne manquent plus que l'audace de l'homme et la prouesse technique pour relever le défi. Banco ! En 1857 commence le chantier du tunnel du Mont-Cenis – ou tunnel ferroviaire du Fréjus – entre Modane et Bardonèche. La galerie est creusée à l'explosif sur chaque front et les trous de mine sont forés à la main pendant quatre ans, même dans la roche la plus dure, avant que ne soit utilisée la perforatrice à air comprimé mise au point par l'ingénieur Germain Sommeiller, natif de Saint-Jeoire dans le Faucigny et directeur général des travaux. Son invention permet d'avancer de 2 m par jour en moyenne au lieu de 50 cm auparavant. Quatorze ans plus tard, à l'automne 1871, le premier train circule dans le tunnel sur une distance d'un peu plus de 12 kilomètres. Creusé par 3 000 ouvriers, il demeure le plus long tunnel ferroviaire au monde jusqu'à l'entrée en service du Saint-Gothard et ses 15 kilomètres, en Suisse en 1882.

L'eusses-tu cru ?

Cathédrales, églises, chapelles, oratoires : la foi s'y exprime. Par des prières, des vœux ou par l'art !

La cathédrale de Saint-Jean-de-Maurienne

Pour la trouver, demandez la place… de la Cathédrale ! La cathédrale Saint-Jean-Baptiste est construite au XIe siècle sur l'emplacement de l'église primitive datant du VIe siècle.

Elle doit son nom aux reliques de saint Jean-Baptiste : trois doigts, le pouce, le majeur et l'annulaire, protégés par une châsse dorée et exposés au public le premier jeudi du mois d'août, lors de la fête du Pain. À cette occasion, les boulangers préparent des pains en forme de main. Ils figurent la main de saint Jean bénissant, celle que vous retrouvez sur le blason de la ville. Trois doigts levés qui ne représentent pas les reliques. Regardez-les bien : le pouce, le majeur… et l'index !

La cathédrale de Moûtiers

Il ne reste rien de la cathédrale initiale qui remonte probablement au Ve siècle. L'édifice, élevé, transformé, restauré, agrandi, démoli, effondré et reconstruit entre les XIe et XIXe siècles présente aujourd'hui un aspect composite avec ses styles roman, gothique, baroque, classique. À l'intérieur : une Mise au tombeau du XVIe siècle dont les statues polychromes sont à taille humaine.

Après l'invasion française en 1792, la cathédrale Saint-Pierre de Moûtiers devient Temple de la raison, centre de la nouvelle « religion » révolutionnaire, et accueille les assemblées populaires sous la devise de la liberté et de l'égalité. Tout comme la cathédrale Saint-Pierre d'Annecy.

L'abbaye d'Hautecombe

Un haut lieu de l'histoire de la Maison de Savoie, fondé au XIIe siècle au bord du lac du Bourget. La suite… dans la sixième partie de ce livre (voir chapitre 26) !

L'abbaye Notre-Dame d'Aulps

Des ruines majestueuses dans un écrin de verdure, au cœur du Chablais. Voilà à quoi ressemble aujourd'hui l'abbaye cistercienne d'Aulps, fondée au XIe siècle. Saint Guérin, ancien abbé des lieux, y est imploré pour protéger le bétail. Les derniers moines sont chassés par les Français en 1792. Les bâtiments sont épargnés par la Révolution mais détruits en 1823 par les habitants de Saint-Jean-d'Aulps pour reconstruire leur église incendiée. Les vestiges sont classés monuments historiques en 1902. L'abbaye cesse alors d'être une carrière de pierres…

Les Chartreux et Bouddha

Au nord du massif de Belledonne, Arvillard. Au fond d'une vallée, la chartreuse de Saint-Hugon. Les Chartreux s'installent au XIIe siècle. Maîtres de forges réputés, ils produisent un fer bientôt reconnu dans toute l'Europe et permettent à la région de s'enrichir. La vocation spirituelle de Saint-Hugon s'envole avec la Révolution française, en 1792. Elle revient en 1979. La chartreuse devient l'Institut Karma Ling, lieu d'étude et de pratique des enseignements du Bouddha. L'architecture cartusienne est désormais enrichie d'un stupa et de ses drapeaux de prières rouges, verts, jaunes, bleus et blancs.

Les chapelles et oratoires

Ils jalonnent les chemins, arrêtent le regard. Refuges du fidèle, abris du voyageur. Chapelles et oratoires se souviennent de la fragilité de la vie. Édifiés pour remercier, demander pardon, se placer sous la protection de saints ou de Marie. Ils sont là, partout ou presque. Sixt-Fer-à-Cheval détient peut-être le record avec vingt-quatre villages (hameaux si vous préférez) et quarante-huit oratoires !

À quel saint se vouer ?

Catastrophe naturelle, maladies et même... dégoût du fromage ! Les saints ont plus d'une corde à leur arc.

- Saint Théodule, sainte Barbe, sainte Foy : contre les incendies, la foudre ou la mort subite.
- Sainte Anne : contre la foudre et les incendies.
- Sainte Agathe : contre le feu et les couches difficiles.
- Sainte Brigide : contre les vents violents.
- Saint Mammert : contre les avalanches.
- Saint Théodule : contre les avalanches et tempêtes, pour les troupeaux.
- Saint Gras, saint Isidore, saint Blaise : pour les récoltes.
- Saint Guérin, saint Roch et saint Jacques d'Assyrie (ou Jacques de Tarentaise) : pour les animaux.
- Saint Sébastien : pour les animaux et contre la peste.
- Saint Antoine : pour les animaux, particulièrement les chevaux et mulets et contre le dégoût du fromage !

Saint Antoine n'est pas le seul imploré contre le dégoût du fromage, véritable drame pour les familles paysannes dont c'est la nourriture de base. À la Chartreuse du Reposoir, en Faucigny, des pèlerins viennent prier le fondateur, le bienheureux Jean d'Espagne, pour apaiser les fièvres et supprimer cette fameuse aversion de leurs enfants pour la tomme !

CURIOSITÉ

Une bande dessinée avant l'heure ! À Lanslevillard, en Haute-Maurienne, la chapelle Saint-Sébastien abrite des peintures murales de la fin du XVe siècle. La vie du Christ en trente-six épisodes, celle de saint Sébastien en dix-sept. Des scènes aux couleurs éclatantes aujourd'hui encore. Un habitant du village, Sébastien Turbil, contribue largement semble-t-il au financement de la chapelle. Un vœu exaucé ? Sébastien est-il sauvé de la peste ? Sa maison est-elle épargnée par une crue de l'Arc ? Des hypothèses, rien que des hypothèses.

CURIOSITÉ

À quelques encablures de Lanslevillard, Bessans. Bessans et ses diables, ils vous attendent de pattes fermes dans les lignes suivantes… Bessans et sa chapelle Saint-Antoine, couverte de peintures murales du XVIe siècle. À l'intérieur comme à l'extérieur ! La vie du Christ y est agrémentée de quelques détails naïfs et savoureux : un apôtre portant des besicles, des femmes en costume bessanais, des hommes qui se pincent le nez à l'ouverture du tombeau de Lazare !

LE SAVIEZ-VOUS ?

Au hameau de l'Écot, à Bonneval-sur-Arc, la chapelle romane Sainte-Marguerite accueille en 1969 le baptême de Clotilde Courau, future actrice et future princesse de Savoie, de Venise et de Piémont.

Les diableries de Bessans

Une fontaine sur la place du village surmontée d'un diable coloré à quatre cornes, aux ailes de chauve-souris, pattes de bouc et serres d'aigles. Une bibliothèque baptisée « La Diablerie ». Une salle du conseil municipal où trône, face au portrait présidentiel, un grand diable en bois brut. Aucun doute, nous sommes à Bessans !

La réputation de la sculpture bessanaise remonte au XVIIe siècle mais c'est en 1857 que naît le fameux diable de Bessans. Étienne Vincendet, chantre et sculpteur de statues religieuses, voit rouge. Il vient de se fâcher avec le curé. Pour se venger, l'artiste fabrique un diable en bois portant un curé sous le bras. Il le dépose sur la fenêtre du presbytère. Que fait le curé en découvrant la statuette ? Il la rapporte sur la fenêtre d'Étienne. Le petit manège dure plusieurs jours. Jusqu'à ce qu'un voyageur remarque la sculpture et l'achète. Le diable plus lucratif que les anges ? Va pour le commerce de diables ! Pierre Vincendet, fils d'Étienne, reprend le flambeau. Et ainsi de suite jusqu'à Georges Personnaz qui ouvre sa galerie d'art « Le Chapoteur » en 1993. Le diable de la fontaine ? C'est lui. Le diable de la salle du conseil ? Lui aussi. La diablesse de Bessans ? L'œuvre du fils du Chapoteur, Fabrice Personnaz, dernier sculpteur professionnel du village. À la manière des anciens, il travaille uniquement le pin cembro, qui passe les siècles sans dommage. Et qui sent bon !

LE SAVIEZ-VOUS ?

Le nom « chapoteur » est une invention enfantine de la famille Personnaz mais il s'appuie sur un vrai mot du patois savoyard : chapoter, tailler le bois avec un couteau. En bessanais, prononcez « tsapoter ».

LÉGENDE

Le diable à quatre cornes

Il y a bien longtemps, Joseph, petit entrepreneur bessanais, se voit confier la construction d'un pont en pierre entre la redoute Marie-Thérèse et le fort Victor-Emmanuel à la barrière de l'Esseillon. Les travaux prennent du retard, l'hiver arrive. « Seul le diable peut me venir en aide », se lamente-t-il. Aussitôt, un homme de haute taille, émissaire du diable, se présente à lui et lui propose un pacte : le pont est achevé mais en échange, la première personne à le traverser appartient à son maître. Joseph, affolé, hésite mais la perspective de croupir en prison le convainc de signer. Le lendemain, lui et son épouse Marie découvrent un magnifique pont de pierre et à son extrémité, une monstrueuse bête aux cornes pointues qui attend sa victime. Déjà, une troupe de soldats approche. À sa tête, un petit tambour. Impossible de laisser l'enfant aux mains du diable ! Marie aperçoit alors un troupeau de chèvres et un grand bouc noir. Maligne Marie. Elle attrape un bâton et donne un bon coup au bouc qui détale vers le pont, voit la bête cornue et se rue sur elle comme sur un rival. À tel point que ses cornes restent plantées dans la tête du diable. Depuis ce jour, le diable de Bessans en porte quatre. Au fait, le pont du Diable existe toujours aux forts de l'Esseillon mais désormais, il est en bois !

Que d'or !

Immanquable dans l'art sacré savoyard : le baroque. Il explose, flamboyant, aux XVIIe et XVIIIe siècles en Maurienne, Tarentaise, Faucigny. Expression d'un renouveau spirituel populaire. D'une foi prête à soulever des montagnes.

Face à la Réforme protestante, l'Église catholique part à la reconquête de ses ouailles après le concile de Trente (1545-1563). L'art baroque accompagne cette Contre-Réforme et la Savoie, proche de la calviniste Genève, se trouve en première ligne. Les communautés montagnardes mobilisent des sommes importantes – véritable acte de foi – et engagent elles-mêmes les artistes, locaux ou piémontais pour la plupart. Le protestantisme prône la sobriété alors le baroque en fait des tonnes ! Les églises et les chapelles médiévales sont transformées. Modestes voire austères à l'extérieur, elles deviennent somptueuses à l'intérieur. Il faut voir ces retables richement sculptés et peints : tant de dorures, de couleurs, de saints, d'anges potelés, de colonnes torses, de grappes de raisin. Tant d'opulence. Comme un avant-goût du paradis promis aux fidèles émerveillés.

Quelques exemples ?

- L'église Notre-Dame-de-l'Assomption à Valloire ;
- L'église Saint-Thomas-Becket et la chapelle Notre-Dame-des-Neiges à Avrieux ;
- L'église Notre-Dame-de-l'Assomption à Termignon ;
- L'église Saint-Sigismond à Champagny-en-Vanoise ;
- L'église Saint-Grat à Conflans (Albertville) ;
- L'église Sainte-Catherine à Peisey-Nancroix ;
- L'église Saint-Martin-de-Tours à Hauteville-Gondon ;
- L'église Saint-Pierre à La Rivière-Enverse ;
- L'église Notre-Dame-de-l'Assomption à Cordon ;
- L'église Saint-Nicolas à Saint-Nicolas-de-Véroce ;
- L'église Saint-Maurice à Thônes.

L'église Notre-Dame-de-Toute-Grâce à Passy

Art moderne et art sacré se conjuguent en un seul lieu : l'église Notre-Dame-de-Toute-Grâce à Passy. Sa construction commence en 1937 sur le plateau d'Assy et s'achève en 1946. L'édifice en grès est consacré en 1950. Face à la chaîne des Fiz, le clocher s'élève à 28 m. La façade est réalisée par Fernand Léger. Entrez : le décor est signé Henri Matisse, Marc Chagall, Pierre Bonnard, Jean Lurçat, Georges Braque.

Et tout le reste !

Les châteaux, les forts, l'art religieux. Oui mais encore ? Il y a tant et tant à découvrir en Savoie et en Haute-Savoie. Les plus beaux villages de France : Yvoire sur le Léman, Sixt-Fer-à-Cheval dans la vallée du Giffre, Bonneval-sur-Arc en Haute-Maurienne. L'architecture des stations de ski. À Évian-les-Bains, les vitraux Art nouveau de la buvette Cachat ou l'ossature métallique Jean Prouvé de la buvette Novarina. Les édifices Belle Époque de Saint-Gervais-les-Bains. Le monument aux morts de Termignon. Le plateau des Glières. Les fontaines, les clochers à bulbe. Les toits en lauzes ou en tavaillons. Les grangettes de La Compôte dans les Bauges. Les chalets centenaires du Monal à Sainte-Foy-Tarentaise, en pierre. Les chalets centenaires du Chinaillon au Grand-Bornand, en bois. Ouvrez grand les yeux, égarez-vous, laissez-vous raconter des histoires…

Chapitre 22

Des arts traditionnels

Dans ce chapitre :

- Des pots et des toupines
- Des cœurs et des rosaces
- Des colombes et des poules

Fermez les yeux et imaginez. Vous entrez dans un chalet. Que voyez-vous ? Un mobilier gravé de cœurs et de rosaces. Sur la table, une jatte et un pot rempli de lait… ou de fleurs !

Des toupines et des taras

Fabriquée sur place, la poterie accompagne la vie quotidienne jusqu'au XXe siècle avant d'être ringardisée et jetée. Pots et cruches trouvent aujourd'hui d'ardents défenseurs.

À l'Est, du nouveau !

Ils s'appellent Zoller, Tripp, Kibler, Knecht, Schevaque (déformation orthographique de Schwach). Ils sont potiers, arrivent de l'Est à la fin du XVIIIe siècle et s'installent en terre savoyarde. Terre argileuse.

LE SAVIEZ-VOUS ?

La purification de la terre est un travail long et harassant. C'est le métier des « pieds jaunes ». Les potiers de Marnaz, près de Bonneville, jouissent, eux, d'une poche d'argile pratiquement pure.

Les couleurs sont obtenues grâce à des oxydes métalliques incorporés à l'engobe, cette fine couche d'argile délayée qui revêt l'objet : oxyde de cuivre ou de chrome pour le vert, de manganèse pour le brun, de fer pour l'orangé. La couleur jaune est naturelle et le bleu n'apparaît que vers 1920 avec l'introduction d'oxyde de cobalt. Quant aux décors, ils peuvent se résumer en trois mots : fleurs, oiseaux, pois. L'artisan utilise une poire en poterie munie d'une plume de poule biseautée. Il en arrive, plus tard, à détourner l'usage médical de la poire à lavement ! Le motif est exécuté très rapidement d'où, sans doute, son aspect naïf. Car là n'est pas la priorité de la maîtresse de maison : elle veut une poterie de qualité, reconnaissable au son clair émis lorsqu'elle est frappée.

Le décor sert-il à masquer les défauts de fabrication ? Non. Et pour cause : les défauts apparaissent après cuisson. Or, les motifs sont dessinés avant le passage au four.

Poterie domestique

La terre cuite vernissée savoyarde connaît son âge d'or entre 1840 et 1900. Elle accompagne la vie quotidienne : conservation des aliments, préparation des repas, toilette, prière. Voici les principales pièces du foyer.

- Le pot droit ou pot Jura, avec son bec verseur et sa prise, existe dans toutes les dimensions. Petit, il contient la crème. Grand (jusqu'à 5 litres), le lait ou l'eau.

  Jusqu'à la guerre de 1914, parfois au-delà, la soupe se mange dans un pot. Chaque enfant possède son pot, de taille moyenne, souvent identifié par le prénom. « Les soirs d'été, autrefois, on pouvait voir des groupes de gamins, assis sur les tas de bois, manger joyeusement en chœur, le pot de soupe calé sur les genoux », écrit Marie-Thérèse Hermann dans son ouvrage *Architecture et vie traditionnelle en Savoie*.

- **Le pot à renflement**, lui, est appelé « pot suisse ».
- **Le porte-dîner** comporte une poignée et un couvercle. Il permet d'emporter son repas lors des travaux aux champs.
- **Le tara** ou pichet à vin se distingue par son bec verseur plus prononcé et très souvent, par son décor de vigne.

  Le tara est un cadeau typiquement masculin, offert au moment de la quille des appelés. Il propose parfois un peu de lecture : « Vive le vin », « Toujours plein pour les amis » ou encore « Quand il est plein, je le vide ; quand il est vide, je le plains » !

- **La cruche à huile**, pour l'huile de noix, se caractérise par un long goulot verseur, un couvercle, une anse latérale et une anse supérieure.
- **La toupine**, droite ou renflée, d'une grande contenance (jusqu'à 15 litres) sert à conserver le beurre ou les œufs.
- **Le plat à matafans** est un beau plat décoré de 30 cm de diamètre. Les matafans ? Rendez-vous au chapitre suivant !

- **La jatte** correspond au saladier actuel.
- **La seille** est un baquet de 50 cm de large avec deux prises latérales. Elle est utilisée pour la toilette, pour laver le linge ou la vaisselle.
- **Le bénitier** représente souvent le Savoyard saint François de Sales.

Poterie artistique

Imaginez un instant la manipulation de toutes ces poteries : les toupines, les grands pots, une seille remplie d'eau. Quel poids ! Le développement en France du fer-blanc, de la tôle émaillée et, bien plus tard, du plastique change la donne. Dès le début du XXe siècle, la poterie entreprend sa mutation. Le tourisme balbutie. Les artisans se lancent dans une production d'objets accessoires, tels les cendriers, vases, vide-poches, cache-pots, clochettes, paniers et autres plats aux décors plus léchés : edelweiss ou femmes en costume.

Pilleur ou sauveur ?

8 000 objets de la vie quotidienne et notamment des poteries savoyardes. Le Genevois Georges Amoudruz (1900-1975) réunit une considérable collection alpine. Le fonds est aujourd'hui conservé au musée d'Ethnographie de Genève. Considéré par certains comme « le pilleur des Alpes », Georges Amoudruz a sans doute sauvé d'innombrables poteries, vouées à la destruction. Combien de pièces ébréchées n'ont pas été jetées ? Ou concassées pour être données aux poules !

RENCONTRE

Le point de vue… d'un potier

Plus de quarante ans d'obstination et de passion. 2 500 pièces exposées dans sa (grande) maison, une ancienne ferme de 1842. Des cruches, des plats, des bols, des verseuses, des encriers, des bénitiers, des pots de chambre : tout l'éventail de la poterie, du Moyen Âge aux années cinquante. Sans oublier les outils et les moules. Avec Joëlle, son épouse, il ouvre en 1981 le musée de la Poterie traditionnelle savoyarde à Évires, à une vingtaine de kilomètres d'Annecy. Jean-Christophe Hermann est potier et cueilleur de mémoire.

« J'ai commencé à rassembler cette collection de poteries vers 17 ans, avec l'obsession de ne pas perdre ce patrimoine abandonné dans les décharges ou qui partait à l'étranger. Dans les années soixante-soixante-dix, on bazardait tout, on jetait tout, on brûlait tout une fois que la mémé était morte. Il fallait de l'Arcopal et des tables en formica ! Dans les décharges, j'ai retrouvé énormément de pièces. Peu importe qu'elles soient abîmées, c'est leur valeur documentaire qui compte. Une fois, avec mon épouse, nous sommes allés chez un brocanteur pour une pièce. Nous lui avons demandé :

– Auriez-vous autre chose ?

– Non. Ah si !

Et il nous a présenté un coquemard médiéval, un pot pour cuire les œufs, totalement intact. Il venait de Tarentaise. Mon cœur s'est emballé ! Il nous a dit :

– Faites votre prix !

Et là, j'ai regardé l'objet et c'est l'objet qui m'a dit son prix ! Nous sommes repartis avec. Ce coquemard date du XIVe-XVe siècle : pas de décor, ça dégage de la force. Il est visible dans le musée. En fait, je tiens une maison de repos pour pots. Tous ces objets sont habités par ceux qui les ont fabriqués et utilisés. Aujourd'hui, j'exerce mon métier avec mon fils, David. La tradition n'est pas figée. Elle évolue. La poterie, ce n'est pas de la mode. C'est l'empreinte du temps. »

Un mobilier massif et ingénieux

Comment définir le mobilier savoyard ? Pratique donc ingénieux. Massif donc robuste. Naïf donc sincère et touchant.

Les meubles, témoins d'un mode de vie

Dans les hautes vallées alpines, presque tous les paysans sont d'habiles menuisiers, rompus au maniement de la hache, de l'herminette, de la varlope, du poinçon. Ils fabriquent leurs propres meubles durant les longs mois d'hiver avec le bois de résineux : arolle (ou pin cembro), mélèze et épicéa. Avant de charmer le regard, le mobilier doit être fonctionnel, s'adapter à l'exiguïté de l'espace et à la cohabitation des hommes et des animaux. De là, les armoires-tables, les tables-huches, les lits surélevés, les bancs-coffres.

Rouelles et lacs d'amour

Tracés au compas, gravés au couteau, sculptés à la gouge, les ornements personnalisent le mobilier. Très en vogue au XVIIIe siècle, ils se maintiennent au XIXe et disparaissent peu à peu après la Grande Guerre. La rouelle (ou soleil), la rosace (ou marguerite) et l'étoile, souvent associées à la croix protectrice, témoignent de l'enracinement chrétien des Pays de Savoie. Le cœur est gravé sur les meubles de la dot ou sur le berceau. Le nœud (ou lac d'amour), emblème de la Maison de Savoie depuis le XIVe siècle, symbolise le lien, la fidélité.

LE SAVIEZ-VOUS ?

Le décor est parfois rehaussé de couleurs – ainsi la région de Morzine est-elle réputée pour ses meubles polychromes. Il s'accompagne aussi de dates, d'inscriptions, de devises. Un exemple : W L'AMOUR & MA MAITRESSE. La signification de W ? Vive !

Trop fort, le coffre !

Souvent apporté en dot, le coffre est le meuble le plus populaire des Alpes. Il contient le trousseau de la mariée, les bijoux, les titres de propriété et les papiers de la famille. Supplanté par l'armoire au XVIIIe siècle, il sert alors à conserver le grain, la farine, les provisions, les légumes et fruits secs.

L'armoire et ses trésors

Appelée aussi « garde-robe », l'armoire à un ou deux corps apparaît tardivement dans l'habitat rural : au XVIIe siècle en Maurienne, au XVIIIe siècle ailleurs. Comme le coffre, elle ferme à clé car elle contient la richesse de la maîtresse de maison.

Le lit et ses chaufferettes

Homme et bétail vivent ensemble pour lutter contre le froid de l'hiver. Le lit, clos ou mi-clos, fait office de séparation. Surélevé, il permet aux moutons, aux chèvres ou même à un veau de venir se coucher dessous. En voilà des radiateurs au poil ! Il existe aussi les lits à tiroir : le plus petit, réservé aux enfants, se glisse dans la journée sous celui des adultes. Pour dormir ? Pas de sommier mais une simple paillasse remplie de feuilles de maïs ou de paille d'avoine.

Comparé au lit actuel, le lit traditionnel savoyard est nettement moins long. Non que ses occupants soient petits mais ils dorment semi-couchés, la position allongée étant assimilée à la mort.

Le berceau de baptême

Le berceau à bascule est souvent fabriqué par le père. Le bébé y dort, emmailloté. C'est aussi dans son berceau qu'il est porté jusqu'à l'église pour recevoir le baptême. D'où la croix fréquemment gravée, symbole de protection divine sur l'enfant.

La table, polyvalente

La place est comptée. La table a donc souvent plusieurs usages.

- **Table-pétrin** (ou maie) : le pain y est pétri et conservé.
- **Table-huche**, longue et rectangulaire avec un côté coulissant : elle sert de garde-manger.
- **Table-armoire** : le pied mobile et le plateau se rabattent contre une étagère murale. Cette table, fréquente dans le massif des Bornes, prend le joli nom de « bornandine ».

Le banc anti-bouse !

Disposé près de l'âtre, le banc reçoit les voisins lors des veillées dans l'étable. Il est muni d'un très haut dossier pour les protéger des éclaboussures de bouse ! Le banc peut aussi servir d'escabeau pour accéder au lit surélevé. Un jeu de charnières et hop, le coffre situé sous l'assise se transforme en mangeoire pour les moutons qui logent sous le lit. Il renferme aussi parfois le matériel de traite.

Sur le banc, les prémices de futures unions. Au cours des veillées, les convives « grenaillent », autrement dit cassent les noix et les noisettes pour l'huile et les jeunes gens font connaissance.

Les sièges, à trois ou un pied(s)

Le banc a la primeur. L'usage de sièges individuels ne se répand qu'à la fin du XIXe siècle. La plus connue des chaises est la selle tripode avec un dossier. Elle s'inspire de la selle à traire. Les trois pieds obliques assurent une bonne stabilité sur un sol en terre battue ou sur un plancher souvent déformé.

CURIOSITÉ

La selle à traire ne comporte parfois qu'un seul pied : c'est le « botte-cul ». Il permet de se déplacer de bête en bête, les mains libres. Comment ? Il reste attaché au c… de son utilisateur grâce à une sangle de cuir serrée à la taille !

As-tu vu mon vaisselier ?

Appelé également dressoir ou crédence, le vaisselier, bien que simple dans sa conception, est un meuble d'apparat. La vaisselle fine, souvent apportée par l'épouse dans sa dot, est mise en valeur sur les étagères. Alignés aussi les verres, les pots de terre vernissée, les jattes et les saladiers.

Les petits objets usuels

Le paysan-menuisier occupe les soirées d'hiver à la fabrication d'autres objets en bois, plus petits : les tapes à beurre, plaques ornées de fleurs ou de motifs géométriques et destinées à personnaliser la motte vendue au marché. À la fin du XIXe siècle apparaissent les moules, tout aussi décorés, pour fournir aux clients un poids déterminé de beurre. Il y a aussi les marques à pain, sortes de gros cachets propres à chaque famille, qui permettent d'identifier le pain au sortir du four banal du village. D'autres objets du quotidien ? Des plumiers, des boîtes (à missel notamment) et des coffins, ces étuis en hêtre accrochés à la ceinture. Les faucheurs y rangent leur pierre à aiguiser. Parfois, le coffin est réalisé dans une corne de vache. Les futurs mariés, eux, confectionnent amoureusement des rouets, des quenouilles et des tambours à dentelles pour leur promise.

LE SAVIEZ-VOUS ?

Le vrai du faux

Question : pourquoi les meubles de bergers inondent-ils le marché de l'art alors que les archives prouvent que, du XVIIIe au XXe siècle, les coffres, lits mi-clos, selles tripodes et autres tables transformables sont peu nombreux dans l'habitat rural alpin ? Bizarre, non ? Explication : au début du XXe siècle, des chalets sont abandonnés avec leur mobilier et leurs objets. Bientôt récupérés par des brocanteurs. Des paysans vendent leurs meubles. Devant l'intérêt des collectionneurs, de nombreux « faux » sont fabriqués dans les années trente. Les formes et les décors se copient aisément. Facile aussi de graver une date dans le bois tendre des résineux. Coup de vieux immédiat garanti ! Aujourd'hui, ces copies sont anciennes. Mais elles restent des copies. Souvent difficiles à identifier… Les pièces originales, rares, se trouvent surtout dans les musées : musée-château d'Annecy, musée Alpin de Chamonix, musée d'Art et d'Histoire de Conflans (Albertville) et musée Savoisien de Chambéry.

Quelques spécialités locales

Vous ne les trouverez pas ailleurs (ou vraiment très loin !). Elles font la fierté d'un « pays » et sont fabriquées aujourd'hui de manière plus confidentielle.

L'argenterie des Bauges

Pas besoin de briquer cette argenterie-là ! Elle désigne, par dérision, les modestes ustensiles en bois tourné : les « pôches » (louches), « écrémettes » (pour écremer le lait), écuelles, jattes et autres « coppets » (plats). Une vaisselle produite dans les Bauges dès le Moyen Âge par les misérables pour les misérables. En 1850, le hameau de La Magne à Saint-François-de-Sales concentre soixante tourneurs qui suscitent toujours autant de mépris. Ne dit-on pas d'eux : « Seul celui qui n'a pas trois vaches tourne le bois » ? Ou encore : « Celui qui se sent supérieur ne fait pas les pôches » ? N'empêche, l'argenterie des Bauges, légère et incassable, est fort appréciée jusqu'à la dernière guerre par les bergers et les bûcherons.

LE SAVIEZ-VOUS ?

La vaisselle des Bauges est fabriquée, pour l'essentiel, en « plane » (érable), particulièrement propice à l'usage alimentaire. Le bois est travaillé encore vert. Ainsi, les objets ne fendent pas.

RENCONTRE

Jean-Paul Rossi à Thoiry

Une armoire pleine de pôches, de coppets, d'écrémettes. Un mini-musée ou une mini-boutique. Jean-Paul Rossi fabrique de l'argenterie des Bauges depuis qu'il est adolescent. À l'école professionnelle, à Chambéry, il s'initie à la forge. Rapidement, il construit un premier tour et forge ses premiers crochets. Son père, garde-forestier, ne tourne pas le bois. « Du coup, j'ai appris par la loi des essais et des erreurs. C'est long mais c'est très riche. Il faut plusieurs dizaines d'années pour bien savoir. Tout l'art du métier consiste à bien placer le crochet, avec le bon angle, la bonne pression pour dérouler le copeau. Après, au fur et à mesure qu'on creuse, il faut déplacer le crochet. Il y a un mouvement à trouver. »

Jean-Paul Rossi, passeur de traditions. « Un bon tourneur arrivait à fabriquer sept louches par jour. Elles étaient vendues sans problème parce qu'elles servaient matin, midi et soir pour la soupe. Dans le temps, quand il n'y avait plus d'érable, les tourneurs travaillaient le tremble, le peuplier de chez nous. La sève est très amère. La pôche en tremble donnait le goût à la soupe les trois ou quatre premiers jours ! »

La colombe d'Abondance

Comment cet objet d'art populaire se retrouve-t-il en Scandinavie, en Russie et dans la vallée d'Abondance ? Drôle d'oiseau ! Au départ, deux morceaux d'épicéa. À l'arrivée, une fine colombe aux ailes et à la queue déployées en éventail. Entre-temps, des gestes minutieux, répétés, pour tailler le bois et fendre les lamelles qui viennent s'accrocher les unes aux autres. Corps et ailes s'emboîtent. La colombe est prête à s'envoler dans un foyer où, suspendue, elle apporte bonheur et paix au nouveau baptisé, aux jeunes mariés… ou aux touristes !

Jean-Pierre David à Châtel

Il est assis, un linge sur les jambes. Devant lui, posés sur la table, cinq Opinel qui coupent bien, moins bien ou plus du tout. Le sixième est dans sa main gauche. Jean-Pierre David entaille un morceau d'épicéa. Combien de temps pour donner naissance à une colombe ? « Il faut compter cinq heures, c'est long cinq heures ! » Parfois, Jean-Pierre David interrompt son travail et met l'oiseau en devenir « dans un plastique et au frigo ». Pourquoi ? Voici la « recette » de la colombe !

« Je coupe l'épicéa au coucher du soleil. Pas au lever parce que le bois est rouge au lever du soleil. Je débite l'aubier (la partie tendre du bois, juste sous l'écorce) en petits morceaux, je les mets au congél' pour les empêcher de sécher. On a un gros congélateur. J'ai du bois pour trois ans au moins ! Avant, les anciens faisaient cuire le bois dans une marmite sur le fourneau, plusieurs heures, plusieurs jours, pour remettre de l'humidité. Mais ce n'était pas l'idéal. Le bois durcit en chauffant.

J'utilise un gabarit pour faire les encoches des ailes et de la queue. Pour les lamelles, j'ai un vieil Opinel. Il faut fendre la fibre du bois, pas la couper sinon la lamelle casse quand on la glisse sous une autre. Ensuite, pour que les lamelles deviennent bien plates, je pose un plastique pour les protéger et place dessus un fer à repasser ancien, en fonte. Le lendemain ou une douzaine d'heures après, c'est bon ! Des colombes, j'en ai pas mal à faire pour l'hiver. Je n'arrive pas à fournir. J'ai des bêtes, je fais un peu de fromage. Heureusement parce que toujours assis, c'est pas mon truc ! »

Les poules à sel de Bessans

Le sel, livré en cristaux autrefois, est égrugé au pilon et conservé dans une boîte en bois, près de l'âtre, pour le protéger de l'humidité. La boîte est ronde ou carrée. Sauf à Bessans, en Haute-Maurienne, où elle prend la forme d'une poule ! Le dos du volatile s'ouvre par un système de pivot. La poule à sel a, aujourd'hui encore, ses adeptes et son fabricant. 100 % *made in* Bessans !

LE SAVIEZ-VOUS ?

Les poules à sel sont sculptées à Bessans et utilisées par les Bessanais. Le village a brûlé en 1944. Les poules antérieures à la guerre sont donc des objets (très) rares. Alors méfiance si vous voyez passer une annonce pour une poule à sel ancienne…

Chapitre 23

Une gastronomie

Dans ce chapitre :

- Du fromage
- Des tartifles
- Et tellement plus…

Eh non, la cuisine savoyarde ne se résume pas (surtout pas !) à la fondue dévorée au coin du feu entre amis dans une sympathique auberge, après une longue journée de ski… Elle est bien plus riche et étonnante !

Un maître et son banquet

L'héritage est prestigieux. Maître Chiquart, cuisinier du duc de Savoie Amédée VIII, couche par écrit son art. *Du fait de cuisine* relate, en soixante-dix-huit recettes, trois jours de banquet au château de Ripaille, au bord du Léman. Le recueil insiste sur l'art et la science de la cuisine, la nécessité de l'hygiène – « lavés bien et nectement », « une belle et necte chaudière », « couverte d'une belle, blanche et necte toile » – la présentation du plat. Bref, l'amour du travail « noblement », « honnestement » fait. Nous sommes en 1420. *Du fait de cuisine* est l'un des rares traités de gastronomie médiévale connus à ce jour en Europe. Il est savoyard, excusez du peu !

Des mets rustiques

La nourriture quotidienne autrefois à la montagne ? Frugale et consistante pour endurer la rudesse du climat et de la vie. Farine et pommes de terre constituent la base des repas.

De la farine…

Outre le pain, les paysans préparent avec la farine et du lait la soupe du matin et du soir mais aussi les matafans. Les quoi ? Un indice : les matafans sont aussi appelés « matefaims ». Il s'agit de grosses crêpes épaisses et bourratives, souvent accompagnées… de pommes de terre !

À table !

La recette des matafans pour quatre personnes :

- 200 g de farine
- ½ l de lait
- 2 œufs
- huile
- une pincée de sel

Mettez la farine dans une jatte et creusez un puits. Cassez les œufs, ajoutez le sel et un peu de lait. Mélangez et délayez avec le lait restant. La pâte doit faire un ruban. Laissez reposer une heure au frais. Faites chauffer l'huile dans une poêle et versez la pâte en colimaçon. Laissez cuire deux ou trois minutes de chaque côté. Servez, en version salée, avec une salade. En version sucrée, trempez dans la pâte des rondelles de pommes et faites les frire, façon beignets.

Des tartifles…

Comme en France, la pomme de terre – « tartifle » en patois – a du mal à gagner la confiance en Savoie mais elle parvient à s'imposer à la fin du XVIIIe siècle dans la soupe, fricassée à la poêle ou cuite à l'eau avec de la tomme blanche. À l'époque, l'alpiniste et savant genevois Horace Benedict de Saussure note à propos des habitants de « Chamouni » (Chamonix) dans ses *Voyages dans les Alpes* : « Leurs principales récoltes sont en lin, qui y réussit à souhait, et qui est d'une qualité supérieure à celui de la plaine, en orge, en avoine, en fèves et en pommes de terre. Ils cultivent beaucoup de cette utile racine, qui est sûrement le plus beau présent que nous ait fait l'Amérique ; ils en font même une espèce de pain, à la vérité gluant et compact, mais dont leur sobriété et leurs bons estomacs ne s'accommodent point mal. »

LE SAVIEZ-VOUS ?

Le « vrai » gratin savoyard se mouille au bouillon. Il faut alterner couches de pommes de terre et couches d'oignons et finir par du fromage râpé. Ni lait, ni crème ! D'autres « vraies » recettes alternent pommes de terre et fromage râpé uniquement.

… et des pâtes !

Les pâtes entrent également dans la composition des repas : taillerins (nouilles aux œufs), fidés (vermicelles) et crozets, ces petites pâtes carrées à base de farine de froment ou de sarrasin. Le temps de faire chauffer l'eau et les pâtes sont *al dente* dans les Dix recettes gourmandes, nos savoyardises (voir chapitre 30) !

Que d'influences !

Pays de passages par les cols. Pays de brassages culinaires. La Savoie laisse l'influence piémontaise enrichir sa cuisine.

La polente

Ici, la polenta s'appelle « polente » ! La semoule de maïs arrive sur les tables vers 1770-1780 après avoir suscité autant de réticence que la pomme de terre. Sans remonter aussi loin dans le temps, certains restaurateurs se souviennent encore de clients outrés de voir de la « nourriture à cochon » figurer sur un menu ! La polenta est cuite à l'eau ou au lait. Elle se mange telle quelle. Elle se laisse agréablement gratiner au four. Refroidie, coupée en tranches et panée, elle peut aussi se frire à la poêle.

Le riz

CURIOSITÉ

Le riz est consommé dès le XVIIIe siècle en Savoie. Dans la vallée de la Maurienne, Modane possède un surprenant temple néoclassique à colonnes et frontons triangulaires. Le bâtiment, réhabilité, est l'ancienne Rizerie des Alpes construite en 1929. Le riz arrive du Piémont à l'état brut via le tunnel du Mont-Cenis. Le grain, entouré de son écorce, est décortiqué, poli à la peau de mouton, glacé de talc et de glucose avant son expédition dans toute la France. L'activité de la Rizerie des Alpes perdure jusqu'en 1939.

Le poisson

LE SAVIEZ-VOUS ?

Entre Piémont et Savoie circulent des barils de harengs saurs, de morues, de poissons séchés. Le poisson est consommé avec des pommes de terre ou des légumes grillés, autre influence piémontaise.

Les épices et fruits confits

Les aubergistes incorporent dans leurs plats les épices apportées par les voyageurs ou celles du cru : carvi des prés (le « cumin des Alpes »), safran, aneth, ail des ours… De même, les saveurs salées-sucrées du farçon, farcement ou farci (à chaque région son appellation ! Voir les Dix recettes gourmandes, nos Savoyardises dans la partie des Dix) apparaissent avec l'arrivée des fruits confits.

Le bescoin, préparé à l'occasion de grandes fêtes ou de foires, est un pain brioché à la jolie couleur or. Il est parfumé au safran et à l'anis.

En provenance directe du Piémont : les agnolos

Aujourd'hui spécialité de la Haute-Maurienne, les agnolos sont confectionnés avec une pâte à nouille farcie de viande d'agneau hâchée et mélangée avec des épinards. Les agnolos sont pochés et servis avec du parmesan ou avec un jus d'agneau corsé (voir chapitre 30).

Un remontant ? Le sabayon !

Cette crème mousseuse à base de jaunes d'œufs, de sucre et de vin doux (du Marsala à l'origine) serait née à Turin au XVIe siècle. Avant de devenir saint, le franciscain Pascal Baylon aurait suggéré ce mélange à ses ouailles féminines venues se plaindre du manque de vigueur de leurs époux ! La préparation prend alors le nom de crème de San Baylon. Puis en dialecte, de Sanbajon. Dans les Pays de Savoie, le sabayon se dit aussi « sambayon ».

Et la viande ?

Elle reste un mets de luxe et se cantonne au porc dans les foyers les plus modestes.

Voyage de M. de Saussure à la cime du Mont-Blanc au mois d'août 1787

2529 EDITION PHOTOGLOB CO., ZÜRICH
Montantvert (1913 m) - Traversée de la mer de glace

219. Ascension au Mont Blanc. Entrée du Glacier
Aug. Couttet, phot.-édit. Chamonix

237.CHAMONIX — Départ depuis la Cabane Vallot au sommet du Mont-Blanc. LL

J. J. 6019 Chamonix - Sur la Terrasse du Plan Praz et le Mont-Blanc

Cinq forts épousent parfaitement les reliefs de la barrière rocheuse de l'Esseillon en Haute-Maurienne

Bonneval-sur-Arc, l'un des plus beaux villages de France, aux confins de l'Italie

Le hameau du Monal et ses chalets montagnards des XVIIIe et XIXe siècles, à Sainte-Foy-Tarentaise

© Monica Dalmasso

À Chamonix, la statue de Horace Benedict de Saussure et de Jacques Balmat

Une via ferrata sur le Roc du Vent

Balade en raquettes à Champ Laitier - Pas du Roc

Une randonnée vers la pointe de La Sambuy... sous le vol d'un parapente

Panorama sur les Bauges depuis le Semnoz

© Savoie Mont Blanc / Rousson

La mer de Glace, le plus grand glacier de France, avec bien visibles les bandes de Forbes

Roger Frison-Roche lors d'une course de ski vers la fin des années 1930

ANECDOTE

Êtes-vous viande ou poisson ?

Au cours des siècles, les Savoyards, excepté les riverains des lacs et du Rhône, les pêcheurs professionnels et quelques inconditionnels et/ou originaux, n'affectionnent ni les plats de poissons ni la pêche. D'autant moins que l'abbaye, le seigneur ou l'évêque demeure, selon la tradition, propriétaire des eaux, en conséquence des poissons.

Viande des villes, viande des montagnes

Dans les bonnes maisons d'antan sont servis des plats de bœuf, de gibier, de volaille, de poisson. Ailleurs, la viande fraîche est rare et se résume au porc, le caïon en patois. La fricassée de caïon permet d'utiliser les bas morceaux, cuits lentement dans du vin rouge et liés à la crème et au sang. Les attriaux sont des crépinettes de foie et de chair de porc. Sans oublier le jambon, le lard et les saucisses.

Tout un chapelet de saucisses !

Petites, grosses comme des saucissons, vertes, parfumées : apprenez à les distinguer.

- **Les diots**. Particulièrement appréciées dans les Bauges, l'Albanais, en Chautagne et dans la combe de Savoie – des régions, pour la plupart viticoles –, ces petites saucisses à cuire sont préparées dans du vin blanc ou rouge additionné d'oignons. Les diots peuvent se manger chauds accompagnés de pommes de terre cuites à l'eau, de polenta, de chou vert… ou froids tranchés dans une salade ou un sandwich.
- **Les pormoniers**, grosses saucisses truffées de légumes : blettes, épinards, poireau, chou.
- **Les longeôles**, parfumées au carvi des prés.
- **Les saucisses de Magland**, fumées.

Diots au vin blanc

Ingrédients : 2 diots par personne, 2-3 échalotes ou 1 gros oignon, 30 g de beurre, apremont (vin blanc sec de Savoie), champignons de Paris à volonté, 20 cl de crème fraîche.

Préparation : peler les échalotes ou l'oignon et les hacher grossièrement. Dans une cocotte, les faire dorer dans le beurre. Piquer les diots avec une fourchette (pour qu'ils n'éclatent pas) avant de les faire dorer, en les retournant régulièrement. Couvrir avec le vin blanc et laisser mijoter tout doucement, une heure au moins. Ajouter les champignons blanchis. Au moment de servir, verser la crème fraîche pour enlever l'acidité du vin.

Dans la marmotte aussi, tout est bon !

Souvenirs d'un enfant de Lanslebourg-Mont-Cenis, en Haute-Maurienne, devenu cuisinier : Jean-Pierre Jorcin.

« Quand on était gamin, on passait tout l'été en vacances chez ma tante au Mont-Cenis. Je peux vous dire qu'on mangeait de la marmotte ! On l'attrapait, on la dépeçait. On clouait la peau sur une planche pour qu'elle sèche, on la vendait à l'automne quand on redescendait. On enlevait toute la graisse. On la mettait en bouteille : ça servait pour soigner les rhumatismes, pour imprégner les cuirs, les chaussures de montagne mais aussi pour teinter le bois. Ensuite, on mettait la viande toute la nuit sous l'eau courante pour enlever le goût fort, le goût sauvage. Le lendemain, on faisait un civet avec de la polenta et c'était excellent ! Ça, c'était quand j'étais gamin. J'en ai refait à l'hôtel pendant la saison de chasse. »

Quelques gourmandises

Quelques pâtisseries égayent les tables savoyardes et leurs convives. Elles sont réservées aux « occasions ». Vive les jours de fêtes !

Rissoles et merveilles

Pour Noël et la vogue (fête patronale), les femmes préparent, souvent à plusieurs, les rissoles, petits chaussons de pâte feuilletée ou brisée fourrés d'une marmelade de fruits (pommes, poires, pruneaux, raisins secs) et frits à la poêle ou cuits au four. Pour mardi gras, petits et grands se régalent de beignets craquants : les bugnes ou merveilles (voir chapitre 30).

Les rissoles, également appelées « rézules » ou « r'zules », sont préparées par centaines et offertes aux parents et aux amis en visite. Les pâtissières savent-elles que certains y détectent leurs qualités et leurs défauts ? Une rissole trop sèche, trop petite, trop grasse, trop grosse, mal fourrée, noircie à la cuisson : elles sont avares, dépensières ou sans soin. Une compote élaborée, un découpage précis, une croûte brillante dénotent leur esprit créatif et raffiné.

Rissoles

Ingrédients (pour la compote) : 2 kg de poires à cuire, 400 g de sucre cristallisé, 40 cl d'eau, ½ bâton de cannelle.

Préparation (de la compote) : éplucher, couper en quartiers, retirer le cœur dur et les pépins des poires. Les mettre dans un faitout avec le sucre, l'eau et la cannelle. Couvrir et laisser cuire.

Ingrédients (pour la pâte) : 250 g de farine, ½ cuillerée à café de sel, ½ verre d'eau pour préparer un pâton pas trop dur. Incorporer dans ce pâton la moitié de son poids en matière grasse ramollie (beurre ou margarine). Plan B : une pâte feuilletée toute prête !

Préparation (de la pâte, si vous insistez !) : laisser reposer le pâton vingt minutes dans une terrine couverte d'un torchon. Fariner un plan de travail et étaler le pâton en un rectangle plus épais au centre. Enfermer la matière grasse dedans en rabattant et en soudant les bords. Étaler ce pâton en un rectangle trois fois plus long que large. Plier le rectangle en trois. Tourner la pâte d'un quart de tour. De nouveau, étaler la pâte en rectangle, la plier en trois et donner un quart de tour. Laisser reposer vingt minutes au frais. La pâte feuilletée classique est à six tours (trois séries de deux tours avec un repos tous les deux tours). Une fois prête, étaler la pâte une dernière fois. Couper des bandes pour former des rectangles d'à peu près 20 cm sur 10. Poser au milieu de ces rectangles un petit tas de compote. Souder à la main les bords de la pâte rabattus et dorés au jaune d'œuf. Cuire à four chaud (210 °C, thermostat 7-8) pendant une vingtaine de minutes.

Le gâteau de Savoie

La recette du gâteau de Savoie est très ancienne. Selon la tradition, elle remonte au règne d'Amédée VI, entre 1343 et 1383. Le comte veut faire honneur à son suzerain, l'empereur romain germanique Charles IV. Il demande à son maître queux, Pierre de Yenne, d'imaginer une recette tout en légèreté pour la réception qu'il organise à Chambéry. Yenne ? Un village proche du lac du Bourget, berceau du gâteau de Savoie. Au moins depuis 1782.

RENCONTRE

Christophe Truffet à Yenne

Sur la place de Yenne, une petite pâtisserie, surmontée d'une grande enseigne : « Au véritable gâteau de Savoie ». Peut-être la boutique a-t-elle déjà cette allure à son ouverture en 1936. Christophe Truffet y est installé depuis juillet 1998. Avant lui, la famille Debauge et avant elle, la famille Borget, fondatrice de la maison en… 1782 ! Ingrédients, tour de main, cuisson : Christophe Truffet nous livre quelques secrets. Ne les répétez pas !

« Les ingrédients utilisés ? Des œufs, du sucre, de la farine. Pas de fécule. La pâte est aérée parce qu'on monte les blancs d'œufs non pas avec une machine moderne mais avec un fouet qui nous donne une qualité de montage comme à la main. Les blancs sont plus souples, moins soufflés et ils se tiennent mieux lors du mélange avec les autres ingrédients. Nous utilisons des moules anciens. On les graisse et on apporte une pellicule de sucre. Après, le plus important, c'est la cuisson : elle doit être douce et dégressive en température. Moi, j'ai un four à bois, entièrement maçonné. Il a une inertie énorme, on ne réchauffe jamais. Le matin, on a deux heures de combustion de bois, on retire les braises. Le four est chaud pour toute la journée et la température baisse au fil du temps. On doit cuire tous les gâteaux en même temps. Au bon moment. L'intérêt aussi de ce four, c'est que la vapeur dégagée par le produit est absorbée par les briques réfractaires et rediffusée tout au long de la cuisson donc on a une concentration des saveurs et on conserve le moelleux. Si on voulait garder la vapeur dans un four moderne, ça ruissellerait et ça dégoulinerait sur le gâteau. Et puis il y a le volume qui compte. En faisant une petite quantité, on n'obtient pas le même moelleux, la même aération du produit. Bien sûr, j'en tire une certaine fierté. Je me considère un peu comme un gardien. J'ai appris ici, comme apprenti. J'ai l'amour du métier, l'amour du produit et le respect des anciens. »

Le Saint-Genix

Ah, cette brioche dorée garnie de pralines croquantes dessus et fondantes dedans. Un plaisir visuel et gustatif. Mais disons-le tout de go : à l'origine, le Saint-Genix est un gâteau… français ! Pour trouver l'explication, rendons-nous à Saint-Genix-sur-Guiers et remontons en l'an 1630. La maison Labully, relais de diligence entre Lyon et Genève, vient d'être fondée. En 1848, Pierre Labully épouse une fille des Abrets, village situé de l'autre côté du Guiers, en Dauphiné. Une Française donc ! Françoise Guilloud apporte en dot la recette d'une brioche décorée de pralines. À partir de 1937, ces mêmes pralines sont incorporées dans la brioche, à la demande de la clientèle du relais devenu hôtel. Devant le succès, Paul Labully ouvre une pâtisserie juste à côté, en 1948. Le commerce est transmis à Alain Bavuz. Sur la place de l'église, les gâteaux Labully sont toujours fabriqués dans des coppets, des moules en bois de tilleul.

RENCONTRE

Alain Bavuz à Saint-Genix-sur-Guiers

Des Labully, des générations de Labully depuis 1630. Et lui, Alain Bavuz, depuis 1979 ! Heureux que son fils, Jean-Philippe, continue d'écrire l'histoire du Saint-Genix.

« Les ingrédients de base sont la farine, le beurre, les œufs, le sucre, la fleur d'oranger, la levure et les pralines. Les pralines, c'est mon fils qui les fait. Elles sont toujours fraîches. C'est monsieur Labully avec qui j'ai travaillé pendant six ans qui m'a donné la recette. Bien sûr, il y a un secret ! C'est la fabrication de la pâte, très longue.

– La recette est-elle gardée quelque part ?

– Elle est chez nous.

– Dans un coffre-fort ?

– Non, dans les vieilles maisons, il y a assez de cachettes ! »

Alain Bavuz pose sur la table de la cuisine un vieux papier : « Mon beau-frère, en arrachant une tapisserie, a retrouvé un journal avec cette publicité.

– Que lit-on ?

– Gâteau Labully ou gâteau de Saint-Genix perfectionné. Se méfier des contrefaçons, exigez la banderole ci-contre. »

Le journal en question, *Le Nouvelliste de Lyon*, est daté du dimanche 13 mai 1894.

La cuisine des sports d'hiver

C'est la cuisine carte postale de la Savoie et de la Haute-Savoie. La cuisine née avec le développement du tourisme et des sports d'hiver. Préparée avec amour et bons produits, elle est goûteuse, conviviale et revigorante. Mais, banalisée, elle peut aussi parfois être maltraitée !

La fondue : suisse

La fondue ou l'art d'accommoder les restes : fromage et pain rassis. La fondue est vaudoise, genevoise, fribourgeoise, valaisanne mais pas savoyarde à l'origine. Elle le devient par contagion et par le choix des fromages : emmental et beaufort.

Le point de vue... d'un chef

Thierry Thorens est compagnon cuisinier, petit-fils, fils et neveu de cuisiniers à Morzine.

« Ma version de la fondue savoyarde ? Vous savez, il y avait beaucoup de main-d'œuvre au printemps et à l'automne dans les vignes en Suisse. Et pour nourrir tout ce petit monde, les exploitants, les vignerons donnaient le fromage dur qui n'était pas vendable. Donc, comme ils avaient du vin blanc à profusion, les Savoyards se sont amusés à fondre ce fromage, difficile à manger tel quel. Et ils ont rapporté cette façon de faire chez eux. L'or blanc est arrivé. Les écuries et les fermes se sont transformées en auberge et la fondue savoyarde a pris son essor ! »

L'été, le lait est plus gras que l'hiver. Les fromages d'été rendent donc la fondue plus crémeuse.

Gare aux gages !

La convialité de la fondue tient peut-être aussi aux gages qui l'accompagnent. Gare au morceau de pain qui tombe dans le caquelon. Vous êtes bon pour avaler votre verre cul-sec ou embrasser toute la tablée (ou les deux !). Franchement, ce n'est rien comparé aux gages romains d'*Astérix chez les Helvètes*. Premier petit bout de pain perdu : cinq coups de bâton. Deuxième : vingt coups de fouet. Troisième : le convive est jeté dans le lac (Léman) avec un poids attaché aux pieds !

La raclette : helvète

Prenez un feu de bois. Présentez-lui un fromage. Vous obtenez le « fromage rôti », raclé sur du pain ou des pommes de terre. La technique est inventée par des bergers suisses. Il faut attendre la fin du XIXe siècle pour qu'apparaisse le mot « raclette ».

Le ou la raclette ?

Au masculin, le raclette est un fromage au lait de vache à pâte pressée non cuite du canton du Valais en Suisse. Au féminin, la raclette sent bon la demi-meule ou le morceau de fromage fondu à sa surface par une source de chaleur (lampe ou résistance électrique).

Variations sur un même thème : à la fondue et à la raclette s'ajoutent quelques déclinaisons locales, proprement savoyardes.

- **Le berthoud** est une recette chablaisienne à base d'abondance placé dans des ramequins individuels frottés à l'ail, arrosé de vin blanc de Savoie et de Madère et placé sous le gril. Ne reste plus qu'à y tremper des cubes de pain ou des petites pommes de terre cuites dans leur peau.

  Mais d'où vient le berthoud ? Pour les uns, un dénommé Berthoud cafetier à Thonon-les-Bains est à l'origine de cette spécialité de l'automne ou de l'hiver du Chablais. Pour les autres, l'idée en revient à un enfant du pays d'Abondance où sa famille châble (hale) le bois vers le Léman. Le doute risque de subsister des années.

- **La matouille des Bauges**, elle, utilise une tome des Bauges entière. La croûte supérieure est enlevée. Le fromage est posé dans un grand plat, piqué à l'ail, arrosé de vin blanc de Savoie et passé au four jusqu'à obtenir une tome coulante. Les morceaux de pommes de terre y plongent avec délice !

La tartiflette : jeunette !

Rien d'ancestral dans cette recette (voir chapitre 30). Le plat de pommes de terre, oignons, lardons, vin blanc et reblochon passés au four est adopté dans les stations de sports d'hiver dans les années quatre-vingt ! Qui est son inventeur ? Probablement un restaurateur. Le Syndicat interprofessionnel du reblochon n'a rien à voir avec cette *success-story*, contrairement à une idée assez répandue. La filière bénéficie d'une AOC depuis 1958 et la production de reblochon s'en ressent sensiblement : elle passe de 5 000 tonnes en 1958 à 17 000 tonnes en 2000. Elle oscille aujourd'hui entre 15 000 et 17 000 tonnes.

La tartiflette tire son origine d'une préparation paysanne traditionnelle. Retirez les lardons et le vin blanc, il vous reste la pela des Aravis. La pela désigne la poêle à manche long dans laquelle cuit… la pela, également appelée « fricassée de reblochon ».

Des chefs et des étoiles

La Savoie et la Haute-Savoie, au firmament ! Toutes deux totalisent 45 étoiles en 2013 : un restaurant 3 étoiles, 12 restaurants 2 étoiles et 18 restaurants 1 étoile au Guide Michelin. Entre poissons délicats, pièces de boucherie, gibier, lait, beurre, crème, fromages, plantes aromatiques, champignons, pommes, poires, mûres, myrtilles et vins, les grands chefs disposent d'une palette de généreux et savoureux produits.

Courchevel est LA station « superstar ». À elle seule, elle compte 7 des 31 tables étoilées des Pays de Savoie, dont 5 restaurants 2 étoiles.

Laurent Petit à Annecy-le-Vieux

Artisan culinaire. Doublement étoilé. Les pieds enracinés en Haute-Savoie depuis vingt ans. Le regard irrésistiblement attiré par le lac. Au Clos des Sens, Laurent Petit sert sa région. Seule allusion à ses origines haut-marnaises, le Langres sur le plateau de trente fromages. Tout le reste est cueilli ici, tout près.

« On a toujours bien mangé dans cette région, on n'a jamais aussi bien mangé dans cette région. Il y a une poussée phénoménale. Quand je reprends ma carrière – ça fait trente ans (il est né en 1963, NdA) – il y a eu les années Alsace, les années Bourgogne. Dans le Michelin, c'est assez flagrant. Quand j'ai débuté, les grandes tables étaient en Alsace. Après, c'est descendu sur la nationale 7 : les Meneau, Loiseau. Je ne pense pas me tromper en disant que dans cinq-six ans, la concentration de 3 étoiles, elle est ici. Il y a un paquet d'étoiles montantes. Arrivé à mon âge, j'ai un rôle de passeur. J'y tiens beaucoup, pour mes jeunes.

Depuis vingt ans que je suis là, je me sens chez moi. Bien sûr, je suis totalement piqué par les produits du lac. Quand je suis arrivé, je ne savais pas ce qu'était un poisson de lac. Je suis en montagne tous les week-ends en balade. Forcément, ça m'imprègne. Quand je me promène dans les sous-bois et que ça regorge de champignons, j'arrive là avec mes cèpes et j'en fais un plat. Le fromage ? C'est un truc de fou, une vraie empreinte locale. Aujourd'hui, je suis tellement axé sur le produit et ses différentes interprétations que tout cela est naturel. J'ai l'habitude de dire « Ouvrons les yeux ». Mais je dis la même chose pour les relations humaines, pour la vie. Ne va pas chercher ailleurs ce qu'il y a autour de toi.

Aller sur un marché, ça peut paraître banal mais ça ne le sera jamais. À un moment donné, les premières pommes arrivent. Les premières pommes d'ici. Le tempo, la vraie saisonnalité, ce sont les marchés et les petits producteurs. Ça peut paraître désuet de parler comme ça à des jeunes mais il n'y a qu'une vérité, c'est celle-là. Je ne pourrai plus cuisiner ailleurs, aller vivre ailleurs. Tu poses les pieds, tu t'enracines. »

Chapitre 24

Une langue, le franco-provençal

Dans ce chapitre :

- Dit-on « Chamoni » ou « Chamonix » ?
- C'est rien dur, on vous explique
- En tout cas, on va pi tâcher moyen d'y faire !

Vous commandez une tartiflette ? Vous parlez déjà un peu savoyard. Le savoyard ou plus largement le franco-provençal, une langue ? Oui, sans doute la plus méconnue des langues régionales de France.

À l'origine

Ni langue d'oc ni langue d'oïl. Le franco-provençal – appelé aussi arpitan – n'est identifié qu'à la fin du XIXe siècle mais ses origines sont bien latines.

Une langue internationale multiforme

Suivez la conquête romaine depuis Lugdunum (Lyon) et vous délimitez l'aire du franco-provençal, de part et d'autre des Alpes. Elle s'étend aujourd'hui des Savoie jusqu'à Lons-le-Saunier, Bourg-en-Bresse, Mâcon, Lyon, Saint-Étienne, Grenoble, en Italie (Val d'Aoste, Piémont) et en Suisse (cantons du Valais, de Genève, de Vaud, de Fribourg, de Neuchâtel). Comptez le nombre de vallées et vous obtenez autant de patois et de prononciations ! Ça n'empêche pas la compréhension mutuelle.

Nom d'un chien !

Comment désigner un chien en franco-provençal ? Très simple : *shan, shin, stin, tsin, tsény* selon la commune. Les enfants, eux, l'appellent « tatà » ou « wouwou ». Pour les femelles : *finha, shin-na, stin-na, tsîn-na, tsinra, kanyi, sheûno*. Un seul mot pour mettre tout le monde d'accord : *kouché* !

Patois et français

La langue du village et la langue de l'administration. La langue du quotidien et la langue du dimanche. Patois et français coexistent dans les États de Savoie. Le français est utilisé par l'élite mais le peuple le comprend car c'est aussi la langue des échanges avec l'extérieur puis avec les « monchus » (touristes).

La Savoie est occupée par le roi de France François Ier dans la première moitié du XVIe siècle. Quand il signe l'ordonnance de Villers-Cotterêts en 1539, le français devient la langue exclusive des actes officiels en lieu et place du latin. Le texte royal reste en vigueur en Savoie lorsque les troupes françaises quittent le duché en 1559. Au XIXe siècle, la capitale ducale, Turin, tente d'imposer l'italien en Savoie mais devant l'opposition, elle recule. Jusqu'à l'annexion française, en 1860, tous les actes de l'administration turinoise sont donc traduits en français pour ce côté-ci des Alpes !

Un Savoyard, père de la grammaire française

Parole entendue en Maurienne, non sans un brin de provocation : « C'est nous qui avons appris le français aux Français ! » Nous ? Entendez Claude Favre de Vaugelas (1585-1650), fin grammarien qui a la bonne idée de naître à Meximieux, aujourd'hui dans l'Ain, autrefois dans le duché de Savoie. Passionné, brillant, perfectionniste, Vaugelas s'établit à Paris et entre à l'Académie française en 1634. Son français irréprochable l'amène à rédiger pour la cour de France en 1647 un ouvrage référence : *Remarques sur la langue françoise, utiles à ceux qui veulent bien parler et bien écrire.*

Une littérature ancienne

LE SAVIEZ-VOUS ?

Les premiers textes connus, rédigés en franco-provençal, datent du XIIIe siècle. Ils sont l'œuvre de Marguerite d'Oingt, prieure de la chartreuse de Poleteins, située à Mionnay (Ain). Cette femme cultivée décrit ses expériences mystiques en latin, en français mais aussi dans sa langue maternelle, notamment dans *Speculum* (*Le miroir*).

L'écrire et le parler

Une langue vit sa vie. Elle s'écrit, évolue et surtout se parle !

Comment écrire le franco-provençal ?

Vaste question ! Autrefois, chacun écrit sa langue maternelle comme bon lui semble. Au XXe siècle, la graphie du franco-provençal est codifiée mais pas unifiée. Il existe deux systèmes d'écriture, l'un orthographique, l'autre phonétique. Résultat : une relative liberté d'écriture.

Simple comme bonjour !

Voici les différentes versions de « bonjour » livrées dans le *Dictionnaire français-savoyard* de Roger Viret. Treize à la douzaine !

- Bonjor
- Bonzhêr
- Bonzheu
- Bonzheur
- Bonzheû
- Bonzho
- Bonzhò
- Bonzhor
- Bondzor
- Bondzokh
- Bonzdor
- Bonzor
- Bouhndzârt

Petit lexique de survie

À glisser dans la trousse de premiers secours… pour comprendre ou se faire comprendre !

- *Bonzhor* : bonjour
- *Bouna né* : bonsoir
- *Arvi/Arvi, pâ/Arvi, dan* : au revoir
- *À bintou* : à bientôt
- *S'i vo plé* : s'il vous plaît
- *Marsi/granmassi* : merci, grand merci
- *Baire ku sè* : boire cul sec
- *Ment-è qu'i balye ?* : comment ça va ?
- *I balye bin* : ça va bien
- *Tèque te fâ ?* : qu'est-ce que tu fais ?
- *Vin avoué me* : viens avec moi
- *Quèsi-vos !* : taisez-vous !

Les passeurs de la langue

« Ma grand-mère est née en 1917, elle a appris le patois. Ensuite, on a interdit à la génération de mes parents de parler patois, comme partout. Ma génération ? Je le comprends bien, je le parle mal. La génération derrière ? Fini ! En trois générations, ça disparaît… »

Combien de témoignages comme celui-ci ? Combien parlent encore le franco-provençal ? 100 000 personnes selon l'Unesco qui le classe parmi les 3 000 langues en danger dans le monde. En France, c'est indéniablement en Savoie et en Haute-Savoie que le franco-provençal conserve le plus de vitalité. Mais pour combien de temps ? L'apprentissage est très limité dans les établissements scolaires : initiation dans quelques écoles, une à deux heures hebdomadaires de cours dans quelques collèges et lycées. Toujours au bon vouloir des enseignants. Ils ne bénéficient ni de programmes, ni de formations. Les défenseurs du franco-provençal militent pour le bilinguisme français/savoyard à l'école. Ils multiplient les démarches auprès du ministère de l'Éducation nationale pour que les élèves puissent choisir leur langue régionale comme option au diplôme national du brevet ou au baccalauréat. Sans succès jusqu'à présent.

« Je ne dois pas parler patois. » Effacées ces lignes d'écoliers d'antan. Çà et là, émerge la mémoire sous forme de dictionnaires de patois, de lexiques de villages, d'enregistrements des anciens. La mémoire contre le rejet, l'oubli. « Pour conserver son âme », disent-ils.

LE SAVIEZ-VOUS ?

« Lou Rbiolon » fédère une vingtaine de groupes patoisants en Savoie et Haute-Savoie. Sa mission : valoriser le patrimoine culturel et linguistique à travers fêtes, spectacles et théâtres. « Lou Rbiolon » désigne les jeunes arbres, les rejets. Coupés à ras mais qui finissent toujours par repousser : belle image pour le franco-provençal, non ?

ÉVÉNEMENT

Une occasion de « faire la rioule » ? La fête internationale du franco-provençal. Rendez-vous chaque année à la fin de l'été tour à tour dans les Savoie, le canton de Vaud ou le Val d'Aoste. Danse, chant, musique, colloques. Un seul mot d'ordre : le patois, plutôt que d'en parler, il faut le parler. *Fo lo prèdjé* !

Tintin, ambassadeur du franco-provençal

L'une des aventures de Tintin, *L'affaire Tournesol*, a sa version franco-provençale : *L'afére Pecârd*. L'intrigue, qui se déroule autour du Léman, se prête à une adaptation régionale. Les Dupond/Dupont sont rebaptisés Badel/Badet. Le chauffeur milanais devient valdôtain. Le professeur Topolino s'exprime en patois vaudois, Tintin en patois savoyard, Haddock en patois lyonnais. Quant aux jurons du capitaine, toujours aussi fleuris ! « *Mile milyârds de mile milyons de mile tonêrros !* », « *Ôtocratos* » Un dernier ? « *Fèsseles de bosa* » !

Une empreinte dans le français

Une couleur, un relief, un accent traînant. L'air de rien, le franco-provençal marque de son empreinte le français des Pays de Savoie.

Des tournures bien de chez nous !

Tout d'abord, un petit « y » qui vient s'immiscer dans les phrases à la place de « le », « la » ou « les ».

- J'y sais bien !
- Tu y dis !

- On va pi tâcher moyen d'y faire : on va essayer !
- Vous y laissez pas là : laissez propre derrière vous, consigne des guides de haute montagne !

« Mé » (du latin *magis*) vient également ponctuer des expressions, en remplacement de « encore ».

- Il est mé là
- Il a mé passé la panosse : il a encore passé la serpillère !
- Qu'est-ce que t'as mé fait ?
- T'as mé fait la rioule toute la nuit : tu as encore fait la fête toute la nuit !

« Rien » marque la négation.

- Il fait rien froid aujourd'hui
- Le chien est rien méchant

« Seulement » signifie « donc ».

- *Reprenez seulement de la tomme* (non, ce n'est pas une manière de vous brider !)
- *Entrez seulement !*

Des mots empruntés au patois

Ils sont employés couramment. Jugez plutôt.

- *Le nant* : torrent
- *Les praz* : prés
- *L'aulp* : alpage
- *Le mollard* : colline
- *Le villard* : hameau
- *La balme* : grotte
- *Le fayard* : hêtre
- *Le plane* : érable
- *La verne* : aulne
- *Le pesse* : épicéa

- *Le vuarne ou vargne* : sapin
- *Emmontagner* : conduire les bêtes à l'alpage
- *Démontagner* : descendre les bêtes de l'alpage
- *La désalpe* : descente du troupeau
- *Le pêle* : pièce ou chambre chauffée par un poêle
- *Les tavaillons* : tuiles de bois
- *La pôche* : louche
- *Les fidés* : vermicelles
- *La tartifle* : la pomme de terre (au cas où cela vous aurait échappé !)
- *Le caïon* : porc
- *La vogue* : la fête patronale
- *La Yaute* : la Haute-Savoie
- *Le monchu* : monsieur puis par extension, bourgeois, touriste voire pédant !

Le mystère des x et des z

LE SAVIEZ-VOUS ?

Comment agacer un Savoyard ? Lui vanter les charmes d'« Avoriaze », de « La Clusaze », de « Chamonixe ». Un, il déduit que vous n'êtes pas du coin. Deux, il risque de vous rétorquer : « Vous ne venez pas de "Bordeauxe" par hasard ? » Une des particularités des noms propres savoyards est leur terminaison en « az », « oz » ou « x ». Pure invention française, en fait ! Car la langue française ne connaît pas les accentuations finales. Dès le XIIe siècle, les copistes ajoutent donc un « z » pour marquer un accent tonique avant la finale. Le « z » ne se prononce pas et la voyelle qui le précède doit être atone, allégée. Cela donne : « Avoria », « La cluse ». Une exception (parmi d'autres) : le Semnoz (« Semnoze »), la montagne d'Annecy ! Le « x » est muet, lui aussi, et sert à accentuer la voyelle finale : « Chamonii ». Et les noms de famille ? La règle est normalement la même mais fréquemment, le « x » ou le « z » final se prononce. Un conseil : fiez-vous à la tradition orale, excellent juge de paix.

Allobroges ? Vous avez dit Allobroges ?

La France a sa *Marseillaise*. La Savoie, ses *Allobroges*.

En français

L'hymne national *Les Allobroges*, appelé aussi *La Liberté*, est écrit par le journaliste et homme de lettres Joseph Dessaix en 1856 sur une musique de Giuseppe Conterno, issue de vieux airs populaires savoyards. La liberté s'exprime dans ce chant. Au milieu des régimes autoritaires européens – dont celui de la France après le coup d'État de Louis-Napoléon Bonaparte en 1851 – elle trouve refuge en Savoie. Le succès est immédiat. L'hymne est parfois chanté à genoux, en particulier à la frontière du Guiers et du Rhône, face à la France asservie…

LE SAVIEZ-VOUS ?

Pourquoi *Les Allobroges* ? En référence au peuple celte, ancêtre des Savoyards, réputé pour sa bravoure et sa fidélité à la parole donnée !

Les Allobroges

Couplet 1

Je te salue, ô terre hospitalière,
Où le malheur trouva protection ;
D'un peuple libre arborant la bannière,
Je viens fêter la Constitution.
Proscrite, hélas ! j'ai dû quitter la France,
Pour m'abriter sous un climat plus doux ;
Mais au foyer j'ai laissé l'espérance,
En attendant, en attendant, je m'arrête chez vous.

Refrain

Allobroges vaillants ! Dans vos vertes campagnes,
Accordez-moi toujours asile et sûreté,
Car j'aime à respirer l'air pur de vos montagnes,
Je suis la Liberté ! La Liberté !

Couplet 2

Au cri d'appel des peuples en alarme,
J'ai répondu par un cri de réveil ;
Sourds à ma voix, ces esclaves sans armes
Restèrent tous dans un profond sommeil.
Relève-toi, ma Pologne héroïque !
Car pour t'aider je m'avance à grands pas ;
Secoue enfin ton sommeil léthargique,
Et je le veux, et je le veux, tu ne périras pas !

Couplet 3

Un mot d'espoir à la belle Italie :
Courage à vous, Lombards, je reviendrai !
Un mot d'amour au peuple de Hongrie !
Forte avec tous, et je triompherai.
En attendant le jour de délivrance,
Priant les Dieux d'apaiser leur courroux,
Pour faire luire un rayon d'espérance
Bons Savoisiens, bons Savoisiens, je m'arrête chez vous !

En franco-provençal

Moins connue, une version en patois des *Allobroges*, *La Compara* (La Lutte), écrite par le vicaire de Sciez, Basile Démolis peu avant l'annexion de la Savoie (1860) puis reprise avec quelques modifications par la poétesse savoyarde Amélie Gex en 1878. L'air est le même, la chanson tout autre. Elle évoque la grande misère du paysan. Il a faim et il faut payer, toujours payer…

La Compara

Quelques paroles en franco-provençal. Avant la traduction du chant en intégralité.

***Coplet* (couplet) 1**

Mon Diu, mon Diu,
On est dien la débina,
On n'a zhamé, z-u viu n'asse crouye saison,
Onco n'an dinse, la campagne z-è fotoua,
Lou rats partot, désertan les maisons,
On n'a zhin d'blâ, d'la maud'on n'en a guère,
Des nioués, des pronmes, on n'en a zhamé preu,
Magrâ la sè, la famena, la misèra,
La Saint-Andri, la Saint-Andri,
R'vin tozhor, le mime zhor.

***Fredon* (refrain)**

Seigneu, vos i vèyi,
Cen n'pu, pâ deurâ dinse,
On a biau s'étreci, et biau se comparâ,
La trin-na, la zhalâ,
Les talyes apoué lous censes,
Shâcon vin nos plemâ, oua, nos plemâ.

Couplet 1

Mon Dieu, mon Dieu, on est déprimé
On n'a jamais vu une aussi mauvaise saison,
Encore une année comme ça, la campagne est foutue,
Les rats partout, désertent les maisons,
On n'a point de blé, du cidre on n'en a guère,
Des noix, des prunes, on n'en a jamais assez,
Malgré la soif, la famine, la misère,
La Saint-André, la Saint-André,
Revient toujours le même jour.

Refrain 1

Seigneur, vous le voyez,
Cela ne peut pas durer comme cela,
On a beau s'étrécir et beau lutter,
La grippe qui traîne, le gel
Les tailles et les cens
Chacun vient nous plumer, oui nous plumer.

Couplet 2

On est presque plumé comme des poules,
Il faut partout débourser nos petites économies,
N'aurait-on à manger que des coquilles de noisettes,
Qu'il faudrait encore leur abandonner le plus gros,
Le percepteur nous arrache les cheveux de la tête,
Les capucins quêtent dans leurs sacs
On doit encore donner quand il y a une fête,
Un jour la laine, un jour la laine,
Le jour d'après, le mouton.

Refrain 2

Seigneur vous le voyez,
Cela ne peut pas durer comme cela,
On a beau la serrer, pour avoir lutté,
Les souliers sont percés, la bourse est très mince,
Ils nous ont tout plumés, oui tout plumés.

(Suite)

Couplet 3
En plein mois d'août, quand le soleil vous grille
Qu'on se fait ronger la figure par les taons,
Ces beaux messieurs ont joliment le ventre à l'ombre
Et tout en train de s'étirer comme des veaux,
Boivent le vin blanc, tandis que nous la piquette,
Manient la plume, tandis que nous le râteau,
Et puis encore, ils nous font la grimace,
En se riant, en se riant,
De ces grillons, que la soif tracasse.

Refrain 1

Couplet 4
Les jours de marché, ces maudites petites dames,
Viennent sans raison bousculer nos paniers,
Les vieilles poules ne sont jamais assez grasses,
Les coquelets sont toujours trop petits,
Ah oui, il faudrait les rendre jeunes par force,
Ces petites dames, avec du petit-lait,
Pour leur enlever la peinture qui durcit leurs lèvres,
Et le mascara qui leur fait le cœur tout noir.

Refrain 2

Couplet 5
Les médecins ont refait leurs notes
Ils ont partout porté de nouveaux prix
C'est quinze francs pour guérir une engelure
C'est trois écus pour un rhume de cerveau
Une indigestion coûte plus qu'une noce
Il faut vendre un bœuf si la fièvre vous prend
Pour avoir des enfants il faudra rouler carrosse
Être monsieur, être monsieur
Pour avoir mal aux reins.

Refrain 3
Seigneur, vous le voyez,
Cela ne peut pas durer comme cela,
Donnez-nous s'il vous plaît
Du pain et la santé
Alors on enverra
Où sont partis les princes
Les autres se gratter, oui se gratter.

Chapitre 25

Ailleurs mais toujours Savoyards !

Dans ce chapitre :

- Du courage
- De l'audace
- Et la Savoie chevillée au cœur !

Ici, les montagnes ne constituent pas des obstacles. Depuis des siècles, la Savoie est une terre d'échanges, d'émigration. Et les Savoyards, des hommes vaillants. Poussés par la nécessité, par l'esprit de conquête, ils franchissent les cols et les océans !

Les frahans

Qui sont-ils ? Les maçons et tailleurs de pierre de Samoëns et de la haute vallée du Giffre. Des hommes que le dur labeur de la terre ne nourrit pas suffisamment. Dès la fin du XIVe siècle, ils vont travailler sur des chantiers de construction dans les villes à la belle saison, lorsque les bêtes sont à l'estive.

LE SAVIEZ-VOUS ?

Le terme « frahans » provient du mourmé, l'argot des tailleurs de pierre. Mannedigne est l'appellation de Samoëns en mourmé. Ce langage confidentiel s'éteint apparemment à la fin du XIXe siècle.

Les frahans savent imposer leur savoir-faire et la belle pierre calcaire de leur vallée. Ils créent une confrérie en 1659. Bientôt, leur renommée d'artisans d'élite et de remarquables dessinateurs rayonne en France, en Suisse, en Allemagne et jusqu'au Nouveau Monde. Vauban leur confie en partie la construction de la citadelle de Besançon et de la place forte de Mont-Dauphin (Hautes-Alpes).

Voltaire les emploie beaucoup pour le renouveau de Ferney (Ain) et l'édification de son château dans le village.

Samoëns accueille tous les deux ans, en été, le Symposium international de sculpture sur pierre.

Les colporteurs

Que vendent-ils ? Des objets très divers : fil, boutons, passementerie, dentelles, draps, couteaux, colifichets, bijoux fantaisie, peignes, almanachs, images de saints, chapelets, médailles pieuses, papeterie, jeux de cartes, graines. Mais aussi leurs services de ferblantiers, chaudronniers, rémouleurs. Dès le XVIe siècle, aux longs mois d'hivers, les colporteurs quittent le Haut-Faucigny, la Haute-Tarentaise, la Haute-Maurienne, leur boutique ambulante sur le dos. Seul ou accompagné d'un mulet.

Porteurs de balle

Les colporteurs sont aussi les « porteurs de balle », du nom de la caisse en bois aux multiples tiroirs qu'ils transportent.

Où partent-ils ? Pour le Piémont, le Val d'Aoste. Le Dauphiné, Lyon. Pour le Valais, Genève, Bâle. La Franche-Comté, la Lorraine. Pour Francfort, Munich, Vienne. L'émigration initiale est saisonnière. Parfois, elle devient temporaire puis pour certains, définitive. Leur esprit d'initiative, leur ambition, leur courage guident les colporteurs vers le négoce. Là est leur meilleure chance d'ascension sociale. Mais il ne faut pas occulter les dures conditions de vie : accidents, vols des économies, de la marchandise, assassinats.

Les marchands migrants font profiter la communauté montagnarde de leur réussite à travers la construction d'écoles, de chapelles, d'oratoires. L'explosion de l'art baroque en Faucigny, Tarentaise et Maurienne ? Souvent le fruit de leur soutien sonnant et trébuchant, tout emprunt de piété.

Un grand-père colporteur

Au XIXe siècle, un certain Alexandre Balmain part de Saint-Sorlin-d'Arves. Sa balle porte des étiquettes de gare de Düsseldorf et de Karlsruhe. Le colporteur gagne suffisamment d'argent pour ouvrir une boutique à Saint-Jean-de-Maurienne, qu'il fait prospérer, puis une seconde à Aix-les-Bains. Son petit-fils, Pierre Balmain (1914-1982) ouvre sa propre maison de couture à Paris après la Seconde Guerre mondiale. À Saint-Jean, sa ville natale, une rue porte son nom.

Les colporteurs laissent une trace

1859, à quelques mois du rattachement de la Savoie à la France. Joseph Extrassiaz, dit « Le Rétréci » quitte son village de haute montagne pour parcourir l'Italie et vendre mercerie et colifichets. Ainsi commence l'histoire d'un colporteur, campé par Richard Berry, dans *La Trace*, le film de Bernard Favre, sorti en 1983. Les racines familiales du réalisateur se trouvent du côté de Tignes. « Ce n'est jamais le même homme qui part et qui revient », peut-on lire sur l'affiche originale du long-métrage.

Colporteurs de musique

Des gravures anglaises, allemandes, italiennes du XIXe siècle représentent des Savoyards en musiciens ambulants. Ils portent en bandoulière ou tirent sur une charrette un orgue de Barbarie, orné parfois de marqueterie, d'automates, toujours protégé par une couverture. Un instrument choyé car chèrement payé. L'investissement de toute une vie souvent. De ville en ville, les « tourneurs de manivelle » apportent une animation, en échange de quelques pièces, et popularisent rengaines et airs d'opéra.

CURIOSITÉ

Une statue grandeur nature en terre cuite. Le Savoyard, automate de musique, a un bras mobile qui actionne un orgue de Barbarie. Cette pièce, fabriquée à Leipzig en Allemagne dans les années 1870, est l'emblème du musée de la Musique mécanique des Gets, près de Morzine. Le musée rassemble l'une des plus importantes collections d'instruments de musique mécanique d'Europe.

Les enfants aussi...

Avec son bonnet rouge, ses vêtements en guenilles, son visage barbouillé de suie, son racle et sa débrouillardise, le petit ramoneur savoyard est considéré comme un porte-bonheur. Au début du XXe siècle, il apparaît sur les cartes postales au même titre qu'un brin de muguet ou qu'un trèfle à quatre feuilles ! Mais quel est le sort de ces enfants ?

Au XVIIIe siècle, la multiplication des cheminées dans les habitations bourgeoises et les immeubles collectifs crée un nouveau besoin : le ramonage. À cette époque, débarrasser le conduit de la suie nécessite de s'y introduire. Domaine réservé aux enfants dès l'âge de 6 ans ! Dans les familles du Genevois, de Tarentaise et surtout de Maurienne, des recruteurs conviennent d'un « salaire » modeste avec les familles pauvres. Une bouche de moins à nourrir. À la Saint-Gras, le 7 septembre, les petits travailleurs partent en groupe à pied. Ils sillonnent les routes de France, vers Paris, Lyon, la Lorraine, la Provence. Ils ne rentrent chez eux qu'à la belle saison… pour les travaux des champs.

Les petits ramoneurs sont aussi baptisés « les hirondelles d'hiver ». Ils arrivent dans les villes lorsque les oiseaux fuient ces dernières.

La journée d'un ramoneur savoyard ? 14 heures de travail. Pas de dimanche, pas de jour férié. En guise de repas ? Du pain dur et de la soupe. Le couchage ? Souvent un taudis. L'argent gagné ? Confisqué par le maître ramoneur. Et des enfants malades des poumons, rendus aveugles par la suie, frappés, brisés par des chutes… Montreurs de marmottes apprivoisées et tourneurs d'orgues, ils en sont réduits à mendier quelques pièces. L'image d'Épinal du petit ramoneur est en fait une très dure réalité. En 1863, le préfet de Savoie réglemente cette migration enfantine : ni les filles ni les garçons de moins de 12 ans ne peuvent être engagés. L'activité des hirondelles cesse peu ou prou avant la Première Guerre mondiale.

La « mauvaise réputation »

Comme le chante Brassens, « Non les braves gens n'aiment pas que l'on suive une autre route qu'eux »…

Espèce de savoyard !

Le mot « savoyard » dépasse très vite son sens géographique. Il désigne les migrants aux basses professions de ramoneurs, montreurs de marmottes, décrotteurs, originaires ou non de la Savoie. Autant dire des hommes grossiers et sans éducation. Dès le XVIe siècle, les écrivains savoyards préfèrent utiliser le mot « savoisien » pour parler des leurs.

Crétin des Alpes !

D'où vient cette insulte ? Des personnes souffrant de goitre, de petite taille, de membres déformés, souvent assimilées à des bêtes de somme pour nombre de tâches ingrates. Le crétinisme est lié à la consanguinité mais aussi au manque d'iode. Dans les régions montagneuses, le sel utilisé, le sel gemme, est très pauvre en iode contrairement au sel marin.

Halte-là !

Isolement, autarcie, pauvreté, analphabétisme : des mots souvent employés pour évoquer la vie dans les Alpes. Remettons le clocher au milieu du village ! Le montagnard est fondamentalement un homme en mouvement. Il doit aller chercher les compléments de ressources indispensables à sa survie. Les communautés agropastorales ouvrent leur économie aux échanges et au commerce. L'émigration ne jette pas sur les routes que des miséreux ignorants. La preuve ? Le taux d'alphabétisation augmente avec l'altitude ! Dans les hautes vallées, les migrations saisonnières sont plus importantes. Pour leurs métiers itinérants, les habitants ont besoin de savoir lire, écrire et calculer. L'apprentissage des enfants commence très tôt.

LE SAVIEZ-VOUS ?

En 1864, les premiers inspecteurs de l'Éducation nationale se rendent dans les villages de montagne. Ils réalisent des études sur le taux d'alphabétisation. Contrairement à leur *a priori*, il est supérieur au taux moyen de la France. « Plus tu es instruit, mieux tu te débrouilles » n'est pas inscrit sur le tableau noir mais dans tous les esprits !

Les Savoyards de Paris

Au XIXe siècle, de nombreux Savoyards sont déjà établis à Paris, temporairement ou définitivement. Et souvent regroupés.

Cochers de fiacres puis chauffeurs de taxis

Ils sont installés dans le 18e arrondissement de la capitale, à proximité des remises de fiacres et des écuries. Puis l'urbanisation les repousse en proche banlieue, Saint-Ouen, Levallois-Perret. Les longues journées de travail – jusqu'à dix-huit heures – ne font pas peur aux cochers savoyards. Le plus difficile : la géographie des rues. Les jours de congés du débutant sont consacrés à arpenter Paris à pied. Le soir, interro sur les rues chez son oncle ou son cousin !

LE SAVIEZ-VOUS ?

Les habitants de Bessans fournissent un important contingent de cochers puis de chauffeurs de taxi. Ils forment une petite communauté à Levallois-Perret. Les écuries deviennent garages au début du XXe siècle. On compte cent cinquante taxis bessanais à Paris jusque dans les années soixante-soixante-dix. Aujourd'hui ? Ils sont deux !

RENCONTRE

Georges Personnaz à Bessans

Il naît dans le 10e arrondissement de Paris un 23 avril, jour de la saint Georges. Grand-père, cocher puis chauffeur de taxi. Père, chauffeur de taxi. Et lui, itou !

« Je suis devenu chauffeur de taxi à 19 ans, en 1960. Pour obtenir le certificat de capacité, il fallait – entre autres – connaître par cœur une cinquantaine d'itinéraires ! J'ai passé vingt-quatre mois sous les drapeaux, j'ai travaillé pendant deux mois comme salarié puis j'ai acheté ma licence de taxi et j'ai exercé une dizaine d'années en tant qu'artisan. J'ai chargé des artistes, comme Gilbert Bécaud, surtout la nuit. Je travaillais moitié jour, moitié nuit. Le client faisait partie du véhicule. N'empêche, on voyait plein de choses. Des choses qu'on ne peut pas écrire ! J'aimais bien mon métier : on gagnait correctement sa vie et puis on avait une certaine liberté. On pouvait prendre trois mois de vacances pour aller aider les parents à Bessans. De retour à Paris, il suffisait de se mettre en station et dix minutes après, on avait un client ! » Mais Georges Personnaz le sait : sa vie est au « pays », un jour ou l'autre. « Hormis pendant la guerre où l'on ne pouvait pas revenir comme on voulait, j'ai passé tous mes étés à Bessans. Enfant, j'allais garder les vaches du grand-père et j'aidais aux foins. Je suis revenu en 1974 et depuis, je n'ai pas envie de partir. Il me faut le visa et le passeport pour aller à Lanslebourg ou à Modane (à moins de 40 kilomètres, NdA) ! »

Connaissez-vous les cols rouges ?

Ils s'interpellent par des surnoms qu'ils se transmettent – Bigoudis, Attila, la Truie, le Curé, Chocolat – ou par leur numéro brodé sur le col de la veste. Une vareuse noire assez stricte, à boutons dorés avec un col rouge. D'où le nom de « cols rouges » ou « collets rouges » pour désigner les commissionnaires de l'hôtel des ventes de Drouot, la célèbre salle de ventes aux enchères parisienne.

LE SAVIEZ-VOUS ?

Les commissionnaires de Drouot sont aussi connus sous le nom de « Savoyards » depuis que Napoléon III leur accorde ce privilège, lors de l'annexion de la Savoie à la France. Ils viennent pour la plupart de Megève, Sixt, Passy, Lanslevillard, Bessans ou encore Villaroger. Les cent dix « cols rouges » constituent une corporation avec son système de parrainage, cooptation et cession des charges.

Leur mission ? Transporter les objets du domicile des particuliers à l'hôtel des ventes, les disposer dans les vitrines pour l'exposition, les présenter au public lors des ventes et les remettre aux acquéreurs. Beaucoup de manutention pour laquelle les « Savoyards » se montrent minutieux, efficaces, infatigables. Des déménageurs de luxe !

La fin d'une longue histoire

La réputation des « Savoyards », longue de cent cinquante ans, est mise à mal en 2009 lorsque l'Office central de lutte contre le trafic des biens culturels (OCBC) ouvre une enquête. Six ans plus tôt, un tableau de Gustave Courbet disparaît lors de l'inventaire d'un appartement parisien et voilà qu'il réapparaît… au domicile d'un « col rouge ». Policiers et gendarmes s'intéressent alors à un circuit de détournement et de revente présumés d'objets d'art en provenance de successions. L'enquête conduit – entre autres – en 2010 à la fin du monopole de fait de l'Union des commissionnaires de l'hôtel des ventes qui regroupe les « Savoyards » de Drouot.

Au pays des bronziers

Le bronze artistique est la spécialité des Peiserots, les habitants de Peisey-Nancroix en Tarentaise. Ils disposent d'un solide savoir-faire lorsqu'ils arrivent dans les 3e et 11e arrondissements de Paris. Jusqu'à sa fermeture, dans les années 1860, la mine de Peisey emploie près de deux cents ouvriers qui exploitent le minerai de plomb argentifère. La reconversion est toute trouvée : bronziers d'art dans la capitale ! Statues, garnitures de cheminées, habillages de pendules sortent des ateliers. Les hommes fondent le bronze dans les moules, les femmes le décorent et le vernissent.

LE SAVIEZ-VOUS ?

À Peisey-Nancroix, quelques maisons des « Parisiens » témoignent de cet exode. Reconnaissables à leurs ferronneries d'art.

Des montagnes de chocolat !

Les Savoyards en produisent à la chocolaterie Menier à Noisiel, en région parisienne. Au recensement de 1876, 5 % des 655 habitants de Noisiel sont natifs des Savoie. Ils vivent aussi dans les communes voisines de Champs-sur-Marne et de Torcy. L'un des employés de la chocolaterie, Edouard Paulme, né en 1864 à Noisiel, s'élève jusqu'au poste de directeur général de l'usine. Avant lui, son père, originaire de Villaz près d'Annecy, est chef d'atelier et sa mère, blanchisseuse. Tous deux chez Menier.

LE SAVIEZ-VOUS ?

À Noisiel, l'épopée Menier commence en 1825. Un pharmacologue acquiert un moulin sur la Marne, destiné à pulvériser des fèves aux vertus thérapeutiques : le cacao ! Les générations suivantes développent l'activité chocolatière et fondent un système paternaliste avec cité ouvrière, magasins d'approvisionnement, domaine agricole, réfectoires, école, service médical et maison de retraite.

RENCONTRE

René Gérardmer, un vrai poulbot

« Un vrai poulbot, né au pied de la butte Montmartre. Mais mon cœur a toujours été en Savoie. » Ainsi se présente René Gérardmer, vosgien par son père, savoyard par sa mère. « Précisément de Feissons-sur-Salins, au-dessus de Moûtiers, le centre du monde ! » Ce généalogiste passionné découvre l'histoire des chocolatiers savoyards, par le plus beau des hasards.

« Comme tout généalogiste, je collectionne les cartes postales. À Champs-sur-Marne, dans un troc et puces, je découvre une carte adressée à un Montmayeur, un nom savoyard, et signée par un Alexandre Loyet, le nom de mon grand-père maternel ! Je me rends ensuite à une exposition sur la guerre 14-18, toujours à Champs, et sur la première table de la salle, il y a un livre de prix de Suzanne Montmayeur. Il y a aussi des registres de rentrées scolaires et je tombe… sur des Montmayeur et des Loyet. Une histoire de fou ! » René Gérardmer entame de minutieuses recherches et remonte le fil jusqu'à la chocolaterie Menier. Au service des archives de Noisiel, il consulte un fichier individuel des anciens employés de l'usine, malheureusement incomplet. « Les Savoyards venaient d'Aime, Macot, Longefoy, Bellentre en Tarentaise. Le premier arrivé, c'est un monsieur Hudry après son service militaire. J'ai essayé de reconstituer les familles sur trois générations. J'arrive à 2 397 « Savoyards » dont des salariés de Menier. Des ascendants vivaient en Savoie, des descendants en région parisienne. Les femmes étaient « plieuses », elles emballaient le chocolat. Les hommes étaient « laytiers », ils fabriquaient les caisses en bois. » Des Hudry, des Caille, des Broche, des Pelloux, des Montmayeur, des Astier, des Ollinet, des Briançon, des Jarzuel, des Bal, des Costerg, des Excoffier, des Pondruel, des Vivet, des Marchandet, des Francaz et Francoz travaillent à la chocolaterie. Des Loyet aussi. Mais pas un seul ascendant direct de René Gérardmer ! « Je n'ai pas fini mes recherches », sourit-il.

LE SAVIEZ-VOUS ?

Le Savoyard de Paris

Encore un ? Non, cette fois, il s'agit d'un journal. *Le Savoyard de Paris* est un hebdomadaire publié de 1896 à 1958. Dans chaque numéro : des nouvelles des communautés savoyardes de Lyon, Genève et de l'étranger, des photos du « pays », des annonces immobilières pour le tourisme en Savoie. *Le Savoyard de Paris* affiche un tirage de 19 000 exemplaires en 1899.

D'autres métiers encore

LE SAVIEZ-VOUS ?

Les Savoyards travaillent comme déménageurs. Ils sont aussi frotteurs, avec leurs brosses sous les chaussures à dépoussiérer, encaustiquer et reluire les parquets des bureaux, grands magasins et maisons bourgeoises. Les écaillers de la capitale ne sont ni bretons ni charentais mais savoyards, souvent de Montaimont en Maurienne. Des journées entières dehors, les mains dans la glace, n'effraient pas les montagnards ! Tous ne se dirigent pas vers Paris. Les habitants de Bonneval-sur-Arc, par exemple, partent pour Marseille et deviennent dockers ou cuisiniers sur les bateaux.

Cap sur l'Amérique !

À 10 000 kilomètres de leurs montagnes, ils partent s'installer en Argentine et en Uruguay. Pour toujours.

Un aller simple

Ils s'appellent Favre, Vernaz, Rey, Maxit, Morel, Blanc. Ils vivent à San José, Colon, Villa Elisa, San Carlos, au nord de Buenos Aires en Argentine. Des villes fondées entre 1857 et 1890 par leurs aïeux… des Savoyards, souvent originaires du Chablais et de la vallée d'Abondance.

Des familles entières quittent alors les terres restreintes et peu productives pour un autre continent. L'Argentine pacifiée a besoin de laboureurs. Elle promet aux colons terres, bétail, bois et même nourriture pendant un an ! Jusqu'à la Première Guerre mondiale, de 3 000 à 4 000 Savoyards font le voyage avec un aller simple. Recrutés par des agences, ils embarquent au Havre, à Anvers, Bordeaux, Marseille ou encore Gênes. La traversée de l'océan est parfois très éprouvante. Elle peut durer jusqu'à trois mois.

De la même manière, des Jorcin, Fodéré, Suiffet, Albrieux, Bouvier, Lyonnet s'implantent dans le Rio de la Plata, à la frontière entre Argentine et Uruguay, dans la seconde moitié du XIXe siècle. Eux sont natifs de Lanslebourg en Haute-Maurienne. Avec ses auberges et ses « marrons » (de robustes guides-porteurs), la commune vit du franchissement du col du Mont-Cenis. Mais la construction d'une route pour les voitures attelées puis l'arrivée du chemin de fer Fell entre Saint-Michel-de-Maurienne et Suse et surtout l'ouverture du tunnel ferroviaire entre Modane et l'Italie en 1871 portent un coup fatal à l'activité économique de Lanslebourg. De nombreux habitants s'exilent vers le Nouveau Monde.

ANECDOTE

Un maire inquiet !

Va-t-il finir par perdre toutes les forces vives de sa commune ? Joseph Mantel, le maire de Méry dans le canton d'Aix-les-Bains, prend la plume en cette année 1873 et s'inquiète auprès du préfet de Savoie de la forte émigration de ses jeunes administrés vers l'Amérique.

Méry, le 7 novembre 1873

Monsieur le préfet,

Depuis plusieurs années, l'émigration vers l'Amérique prend des proportions gigantesques dans notre pays, et surtout dans notre commune. Depuis une vingtaine d'années il part 20, 30 et jusqu'à 40 jeunes gens des deux sexes et des familles entières quittent le sol natal chaque année pour se rendre sur les bords du Rio-de-la-Plata chercher fortune et surtout pour se soustraire au service militaire. Malheureusement leurs espérances sont souvent déçues […].

Cette propagande d'émigration redouble d'effort cette année ; les divers agents salariés à cet effet n'ont pas craint de se servir de toute sorte de fausseté et de mensonges pour séduire ces pauvres jeunes sans expérience par l'appât du gain qui se traduit souvent par la débauche, le libertinage et ensuite par la misère la plus affreuse. Si c'était le cas, je pourrais même citer des exemples où des hommes de 30 à 35 ans sont réduits à marcher pieds nus.

Cette émigration finira par causer de graves préjudices à l'État en lui enlevant ses meilleurs militaires, au département et aux communes en leur enlevant les bras nécessaires à la culture des champs. Ces effets désastreux se font déjà sentir d'une manière très prononcée dans notre commune.

Je viens, en conséquence Monsieur le Préfet, vous prier de vouloir bien faire tout votre possible, user de tous vos pouvoirs pour mettre un frein à cette émigration surtout envers les jeunes gens qui n'ont pas encore passé la conscription.

J'apprends qu'un de ces agents (le sieur Cugnet résidant dans cette commune) vient d'écrire à Monsieur le ministre de l'Intérieur pour lui demander les passeports de plusieurs jeunes gens auxquels vous les avez refusés (sic).

Agréez Monsieur le Préfet les hommages bien sincères de votre tout dévoué serviteur.

Le maire de Méry,

Mantel J.

Sources : Conseil général de la Savoie, archives départementales, archives de la commune de Méry.

Hasta pronto !

À leur arrivée et pendant quelques années, les colons entretiennent des relations épistolaires avec la famille et les proches restés au pays. Mais au fil du temps, le lien s'effiloche. Deux guerres embrasent l'Europe. Près d'un siècle s'écoule. Que deviennent les cousins d'Amérique ? Le contact est rétabli et en 1990, plus de 200 Savoyards participent au centenaire de la fondation de Villa Élisa. Des centres savoyards sont créés et dispensent des cours de français. L'association Savoie-Argentine voit le jour, de même que l'association savoyarde de l'Uruguay qui organise, elle aussi, d'émouvantes retrouvailles en Uruguay et en Savoie. L'histoire continue donc de s'écrire. À une différence près, et de taille : aujourd'hui, plus question de se dire « adieu » mais « *hasta pronto* », « à bientôt » !

À 10000 kilomètres de Lanslebourg…

Il habite Ombúes de Lavalle, petite ville uruguayenne, qui vit de la culture du soja, du maïs, du sorgho, du blé et de l'orge. Il s'appelle Lorenzo Daniel Fodéré Igounet. Né le 10 décembre 1947 à Rosario. Père né en Uruguay. Grand-père né en Uruguay. Arrière-grand-père né en Savoie.

« Mon arrière-grand-père, Louis Fodéré Court, âgé de 27 ans, épousa mon arrière-grand-mère Marie Octavienne Suiffet Allizand, le 28 mai 1862 à 6 heures du matin à Lanslebourg. Immédiatement après, ils partaient pour le Rio de la Plata, probablement dans le bateau Emmirene Marino, du port de Gênes. Louis était accompagné de son frère cadet, Romain Fodéré Court, âgé de 25 ans, dont les descendants vivent tous en Argentine. L'Uruguay comme l'Argentine recrutaient des familles d'agriculteurs, paysans des montagnes, de religion catholique et de culture latine. »

Le grand-père de Lorenzo Daniel, Edouardo, ouvre avec l'un de ses frères un commerce de vêtements, épicerie et quincaillerie dans les années 1900. Le père de Lorenzo Daniel, Amador Puro, devient notaire en 1932. Lorenzo Daniel lui-même est notaire jusqu'à sa retraite en 2013. Il a quatre filles et un fils. « Sauf María del Rosario, tous nos enfants ont connu la Savoie et spécialement Lanslebourg, la terre de nos ancêtres. Je souhaite que les descendants des Savoyards émigrés et les Savoyards renforcent et pérennisent nos liens. »

En Louisiane, au Canada et en Algérie

Des habitants de Thônes s'installent à La Nouvelle-Orléans au XIXe siècle. Des Mauriennais émigrent au Canada, dans la province du Manitoba. D'autres Savoyards encore, plusieurs centaines, partent coloniser la région de Sétif, en Algérie, dans les années 1855-1856.

Et ici ?

Mais oui au fait, ici, maintenant, comment se manifeste la « Savoyarditude » tant affichée à l'extérieur ou face aux visiteurs ? Où l'on se rend compte que la Savoie est à la fois une et plurielle. Une historiquement. Plurielle aujourd'hui, bien au-delà des deux départements. Finalement, l'expression « Pays de Savoie » correspond assez bien à la réalité.

RENCONTRE

Le point de vue… d'un historien

André Palluel-Guillard est professeur émérite de l'Université de Savoie.

« Fondamentalement, le Savoyard est plus originaire d'un "pays". Encore faut-il savoir lequel car il y a une constante opposition entre les habitants des plaines et des fonds de vallées et ceux de la montagne et des hautes altitudes. Opposition identique aussi entre les petites provinces (le Chablais, le Faucigny, le Genevois, la Savoie Propre, la Tarentaise, la Maurienne), chacune ayant son évolution particulière, son caractère propre et beaucoup d'indifférence pour ses "sœurs". Comment intéresser un Chablaisien aux affaires mauriennaises ? Opposition encore entre le nord et le sud car ici, la moindre discussion amène à distinguer la Savoie du nord qui regarde vers Genève, un peu moins vers Lausanne, et la Savoie du sud qui regarde vers Grenoble et accessoirement vers Turin. La première, plus peuplée, plus riche, soi-disant plus ouverte, regarde et considère "de haut" la seconde, deux fois moins peuplée et donc deux fois moins riche. Les Haut-Savoyards disent des "Bas" qu'ils sont jaloux, inutilement divisés entre droite et gauche, moins évolués et de ce fait, plus pauvres. Et les "Bas-Savoyards" de répondre que les "Hauts" sont orgueilleux, profiteurs, finalement plus hypocrites et moins vertueux qu'eux. La Savoie, privée de centre géographique, n'est pas un pays facile alors qu'en Piémont, où toutes les vallées convergent vers Turin, les relations sont plus aisées. Les deux départements donnent ainsi l'impression de deux sœurs qui, ayant fait des mariages différents, ne se fréquentent pas beaucoup. On est Savoyard parce que l'on n'est ni Lyonnais ni Grenoblois, Genevois, Piémontais ou Parisien. Mais impossible d'être plus précis. Positivement, qu'est-ce qu'un Savoyard ? On ne le sait pas ! Par orgueil, chacun relève que la Savoie est quelque chose d'unique, d'important et de fondamental. Quant à savoir quoi exactement, c'est autre chose ! »

Choses entendues

ANECDOTE

D'aucuns s'amusent à comparer la Savoie et la Haute-Savoie de la même manière que la couture et la haute couture ! N'y voyez aucune animosité, plutôt un petit jeu entre soi. Et à ce jeu-là, Tarins et Mauriennais sont sans doute les champions ! Petites choses entendues.

« Les Mauriennais, bébés, on les attrape par les oreilles pour les soulever et on leur dit : "regarde les belles montagnes de Tarentaise". C'est pour ça qu'on les appelle "les grandes oreilles". Remarquez, il paraît que de leur côté, ils disent la même chose de nous ! »

« Vous savez à quel moment vous arrivez en Maurienne ? Quand les vaches commencent à être plus belles que les femmes ! »

« Il vaut mieux avoir trois taupes dans son jardin qu'un Mauriennais pour voisin ! »

Parole à la défense à présent ! En l'occurrence à un historien, Pierre Dompnier, de Saint-Jean-de-Maurienne et son regard malicieux. « Je pense que pour des Mauriennais, la Haute-Savoie est trop éloignée pour qu'on puisse avoir de l'acrimonie. On s'arrête à la Tarentaise ! Moi, je dis toujours en plaisantant : “on a une histoire authentique qui explique pourquoi ils nous en veulent”. Les alpages de Beaune et de Thyl, au-dessus de Saint-Michel-de-Maurienne, débordent de l'autre côté du col des Encombres donc sur la vallée des Belleville (côté tarentaise, NdA). Au XIIe siècle, comme les habitants n'arrivent pas à se mettre d'accord, ils décident qu'un délégué de chaque commune ira passer la nuit au plus haut chalet d'alpage, se lèvera au chant du coq, se mettra en marche. Et là où ils se rencontreront, on fixera la frontière. Les Tarins prétendent que les Mauriennais ont réveillé le coq ! Je ne vous garantis pas la fin de l'histoire mais bon, ça fait partie de ces petites moqueries villageoises… »

RENCONTRE

Le point de vue… d'un humoriste

Deux métiers : humoriste-imitateur et psychomotricien. Et puis un choix, il y a dix ans : le spectacle uniquement. Jean-Michel Matteï se produit dans les Pays de Savoie, à Genève ou à Paris. En mars 2013, il monte sur la scène de l'Olympia. Une première.

« Je suis observateur. Je vois des choses que d'autres ne voient pas forcément. En psychologie, ça s'appelle de la “sélectivité perceptuelle”. C'est un peu ça, les humoristes. Ils captent et après, ils redonnent sur scène avec leur tournure d'esprit. Mes spectacles se nourrissent de la façon de parler des gens d'ici, de leurs comportements. Le rapport à l'argent, ça c'est terrible ! On dit des Auvergnats mais alors les Savoyards (entendez Savoyards et Haut-Savoyards, NdA), ils ne vont pas dépenser n'importe comment. Je pense aussi que c'est lié à la rudesse du climat, ne pas savoir de quoi le lendemain sera fait. J'en parle dans mon sketch. “Nous, ce qu'on aime bien, c'est les touristes mais on y montre pas. On leur dit : bonjour, combien ça va ?” “Chez nous, quand les prix baissent, c'est pas que la croissance est revenue. C'est juste que les touristes viennent de repartir” !

Les Savoyards entre eux ? Ils sont très attachés à leur vallée. Je vais vous raconter une anecdote. Je fais un spectacle à Saint-Félix, entre Annecy et Aix-les-Bains. Des gens d'Albens viennent me voir pour une date le mois suivant. Je ne sais pas vraiment situer Albens et il s'avère que c'est à 5 kilomètres de Saint-Félix. Je leur dis :

“Attendez, je viens de faire le plein. Vous voulez que je vienne à Albens ?

– Oui. À Saint-Félix, vous êtes en Haute-Savoie et nous, on est en Savoie.

– Oui et alors ?

– Bah, vous comprenez, à Saint-Félix, c'est les gens de Rumilly qui sont venus donc des Haut-Savoyards tandis que nous à Albens, c'est des gens d'Aix-les-Bains qui vont venir.”

Vous vous rendez compte ? C'est pour dire l'esprit de clocher terrible. Mais partout où je vais, c'est toujours très convivial. Le Savoyard est très sympathique et chaleureux. Mais il a besoin de connaître… »

Sixième partie

La partie des Dix

Dans cette partie…

Choisir dix lieux, dix promenades, dix personnalités, dix fleurons, dix gourmandises, dix coups de cœur parmi des centaines. Autrement dit nous priver, vous priver, d'autres trésors d'histoires, de saveurs, de couleurs, d'émotions, de vie. Nous allons faire des heureux et des déçus. Des curieux aussi, nous l'espérons…

Chapitre 26

Dix lieux

Dans ce chapitre :

- Un mont, trait d'union entre deux versants
- Sept villes d'histoires et d'aventures
- Une aiguille belvédère sur le Mont-Blanc
- Une abbaye, nécropole de la Maison de Savoie

Décidément, tout tourne ici autour de l'eau, de la terre et des hommes. Ces lieux inspirés ou inspirants enracinent ou élèvent.

Le Mont-Cenis, à fond France-Italie

C'est l'histoire d'un col perché à 2 081 mètres au-dessus de la vallée de la Maurienne et du Val de Suse. Fréquenté dès le Néolithique, il tient, à lui seul, un carnet mondain ! Le pape Étienne II le franchit, en 756. De retour d'Italie, en 877, Charles II le Chauve meurt à ses pieds, à Avrieux précisément. Cnut le Grand, roi du Danemark, s'y aventure en 1027 de même que Philippe II Auguste en 1192, au terme de la troisième croisade. Les empereurs allemands Henri IV, Frédéric Ier Barberousse et Henri VI le franchissent avec leurs troupes. Le pape Pie VII le traverse en 1804 pour aller couronner Bonaparte à Paris. Le 19 novembre 1807, l'empereur pris dans la neige s'abrite dans un refuge avant d'atteindre l'hospice fondé là-haut en 825 par le carolingien Lothaire Ier. Dans le *Journal du voyage de Michel de Montaigne en Italie en 1580 et 1581*, l'écrivain note en regagnant la Maurienne : « Ici, on parle français : ainsi je quitte ce langage étrange, duquel je me sers bien facilement, mais mal assurément... ». Saint François de Sales caracole au col, de retour de Padoue, son doctorat en droit civil et canonique en poche. Jean-Jacques Rousseau y passe, en 1728, pour aller se convertir à Turin.

Chauds les « marrons » !

Dès le XVIe siècle, nombre de voyageurs mentionnent des « marrons » au col du Mont-Cenis. Ces porteurs zélés et intéressés transportent des hommes et des femmes sur des chaises ou des mulets, à partir de Lanslebourg côté français et de Novalaise côté italien. Par temps calme, dans la tourmente comme dans la neige. Ils utilisent alors la « ramasse », une petite chaise basse en bois fixée sur deux brancards comme un traîneau. Pour la retenir ou la faire tourner, ils s'appuient sur leurs talons ou deux longs bâtons. Pour dévaler la pente, ils n'hésitent pas à couper les virages (les « 100 détours » en réalité 77) au point de « jeter » leurs passagers dans le vide.

Les « marrons » grillent de descendre le Mont-Cenis jusqu'à l'arrivée du premier convoi de la première compagnie de chemin de fer de Savoie – le Victor-Emmanuel – à Saint-Jean-de-Maurienne. Le 20 octobre 1856, le train laisse les premiers voyageurs poursuivre leur route jusqu'à Suse, via le Mont-Cenis, dans des voitures de Poste de deux à sept places, des diligences ou des traîneaux privés.

En 1864, avec un trafic de 48 000 voyageurs et de 30 000 tonnes de marchandises, une compagnie anglaise se lance dans un projet fou : construire et exploiter une ligne de chemin de fer à crémaillère le long de la route entre Saint-Michel-de-Maurienne et Suse, par le col du Mont-Cenis. Munies de galets serrant un troisième rail, les locomotives Fell peuvent monter et descendre n'importe quelle pente. La ligne de 89 kilomètres est inaugurée le 15 juin 1868. Elle est abandonnée, comme il est prévu dans la concession, le 1er novembre 1871. Ce jour-là, un premier train traverse, sans transbordement, le tunnel du Fréjus.

En 1910, les premières automobiles « pétaradent » sur les hauteurs du Mont-Cenis. L'histoire de la route napoléonienne ne s'arrête pas en si bon (et beau) chemin.

Chambéry, sur les pas d'un aventurier

« Il faut bien après avoir fait du mal, faire un peu de bien, écrit le général de Boigne en 1814. Puis à quoi sert la fortune, si on ne l'employait pas à faire quelques heureux. Je ne veux pas faire regretter Dame Fortune de m'avoir comblé de ses dons en étant par trop égoïste et même en refusant de faire du bien à mes semblables, d'un superflu que mes goûts ne me permettent plus d'employer autrement, voilà mes motifs. »

Quelle déclaration pour un homme qui, à partir de 1817, lègue près du tiers de sa fortune à des fondations charitables de Chambéry comme l'asile Saint-Benoît (1820) destiné aux anciens des classes supérieures de la société ou la maison Sainte-Hélène (1830) bâtie pour les indigents ! Le théâtre (1820), le couvent des capucins (1822), une rue bordée de portiques à la turinoise

(1824) et le Collège royal (1827) portent également la signature de Benoît de Boigne (1751-1830).

Mais qui se cache derrière tant de largesses ? Un Savoyard né Le Borgne, fils d'un pelletier de Chambéry établi place Saint-Léger. Un militaire qui débute sa carrière au service du roi de France avant de s'engager dans l'armée russe au service de la Grande Catherine et de continuer à rêver d'Asie. Un des plus talentueux aventuriers du XVIIIe siècle qui, mercenaire et négociant, fait fortune aux Indes de 1778 à 1796 et, de retour, comble Chambéry de ses bienfaits.

En souvenir de cet homme illustre, fascinant et troublant, et de ses campagnes aux Indes, la ville fait élever, en 1838, la Fontaine des Éléphants (plus communément appelée les « Quatre sans-cul ») flanquée de quatre pachydermes sans arrière-trains dominés par la statue du général fixant l'artère percée en son nom. À quelques pas, des allées sous voûtes passent, d'une rue à l'autre, par une cour intérieure et plongent dans le cœur de Chambéry.

Chamonix-Mont-Blanc, l'agriculture, l'alpinisme et le ski en héritage

Avant l'arrivée des « touristes », les Chamoniards agriculteurs composent avec leur territoire soumis aux longs hivers, aux avalanches et aux crues de l'Arve. Ils bâtissent les soubassements de leurs maisons avec des pierres ramassées dans le torrent et élèvent des murs de mélèzes coupés en forêt puis glissés en larges planches entre des poteaux. La raréfaction du bois et la lutte contre les incendies leur imposent des constructions en maçonnerie avec, parfois, un crépi à la chaux et des toitures en ardoises (remplacées par la tôle ondulée à partir du XXe siècle). Au rez-de-chaussée, les hommes et les animaux, le mulet dans son écurie et les vaches dans l'étable ; à l'étage, le fenil. À proximité, les greniers en bois (coffres-forts d'argent, de vêtements, de papiers…) et les raccards (granges à blé).

LE SAVIEZ-VOUS ?

Le Toit de l'Europe fait des envieux

La commune de Chamonix prend le nom de Chamonix-Mont-Blanc par un décret signé Alexandre Millerand, président de la République, le 21 novembre 1921. À la suite d'une demande du conseil municipal datée du 16 janvier 1920 : « pour éviter que nos voisins suisses exploitent la renommée du Mont-Blanc au bénéfice de leurs stations ». Le massif constitue bel et bien un atout majeur !

En 1770, madame Coutterand, « une femme d'une probité reconnue qui a des chambres très propres et qui traite fort bien pour un prix honnête ceux qui vont loger chez elle » *dixit* Horace Benedict de Saussure, transforme sa petite auberge en un hôtel (d'Angleterre) – le premier d'une longue liste – fréquenté par le même de Saussure, Bourrit ou encore Goethe.

Aux XVIIIe et XIXe siècles, les alpinistes anglais s'attaquent, nombreux, au mont Blanc. À ses pieds, un petit temple, lieu de culte protestant, leur est ouvert en 1860.

Chamonix village montagnard fait bientôt place à Chamonix grands hôtels, parcs et jardins. L'Art nouveau aux arabesques florales et aux courbes végétales fleurit un peu partout (comme au café La Terrasse) et l'Art déco fait son effet. Les congés payés de 1936 lancent Chamonix dans la saison d'hiver et l'activité ski. Les villas « au goût de chacun » (trois étages, pièces en saillie, petits balcons, perrons opulents…) poussent comme des champignons.

Les Trente glorieuses (1945-1973) impulsent, elles, de nombreux et hauts bâtiments (écoles, résidences, hôtels…). L'engouement pour la capitale-source de l'alpinisme ne faiblit pas. Chamonix devient cosmopolite. Plus de quarante nationalités y résident et l'on ne compte plus les milliers de touristes français, britanniques, russes, scandinaves, allemands, italiens qui, tous les ans, se laissent séduire…

« Les chefs-d'œuvre du passé nous montrent que chaque génération eut sa manière de penser, ses conceptions, son esthétique, faisant appel, pour servir de tremplin à son imagination, à la totalité des ressources techniques de l'époque qui était sienne » rappelle Le Corbusier dans La Charte d'Athènes. Avis aux promoteurs immobiliers ?

ANECDOTE

Le don de Chamonix

« Jusqu'en 1741, l'existence de Chamonix n'était presque pas connue ; sa situation même était à peine fixée en dehors de la Savoie.

[…] Dans ce pays reculé et presque inabordable, nous retrouvons les traces de tous les peuples qui se sont succédé en Savoie – Allobroges, Romains, Burgondes, Francs – et celles de l'influence qu'ils ont eue sur les mœurs et les institutions.

[…] Donation faite en 1091 par Aymon Ier, comte de Genève, et par Gérold, son fils, au monastère de Saint-Michel de la Cluse, de toute la vallée de Chamonix, avec ses dépendances à savoir les terres, forêts, alpages, chasses, droits de justice afin que les moines qui servent Dieu et l'archange possèdent tout cela et ne retiennent rien pour nous, si ce n'est les aumônes et les prières pour nos âmes. »

Informations sur le prieuré de Chamonix relevées dans des *Documents relatifs au prieuré et à la vallée de Chamonix* recueillis par J.-A. Bonnefoy, notaire à Sallanches, chevalier de la Couronne d'Italie, membre de plusieurs sociétés savantes, publiés et annotés par André Perrin, Laffitte Reprints, Marseille, 1980.

Aix-les-Bains, du corps et de l'âme

Profiter des plaisirs de la vie, épancher son cœur, aller « prendre les eaux ». Voici les bonheurs de l'élite, de l'après Révolution française jusqu'à la fin de la Première voire de la Seconde Guerre mondiale.

Au début du XIXe siècle, Aix-les-Bains est une petite ville noyée dans la nature, entre le lac du Bourget et le mont Revard, où les proches de Bonaparte (Hortense de Beauharnais, reine de Hollande, et les sœurs Clary, notamment) placés dans les cours européennes, aiment se retrouver et séjourner. Ne dit-on pas, en 1912, que l'Europe est savoyarde ?

Dans cet espace de détente, de convivialité et de liberté, il est de bon goût d'aller à La Chambotte, le restaurant construit en 1882 (aujourd'hui Le Belvédère) et décrit par Daniel-Rops, l'écrivain-historien, comme le « balcon de l'irréel ». De bon ton aussi de « prendre les eaux » comme « baigneur ou buveur d'eau » aux thermes. L'eau calcique sulfureuse et chaude soigne dehors (les rhumatismes essentiellement) et dedans (la nostalgie et les états d'âme, par grosses gorgées) jusqu'au début du XXe siècle. Des vertus reconnues par des générations de médecins qui, hors saison, sillonnent l'Europe à la recherche de nouveautés liées au thermalisme. Parfaits ambassadeurs de la ville.

Le casino Grand Cercle ouvre ses portes en 1847. Des palaces – Splendide, Royal et Excelsior – s'élèvent sur le mont Revard entre 1880 et 1914. Un golf et un hippodrome complètent la liste des centres d'intérêt. Les personnalités dont Alphonse de Lamartine, Guy de Maupassant, la reine Victoria, l'impératrice Elisabeth d'Autriche, le roi Léopold II, affluent.

Et les mots d'Honoré de Balzac dans *Peau de chagrin* reviennent en mémoire : « Ce lac est le seul où l'on puisse faire une confidence de cœur à cœur. On y pense et on y aime. En aucun endroit, vous ne rencontreriez une plus belle entente entre l'eau, le ciel, les montagnes et la terre. Il s'y trouve des baumes pour toutes les crises de la vie. Ce lieu garde dans l'amour je ne sais quoi de grave, de recueilli qui rend la passion plus profonde, plus pure. Un baiser s'y agrandit. Mais c'est surtout le lac des souvenirs, il les favorise en leur donnant la teinte de ses ondes, miroir où tout vient se réfléchir. »

Annecy, la Venise des Alpes

À l'orée de la forêt du crêt du Maure, la basilique de la Visitation veille sur la ville et abrite les deux chasses de ses protecteurs, saint François de Sales et sainte Jeanne de Chantal fondateurs, en 1610, de l'ordre de la Visitation. En contrebas, le château a, lui aussi, fière allure. Mais le Palais de l'Île (résidence du comte de Genève, atelier monétaire, prison et palais de justice édifié au XIIe siècle) emporte l'image de la Venise des Alpes… avec son étrave fendant les eaux du Thiou.

Certes le canal du Thiou, le déversoir naturel du lac d'Annecy, ne fait plus tourner les moulins, ne transporte plus non plus ni les produits agricoles ni les matériaux, des rives du lac au centre-ville, mais un de ses bras serpente encore sous les églises de Saint-François-de-Sales de Saint-Maurice et de Notre-Dame-de-Liesse. Il rappelle le temps où les ecclésiastiques utilisent les eaux comme symboles du baptême et de la purification… et viviers de beaux et bons poissons.

De truites peut-être comme celle d'argent posée en bande (oblique) sur le fond de gueules (rouge) du blason de la ville.

Non loin, le pont des Amours jeté sur le canal du Vassé évoque d'autres souvenirs Belle Époque, mariages heureux et chef-d'œuvre réalisé par des personnes sans emploi. Passerelle entre le passé et le présent, l'activité et la quiétude d'une ville alanguie au bord d'un lac, au pied d'une montagne, le Semnoz.

LE SAVIEZ-VOUS ?

Un impérial show

Chaque premier samedi du mois d'août, la fête du lac d'Annecy attire des milliers de spectateurs. Vous le savez sans doute ! Peut-être ignorez-vous que la première édition de ce spectacle pyrotechnique – l'un des plus grands d'Europe – date de 1860. Cette année-là, le feu d'artifice de la « Fête de nuit lacustre » est tiré en l'honneur de Napoléon III et de l'impératrice Eugénie. À grand événement (la Savoie vient d'être rattachée à la France), méga-show !

Courchevel 1850, la saga d'une station

Elle est connue pour ses palaces, ses chefs étoilés, ses boutiques de luxe, sa clientèle russe. Courchevel 1850 relève aussi d'une histoire exclusive.

Au début des années trente, le ski n'attire pas les foules. Sur les hauteurs de Saint-Bon, le chef-lieu, la neige couvre les alpages et le silence enveloppe tout. Pourtant, en 1934, des Parisiens adeptes de la montagne et friands de belle neige viennent camper dans un vieux chalet paysan du hameau de Moriond. À leurs pieds, ni ski high-tech ni surf extravagant mais des planches en frêne aux fixations sommaires à manœuvrer sur une neige non damée et profonde. Seul avenir du ski d'avant-guerre : les concours organisés par le ski-club de Saint-Bon.

Personne ne peut imaginer la révolution que va déclencher Courchevel 1850 au lendemain de la Seconde Guerre mondiale. En 1945, le Conseil général de la Savoie décide d'implanter la première cité en montagne dédiée à la pratique du ski. Il parie sur l'avenir des sports d'hiver. Et suit la prédiction de Sir Arnold Lunn, le skieur inventeur du slalom et alpiniste anglais, en 1925 : « Il existe en Savoie, un site exceptionnel constitué par trois vallées sensiblement parallèles : Saint-Bon, Les Allues et Belleville. En dépit de leurs caractéristiques différentes, elles se prêtent à l'installation d'importantes stations. » Réuni à Chambéry le 26 novembre 1945, le Conseil général opte pour ces trois vallées qui bénéficient d'une bonne quantité de neige, d'une exposition au nord, d'alpages au relief varié et d'un possible domaine skiable de 250 km^2. L'engagement est pris d'exécuter les travaux de voirie, de prendre possession des terrains en zones d'habitations (le maire et le conseil municipal de la vallée des Belleville ayant refusé le projet, préférence est donnée à la commune de Saint-Bon et au plateau des Tovets), de construire des remonte-pentes ou des téléphériques et de tracer des pistes. L'architecte-urbaniste Laurent Chappis, Denys Pradelle, Jean-Marc Legrand et l'ingénieur Maurice Michaud ont carte blanche pour concevoir la station et dessiner le domaine skiable. Ils imaginent des bâtiments de style savoyard (façades peintes, balcons de bois sculptés, seul le toit de lauzes à une ou deux pentes anime les débats) et font converger les pistes au cœur de la station… pour permettre à chacun d'aller de son lieu de résidence aux pistes, en faisant un peu de shopping, skis aux pieds !

En 1952, Courchevel 1850 compte une douzaine de chalets-hôtels, des maisons-chalets, des immeubles en copropriété, un tremplin, un dancing… En 1954, Émile Allais, directeur technique et sportif de la station, développe la qualité et l'entretien des pistes avec le damage et la sécurité des skieurs avec les pisteurs-secouristes. De 1960 à 1971, le nombre d'équipements et d'hébergements explose. Pionnière la vallée Saint-Bon/Courchevel devient commerciale.

En 1961, Michel Ziegler, pilote et guide de haute montagne, crée un altiport au lieu-dit Pralong. Une première en France avec une piste d'atterrissage en pente ! Sept ans plus tard, il lance Air-Alpes, la compagnie spécialiste de l'aviation de montagne, des déposes sur les glaciers du Mont-Blanc et de la Vanoise, du taxi aérien vers Paris…

Courchevel 1850 (Courchevel depuis 2011 sur décision du conseil municipal) se fait une place au soleil des Trois Vallées (avec Méribel, Val-Thorens, Les Menuires et La Tania), le plus grand domaine skiable au monde entièrement relié skis aux pieds.

LE SAVIEZ-VOUS ?

En haut du monde

De courage, les Parisiens ne doivent pas en manquer pour venir s'essayer au ski d'avant-guerre. En 1937, ils prennent le train (à vapeur) de nuit jusqu'à Moûtiers. Douze heures et quelques plus tard, ils montent dans l'autocar Moûtiers-Saint-Bon. Là, il leur reste 2,5 kilomètres à parcourir à pied, en traîneau (à fumier lavé à grande eau et garni d'une couverture pour les « touristes ») ou en électrobus jusqu'à Carrey puis skis sur le dos. Une expédition vous dit-on !

Évian-les-Bains, au fil de l'eau

Comme une invitation à remonter aux sources d'Évian-les-Bains, de la fontaine Sainte-Catherine à l'hôtel Royal. Dans de bonnes ondes…

Tout commence pourtant dans la confusion entre le marquis de Lessert désigné inventeur de la source dont personne ne trouve trace, et Jean-Charles de Laizer qui, en 1789, soigne ses calculs rénaux en buvant l'eau « légère et bien passante » de la fontaine Sainte-Catherine de monsieur Cachat. En 1826, François Fauconnet, un homme d'affaires genevois, crée la première société d'exploitation des eaux minérales et fait construire un établissement thermal. En 1878, l'Académie de médecine reconnaît les bienfaits de l'eau Cachat. La réputation d'Évian-les-Bains est faite !

Que manque-t-il à cette « ville d'eaux » qui se respecte ? Un casino et un palace ! En 1877, le baron Louis Ennemont de Blonay lègue à la ville son château XVIIe avec dépendances. Rien de mieux pour ouvrir une maison de jeux dès 1878 ! Le bâtiment est pourtant détruit en 1911 et reconstruit par Jean-Albert Hébrard en 1912.

Entre-temps, de 1906 à 1908, l'architecte conçoit le Royal, un palace de 250 chambres.

Pourquoi Royal ? En l'honneur d'Edouard VII d'Angleterre. Grand artisan de l'Entente cordiale, il promet de venir séjourner dans ce havre de paix, de luxe et de volupté. Où les salons regorgent de fruits et de fleurs or et bleu trompe-l'œil, où le palissandre, l'acajou de Cuba et le citronnier de Ceylan garnissent les suites. Autour de ce paquebot blanc ancré dans 17 hectares de verdure, le Léman ou la montagne. Une atmosphère dont Greta Garbo, Sacha Guitry, la reine Marie-Amélie du Portugal et l'Agha Khan raffolent dans les Années folles. Mais le Royal pleure Edouard VII. Il meurt en 1910 sans y goûter.

Val-d'Isère, la mecque du ski alpin

Nous sommes au XIXe siècle en Haute-Tarentaise et les « hirondelles d'hiver » quittent L'Aval de Tignes, le village (futur Val-d'Isère) enfoui, huit mois sur douze, sous la neige. Difficile pour les habitants (hirondelles) de vivre à 1 850 mètres d'altitude. La neige coupe de tout. La neige réduit à rien. Pénible de se contenter, le reste de l'année, des maigres ventes de dentelles et de fromages persillés sur le marché de Bourg-Saint-Maurice.

Pourtant, dès 1929, Charles Diebold et Jacques Mouflier, deux architectes parisiens, voient en Val-d'Isère l'une des premières stations mondiales de sports d'hiver. Pas moins ! Le cadre avec ses nombreux champs de neige étendus, une bonne exposition des pentes et une longue période d'enneigement s'y prête, assurent-ils. Jacques Mouflier installe le remonte-pente du Rogoney, le premier, en 1934. Charles Diebold crée l'École française de ski en 1935. Un an plus tard, l'émigration régresse déjà. La route de l'Iseran entre la Tarentaise et la Maurienne inaugurée, en 1937, par Albert Lebrun, président de la République, ouvre la voie à tous les possibles entre la France et l'Italie. En 1940, en pleine guerre, la Société des téléphériques de Val-d'Isère entreprend clandestinement la construction du téléphérique de Solaise. En 1951, le téléphérique de Bellevarde est mis en service.

Une mère nature généreuse (en neige), des pionniers du tourisme, seule manque aux Avalins et aux Avalines (habitants des lieux) la gloire. En 1948, elle porte le nom d'Henri Oreiller, premier champion olympique français de descente aux Jeux d'hiver à Saint-Moritz. En 1968, Jean-Claude Killy, l'enfant venu s'installer au pays avec sa famille, rafle trois médailles (descente, géant et slalom) aux jeux Olympiques de Grenoble et les sœurs Goitschel se couvrent d'or aux Championnats du monde 1962 à Chamonix (en combiné pour Marielle), aux Jeux d'Innsbruck en 1964 (doublé Christine et Marielle en slalom puis en géant), aux Championnats du monde de Portillo en 1966 (descente, géant et combiné pour Marielle) et aux Jeux de Grenoble (en slalom pour Marielle). Dès 1955, le Critérium de la première neige lance la saison avec l'élite mondiale du ski alpin.

Du coup, les « hirondelles d'hiver » ne quittent plus le nid. Sortie de la léthargie, Val-d'Isère s'enorgueillit même de hautes maisons à colonnes aux soubassements en pierres de pays, aux étages couverts de mélèze et aux toits de lauzes. Toutes semblent faire une haie d'honneur aux nouveaux venus. La face de Bellevarde attend, elle, les skieurs sur 2 988 mètres de long et une pente moyenne à 39 %.

L'aiguille du Midi, toucher le ciel en vingt minutes !

L'aiguille du Midi ou l'histoire d'une utopie, de celles qui poussent les hommes plus loin. Les portent plus haut ! Imaginez un moyen de transport qui vous élève à 3 777 mètres sur la plus célèbre aiguille de Chamonix. Un voyage entre terre et ciel pour embrasser l'univers de la haute montagne, sans être alpiniste. Éprouver un sentiment d'humilité, de plénitude.

Le chantier du téléphérique de l'aiguille du Midi ? Une épopée. L'œuvre d'une centaine d'ouvriers chamoniards et valdôtains. Le pari d'un entrepreneur charismatique, le piémontais Dino Lora Totino. Il faut le voir superviser les travaux à 3 500 mètres, les pieds dans la neige en costume trois-pièces !

Le projet de construire une remontée mécanique prestigieuse vers l'aiguille du Midi remonte au début du XXe siècle, mais c'est en 1947 que l'ingénieur des travaux Marcel Auvert propose un tracé direct via le plan de l'Aiguille, à 2 317 mètres. Dino Lora Totino lance les travaux en 1951. Titanesques. Des charges pesant jusqu'à trois tonnes à acheminer, deux gares à construire – le piton nord de l'aiguille du Midi en perd plusieurs mètres ! – des galeries à creuser, des kilomètres de câbles à suspendre. En septembre 1953, un câble de quarante tonnes est hissé dans une pente. Il est coupé net le lendemain par une avalanche ! Les hommes travaillent quinze heures par jour, par des températures de 40 °C à – 40 °C. Leurs efforts sont rendus trois ou quatre fois plus physiques avec l'altitude. Sur les photos pourtant, ils ont toujours le sourire, se jouent du danger. Funambules perchés au-dessus de 1 500 mètres de vide ! Le 24 juin 1955, le téléphérique transporte ses premiers passagers. Quatre ans de chantier et une réalisation qui cumule les records : la plus haute, la plus longue, la plus rapide du monde. En 1966, les visiteurs atteignent le sommet à 3 842 mètres grâce à un ascenseur. Une terrasse offre un panorama à 360° sur les Alpes françaises, suisses et italiennes.

Des chiffres ébouriffants !

Aujourd'hui, l'aiguille du Midi ne détient ni le record du monde ni le record européen du plus haut téléphérique mais les chiffres donnent le vertige : 500 000 visiteurs chaque année, un débit de 600 passagers par heure, une vitesse de 10 mètres/seconde jusqu'au plan de l'Aiguille, de 12,5 mètres/seconde jusqu'à l'aiguille du Midi, un dénivelé de 2 747 mètres avalé en vingt minutes, trois pylônes sur le premier tronçon de 2 500 mètres de long, aucun sur le second long de 2 867 mètres.

Dernière utopie de Dino Lora Totino en 1970 ? Le « projet 4 807 », un train sous le dôme sommital du mont Blanc ! Rêve jamais réalisé. Votre rêve ? Peut-être mettre un pas dans le vide… en toute sécurité dans une cage de verre suspendue à 3 842 mètres. Conseil de terrien : n'oubliez ni les vêtements chauds ni les lunettes solaires encore moins la crème protectrice !

L'abbaye d'Hautecombe, îlot spirituel de la Maison de Savoie

Aborder l'abbaye d'Hautecombe en bateau. Se laisser envahir par l'harmonie des lieux et la pureté d'un joyau architectural. Pénétrer son âme cistercienne élevée sur les rives du lac du Bourget.

Une abbaye fondée, au début du XIIe siècle, par des moines de l'abbaye de Saint-Jean-d'Aulps, au nord-est du lac du Bourget, dans un vallon perché (une haute combe) de la montagne de Cessens. À proximité d'une route reliant Chambéry à Genève, aux confins du futur comté de Savoie et du comté de Genève, à un carrefour géographique et politique peu propice à la solitude et au recueillement.

Saint Bernard de Clairvaux, en chemin pour Rome, rend visite à cette petite communauté en 1135 et la fait adhérer à la règle cistercienne. L'abbé Vivien le rejoint à Clairvaux. Les autres moines partent, en 1139, pour la rive occidentale, fonder une nouvelle abbaye sur des terres données par la famille de Savoie à Amédée de Clermont d'Hauterives, le deuxième abbé. Un homme d'exception qui, nommé évêque de Lausanne, veille à l'ouvrage, du temps d'Amédée III qui tombe à la deuxième croisade et de son jeune fils Humbert III.

De cette époque, du XIIe siècle au début du XIIIe, date la grange batelière où les moines déchargent et stockent les ressources agricoles des divers domaines de l'abbaye, transportées par bateau.

Du XIIe au XIVe siècle, le rayonnement d'Hautecombe est immense et ses possessions s'étendent sur l'actuelle région Rhône-alpes.

Entre le XVe et le XVIIe siècle, sous le régime de la commende d'abbés plus contrôleurs financiers que gardiens des lieux, l'abbaye est en déshérence.

À la Révolution française, les sept moines restant se dispersent. Hautecombe est vendue comme bien national en 1796 et transformée en faïencerie en 1799. Malheureusement, le four installé dans le chœur ruine l'église, excepté la chapelle des Princes du XIVe siècle et la chapelle de Belley du XVIe siècle, deux édifices gothiques flamboyants. Les bâtiments conventuels reconstruits dans un style néo-classique par l'architecte Garella entre 1742 et 1783, sont transformés en habitations. En 1804, la faïencerie fait faillite. Une ferme la remplace.

Hautecombe devient un but de promenade en bateau pour les baigneurs d'Aix-les-Bains en mal de nature sauvage et de bâtiments en ruines. Et ce jusqu'en 1824, année où Charles-Félix, roi de Piémont-Sardaigne, confie à

Ernesto Melano, un jeune architecte piémontais, la restauration de l'abbaye et des tombeaux de ses ancêtres, dans un style gothique encore peu développé : le style troubadour. Des artistes piémontais pour la plupart s'attellent à la tâche : Benedetto et Candido Cacciatori pour les sculptures et Luigi Vacca et Francesco Gonin pour les peintures.

La nouvelle église est consacrée en 1826. Les travaux sont presque achevés en 1831 à la mort de Charles-Félix. Avec une trentaine de tombeaux princiers (une quarantaine aujourd'hui) dont le premier celui d'Anne de Zähringen, épouse d'Humbert III, lui-même inhumé là en 1189, la nécropole royale a belle allure. La tour du phare et l'agrandissement des appartements royaux voulus par la reine Marie-Christine ajoutent à sa splendeur.

La fondation créée par Charles-Felix en 1826, propriétaire des lieux, et gérée par un conseil d'administration dont fait partie l'évêque de Chambéry, confie l'abbaye aux cisterciens de la Consolata (Turin) en 1831. Les cisterciens de l'abbaye de Sénanque la reprennent en 1864 puis les bénédictins de la communauté Sainte-Marie-Madeleine de Marseille, en 1922. L'abbaye, haut lieu spirituel et royal, devient centre d'intérêt touristique.

À sa mort en 1983, Humbert II, dernier roi d'Italie, fait don des appartements royaux qu'il s'est réservés, à la fondation.

En 1992, les bénédictins d'Hautecombe partent pour l'abbaye Notre-Dame de Ganagobie dans les Alpes-de-Haute-Provence. À la demande de l'évêque de Chambéry, la communauté charismatique du Chemin neuf regroupant des couples, des familles, des célibataires hommes et femmes consacrés et des prêtres qui choisissent de vivre ensemble pour témoigner de leur foi et travailler à l'unité des chrétiens, les remplacent. La reine Marie-José, épouse d'Humbert II, est inhumée à Hautecombe en 2001.

Reprendre le bateau. Se laisser bercer par ce lieu qui touche à la spiritualité, à la royauté et à la beauté.

Chapitre 27

Dix promenades

Dans ce chapitre :

- De grands classiques
- Des chemins de traverse
- Des suggestions pour élargir ses horizons et aller à l'essentiel… pas à pas

L'hiver, la montagne, c'est la glisse en solo, en famille, en tribu, le chalet douillet et la table gourmande. L'été, c'est rando, découverte ou farniente. Clichés ? Un peu !

Et la vallée ? C'est selon ! Quelle que que soit la saison, nous faisons nôtres les mots de Jean-Jacques Rousseau dans les *Confessions* : « Faire route à pied par un beau temps, dans un beau pays, sans être pressé, et avoir pour terme de ma course un objet agréable : voilà de toutes les manières de vivre celle qui est le plus de mon goût. »

La Route des Grandes Alpes, du Léman à la Méditerranée

De Thonon-les-Bains en Haute-Savoie à Menton dans les Alpes-Maritimes, en passant par seize cols parmi les plus hauts des Alpes françaises, 684 kilomètres de routes de montagne invitent à parcourir en voiture, en moto ou à bicyclette, des natures et des cultures exceptionnelles.

Des rives du Léman aux rivages de la Méditerranée, les paysages du Chablais, de la Vanoise, du Queyras, de l'Ubaye et du Mercantour se suivent mais ne se ressemblent pas. Pas plus que leur faune, leur flore, leur patrimoine, leurs traditions, leur cuisine et autres secrets. Belle découverte des Alpes françaises par (dans) tous les sens.

Tracer la route

Le Touring-Club de France lance les travaux de la Route des Grandes Alpes en 1909. Ils doivent permettre de traverser la chaîne des Alpes françaises du nord au sud. En 1913, la compagnie PLM (Paris-Lyon-Méditerranée) qui assure des services réguliers d'autocars sur les grandes routes touristiques, propose la Route des Grandes Alpes entre Évian-Thonon et Nice, du 1er juillet au 15 septembre. En 1937, Albert Lebrun, président de la République, inaugure la route du col de l'Iseran, le plus haut col routier d'Europe. Il lève ainsi la principale difficulté de l'itinéraire définitivement bouclé en 1995 et intégralement ouvert, depuis, de juin à octobre.

La France en tourisme

Créé en 1890 pour développer le tourisme sous toutes ses formes, le Touring-Club de France s'oriente vers le cyclotourisme puis le tourisme automobile. L'association participe à l'amélioration et à la signalisation des routes, pose des panneaux et des tables d'orientation, incite les aubergistes à offrir le meilleur et trace de beaux trajets, dont la Route des Grandes Alpes, avant de péricliter et d'être dissoute le 23 octobre 1983.

Du côté de Sixt-Fer-à-Cheval, entre le ciel et l'eau

Pour gagner le village de Sixt-Fer-à-Cheval, l'un des plus beaux de France, il faut emprunter la route sinueuse des gorges des Tines au fond desquelles coule le Giffre.

Cette merveille de la nature doit sa renommée au cirque du Fer-à-Cheval, immense amphithéâtre de barres calcaires dominées par le pic de Tenneverge (2 989 m). À la fonte des neiges, les quelque trente cascades ajoutent à la magie et à la splendeur des lieux.

Au bord du lac, face au mont Blanc

Grandiose ! En toile de fond, le Mont-Blanc dans toute sa splendeur, ses aiguilles nues, ses glaciers « immobiles », ses dômes étincelants. Juste au-dessus, la réserve naturelle des Aiguilles Rouges. Au bord, à 2 500 mètres d'altitude, le lac Blanc. Selon les heures du jour, l'inclinaison du soleil, les tapis de nuages, il se pare d'émeraude, de turquoise, de mauve, de gris. Emporte loin, très loin dans un monde d'harmonie. Seul bémol : l'affluence dans ce domaine de haute montagne facilement accessible.

Le Tour du Mont-Blanc, sur les flancs du Géant

L'un des sentiers de grande randonnée les plus populaires d'Europe ! Et pour cause, il encercle le plus haut massif des Alpes sur 170 kilomètres et près de 10 000 mètres de dénivelé entre la France, l'Italie et la Suisse.

Les puristes préfèrent l'aborder dans le sens inverse des aiguilles d'une montre, en commençant par Les Houches en poursuivant par Courmayeur en Italie puis La Fouly en Suisse, en terminant par Chamonix-Mont-Blanc. Mais chacun peut choisir son chemin, ses variantes éventuelles, ses étapes et la durée de « son » tour comprise, le plus souvent, entre sept et dix jours.

Aux amoureux de la nature (randonneurs confirmés et parfaitement équipés), des douces vallées, des lacs d'altitude, des parois rocheuses, des glaciers millénaires, des églises baroques, des tarines, des chocards, des patois, des spécialités, des nuits en refuge… le plaisir de côtoyer ce « géant débonnaire » versant français et abrupt et acéré versant italien.

LE SAVIEZ-VOUS ?

Autres temps, autres distances

En montagne, il faut compter une heure, en moyenne, pour réaliser 300 mètres de dénivelé positif (en montée) et 450 mètres de dénivelé négatif (en descente). Une heure également pour marcher 3,5 kilomètres sur les sentiers et de 4 à 4,5 kilomètres sur les routes de montagne.

Megève, luxe et caractère

Hiver 2013-2014 : touristes, artistes et skieurs revivent le Paris des années cinquante au cœur de Megève… le temps où Georges Boisson organise des soirées russes avec caviar et vodka à volonté. Dans ce coquet village (parmi les douze plus prestigieux des Alpes françaises, autrichiennes, italiennes, suisses et allemandes membres du club *Best of the Alps*), certains visitent le musée du haut Val d'Arly riche de skis, luges, fourneaux, crédences, dentelles et bijoux des XVIIIe et XIXe siècles, empruntent la montée du calvaire bordée de quatorze chapelles et oratoires, ou se promènent en traîneau dans les rues aux boutiques griffées antiquaires et salons de thé. D'autres dévalent les pistes des Bridans, Mandarines, Émile-Allais ou randonnent à pied, en raquettes sur le massif de Rochebrune, avec le mont Blanc, les aiguilles de Chamonix ou de Warens, les Aravis en ligne d'horizon.

Sur la route des ducs de Savoie

Remonter le temps pour vivre à l'ère de la Maison de Savoie, la plus ancienne maison souveraine d'Europe.

Chambéry garde intact son château (XIVe-XIXe siècles), que les Savoie occupent de 1295 à 1563, année où Emmanuel-Philibert part officiellement pour Turin, loin des rois de France. Au-dessus d'Albertville, Conflans, territoire d'un suzerain de Savoie, reste un village médiéval fortifié, construit sur la rive gauche de l'Arly. Au bord du Léman, le château de Ripaille n'est plus ni la chartreuse ni la résidence de la Maison de Savoie où l'on fait ripaille… n'en déplaise à Voltaire !

En pèlerinage, du côté de Notre-Dame-des-Vernettes

Tous les 16 juillet, ils sont des centaines à partir en pèlerinage pour le sanctuaire des Vernettes dans la vallée de Peisey-Nancroix. Un sanctuaire dominé par la chapelle Notre-Dame à plan centré autour d'une coupole à lanternon construite au début du XVIIIe siècle, près d'une source dite miraculeuse. À première vue, rien n'interpelle. À l'intérieur, tout est dévotion à la Vierge Marie. À commencer par le retable principal de Joseph-Marie Martel où elle occupe la partie principale couronnée d'angelots joufflus et entourée de saint Joseph et de saint Joachim, devant une immense draperie trompe-l'œil en toile de fond. Qui cache ou lève le voile, c'est selon, sur le ciel des humbles.

Au bout d'un chemin balisé par douze croix en bois, la chapelle de la fontaine se prête à la ferveur sans apprêt des montagnards ou à la quête de solitude et d'isolement des citadins. Perdus dans un pli de montagne, au milieu des alpages, au pied de l'aiguille Rouge.

La Vanoise, l'hiver à soi

Passer une nuit au cœur du parc national de la Vanoise : le rêve absolu pour les amoureux de pleine nature !

Pour le réaliser, il suffit d'atteindre le refuge du Grand Plan (2 320 m) en raquettes, en skis de randonnée ou par les remontées mécaniques de Chanrossa. Au milieu des sommets enneigés, non loin des lacs Merlet, du Pêtre et Blanc gelés, à quelque distance du petit mont Blanc (2 677 m), le monde peut continuer sa course folle. Vous êtes ici et maintenant presque à l'origine du monde. Autour d'une fondue, d'une raclette ou d'une tartiflette. Avec des chamois, des lagopèdes et des renards pour seuls témoins. Sous les étoiles.

En passant par Valloire

Au XIXe siècle, les Mauriennais vivent de peu. Pour améliorer l'ordinaire, ils chassent toujours plus haut le chamois. En le traquant, les frères Magnin de Valloire réalisent, le 2 septembre 1839, la première ascension des aiguilles d'Arves. « Dieu les a faites comme la plus belle trinité des Alpes. Le diable, lui, a exécuté les aiguilles de la Saussaz [...] trois pâles copies », prétend-on ici. Emblème de la vallée de la Maurienne, les aiguilles d'Arves unissent la Septentrionale (« Tête de chat ») avec une corne nord à 3 364 mètres et une corne sud à 3 358 mètres, la Centrale à 3 513 mètres et la Méridionale à 3 514 mètres. De retour au pays, les hommes participent avec les femmes au labeur dans les champs, dans les fenils, dans les chambres (réserves), auprès de la fontaine, du four à pain et du cadran solaire. Le hameau de Poingt Ravier, au-dessus de Valloire, reflète ces années.

Valloire, la « vallée d'or », compte seize autres hameaux, dix-sept chapelles (chacun la sienne) et, en son sein, l'église Notre-Dame-de-l'Assomption (XVIIe siècle). Dans cette merveille du baroque, le retable du maître-autel en bois doré à la feuille accueille la statue de saint Pierre et de sainte Thècle, et plus de deux cents représentations d'angelots tapissent les murs.

L'autre image attachée à la station-village demeure le col du Galibier (2 642 m). L'été, avec ses 17 kilomètres et ses 1 212 mètres de dénivelé, il représente une étape décisive dans le Tour de France. L'hiver, une randonnée en raquettes mène au pied de cet énorme tas de pierres où des saules, utilisés autrefois comme parasols ou analgésiques, signalent les chalets d'alpage. Là-haut, le relief s'estompe, un cingle rase les eaux claires de la Valloirette, des chamois s'accrochent aux crêtes de la Sétaz. Enveloppés d'un voile de nuages, l'homme et l'animal s'immergent dans le paysage.

Bonneval-sur-Arc, au bout du monde

Aux confins de l'Italie, à 1 850 mètres d'altitude, Bonneval-sur-Arc – l'un des plus beaux villages de France – serre son cœur contre l'église et des maisons aux toits en lauze, aux balcons en mélèze, aux murs de pierres sommairement équarries, construites dans tous les sens. Avec, toujours présent, le souvenir des grands guides du XIXe siècle, dont Pierre Blanc surnommé « le Pape ». En un rien de temps, il atteint le glacier de l'Albaron ou les arêtes du Mulinet avec de fidèles clients anglais, et franchit le col du Carro pour braconner le chamois et le bouquetin, dans la chasse privée de Victor-Emmanuel III. Devant ces cimes, l'exploit est, aujourd'hui encore, à peine croyable !

En remontant vers la source de l'Arc (2 027 m), le hameau de l'Ecot dresse ses maisons-refuges derrière des aulnes verts et des sorbiers. Au milieu, la chapelle Sainte-Marguerite garde précieusement le souvenir du baptême de Clotilde Courau, princesse de Savoie, de Venise et de Piémont.

Dans cet univers d'espace, de silence et de liberté, « chacun peut apprendre la montagne avec ses yeux, ses mains et son cœur », assure Yves Berneron, le conteur de Val-Cenis-Lanslevillard.

PORTRAIT

Le Blanc ? Non, « le Pape »

La Savoie à peine rattachée à la France en 1860, les alpinistes trouvent à Bonneval-sur-Arc des hommes chasseurs de chamois et contrebandiers dont la réputation de grands guides n'est plus à faire. Le premier d'entre eux, Jean-Baptiste Culet, se fait souvent accompagner de son neveu, Joseph Blanc (1842-1914), le porteur devenu guide. « Joseph a l'air modeste, presque timide, constate l'oncle. Mais sur le glacier, il est transfiguré, il rayonne, il éblouit ses compagnons. » Qui plus est, il initie ses quatre fils : Auguste (1879-1911), futur guide de première classe, Jean-Marie et Justin, guides de deuxième classe, et Pierre (1881-1966) surnommé « le Pape » en raison, avance-t-on, de la réponse qu'il donne à tous ceux qui le questionnent sur sa destination. Avec l'Anglais, Charles Francis Meade, il réalise, en trente ans, plus de deux cents courses dans les Alpes et les trois premières expéditions himalayennes (1910, 1912 et 1913).

Chapitre 28

Dix personnalités savoyardes

Dans ce chapitre :

- Un saint
- Des architectes
- Des sportifs
- Des artistes

Nés ou pas dans les Pays de Savoie, ces hommes et cette femme les ont aimés, portés, dessinés parfois, aux quatre coins du monde.

Saint François de Sales, évêque, saint, docteur de l'Église catholique

Comment présenter la vie et l'œuvre de saint François de Sales ? En reprenant les mots écrits dans la basilique de la Visitation à Annecy : « Un étudiant assoiffé de sciences profanes et religieuses ; un prêtre rayonnant de l'amour de Dieu et du prochain ; un missionnaire infatigable, intrépide et accueillant ; un évêque fort dans la douceur. »

Pour le reste, et en résumé, François de Sales naît dans le manoir familial proche du château de Thorens (Haute-Savoie) le 21 août 1567, étudie à La Roche-sur-Foron, à Annecy puis à Paris (pour ses humanités) et obtient un doctorat en droit civil et canonique à Padoue en 1591.

Ordonné prêtre le 18 décembre 1591, il part, trois ans plus tard, en mission pour le Chablais où affirme-t-il « donner son temps, c'est donner son cœur ». Rien ne l'arrête pour reconquérir spirituellement les paroisses converties au protestantisme et lutter, à sa manière, contre la crise des vocations religieuses. Avec Jeanne de Chantal, une jeune veuve qui trouve en lui un directeur de conscience, il crée ainsi, en 1610, l'ordre de la Visitation pour accompagner les pauvres et les malades. Son *leitmotiv* ? « Le devoir de chacun est de rayonner autour de soi par une charité aimable, accueillante, qui sait écouter le prochain. » Pas moins !

Saint François de Sales est béatifié le 28 décembre 1661, canonisé le 19 avril 1665, élevé à la dignité de Docteur de l'Église le 16 novembre 1877. Il meurt à Lyon le 28 décembre 1622.

ANECDOTE

Le premier des journalistes

En mission dans le Chablais, François de Sales glisse, sous les portes, des feuilles volantes – les fameux placards ou tracts édités en 1672 sous le titre de *Controverses* – comme autant de mémentos de foi à celles et à ceux qui ne veulent pas ou ne peuvent pas assister à ses offices. Est-ce cela qui incite le pape Pie XI à le déclarer saint patron des journalistes et des écrivains, en son encyclique *Rerum omnium* du 26 janvier 1923 ?

Jean-Jacques Rousseau, d'amour et de nature

« Durant ce petit nombre d'années, aimé d'une femme pleine de complaisance et de douceur, je fis ce que je voulais faire, je fus ce que je voulais être » écrit Jean-Jacques Rousseau (1712-1778), dans la dixième promenade des *Rêveries du promeneur solitaire*. Existe-t-il plus belle déclaration d'amour à Madame de Warens ? Plus bel hommage aux Charmettes, le « magasin d'idées » du philosophe, auteur du *Contrat social* et des *Confessions* ?

De 1728 à 1742, d'Annecy à Chambéry, Jean-Jacques Rousseau découvre l'amour, se passionne pour la musique et la lecture, s'enivre de nature. Il tourne la page d'une enfance et d'une adolescence tiraillées entre Genève, sa ville natale, son père horloger, deux ans de pensionnat chez un pasteur, l'apprentissage du métier de greffier et la tyrannie d'un maître graveur. À 16 ans, « inquiet, mécontent de tout et de moi », la fugue vers Annecy le sauve.

« Maman » et « Petit »

Le 21 mars 1728, « jour de Pâques fleuries », Jean-Jacques Rousseau « Petit » rencontre Françoise-Louise de la Tour « Maman » de treize ans son aînée, non loin du couvent des Cordeliers. « Petit fut mon nom, Maman fut le sien. » Il suit les recommandations de Monsieur de Pontverre, un curé : « Vous trouverez une bonne dame bien charitable, Madame de Warens, nouvelle convertie. » Elle se réfugie en Savoie après avoir quitté la Suisse, son mari et la foi protestante. « Je la vois, je l'atteins, je lui parle [...]. Je m'étais figuré une vieille dévote bien rechignée [...]. Je vois un visage pétri de grâces. » se souvient Rousseau dans les *Confessions*. « Que ne puis-je entourer d'un balustre d'or cette heureuse place ! » regrette-t-il. Son vœu est exaucé en juillet 1928 : un balustre d'or orné de cœurs enlacés et de pervenches immortalise, à Annecy, leur amour naissant.

Bien vite Madame de Warens envoie Rousseau à Turin, dans un hospice établi pour les catéchumènes. Baptisé catholique, il revient en septembre 1729, va, un temps, au séminaire, apprend la musique à la maîtrise de la cathédrale, voyage à Lyon, en Suisse, à Paris avant de retrouver « Maman » à Chambéry, en septembre 1731. « S'il est une petite ville au monde où l'on goûte la douceur de la vie dans un commerce agréable et sûr, c'est Chambéry. »

Rousseau, instigateur de la Révolution française et des droits de l'homme, premier des romantiques, père de l'autobiographie moderne et d'une certaine éducation, « homme de la nature », adulé par les uns, haï des autres, cultive sa personnalité, esquisse sa philosophie aux portes de Chambéry, aux Charmettes. « Une maison isolée au penchant d'un vallon (où) dans l'espace de quatre ou cinq ans j'ai joui d'un siècle de vie. »

« Un magasin d'idées »

Vers la fin de l'été 1736, les Charmettes, une petite exploitation agricole avec bœufs, vaches, brebis, moutons, poules, coq, verger, vigne, seigle, orge, froment, petit bois de châtaigniers et fontaine, éblouissent, captivent, apaisent l'homme, l'écrivain, le philosophe. « Je me levais avec le soleil et j'étais heureux ; je me promenais et j'étais heureux ; je voyais Maman et j'étais heureux ; je la quittais et j'étais heureux ; je parcourais les bois, les coteaux, j'errais dans les vallons, je lisais, j'étais oisif, je travaillais au jardin, je cueillais les fruits, j'aidais au ménage et le bonheur me suivait partout. » Le temps de musarder, de découvrir les plantes médicinales et aromatiques du « parterre » (jardinet entouré de buis) de Madame de Warens, d'apprivoiser des abeilles, de jouer de la flûte et de l'épinette (petit clavecin), de rédiger quelques écrits de jeunesse, de dévorer aussi la bibliothèque du marquis François-Joseph de Conzié, son voisin, ou la bibliothèque des jésuites de Chambéry. Inlassablement. Suffisamment pour tisser un maillage de connaissances sur l'histoire, la géographie, l'astronomie, la physique, la chimie, la géométrie, un « magasin d'idées » « vraies ou fausses, mais nettes, en attendant que ma tête en soit assez fournie pour pouvoir les comparer et choisir [...] pour penser sans le secours d'autrui ». De s'exposer dans l'*Émile* et le *Contrat social*, de s'ouvrir dans *Rêveries du promeneur solitaire* et *Confessions*.

Jean-Jacques Rousseau quitte les Charmettes et son premier amour en 1742 à l'écoute de sa conscience, de son « soi-même » avec « le courage et la force d'être vrai, toujours, en toute occasion ». Une demeure sur le « penchant d'un vallon » reste enfouie dans son cœur. Et plantée dans ses yeux, la pervenche que Madame de Warens lui fait admirer à la fin de l'été 1736. « Ici commence le court bonheur de ma vie, ici viennent les paisibles mais rapides moments qui m'ont donné le droit de dire que j'ai vécu. »

Classées monument historique en 1905 et Maison des illustres en 2012, les Charmettes, propriété de la ville de Chambéry, conservent la lumière, le souffle, la nature des lieux. D'un autre siècle.

Henry Jacques Le Même, le chalet du skieur

Qu'il est loin le « pays » d'origine d'Henry Jacques Le Même… Nantes où il naît en 1897 et les Pays de la Loire. À l'ouest, toute ! À l'opposé de son pays d'adoption et de réalisation : les Pays de Savoie. À Megève essentiellement où la baronne Noémie de Rothschild accepte son idée de donner à sa nouvelle station une architecture innovante, adaptée aux sports d'hiver, plus en rapport avec le style de vie et l'âge des skieurs ! « Faites-moi un chalet qui ressemble aux fermes du pays » lui demande-t-elle. L'architecte s'exécute, en 1926, avec ce qu'il appelle son « chalet du skieur ». Des fermes du pays, il conserve le volume et le toit à double pente avec comme règles d'or : l'économie de moyens, soit les matériaux locaux (bois, pierre grise) et le béton, et l'unicité du chalet exposé au soleil presque toute la journée et ouvert sur la vallée.

Dans la mouvance des théories hygiénistes de la fin du XIXe siècle où la montagne soigne tous les maux urbains (pollution, tuberculose, anémie…), vive les grandes terrasses exposées plein sud où chacun reste allongé durant des heures sur des chaises longues… comme sur le pont d'un paquebot. Attention, ici, vous n'êtes ni à l'ouest ni en mer mais, au creux de l'hiver, sous des centimètres de neige, Henry Jacques Le Même prévoit donc un entresol dans la pente pour une entrée (un *ski-room*) skis aux pieds. Il imagine un intérieur sobre et raffiné avec des carreaux de grès cérame à base d'argile colorés dans la masse et disposés en effets géométriques, du bois plaqué aux murs et aux plafonds et une cheminée, centre de la pièce à vivre. Une vraie maison de villégiature en harmonie avec le site, le sol et le paysage. Le témoignage (trop peu) vivant de la saga de l'or blanc du début du XXe siècle !

Charlotte Perriand, par amour de la montagne

« Jusqu'à l'âge de 3 ans, j'ai vécu cette vie abreuvée de liberté, d'air, de lumière, de senteurs et d'affection, confie Charlotte Perriand dans *Une Vie de création*. J'ai gagné l'amour de la nature en accord avec les saisons, la tête près des étoiles, et le respect pour tous les paysans du monde, les plus ancrés dans la terre. »

Une liberté, une lumière, une nature… signatures de l'architecte d'intérieur, créatrice de mobilier à Méribel et aux Arcs.

Méribel, de grands balcons au soleil

À Méribel, Charlotte Perriand, responsable de l'équipement intérieur, se « contente » de réaliser un chalet remarqué et de faire fabriquer, pour les premiers hôtels, sa chaise « berger » à trois pieds en bois tourné, rendue confortable par un petit dosseret de bois gauche, façonné comme seul sait le faire un charron du pays. Avec Georges Blanchon, elle imagine des lits exclusifs formés d'un châssis en bois et d'un dossier paillé, des chaises façon Japon 1941, des fauteuils paillés de bauche, modèle 1935, déjà édités par la BCC.

Les Arcs 1600, 1800 et 2000, une ville à la montagne étagée en trois faubourgs

Dans cette aventure de station « intégrée » liant complexe résidentiel, domaine skiable, commerces, loisirs et nature, elle impose sa démarche architecturale dans la résidence de La Cascade, une façade sud en cascade au soleil, face à La Rive, quatorze chalets (rez-de-chaussée + un étage) contigus qui descendent la pente sous une même et unique toiture. Touche finale : La Cascade et La Rive sont reliées par un alpage planté de pins, remodelé par Luc Simon, le peintre. Les vaches paissent, les oiseaux chantent et les écureuils « virevoltent » là.

Charlotte Perriand (1903-1999) traverse le XXe siècle avec « l'architecture […] le jeu correct et magnifique des volumes sous la lumière » comme l'affirme Le Corbusier.

Roger Frison-Roche, premier de cordée

« Enfant, je jouais le jeudi et le dimanche dans le bois de Boulogne, mon petit paradis. Dans ce Paris où je n'aimais pas vivre mais où je suis né, le 10 février 1906, au-dessus du restaurant-négoce de vins que mes parents tenaient dans le 8e arrondissement. Savoyards, ils avaient comme d'autres provinciaux des régions pauvres ou surpeuplées, gagné la capitale “pour faire fortune”. Les nuages blancs formés sur les frondaisons me rappelaient les sommets du Beaufortain, la terre de mes ancêtres. Je l'ai retrouvée, de 1911 à 1920, le temps des vacances d'été. Un vrai bonheur ! Là-bas, je parlais le patois – malgré l'interdiction de ma mère –, j'empruntais les chemins muletiers, j'écoutais le joyeux carillon des clarines et j'avais un Opinel, le couteau de poche que les anciens offraient aux enfants pour couper le pain, le jambon ou la saucisse et tailler des sifflets ou des bâtons.

À 8 ans, j'étais devenu un vrai petit Savoyard ! J'aimais le lait, le lard, le fromage. Je savais aider aux labours, faner, rentrer la moisson, élaguer les frênes et garder la « vache de l'été » au pâturage communal. Elle subvenait aux besoins en lait et en beurre de la famille. Toutes les autres bêtes enmontagnaient le 15 juin et démontagnaient le 15 septembre. »

L'appel de la montagne

« Le 14 juillet 1921, mon frère, Maxime, et moi, nous avons quitté le collège Chaptal (boulevard des Batignolles à Paris) car ma mère ne pouvait plus payer les frais de scolarité. Je suis entré dans la vie active à quatorze ans et demi, sans le certificat d'études, comme coursier à l'agence Cook. Je portais des plis, tapais des lettres, parlais en anglais avec les Britanniques qui, après la Première Guerre mondiale, venaient visiter les champs de bataille, et je m'initiais à l'italien.

Dès que j'avais cinquante centimes en poche, je courais chez les bouquinistes des quais de Seine pour acheter les livres d'aventures ou d'explorations d'Olivier Curwood, de Jack London, de Maurice Constantin-Weyer. J'obéissais à ma passion : la montagne !

En 1923, Henri Bregeault, le secrétaire général du Club alpin français m'a recommandé au directeur du personnel du Touring Club de France à Paris. Là, durant un an, j'ai préparé des itinéraires routiers personnalisés avec hôtels, restaurants, curiosités… sans quitter mon bureau ! Le bon air des Alpes me manquait.

Dans la perspective des premiers jeux Olympiques d'hiver organisés en 1924 à Chamonix, Auguste Tairraz, propriétaire de l'hôtel du Planet et membre du Touring Club de France, a transmis ma candidature au Syndicat d'initiative de Chamonix. Le 1er avril 1923, j'étais engagé comme secrétaire du Syndicat d'initiative, de la Chambre hôtelière et du Comité des sports d'hiver de Chamonix.

Ma mère – à qui je n'avais pas demandé l'avis – en était à la fois heureuse et malheureuse. En 1898, elle avait perdu Amédée, son premier fils âgé de 20 mois. Douze ans plus tard, Auguste, mon père, était emporté par un diabète. En 1922, Maxime, mon frère, mourait à 20 ans d'une tuberculose aiguë. Et, moi, à 17 ans, je m'en allais vivre à la montagne, la laissant seule à Paris ! "Travaille et reste toujours honnête !" m'a-t-elle conseillé en guise d'au revoir.

Ma passion de la montagne est devenue une obligation professionnelle. À Chamonix, je devais tout connaître. J'ai lu les vieux conquérants Mummery, Whymper et je me suis attaqué aux grandes ascensions. Quinze jours après mon arrivée, j'atteignais le sommet du Buet (3 096 m) non pas par la voie normale mais, par erreur, par l'arête du mont Oreb, schisteuse et somme toute difficile. Là-haut, je savais que je deviendrai alpiniste.

Mon destin était inscrit, j'en suis convaincu, dans les gènes de mes ancêtres. Mon grand-père maternel, Jean-Baptiste Bon-Mardion, était conducteur responsable de la diligence, des passagers et du convoi sur le trajet du courrier royal sarde reliant Lyon à Turin en quatre jours. À la maison, on me racontait les histoires de cet homme que je n'ai pas connu qui, l'hiver venu, remplaçait à Lanslebourg les roues de sa diligence par des patins en frêne, et attachait derrière le coffre un sapin branchu coupé au passage, pour freiner l'attelage sur la descente vers Suse ! En fouillant dans le grenier, j'ai retrouvé ses énormes bottes de postillon en cuir bouilli et sa houppelande en peau de chèvre.

Employé comme "agent touristique" lors des jeux Olympiques de 1924, je me levais à cinq heures tous les matins pour écrire à la main et tirer sur une pierre à copier le programme des compétitions et des festivités du jour, avant de le distribuer dans les hôtels et les chalets meublés de Chamonix. Lorsque j'avais du temps libre, j'assistais aux spectacles organisés pour l'événement. Magnifique !

Antoine Borrel, sénateur de la Savoie et originaire de Beaufort, m'a proposé un poste de correspondant du *Petit Dauphinois* de Grenoble. Outre les informations locales, j'envoyais des articles sur la montagne, les ascensions, les concours de ski. Sans le savoir, je créais la première rubrique des sports d'hiver, en utilisant non pas le bloc-notes du reporter mais la mémoire du Savoyard ! J'avais, je crois, un don pour l'écrit.

Un don qu'a reconnu le directeur de *La Dépêche algérienne*, un habitué de Chamonix, en publiant *L'Appel du Hoggar* et en me nommant rédacteur en chef à Alger, en novembre 1938. Pour diriger, je devais apprendre le métier, savoir faire par moi-même. Durant un mois, j'ai participé à la fabrication du journal, de A à Z.

En 1940, s'appuyant sur mon passé d'alpiniste et de guide, sur mes voyages dans le Hoggar, le même directeur m'a commandé une série d'articles susceptibles de redonner aux jeunes confiance en l'avenir. La montagne avec ses joies, ses peines, la montagne école de volonté, m'a servi de trame pour mon roman-feuilleton intitulé *Premier de cordée*. »

Le guide « étranger »

« Le mont Blanc ? Je l'ai gravi le 1er septembre 1925, à 19 ans, autrement dit assez tard, par manque de temps. Joseph Ravanel, le fameux Le Rouge, l'un des plus grands guides du début du XXe siècle, m'avait choisi comme porteur. À la descente, nous avons fait une belle première par la voie dite du Pape, une voie qu'un certain Achille Ratti, futur Pie XI, avait empruntée à la montée. Là, j'ai vraiment découvert le charme de la très haute montagne. Par la suite, j'ai conquis le Toit de l'Europe dix-sept ou dix-huit fois. Le mont Blanc, c'est la difficulté et la beauté. Du grand spectacle !

Avec toutes les courses que j'ai faites en montagne comme porteur volontaire (sans traitement) ou compagnon de cordée des meilleurs guides de l'époque – Armand Charlet, Alfred Couttet dit Couttet-Champion – j'ai été admis à la Compagnie des guides de Chamonix et élu major de la promotion 1930. Sans le savoir, moi l'importé, moi l'incrusté, j'interrompais un siècle de tradition selon laquelle cet honneur revenait aux seuls natifs de Chamonix et d'Argentière. “Tu es le premier étranger que nous admettons, déclara Joseph Demarchi, le président de la compagnie. Fais en sorte que nous n'ayons pas à le regretter !” Durant l'hiver 1931-1932, j'ai obtenu le premier diplôme de moniteur de ski délivré par la Fédération française de ski. (Roger Frison-Roche fut, également et en autres, président d'honneur de la Compagnie des guides de Chamonix et de l'Union internationale des guides de montagne, NdA.)

À 90 ans révolus, je ne fais plus la course du lendemain toujours plus belle, toujours plus prometteuse mais je n'ai aucun regret. Je n'ai simplement pas eu le temps de mener d'autres expéditions dans le Mont-Blanc, le désert ou l'Arctique. Je fais la traversée Plan de l'Aiguille-Montenvers, je vais jusqu'au Brévent, je me promène en bus… et j'ai le bonheur suprême de vivre au pied de la montagne ! »

Roger Frison-Roche, 9 avril 1997, dans son chalet Derborence sur le versant du soleil, au pied du couloir du Brévent, face au massif du Mont-Blanc. Roger Frison-Roche meurt le 17 décembre 1999. Il repose dans le cimetière de Chamonix-Mont-Blanc.

Émile Allais, un siècle dans le paradis blanc

La montagne est son royaume. De la piste aux stations, en passant par les compétitions, les techniques et le rayon vêtements avec le pantalon « sauteur ». En cent ans, Émile Allais (1912-2012) apprend, reçoit et transmet tout du ski. Vit une passion.

« Quelle plus grande émotion que de descendre une pente ? Sentir son cœur s'accélérer avant le premier virage ? » En 1937, aux Championnats du monde de ski alpin organisés à Chamonix, il éprouve trois fois ces sensations en remportant la descente, le slalom et le combiné. Premier tricolore champion du monde ! Un an après avoir décroché la médaille de bronze en combiné aux jeux Olympiques de Garmisch-Partenkirchen, il fait impression dans le fuseau à la ligne aérodynamique, aux fesses et aux jambes gainées, à l'élastique sous le pied imaginé par Armand Allard, un autre Megévan. Anecdotique le pantalon « sauteur » ? Révélateur plutôt d'un esprit pionnier et visionnaire !

Quel que soit le domaine, Émile Allais est prêt à se lancer. Une nouvelle technique à développer ? Il est l'initiateur de la méthode « ski français » (avec le virage skis parallèles, il dame le pion aux Autrichiens) et crée l'École nationale du ski français, pour l'enseigner aux futurs moniteurs. Père de tous les pulls rouges d'aujourd'hui ! Une station à créer ? Il part pour Portillo au Chili, Val Quartier au Québec, Sun Valley dans l'Idaho ou Squaw Valley en Californie, devenues des références internationales. L'extrême à toucher ? Il s'essaie hors-pistes sur des pentes dépassant les 45 degrés. *Freerider* avant l'heure ! Des améliorations à apporter ? Il invente le métier de pisteur-secouriste et collabore aux premiers skis métalliques, les fameux « Allais 60 » de la marque Rossignol. Une expérience à partager ? Il entraîne les équipes canadiennes de ski pour les jeux Olympiques d'hiver 1948 à Saint-Moritz et les équipes américaines pour les jeux Olympiques d'Oslo en 1952. Il se met également au service de grandes stations nées dans les années soixante, Courchevel (en dessinant ses pistes et en introduisant le damage, une première en France), Flaine et La Plagne.

La montagne secrète d'Émile Allais ? « Je n'en ai pas ! Quand je trouve un beau site, je le partage en emmenant des gens. » Son paradis blanc ? « Celui de mon enfance, entre Le Jaillet et le Cristomet à Megève, face au Mont-Blanc. J'y suis allé l'été, dès l'âge de 5 ans, avec mon petit troupeau de chèvres, retrouver ma grand-mère au chalet d'alpage familial. Je connaissais chaque pierre, chaque ravin, chaque ruisseau. Pour mon quatre heures, je faisais fondre une barre de chocolat dans une boîte de conserve avec le peu de lait que je trayais. J'étais heureux là-haut. C'était mon domaine. »

Jean-Claude Killy, King Killy

8 février 1992. Une fourmilière de personnages en rouge et blanc, des lutins virevoltants, un défilé de boules de neige, des patineuses toupies, une flamme allumée… Comment oublier les images, les émotions, les frissons de la cérémonie d'ouverture des XVIe jeux Olympiques d'hiver d'Albertville et de la Savoie ? À l'initiative de cet événement sportif, économique et culturel planétaire, Michel Barnier, président du conseil général de la Savoie et Jean-Claude Killy. « Avoir une idée est facile ; la mener jusqu'au bout est très difficile » rappelle-t-il volontiers.

Des idées ? Jean-Claude Killy né à Saint-Cloud dans les Hauts-de-Seine le 30 août 1943, vite installé à Val-d'Isère, en 1946, où ses parents ouvrent un magasin de sports, en a des milliers ! Il chausse sa première paire de skis à 3 ans, entre dans l'équipe de France à 16 ans, gagne sa première course internationale en géant à 18 ans, au Critérium de la première neige à Val-d'Isère, devient double champion du monde 1966 en descente et combiné à Portillo… et remporte la descente, le slalom et le géant aux jeux Olympiques d'hiver de Grenoble en 1968. Un triplé historique ! La consécration de King Killy ! Le mental gagnant, le départ « catapulté » où il se propulse dans le portillon de départ et déclenche le temps en mouvement, violemment appuyé sur ses bâtons. Une technique maintes fois copiée… jamais égalée !

Un monde de géants

Une page se tourne. Jean-Claude Killy met un terme à son exceptionnel parcours de skieur, se lance dans la course automobile (il participe aux 1 000 kilomètres de Monza, 1 000 kilomètres de Nurburgring, 24 heures du Mans) et dans le cinéma, *Snow Job,* (28 secondes pour un hold-up) un film signé George Englund. Il remplit diverses missions dans les instances sportives – Fédération internationale de ski, Comité international olympique (CIO), jeux Olympiques d'hiver de Turin 2006, de Sochi 2014, etc. – et s'ouvre au monde des affaires. Parmi les premiers, il vend son image pour promouvoir de grandes marques mondiales, conçoit sa ligne de vêtements de ski et préside, neuf ans, Amaury sport organisation (ASO), la société organisatrice entre autres évènements du Tour de France et du Paris-Dakar. « Chercheur de perfection est un métier splendide, j'en ai fait ma carrière » s'enthousiasme le King Killy. Le domaine skiable de Tignes et Val-d'Isère porte à jamais son nom : Espace Killy.

Emmanuel Renaut, le plaisir par le menu

Des champignons sauvages hachés au couteau sur deux millimètres de polenta, une écrevisse du lac dans un jus de carcasse, une meringue au lait d'alpage glacé… Emmanuel Renaut ne peut se priver du Pays du Mont-Blanc. « Pour le déjeuner et le dîner, je ne me remets pas en question mais en recherche du plaisir. Sans rien d'imposé. Avec une part d'imprévu, un soupçon de malice et plus que tout l'envie. » Voilà, sans doute, le secret du meilleur ouvrier de France 2004, élu, par ses pairs, Cuisinier de l'année 2012 et 3 étoiles Michelin depuis 2012. Un secret auquel il ajoute une définition personnelle : « Cuisiner, c'est aimer manger et aimer recevoir. »

Né francilien (à Soisy-sous-Montmorency, précisément) de parents picards sans ascendants cuisiniers, Emmanuel Renaut n'est pas prédestiné. « Adolescent, j'étais passionné par la moto et la montagne en famille, été comme hiver, aux Houches. J'ai choisi le Centre de formation des apprentis de Laon, faute de mieux. Mais avant d'exercer ce métier, je savais que j'allais vivre autour du Mont-Blanc. J'avais goûté à la montagne, une vraie nature où je me sentais bien ! Je ne pouvais plus la quitter. »

En 1998, après des rencontres majeures avec Christian Constant, Yves Camdeborde, Éric Frechon et Jean-François Rouquette, et des expériences réussies au restaurant de l'hôtel Lotti, de l'hôtel de Crillon, à L'Auberge de l'Eridan, au restaurant du Claridge's à Londres, le chef ouvre son premier restaurant Flocons de Sel à Megève. Et s'accorde, avec bonheur, des promenades en solitaire, des cueillettes de champignons ou des randonnées en raquettes. « Là-haut, je ne me lasse pas de la vue sur les sommets, du toucher de la neige, du tumulte du torrent, de l'odeur du sous-bois après la pluie, d'un fumet de rôti. »

Des textures, des couleurs, des saveurs réinventées avec fantaisie. « J'aime la cuisine personnelle, incarnée qui change au bon vouloir du bonhomme, au fil des saisons. Où tout se joue entre l'authenticité – la rusticité même – du terroir savoyard et la précision de la préparation. Au gramme et au quart de seconde près. Avec une épice, un agrume ou une fleur en plus, je fais pétiller le plat, je réveille les sens. Je reste un enfant qui aime les surprises. »

Et les partage, depuis 2008, dans une ferme du XIXe siècle imaginée en un restaurant-hôtel douillet. Sur les hauteurs de Megève.

Emmanuel Renaut, le 4 décembre 2012, à l'heure d'un petit déjeuner à l'hôtel Lutetia. Des cuisiniers l'attendent sous les toits de Paris pour un déjeuner événementiel. Le soir même, il est de retour au Pays du Mont-Blanc.

Antoine Dénériaz, le temps d'une course olympique

12 février 2006, 13 heures. Antoine Dénériaz se présente en haut de la piste « Banchetta » de Sestrière. Dossard n° 30. L'*outsider*. Le skieur qui peut « faire un coup ». Une minute et quarante-huit secondes plus tard, il décroche la médaille d'or des jeux Olympiques d'hiver de Turin. Retour sur la course d'un champion.

« Ce 12 février 2006, j'arrive au portillon en me disant : "C'est maintenant ou jamais !" Comme je l'avais annoncé à mon entraîneur treize mois plus tôt, le 7 janvier 2005, juste après ma chute à l'entraînement à Chamonix : "Je ne serai pas champion du monde mais je serai champion olympique !" Une réaction sous le coup de la douleur et de la déception. Je ne veux pas perdre espoir. Je ne veux pas décevoir ceux qui croient en moi. Je me mets en tête de participer aux jeux Olympiques de Turin pour gagner. Passée l'opération de la déchirure du ligament croisé antérieur de mon genou gauche assez compliquée pour un skieur, et les six mois et demi de rééducation, je skie à nouveau. Je dois remporter LA course de la saison 2006. LA course de ma vie.

Au portillon, je me sens bien, dans le coup. En poussant, je crie : "Fais-le ! Fais-le ! Attaque ! Attaque !" Je dois prendre tous les risques et faire le moins de fautes possible.

Pendant la descente, j'ai l'impression de voler, d'être dans un état second. À la limite. Je sens que je vais vite, très vite, que je réalise quelque chose de fantastique… sans imaginer que je "tue la course". C'est mon jour.

En franchissant la ligne d'arrivée, comme dans une bulle, je ne vois rien, je n'entends rien. Je doute car au trois-quarts de la piste je me suis laissé un peu partir en arrière. J'ai pu perdre les quelques centièmes qui font toute la différence et manquer le podium. Mais je me suis ressaisi. "Attaque ! Attaque !" Je me retourne vers le tableau pour voir "Premier, champion olympique". C'est l'explosion ! »

Ce 12 février 2006, Antoine Dénériaz gagne et relègue à 72 centièmes de seconde Michael Walchhofer, le deuxième. Jamais depuis les Jeux d'Innsbruck en 1964, un champion olympique de descente ne repousse si loin ses rivaux !

L'amour de la vitesse et le goût du risque le remettent en piste, quinze jours plus tard, à Aare en Suède, pour la Coupe du monde 2006. Une chute spectaculaire. Pas de cassure. Mais un vilain hématome sur la hanche. Une ponction. Un staphylocoque doré. La peur née à Aare se fait envahissante. Le temps, les vacances, l'entraînement, les kilomètres à skis doivent la dissiper. « Pendant un an et demi, j'ai un frein intérieur que j'essaie de lever. En vain. Je n'éprouve plus de plaisir. Une situation invivable. Je décide d'arrêter. Le 5 décembre 2007, je signe moi-même la dernière victoire – ni contrainte ni forcée encore moins volée – de ma carrière : ma retraite sportive. À 31 ans, je me sens capable de me lancer un autre défi en créant ma marque d'accessoires. Je dois, chaque jour, me battre pour transformer l'essai d'un titre olympique.

C'est le village de Morillon (500 habitants) où j'ai grandi, son environnement simple et sain, qui ont forgé mon caractère, ma personnalité, ma culture. Le ski ? Mon grand-père et mes tantes étaient moniteurs. Mon père moniteur et entraîneur au ski club, à l'époque le seul club sportif du village. Mon héros s'appelait Philippe Verneret, le descendeur de Morillon, deux fois sélectionné aux jeux Olympiques de Sarajevo en 1984 et de Calgary en 1988 !

La montagne et le ski m'ont appris les deux versants, l'ombre et la lumière de la vie. »

Antoine Dénériaz au téléphone, le 11 juin 2013. Dans le souvenir exact du 12 février 2006, 13 heures. Au bout de la ligne (de la piste), il est champion olympique. Mémorable !

Gautier Capuçon, trois petites notes de musique

Le ski, la raclette, les bugnes… Trois petites notes qui composent les souvenirs d'enfance de Gautier Capuçon. L'accordent à sa Savoie. Chambéry où il naît en 1981. Bourg-Saint-Maurice où il grandit. Les Arcs où il skie et découvre la musique. « L'hiver, je skiais, je pique-niquais dans la neige et je rentrais à l'heure du goûter pour boire le chocolat chaud et dévorer les bugnes de ma grand-mère. Ou manger, au dîner, sa fameuse raclette. L'été, mon père m'emmenait en randonnée sur ses épaules dans son sac à dos. Le soir, toute la famille assistait aux concerts du Festival de musique classique des Arcs. Comment oublier ces journées, sources d'inspiration ? Comment ne pas les laisser transparaître dans mes interprétations ? Je suis de cette terre ! » Et ce vrai coup de cœur pour le violoncelle dès l'âge de 4 ans et demi, comment l'expliquer ? « Pour quelle raison mes parents m'ont-ils offert cet instrument ? Je l'ignore ! Peut-être caressaient-ils le rêve de former un trio avec ma sœur au piano et mon frère au violon ! J'ai enlacé le violoncelle. Ses sonorités chaudes et sensuelles m'ont transpercé. Lui et moi avons fait corps. Instantanément. Le violoncelle allait m'accompagner tout au long de ma vie. C'était une évidence ! »

Après deux ou trois heures à jouer, chaque jour, « par envie, par passion » puis des études au Conservatoire de Chambéry, Gautier Capuçon retrouve Annie Cochet-Zakine, une autre Savoyarde à Paris, « une professeure exceptionnelle : elle m'a appris les fondamentaux ». Avant d'entrer au Conservatoire dans la classe de Philippe Muller, et de prendre des cours à Vienne avec Heinrich Schiff. « Le violoncelle m'a inculqué la rigueur, le respect et le dépassement de soi… au point de devenir ma manière de dire les choses, d'exprimer mes sentiments. » Au bout d'heures et d'heures de travail. « J'ai reçu un don pour la musique. Instinctif et curieux, j'ai poussé certaines portes entrouvertes et j'ai fait confiance. Selon moi, une partie de la vie relève du destin ; l'autre laisse chacun libre d'en changer le cours. »

Entre une carrière de soliste et d'interprète de musique de chambre, le violoncelliste ne choisit pas. « Les trios de Schubert et de Brahms sont les premières œuvres que j'ai entendues au Festival des Arcs. Des musiques où je me sens bien, où je me retrouve, rassuré et libre. J'aime aussi, en certaines périodes de ma vie, m'exprimer en soliste. Je ne force jamais les choses. Tout se fait naturellement. »

La nature et la musique omniprésentes. Dans leur grandeur et leur diversité. « Je rêve de faire la vallée Blanche à skis et de jouer au sommet du mont Blanc en mémoire de Maurice Baquet, le violoncelliste, acteur de théâtre et de cinéma. Enfant, je l'admirais sur des photos noir et blanc. Il avait téléphoné à mes parents pour leur dire qu'il aimerait me connaître. De retour d'une tournée aux États-Unis, j'ai voulu l'appeler. Il venait de disparaître. C'est l'un des grands regrets de ma vie. »

Dès qu'il le peut Gautier Capuçon emmène sa petite famille en Savoie, enfourche sa moto – une Terrot des années cinquante – et part à travers champs, sa fille sur les épaules dans le sac à dos. « J'aime me ressourcer en montagne. Une grandeur, une puissance que Strauss recrée magistralement dans *La Symphonie alpestre*. »

De cette Savoie rustique et enracinée, Gautier Capuçon évoque encore la devise qu'il pourrait lui attribuer : « Il n'y a pas de problème sans solution », le jardin de son enfance « où deux pies espiègles jacassaient », « les rouges-gorges magnifiques et tout là-haut les aigles royaux ». Trois petites notes…

Gautier Capuçon, le 4 juin 2013 au café Ruc à Paris. Entre un concert à San Francisco et un autre à Erevan.

Chapitre 29

Dix fleurons des Pays de Savoie

Dans ce chapitre :

- Images belles des champs
- Conforts des intérieurs
- Mieux-être de la personne

Il y en a pour tous les goûts : rustique, sportif ou luxe. Voici dix petits et grands « objets », purs produits des Pays de Savoie.

Le chalet, une maison sur fond de montagne

Accrochées aux montagnes, si possible au soleil, proches d'une source, à l'abri des avalanches, des écroulements et des crues. Ou « enfouies » dans le sol et serrées les unes contre les autres pour atténuer les rigueurs de l'hiver au fond des vallées. Coupées du monde plusieurs mois par an, les solides maisons-chalets savoyardes concentrent, durant des siècles, la vie : les hommes (trois générations parfois), les bêtes, les récoltes et les outils ! Le tout derrière des murs de pierre (calcaire ou schiste) ou de bois (épicéa) aux rares fenêtres, dans des greniers-abris du foin, sous des toits pentus recouverts de lauzes, de planchettes d'épicéa ou de mélèze, toits débordants de barres et de crochets qui retiennent la neige, surprenant mais excellent isolant thermique.

L'hiver, la famille et les amis mangent et veillent dans le pêle, la pièce chauffée par un fourneau en fonte ou en pierre ollaire. Aménagée avec une table rustique, des bancs, un vaisselier, une garde-robe et des lits (un pour les parents ; un pour les enfants) clos par des rideaux. Les heures s'écoulent au tricot, à la broderie, au travail de l'osier et du bois, dans les chants, les contes et, parfois, dans les odeurs de jambons et de saucisses séchés et fumés dans la borne ou bourne (cheminée) de la cuisine.

Vestiges de ce temps, les greniers – appelés à tort mazots comme les petites cabanes des vignes en Suisse – disparaissent. Construits en madriers de mélèze à cinquante ou soixante mètres de l'habitation pour être à l'abri des incendies, et posés sur des pierres hors de la neige et des rongeurs, ces « petits chalets » conservent les biens les plus précieux : blé, seigle, costumes de fête, titres de propriété, petites économies, eau-de-vie…

LE SAVIEZ-VOUS ?

Ancelle ou tavaillon ?

Tous les deux couvrent les toits ou les façades en bois. L'ancelle est une grande tuile de résineux non clouée ; le tavaillon, lui, est cloué et plus petit.

Le costume : jour de labeur, dimanche de fête

Un jupon couvert de poupées folkloriques ! Une jeune fille de 11 ans, Séverine du Peloux, vêtue de rouge et de blanc, les couleurs de la Savoie, interprète *La Marseillaise* a cappella. Souvenez-vous : 1992, la cérémonie d'ouverture des jeux Olympiques d'hiver d'Albertville et de la Savoie chorégraphiée par Philippe Decouflé. Le clin d'œil est audacieux !

Le costume savoyard relève, bien sûr, du folklore mais savez-vous que les hommes et les femmes le portent au quotidien jusqu'au début du XXe siècle ? Et même jusqu'à la Première Guerre mondiale en Maurienne et en Tarentaise.

Au XIXe siècle, le vêtement ne cesse d'évoluer d'une vallée à l'autre, au gré des modes, de l'apparition de tissus nouveaux et… d'une certaine compétition entre villages ! Les « basiques » ? Guêtres, culotte, ample chemise, veste et chapeau pour les hommes. Jupe, tablier, ceinture, chemise, châle appelé « mouchoir » et coiffe pour les femmes. La « frontière », la coiffe rigide de velours noir galonnée d'or portée en Tarentaise, devient l'emblème du costume savoyard avec ses pointes sur le front et les tempes qui enserrent la tête. En Maurienne, la jupe nécessite six mètres de drap pour composer deux douzaines de plis qui s'ouvrent en accordéon à l'arrière. Autant dire que les femmes ne peuvent pas courir bien loin !

Pour les jours de labeur, la femme coud l'habit dans un drap assez grossier de couleur sombre. Pour les dimanches et jours de fêtes, elle se pare de ses plus beaux atours aux couleurs vives et matières précieuses. Tablier et châle en soie ou en satin chatoyant, brodés, pailletés, ornés de dentelles ou d'un beau rang de franges. Paysanne la semaine, princesse le dimanche !

Le costume est-il complet ? Non, il manque les bijoux, principalement la croix et le cœur en or ou en argent portés même en semaine et achetés pour le mariage, lorsque le prétendant « ferre » sa fiancée. Manière de parler de l'attachement des futurs époux ?

L'abondance : montagnarde… rouge et blanche

En voilà d'une grande randonneuse ! Increvable ou presque. Du haut de sa taille moyenne (1,40 m au sacrum) avec un poids relativement léger (de l'ordre de 650 kg), elle en avale des kilomètres et des dénivelés sur ses membres fins chaussés de sabots noirs. Se fond même dans le paysage avec sa robe pie-rouge couverte, ses yeux soulignés rose-marron, sa mamelle haute dotée de trayons courts (moins accrochés donc moins blessés) et son bel aplomb. Excellente laitière qui plus est ! C'est elle qui produit l'abondance, le fromage au lait cru entier et à la pâte pressée cuite.

Les spécialistes ne s'y trompent. Réunis à La Chapelle-d'Abondance, le 1er mars 1891, ils notent « des caractères constants et spéciaux qui réapparaissent toujours dominants dans les produits », inscrivent l'abondance et précisent son type dans le futur *herd-book*, la bible « des bonnes races bovines domestiquées ».

Pour suivre la trace de cette vache en Pays de Savoie, il faut remonter au Ve siècle où les Burgondes l'introduisent en Europe et retourner du côté d'Abondance, le village du Haut-Chablais où la race alors appelée « chablaisienne » se développe à l'abri des influences extérieures, sous la conduite des moines défricheurs.

En 2013, le troupeau compte 22 500 têtes au contrôle laitier sur l'ensemble du territoire dont 50 % en Haute-Savoie et 25 % en Savoie. Le lait justement ! 80 % du lait de la race est transformé en fromages AOC : abondance bien sûr mais aussi tome des Bauges, reblochon et beaufort à 50 %.

Le beaufort, prince des gruyères

« C'est le Prince des Gruyères ! » s'exclame Anthelme Brillat-Savarin (1755-1826), le gastronome français, en dégustant un beaufort au goût de noisette.

Une belle pâte ferme puis fondante en bouche obtenue avec tout le savoir-faire des montagnards… après « cent jours » d'alpage des vaches tarine et abondance des vallées du Beaufortain, de la Tarentaise, de la Maurienne et d'une partie du Val d'Arly.

Une réussite qui se joue, avec dame nature, en quatre actes : la collecte du lait chaud après chaque traite ou du lait chaud du matin et du lait de la veille au soir ; l'emploi de présure naturelle pour cailler le lait (le faire passer de l'état liquide à l'état solide) dans un chaudron en cuivre ; le « décaillage » (le « caillé » est tranché), le brassage, la cuisson, le moulage et le pressage donnent, en vingt-quatre heures, une meule de 40 kg à talon concave, et l'affinage de cinq mois minimum à sept, huit, neuf, dix, onze ou douze mois dans une cave fraîche (moins de 12 °C).

Quatre actes qui, depuis le début, constituent le judicieux et savoureux moyen de transporter et de conserver le lait et ses protéines des verts pâturages aux plateaux urbains !

L'Opinel, fine lame

Il accompagne nos randonnées, nos cueillettes de champignons, nos parties de pêche. Il grave les premières amours sur un tronc d'arbre. Il taille une branche de noisetier ou une belle tranche de pain. Il se transmet. Toujours dans la poche ou le tiroir de la cuisine. Tellement planté dans la vie qu'il entre dans les noms communs du dictionnaire en 1989 en tant que marque déposée. Inutile de préciser « couteau Opinel », Opinel suffit. Reconnaissable à sa ligne, à sa bague de sécurité et à sa main couronnée gravée sur la lame, en référence aux armoiries de Saint-Jean-de-Maurienne et au duché de Savoie.

1890, Albiez-le-Vieux, près de Saint-Jean-de-Maurienne. À 18 ans, Joseph Opinel passe son temps libre dans l'atelier de taillanderie à imaginer la forme idéale d'un couteau de poche, et à découper des lames dans des chutes de métal. À quoi bon, s'interroge le paternel. Les haches, les serpes, ça c'est du sérieux ! Mais Joseph persiste. Son petit couteau séduit bientôt les clients du père et les villageois. Joseph construit alors son atelier un peu plus bas, au Pont de Gévoudaz. Quinze ouvriers y travaillent. En 1911, le couteau Opinel remporte la médaille d'or à l'Exposition internationale alpine de Turin. Joseph voit plus grand. Pendant la Première Guerre mondiale, il rachète une tannerie abandonnée à Cognin, dans la banlieue de Chambéry, plus proche des grands axes de communication. Mieux adaptée à son ambition industrielle. Les machines sont transportées à dos de mulets ou en charrettes jusqu'à Saint-Jean-de-Maurienne puis par le train. L'usine s'agrandit. Joseph est secondé par ses fils, Marcel et Léon. Son petit-fils Maurice rejoint la direction en 1950. Joseph Opinel s'éteint en 1960, à l'âge de 88 ans. La quatrième génération prend le relais et élargit le champ de l'Opinel à la cuisine et à la table. Avec les mêmes valeurs : simplicité, fiabilité, efficacité.

Rien d'un second couteau !

Il se vend un Opinel toutes les dix secondes dans le monde ! Les Américains l'appellent simplement « the French knife ». Il est exposé au musée d'Art moderne de New-York. En 1985, le Victoria and Albert Museum de Londres le consacre parmi les cent plus beaux produits design du monde, aux côtés des lunettes Ray-Ban, de la montre Rolex et de la Porsche 911. La moitié du chiffre d'affaires d'Opinel (15 M€ en 2012) est réalisée à l'export. Chaque année, 3,5 millions de couteaux sont fabriqués. Il existe deux cents articles différents dont la fameuse série du n° 2 et sa lame de 35 millimètres au n° 12 et sa lame de 120 millimètres. Une série de tailles numérotées, inventée par Joseph Opinel. En 1939, la fabrication des n° 1 et des n° 11 cesse. Les collectionneurs les traquent toujours !

LE SAVIEZ-VOUS ?

Entretenir son Opinel

Pour garder votre Opinel en parfait état, essuyez-le après chaque utilisation si la lame est en acier carbone, et graissez-la régulièrement afin d'éviter l'oxydation. Votre couteau de poche rechigne à s'ouvrir ? Adoptez le « coup du Savoyard » ! Tenez le couteau par la bague, la lame dirigée vers le bas et frappez le bout du manche sur la table. La lame est libérée et se déplie facilement. Parole de connaisseurs !

La filature Arpin, dans de beaux draps

Dans la gamme des couleurs, il y a glacier, vert forêt, burel (brun), framboise. Dans le catalogue des motifs, les lignes, les croisillons, les étoiles se mélangent. Dans les collections été ou hiver, les vêtements, les accessoires, la bagagerie, la décoration, les pièces sur-mesure volent la vedette au tissu au mètre. Et assurent la renommée de la filature Arpin créée par Alexis et Jean-Baptiste Arpin, à Séez en 1817.

À l'époque, la maison des maîtres lainiers et tisserands puise l'eau du torrent le Versoyen, utilise l'oléine (huile végétale) de Moûtiers, emploie les garçons et les filles du pays et troque la toison des moutons d'alpage contre des draps de laine. Le guide Pierre Blanc dit le Pape parcourt, avec ses mulets, les vallées du Beaufortain, de Tarentaise, de Maurienne et la Vallée d'Aoste pour vendre le drap de Séez sur les marchés. Originaire de Bonneval-sur-Arc, il impose la marque drap de Bonneval.

De cette histoire ancienne, il reste les bergers, l'atelier de fabrication et des machines (batteuse, foulon) datant du XIXe siècle classées à l'Inventaire du patrimoine national. Des pièces uniques aussi comme le *knicker* adopté par la Compagnie des guides de Chamonix en 1830, les tentes confectionnées, en 1858, pour abriter Victor-Emmanuel II de Savoie au col du Petit-Saint-Bernard, les vêtements commandés, en 1949, par Paul-Émile Victor pour les expéditions polaires françaises, les gilets du Comité international olympique sélectionnés pour les Jeux d'hiver d'Albertville et de la Savoie 1992…

Ici, il est question de pure laine, de triage, de lavage, de séchage, de cardage, de tissage et d'un drap « si solide qu'on use sa peau avant de le trouer ».

S.T. Dupont, l'art de voyager

1872 : Simon Tissot Dupont a une intuition : avec le progrès, les élites vont voyager à travers le monde. Peut-être son père, menuisier devenu photographe de la cour impériale, le conforte-t-il dans cette idée ? À 25 ans, il se lance en créant une fabrique de bagagerie et de maroquinerie, en réalité des objets de voyage réalisés selon les vœux de ses clients. Parmi eux, Napoléon III, l'impératrice Eugénie, Elena la reine de Roumanie, Ingrid la reine du Danemark, le duc et la duchesse de Windsor, Coco Chanel, Winston Churchill, Humphrey Bogart, Audrey Hepburn, Gianni Agnelli… le prince William et la princesse Kate Middleton à qui le gouvernement français offre, en 2011, une mallette de voyage en cadeau de mariage.

Autre cadeau : le premier briquet de luxe en or massif et laque de Chine que le Maharaja de Patiala veut offrir à ses favorites. Une fabuleuse commande de cent petits bijoux présentés dans des minaudières, trois ans de travail assurés pour la maison et une icône – « La flamme la mieux habillée du monde » – qui brille depuis 1941. Marilyn Monroe adopte le Ligne 1, Pablo Picasso grave ses dessins sur trois briquets, Jackie Kennedy-Onassis se contente d'un simple « J » gravé sur le sien… et passe commande, en 1973, d'un stylo assorti. Un stylo « classique » en argent massif ou en vermeil à l'agrafe décorée ou non de laque de Chine.

Mais quel est le lien entre ses personnalités, ses produits de luxe et les Pays de Savoie ? Simon Tissot (initiales S.T.) Dupont né en 1847 dans le village de Saint-Ferréol près de Faverges, émigré à Paris, et l'usine de production principale installée par ses deux fils, Lucien et André, depuis 1923-1924 à Faverges.

La fonderie Paccard, fondus et fêlés de cloches

Elle s'appelle la Savoyarde, tiens, tiens, et représente, pas moins, la plus grosse cloche de France accrochée à la basilique du Sacré-Cœur de Montmartre à Paris. 18 885 kg fondus en 1891 par Georges Paccard et ses fils Joseph et Louis.

Un siècle plus tôt, Antoine, l'ancêtre et maire de Quintal en Haute-Savoie, s'entend dire par l'évêque : « Votre commune aura un prêtre quand vous aurez une cloche à votre clocher ! » Aussitôt dit, aussitôt fait, les Haut-Savoyards s'adressent à Jean-Baptiste Pitton, un maître-fondeur de Carouge, près de Genève… qui recrute Antoine Paccard… qui crée sa fonderie à Quintal en 1796. Ses fils, Jean-Pierre et Claude, prennent la suite. Son petit-fils, Georges, transfère l'affaire de Quintal à Annecy-le-Vieux entre 1854 et 1857 (affaire réinstallée en 1989 à Sévrier) et lui donne, dès la fin du XIXe siècle, un fantastique essor et une solide réputation. Par la beauté des formes de « ses » cloches, la justesse de leur tonalité, l'ampleur de leur timbre et de leur harmonie.

En 1950, informé des compétences de la maison en matière d'accordage de cloches, le gouvernement des États-Unis lui commande 54 répliques de la *Liberty bell*, symbole de l'indépendance américaine.

Autres performances du premier fabricant mondial de cloches d'églises et de carillons : la plus grosse sonnerie en volée du monde soit trois cloches de 6, 10 et 19 tonnes destinées au Canada, le carillon du château des ducs de Savoie à Chambéry – 70 cloches immobiles frappées par un marteau actionné par un clavier manuel sur lequel joue un carillonneur, le plus grand carillon classique d'Europe – et la plus grosse cloche en volée du monde, la *World peace bell*. Elle retentit, le 31 décembre 1999 à minuit… pour fêter, à Newport, le troisième millénaire.

En 2013 ? Toujours le même son de cloche – également appelée la voix d'airain – faite de 78 % de cuivre et de 22 % d'étain !

Le fuseau Aallard, ligne de réussite

Un virus, deux coups de ciseau, trois médailles olympiques. La *success-story* de la famille Allard se joue en trois actes. Et trois générations.

Né à Megève en 1904, Armand Allard voit son rêve d'être chirurgien se briser par une mauvaise poliomyélite. Un handicap suffisamment lourd pour l'empêcher d'aider ses parents à la ferme de Vauvray. Il découvre le métier de tailleur avec son oncle Antoine et ouvre son propre atelier, en 1926, dans une vieille maison, place de l'église à Megève. À 22 ans, le jeune homme attire son monde. Adjoint au maire, le jour, il dessine, coupe, assemble pantalons, vestes et manteaux, la nuit. Au milieu des regards et des conversations. Sans le savoir, il écrit les premières pages d'une réussite.

Étoile montante du ski français, Hilaire Morand, un autre Megévan, veut mieux que le pantalon norvégien court, bouffant et prise au vent. Le tailleur lui fabrique le « pantalon sauteur » : ligne aérodynamique, fesses et jambes gainées, élastique sous le pied. Dans un drap de Bonneval. Une révolution datée 1930.

Une révolution qui porte chance à Émile Allais, le neveu d'Hilaire Morand. En 1936, il gagne la médaille de bronze en combiné aux jeux Olympiques de Garmisch-Partenkirchen vêtu d'un fuseau en tricotine. Un an plus tard, il entre dans la légende en remportant la descente, le slalom et le combiné des premiers Championnats du monde de ski alpin à Chamonix. La réputation du fuseau AAllard est faite.

Armand Allard et sa femme Julia bientôt parents de Jean-Paul, d'Anne-Marie et de Jean-Marie, entretiennent cette renommée en artisans et VRP. Le plus souvent aux côtés des « culottières », les petites mains de l'atelier. Trois fois par an, à l'automne, à Paris. Chargés de malles, ils proposent des étoffes, prennent les mesures et les commandes, reviennent pour un premier puis un second essayage. Aux vacances d'hiver, le fuseau sur-mesure est prêt. Les clients passent à la boutique de Megève avant de dévaler les pistes.

Skieurs professionnels, skieurs amateurs, couturiers – Jean-Paul Gaultier, Daniel Hechter, Hermès – et mannequins adoptent ce pantalon sport et mode « saillant pour les hommes, galbant pour les femmes, jamais moulant, toujours tendu ». En lycra, velours ou gabardine, uni ou imprimé, signé Jean-Paul Allard, l'autodidacte, il se fond dans la neige et court les défilés. Avec, en complément, une collection de vêtements et une gamme d'accessoires.

Indigo, chocolat, blanc, magenta, avec ou sans ceinture, poche cavalière, pli nervure, finition double surpiqûre… La maison AAllard, avec Antoine petit-fils d'Armand à sa tête, confectionne un fuseau à votre image. La *success-story* se décline à l'infini.

Salomon : fixations, skis, trail

Une révolution, disent-ils, datée 2011. Le ski *BBR*. Sa forme en V procure le maximum de sensations dans tout type de neige. Pur produit de Bertrand Krafft, surnommé Bébert, le designer. Sa spatule est large, son patin étroit, son talon en V largement inspiré du surf et du kitesurf. Les spécialistes comprennent vite le virage intuitif et sans effort, l'accroche garantie sur neige dure et le contrôle de la trajectoire. Stop pour l'image et la promo ! La réalité accroche la marque et la société Salomon à la Haute-Savoie.

En 1947, François Salomon débute en fabriquant, dans son atelier d'Annecy, des lames de scies et des carres de skis. Cinq ans plus tard, son fils Georges augmente, avec des machines, les cadences de production des carres. Ensemble, ils conçoivent la première fixation de ski à corde… qui remplace les lanières de cuir traditionnelles. Les Championnats du monde de ski alpin à Portillo au Chili en 1966 leur ouvrent les portes du monde avec la première fixation à talonnière à déblocage automatique. Des filiales sont créées en Allemagne, en Autriche, en Italie et aux États-Unis. En 1979, Salomon élargit sa gamme de produits aux chaussures de ski de fond et propose le désormais célèbre système de fond. Bizarrement, le premier ski de la marque – vitrine de la maison – n'apparaît qu'en 1990 alors que les ventes de chaussures affichent de très bons résultats : 5 millions pour le ski de fond et 10 millions pour le ski alpin.

En 1997, cinquantenaire, la société est rachetée par Adidas avant d'être revendue au groupe finlandais Amer Sports, en 2005. Les skis ne sont plus fabriqués à Rumilly depuis 2008… mais le siège d'Annecy conserve les compétences en matière de chaussures ski alpin, chaussures et fixations ski de fond, vêtements, chaussures et cycles, avec plus de 10 000 brevets déposés depuis 1947. Et la même envie de repousser les limites en montagne, via le trail notamment. Avec pour image et accroche la *moutain life*.

Chapitre 30

Dix recettes gourmandes, nos savoyardises

Dans ce chapitre :

- Une ou deux tranches de vie
- Trois ou quatre plats de résistance
- Cinq ou six gourmandises
- Et, cerise sur le gâteau, la « madeleine de Proust » de trois chefs étoilés

Prenons les clichés : la fondue, la raclette, la tarte aux myrtilles et la grolle. La montagne, c'est du « goûteux » et du calorique ! Nous entendons déjà les spécialistes : ni la fondue ni la raclette ne sont savoyardes ; la tarte aux myrtilles est également pyrénéenne et la grolle à boire avec modération aux quatre coins du monde. Nous retirons de la sélection la raclette qui consiste à faire fondre le fromage sous une lampe ou dans une coupelle. Mais comment imaginer une semaine au ski sans poêlon, sans pics et sans petits becs ? Voici les classiques de la table savoyarde entrecoupés de péchés mignons.

Allumettes au beaufort

La « madeleine de Proust » de Julien Machet (Le Farçon – La Tania)

Ingrédients (pour 6 allumettes) : 50 g de beaufort, 50 g de farine, 2 œufs, 50 g de chapelure et 2 g de cumin.

Préparation : couper le beaufort en allumettes de 6 cm de long et 5 millimètres de côté. Les rouler dans la farine. Enlever l'excédent de farine. Tremper dans l'œuf battu. Égoutter un peu. Tremper dans la chapelure mélangée au cumin. Laisser sécher un peu. Renouveler l'opération œuf battu et chapelure. Frire à l'huile de tournesol. Servir avec une salade ou comme mouillette dans un œuf à la coque.

Julien Machet, l'étoile du berger

« Enfant, j'ai toujours cuisiné avec ma grand-mère, attiré par la matière, par la transformation de la matière. Je préparais des truffes pour le père Noël. Mon grand-père, lui, m'a nourri, pendant quatre ans, aux coquillettes au beaufort avec œufs au plat ! Je garde en mémoire l'odeur de son beurre noir sur les pâtes – la serfuse disait-il – comme un parfum d'antan.

Adolescent, j'étais un paysan pur et dur. Après avoir élevé des lapins, des poules, des cochons avec ma grand-mère à La Cour au-dessus du village de Villemartin, j'ai gardé des moutons. Je me levais à 5 heures du matin pour nourrir mes Thônes et Marthod avant d'aller au collège. Parfois, j'avais pour mission de faire bouillir du chou là où un paysan distillait de la gnôle avec l'alambic de sa mère. Je dissipais les vapeurs et ne descendais pas à la cave ! À 14 ans, j'ai acheté ma première moto-faucheuse. Je voulais faire les foins à l'ancienne. Sentir leurs arômes de romarin, de verveine, de camomille… Des arômes que je retrouve, aujourd'hui, dans le sorbet au foin de nos montagnes. Un foin très parfumé car sélectionné sur pied la fleur à peine ouverte, puis séché dans une grange à l'abri de la lumière et mis en tas couvert comme un trésor ! Un trésor où je puise en fonction des besoins. J'ai peut-être imaginé cette recette avec pamplemousse rôti et chocolat blanc, au sommet d'une montagne où j'aime aller me poser dans le silence juste brisé par le vent. Comme à chaque fois, je n'ai rien noté mais la rigueur de la pâtisserie – ma formation et ma première expérience – m'a aidé. La créativité et l'intuition ont fait le reste. Entre souvenir d'enfance et élément alpin. »

Julien Machet dans un petit café à Chambéry, le 2 juin 2013. Il vient de donner un cours de cuisine aux enfants d'une classe de CE2 à Valence et regagne La Tania, son village. La tête dans l'avenir. Les pieds dans sa montagne.

Fondue savoyarde

Il semble que la fondue apparaît comme LA spécialité savoyarde après la Seconde Guerre mondiale et la fièvre des sports d'hiver. « Reconstituante » et conviviale, elle donne envie de passer à table. Peu importe qu'elle soit suisse (du Valais à la fin du XIXe siècle) avant d'être française, au gruyère et au « fendant » (vin blanc valaisan) avant de glisser vers l'emmental de Savoie et le beaufort accompagnés d'un verre de vin blanc de Savoie.

Ingrédients (par personne) : un petit verre de vin blanc de Savoie, 200 g de fromage (100 g de beaufort et 100 g d'emmental de Savoie), ½ gousse d'ail, ½ verre à liqueur de kirsch, du poivre du moulin, un gros pain de la veille coupé en petits cubes.

Préparation : frotter l'intérieur d'un poêlon avec la demi-gousse d'ail. Râper les fromages après avoir enlevé les croûtes. Mettre le vin à chauffer dans le poêlon sur feu doux. Quand il commence à mousser, jeter les fromages sans cesser de remuer avec une cuillère en bois. Les fromages fondus, ajouter le poivre et le kirsch en tournant doucement. Dès que la préparation monte dans le poêlon, le placer sur un réchaud au centre de la table. Chaque convive peut alors tremper des cubes de pain dans la fondue. Quand le fond du poêlon commence à dorer, les gourmands cassent un œuf ou deux, mélangent et trempent une dernière bouchée.

Tartiflette

Ingrédients (pour 4 personnes) : 1 kg de pommes de terre moyennes, 1 reblochon fermier, 10 cl de crème fraîche, 30 cl de vin blanc sec, 1 oignon, 150 g de lardons, sel, poivre.

Préparation : faire cuire les pommes de terre vingt minutes environ dans de l'eau salée. Éplucher et couper finement l'oignon. Le faire dorer avec les lardons dans une poêle bien chaude. Saler. Poivrer. Mouiller avec le vin blanc et laisser réduire. Préchauffer le four à 200 °C (thermostat 6-7). Éplucher les pommes de terre. Les couper en dés. Mélanger pommes de terre, oignon, lardons et crème fraîche. Assaisonner si besoin est. Verser la préparation dans un plat. Déposer dessus le reblochon coupé en deux, la croûte en haut. Mettre au four dix-quinze minutes jusqu'à ce que le fromage soit fondu. Servir chaud accompagné d'une salade verte.

Farcement

Entendez ou lisez farcement, vous êtes dans le Faucigny, les Aravis ou le Chablais ; farci en Haute-Maurienne ; farçon partout ailleurs dans les Pays de Savoie.

Alors que le farcement et le farci peuvent être cuits au bain-marie, sous une cloche ou dans une coquelle, le farçon, lui, requiert une coquelle de fonte épaisse.

Mais qu'il soit farcement, farci ou farçon, ce plat salé ou sucré à base de pommes de terre cuites (de chou, de rave ou de chou-rave avant l'apparition de la tubercule dans les Pays de Savoie) demande une cuisson longue à feu doux. Plus il est cuit, meilleur il est, dit-on. Tout comme il existe autant de recettes jalousement gardées que de villages, de clochers ou de familles !

Ingrédients : 1 kg de pommes de terre, 1 cuillerée à soupe de farine, 3 œufs, sel, poivre, 1 poignée de raisins secs, 1 poignée de pruneaux secs, du lard. Moule spécial (autrefois appelé rabolire avec une partie centrale creuse) ou moule à kouglof.

Préparation : râper les pommes de terre dans un grand récipient. Ajouter la farine, les œufs, le sel, le poivre, les fruits secs. Mélanger le tout. Couper une tranche de lard en dés et la passer à la poêle. Mélanger à nouveau. Beurrer le moule. Chemiser (tapisser) le moule avec le lard tranché très fin. Verser le mélange dessus. Faire cuire au bain-marie à feu doux, durant trois heures au moins. À l'extérieur, les couleurs du lard alternent ; à l'intérieur, pruneaux et raisins ressortent bien dans la tranche. Régal à la vue et en bouche !

Un farçon à la mode d'antan

De ce plat « national », Paul Payot (1912-1977), l'historien de Chamonix, recommande une autre recette dans *Au Royaume du Mont-Blanc* : « Écraser dans une "bougne" avec un pilon en bois, des pommes de terre bouillies et pelées. Ajouter des pruneaux secs trempés de la veille, des fruits (pommes, raisins secs, etc.), une cuillerée de farine, un peu de sucre, un œuf ou deux, du lait pour obtenir une pâte ferme. Graisser une cocotte. Y mettre la préparation. Faire cuire sur le fourneau un moment puis dans un four moyen. Surveiller attentivement. La croûte étant formée, ouvrir le four et laisser très peu refroidir. Passer un couteau tout autour et retourner le farçon sur un plat. Il peut être mangé chaud ou froid, sucré ou salé (dans ce cas, ajouter des morceaux de lard à la pâte ou, comme à Servoz en Haute-Savoie, une petite friture d'oignons). »

Le temps du Moyen Âge et d'une messe !

CURIOSITÉ

Avec le farcement, le farci ou le farçon (du latin *farcire*, remplir), vous tenez une survivance du Moyen Âge où le mélange sucré-salé comble les palais, et le reflet d'un pays où les femmes doivent assister à la messe du dimanche. Avec pareil temps de cuisson, elles peuvent prier en toute quiétude. Ou, le reste de la semaine, vaquer à leurs occupations entre la maison, la grange, les parcelles cultivables et les villages souvent très éloignés.

Les agnelots ou agnolos

La « madeleine de Proust » de Michel Rochedy (Le Chabichou – Courchevel)

Ingrédients : pâte : 250 g de farine, sel, 100 g de beurre, 2 œufs, 1 tasse d'eau tiède. Farce : 1 poignée d'oseille, 1 poignée d'épinards, 200 g de viande de mouton hachée très fin et cuite, cerfeuil, persil, 50 g de parmesan râpé, 50 g de tomme fraîche, 2 œufs, sel, poivre, 2 cuillerées à soupe de crème fleurette.

Préparation : préparer la pâte et la laisser reposer au frais deux ou trois heures. Hacher les herbes, les presser et les mélanger aux autres ingrédients avec la crème fleurette légèrement réduite. Étendre la pâte en deux abaisses égales. Sur la première, disposer régulièrement des petits tas de farce (de la grosseur d'une noix). Mouiller d'eau froide le tour de ces garnitures. Couvrir avec la seconde abaisse de pâte et presser tout autour des petits tas pour souder les abaisses. Détailler les agnelots à la roulette dentée en morceaux de 6 cm de côté. Pocher deux minutes à l'eau bouillante salée. Mettre dans un plat à gratiner dix minutes au four à 180 °C (thermostat 6) avec beurre et parmesan râpé.

La leçon de cuisine de Michel Rochedy

« Mon métier ? Donner du bonheur aux gens ! En suivant les conseils de Curnonsky, le critique culinaire surnommé le "Prince des gastronomes" : "Faites simple, vous risquez de faire bon !" Tout est dans le bon produit : il suffit de le chercher et de le magnifier, sans le masquer. La vérité du produit fait la vérité de l'homme. »

Gratin de crozets

À qui doit-on les délicieux crozets, taillerins et fidés de Savoie, l'autre pays des pâtes ? À un maestro italien venu livrer ses secrets de pasta *al dente* ? Tout le mérite en revient aux cuisinières des montagnes et des vallées de Savoie et de Haute-Savoie ! Avec ce qu'elles ont sous la main – du blé de pays, plus souvent du sarrasin que du froment, éventuellement des œufs, de la semoule et de l'eau – elles coupent des petites pâtes en carrés (crozets) en Tarentaise, taillent des pâtes en lanières (taillerins) en Maurienne et roulent de gros vermicelles (fidés) dans le Chablais.

Outre ce savoir-faire maison, les Savoyards apprécient aussi les pâtes préparées artisanalement par des fideliers, vermicelliers ou plus simplement fabricants de pâtes dans les villes de Chambéry (dès 1729 avec Jean Anfouse), de Saint-Jean-de-Maurienne, d'Annecy… Leur coup de main ? Mélanger de la farine et de l'eau, obtenir une pâte non fermentée, la découper et la sécher plus ou moins longtemps.

Ingrédients (pour 5 personnes) : 150 g de crozets au sarrasin, 150 g de crozets nature, 4 tranches de jambon cru de Savoie, ¾ de reblochon, 1 oignon, 50 cl de crème fraîche.

Préparation : faire cuire les crozets en les plongeant quinze minutes dans un grand volume d'eau bouillante salée. Couper le jambon cru en fines lanières et le reblochon en dés. Faire suer l'oignon. Égoutter et rincer abondamment les crozets à l'eau tiède. Les verser dans un grand plat à gratin et les arroser de crème fraîche. Ajouter les lanières de jambon et l'oignon. Repartir les dés de reblochon. Faire fondre cinq minutes à four chaud (180 °C, thermostat 6). Servir aussitôt.

Meunier-pastier père et fils

En 1844, Antoine Chiron reçoit de Philibert Chiron, son père, le moulin de Cognin près de Chambéry, en cadeau de mariage ! Veut-il fonder une famille de meuniers-pastiers ? D'autant que Claude, le frère cadet d'Antoine, se lance dans la production de vermicelles prisés des Chambériens. Antoine saisit sa chance, modernise le moulin, améliore la qualité des pâtes et remporte un beau succès lors de l'exposition industrielle de Chambéry en 1886. Les générations s'enchaînent et « Les Fils Chiron » meuniers-pastiers se font semouliers-pastiers en 1919. En septembre 2000, les pâtes Chiron rachètent la maison Richard-Alpina – l'autre référence des pâtes de Savoie – et les crozets, taillerins, vermicelles et autre polenta portent haut et loin les saveurs d'Alpina Savoie.

Féra à l'apremont

Au cours des siècles, les Savoyards, excepté les riverains des lacs et du Rhône, les pêcheurs professionnels et quelques inconditionnels et/ou originaux, n'affectionnent ni les plats de poissons ni la pêche. D'autant moins que l'abbaye, le seigneur ou l'évêque demeure, selon la tradition, propriétaire des eaux, en conséquence des poissons.

Ingrédients (pour 4 personnes) : 2 féras, 1 cuillerée à soupe d'huile, 50 g de beurre, apremont (vin blanc sec de Savoie), sel, poivre du moulin.

Préparation : verser l'huile dans un plat à four. Préchauffer le four à 210 °C (thermostat 7-8). Poser les poissons tête-bêche écaillés et parés dans le plat. Saler et poivrer l'extérieur. Couvrir de noisettes de beurre. Sans arroser les poissons, verser le vin jusqu'à 50 millimètres de hauteur. Les faire rôtir entre treize et quinze minutes, en les arrosant, à la mi-temps, avec le jus de cuisson. Une fois cuits, lever les filets et les servir avec des petits champignons des prés.

La tarte aux myrtilles

La « madeleine de Proust » d'Emmanuel Renaut (Flocons de Sel – Megève)

Ingrédients (pour 6 personnes) : pour la pâte : 125 g de sucre, 150 g de beurre, 2 jaunes d'œufs, 250 g de farine, ½ gousse de vanille. Pour la garniture : 25 cl de crème pâtissière, 150 g de crème fouettée, 600 g de myrtilles. Pour la glace : 50 g de crème anglaise (50 cl de lait, 60 g de sucre, 5 jaunes d'œufs), 200 g de myrtilles.

Préparation : faire la glace : ajouter à la crème anglaise 200 g de myrtilles. Mixer puis turbiner dans la sorbetière. Faire la pâte : mélanger le sucre, le beurre pommadé, les jaunes d'œufs et la vanille. Ajouter la farine. Étaler entre deux feuilles de papier sulfurisé, une pâte de 5 millimètres d'épaisseur. La laisser reposer une heure au froid. La rouler dans un moule et la faire cuire dix minutes au four à 200 °C (thermostat 7). Laisser refroidir à température ambiante. Préparer la crème pâtissière avec la crème fouettée. Étaler sur le fond de tarte. Ajouter les myrtilles (fraîches à la saison, au sirop le reste de l'année). Servir avec la crème glacée.

Deux bons beignets

Ah bugnes...

Comment résister à ces délicieux beignets dont les Pralognanais se transmettent la recette, de génération en génération ? Impossible ! Craquons.

Ingrédients : 500 g de farine, 3 œufs, 125 g de beurre, 100 g de sucre, 1 pincée de sel, 1 paquet de levure, parfum au choix (orange, fleur d'oranger, citron, vanille, rhum...).

Préparation : mélanger le tout et étendre la pâte au rouleau. Couper en lanières de 2 cm de large à l'aide d'une roulette dentée. Faire frire dans une huile bien chaude. Saupoudrer de sucre glace.

Oh merveilles !

Sortes de bugnes légères et cassantes, les merveilles préparées pour un mariage ou un baptême se doivent d'être blanches comme la robe de la mariée (dans le respect de la tradition) ou le burnous (où il se porte encore) du nouveau-né.

Ingrédients (pour 8-12 personnes) : 3 œufs, 3 cuillerées à soupe de sucre semoule, 1 cuillerée à soupe d'huile, 1 pincée de sel, 1 cuillerée à soupe d'eau-de-vie, 1 kg de farine.

Préparation (idéalement la veille pour laisser la pâte reposer) : dans un plat, casser les œufs sur le sucre, l'huile, le sel et l'eau-de-vie. Mélanger le tout avec une fourchette puis ajouter la farine et mixer à la main pour obtenir une pâte ferme et consistante qui se décolle des doigts. Chauffer l'huile dans une poêle. Étendre la pâte avec un rouleau à pâtisserie, la fariner des deux côtés. Couper des carrés de 6-12 cm de côté. Secouer l'excès de farine et couper de deux fentes parallèles l'intérieur des carrés. Plonger les merveilles dans l'huile. Frites (légèrement blondes) d'un côté, les retourner avec une écumoire. Les égoutter. Les sucrer encore chaudes.

Gnôle ? Non, grolle !

La grolle ? Une chaussure genre sabot de bois dans lequel le berger verse un peu de café et beaucoup d'alcool pour se réchauffer ? Certains le disent. D'autres, beaucoup plus nombreux, l'associent immédiatement à une coupe fermée par un couvercle, décorée d'animaux, de fleurs et de cannelures, percée de trous appelés « becs » et remplie d'un mélange café/alcool flambé surprenant ! Qu'on ne s'y trompe pas cet objet en bois typiquement valdôtain (Italie) n'engage pas à la beuverie mais aux plaisirs d'un calice passé de main en main (à la ronde) et bu de bec en bec (un pour chacun). Sculpter la coupe, le couvercle et les « becs » demande temps et talent. Préparer le mélange tient du rituel : additionner un café noir brûlant de six petits verres d'eau-de-vie ; ajouter du sucre, des zestes d'orange et de citron ; verser dans la grolle ; étaler une couche de sucre humectée d'eau-de-vie sur le bord de la coupe ; l'enflammer et la laisser brûler un instant. Avant d'entamer la ronde et de chanter… jusqu'à la dernière goutte pour ne pas rompre l'amitié.

4 x 40 = une liqueur

À consommer avec modération… même si la liqueur de génépi considérée comme un fantastique tonique est simple à préparer. Laisser macérer durant quarante jours quarante brins de génépi dans un litre d'alcool à 40° et ajouter quarante morceaux de sucre. Cette recette mnémotechnique (4 x 40) est-elle la meilleure ? À vous de boire… très raisonnablement.

Un bonus : la truffe de Chambéry

Truffe de Paris ? Non ! Truffe de Chambéry ! En ce Noël 1895, Louis Dufour, confiseur chambérien, se trouve fort dépourvu de bonbons au chocolat. En un tournemain et un trait de génie, il fouette et modèle en petites boules les ingrédients dont il dispose – chocolat noir, crème fraîche, vanille – et les enrobe de cacao en poudre. Il baptise ses friandises : Truffes de Chambéry. Les gourmandes se les approprient comme les Truffes au chocolat. Des années plus tard, les religieuses professeures de cuisine dans les écoles ménagères de campagne, adaptent la recette (en remplaçant la crème fraîche par du beurre) et la transmettent à leurs élèves.

Ingrédients : 150 g de chocolat, 3 cuillerées de lait, 100 g de beurre.

Préparation : couper le chocolat en petits morceaux et le faire ramollir dans le lait, au bain-marie. Bien remuer et ajouter le beurre coupé en petits morceaux. Mélanger le tout avec une cuillère en bois. Retirer la casserole du feu et mettre le mélange au frais. La pâte devenue bien ferme en prendre des petites cuillerées et former des boulettes irrégulières semblables à des truffes. Les enrober de cacao non sucré. Et déguster avec gourmandise.

Un roseau… à croquer

Annecy propose, elle aussi, une spécialité au chocolat : le roseau du lac directement inspiré, depuis 1924, des roseaux qui bordent les rives. Ces fins bâtonnets de chocolat noir traditionnellement fourrés à l'extrait de café (plus récemment à la liqueur de framboise, de poire…) demandent un certain doigté : l'enveloppe de sucre durcie plongée dans le chocolat fondu est roulée dans un pailleté au chocolat. Le roseau prend ainsi son aspect granuleux.

Chapitre 31

Nos dix coups de cœur en Pays de Savoie

Dans ce chapitre :

- Des hommes et des femmes à part
- Des instants d'éternité
- Des souvenirs épars

Les Pays de Savoie sont les pays que chacun porte en soi. Cherche ou trouve. Voici nos Pays de Savoie. En vrac, en filigrane. Juste pour vous donner envie de lire, de regarder, de partir. Il y a tant à apprendre.

Malabar Princess : autour du crash d'un avion et du comédien Jacques Villeret

Disparaître ce n'est pas mourir estime Tom, 8 ans, lancé à la recherche de sa mère dans le massif du Mont-Blanc. Comment lui cacher la vérité ? Comment l'éloigner des glaciers de Miage ou des Bossons qui rejettent les débris du Malabar Princess, l'avion d'Air India pulvérisé contre le rocher de la Tournette, le 3 novembre 1950 ? Dans le rôle du grand-père, Jacques Villeret s'y emploie à merveille.

« Passe-t-on une journée entièrement triste ou entièrement gai ? Non, car beaucoup d'événements se produisent en vingt-quatre heures ! Pourquoi le cinéma ou le théâtre ne transposeraient-ils pas cette réalité ? » Sur grand écran ou sur scène comme dans la vie, Jacques Villeret évolue entre rires et larmes, légèreté et gravité. S'inspire des regards et des êtres croisés. « Eugène Ionesco disait : "On devrait verser des droits d'auteur au public." Je m'imprègne des gens d'où qu'ils soient, quels qu'ils soient, pour les restituer au mieux dans mes personnages. Quand je peux faire rire et pleurer, émouvoir le public. Je remplis ma mission. »

L'enfant, l'adolescent, l'adulte a envie de jouer la comédie. D'être un acteur. « En imitant les professeurs dans la cour de récréation, je faisais rire mes copains. » Après un détour par Rotterdam où lauréat d'une bourse Zellidja, Jacques Villeret étudie la vie du port, et Oslo où il s'improvise plongeur puis cuisinier à La Petite Cuisine, il trouve en Louis Seigner, un maître : « Fais attention, m'a-t-il recommandé au Conservatoire. Ce métier n'est pas un métier mais une aventure. » Où Jacques Villeret veut vivre un point d'orgue, « un petit rendez-vous réussi avec le spectateur ». Dans *Malabar Princess*, il passe par le Mont-Blanc, « on croit que c'est un gros fromage blanc mais là-haut, ça caille ! »

Un après-midi *off* sur le tournage des *Enfants du marais*, le film de Jean Becker, à Villefranche-sur-Saône, le 14 juillet 1998. Jacques Villeret donne sa vision du cinéma et du théâtre, leçons et espoirs de vie profondément tragiques ou irrésistiblement comiques.

Refuge de la Maison de Savoie, la chasse d'un roi

Il est là, posté en sentinelle, sur un roc au fond du vallon de Lauzon. Noble bouquetin au pied des neiges éternelles. Entre les vallées d'Aoste et de l'Orco, dans le Piémont. Survivant d'une sombre histoire.

En 1856, alors que les bouquetins sont réduits à une centaine de spécimens, le roi Victor-Emmanuel II décide d'en confier la surveillance à des gardes spéciaux et d'en réserver la chasse aux membres de la famille royale. Pour son bon plaisir, il fait empierrer 300 kilomètres de chemins muletiers (devenus sentiers de montagne), construire cinq maisons de chasse, et engage des dizaines de rabatteurs.

Aujourd'hui, l'amateur peut admirer ses trophées au château de Sarre, dans une galerie et un salon ornés des cornes de 864 bouquetins (et de 969 chamois). Sans cette « chasse réservée », le sort de l'animal aurait été jeté dans le Grand Paradis comme dans le parc national de la Vanoise où il broute, s'ébat, s'isole en toute liberté. Grimpe même jusqu'au refuge Vittorio Sella, l'ancienne maison de chasse de Victor-Emmanuel II. Là, tout est convivialité, cuisine familiale, coupe de l'amitié et *canzone*. Marques historiques et hospitalières de la Maison de Savoie.

L'âge sur une corne

Pouvant mesurer jusqu'à un mètre de long, la corne du bouquetin est une suite d'étuis emboîtés les uns dans les autres. Ces étuis, matérialisés par des cernes, poussent en été. Pour estimer l'âge du mâle, il suffit donc de les compter.

Bruno et Renaud Veyret, antiquaires, la poésie des objets

Une commode XVIIIe siècle associée à une pompe à eau des années vingt de deux mètres de haut. Improbable ? Et pourquoi pas ? Oui, pourquoi pas ? Osez l'audace. C'est l'invitation lancée par Bruno Veyret et son frère Renaud au seuil de leur magasin Intérieur-Altitude à Thônes. Quand autrefois rencontre aujourd'hui. Quand la création d'hier joue le jeu de la séduction avec la création contemporaine. C'est coloré, foisonnant, étonnant. Enchanteur.

« Un jour, un jeune couple est entré chez nous pour chercher une idée de paravent, s'enthousiasme Bruno Veyret. Nous sommes allés dans l'entrepôt et j'ai trouvé des petits volets intérieurs d'une ancienne maison bourgeoise. Je leur ai vendu deux paires pour 40 €. J'étais tellement content de rencontrer deux jeunes pas formatés ! Aujourd'hui, posséder un salon Louis XVI est considéré comme ringard. Une culture s'est perdue. En quelques années, le goût de toute une génération s'est uniformisé. »

À Thônes, dans une ambiance de chalet, Bruno Veyret met en scène des antiquités de montagne : coffres, vaisseliers, armoires, reliquaires, poteries, cloches de reine, boîtes à sel, marques à beurre ou à pain. « Tout comme Bernadette Soubirous devant la Vierge, il m'est arrivé de tomber à genoux devant un coffre très ancien du XVe siècle. Il provenait d'une tour carrée de la Tarentaise. Les ferrures étaient en forme de fleurs de lys. La façade était réalisée avec une seule planche de noyer de 3 mètres de long, 80 centimètres de large et 5 centimètres d'épaisseur environ. Imaginez cet arbre ! Énorme ! Imaginez la date de naissance de ce noyer pour obtenir une telle planche au XVe siècle ! C'est très émouvant. À Annecy, nous avons retrouvé dans les communs d'un petit château une voiture hippomobile de l'ambassadeur de Napoléon III à Saint-Petersbourg. L'ambassadeur l'avait lui-même rachetée à Chateaubriand qui manquait d'argent… »

Surréaliste

Depuis deux ans, des objets design entrent dans la danse d'Intérieur-Altitude : fauteuils, lampes, sculptures en papier mâché. « Je ne voulais pas tomber dans la vente de peaux de vache, de coussins avec des marmottes, des skieurs ou des cœurs, du pseudo-contemporain. Je travaille avec des amis créateurs. Je recherche des objets, des couleurs en adéquation avec la montagne, les sapins, la neige. Les choses ne sont pas là par hasard. Le brun, le vert, le blanc, oui. Mais pas le bleu. Nous ne sommes pas au bord de la mer ! Un luminaire en fibre de verre très scintillant m'évoque la neige au soleil. Une poésie surréaliste peut jaillir de la manière d'agencer l'ancien et le contemporain. D'expérience, je trouve le goût français trop timoré et conventionnel en matière de décoration. Les Américains, par exemple, tentent des trucs très barges pour composer un intérieur inédit. Une personne qui n'a rien à dire, sinon des lieux communs, est vite ennuyeuse. Il en va de même pour une déco ! » Osons l'audace. Et les belles rencontres.

Dans le vif, la mémoire et l'âme des Bellevillois

Dans un dictionnaire *Lo Belavlaï* (Le Bellevillois), lexique du patois de Saint-Martin-de-Belleville et un livre de témoignages *Du Pont de la Combe aux aiguilles de Péclet – Chroniques d'un village de montagne au fil des saisons*, des hommes et des femmes consignent leur histoire. Entre les années où, enfants, ils mènent les tarines « des vaches bien cornées aux yeux de biche » aux alpages, et les années où retraités, ils regardent, l'hiver venu, les skieurs et autres snowboarders dévaler les pistes. En l'espace d'une vie, leur vallée des Belleville étirée entre Saint-Martin-de-Belleville et ses vingt-deux hameaux, se métamorphose. Verte et rude, elle se fait, avec l'ouverture de la station des Menuires au milieu des années soixante, blanche et douce.

Alors patiemment, amoureusement, ils écrivent les pages de leur passé, de leur patois de la fin du XIXe au milieu du XXe siècle. Pour imprimer dans leur mémoire des lignes d'écoliers « Je ne dois pas parler patois », des marches de deux heures que les garçons et les filles entreprennent pour skier dix minutes sur des spatules faites maison. Pour se souvenir de « la béra », la coiffe noire du dimanche pour les femmes, de *lo jilè*, le gilet de drap noir pour les hommes, des pèlerins de la Maurienne et de la vallée des Allues qui, le 15 août, franchissent par centaines les cols des Encombres, de la Lune et de la Cherferie pour se rendre au sanctuaire Notre-Dame-de-la-Vie. Peut-on oublier leurs belles « montagnettes » (chalets d'alpage) aux toits de lauzes et aux murs de pierres où certains préparent le beurre ; d'autres le sérac, le fameux fromage ? Impossible ! Et ce *petsô* (petit garçon) ou cette *petsôta* (petite fille) qui invente des amusements avec des cailloux, des escargots, trois fois rien avant d'être « embauché » par ses parents pour les travaux des champs. Jusqu'au jour où un père lance à son fils ou à sa fille : « *Prein lo moulè va fèr non vyâzhe* » (Prends le mulet et va faire un voyage), autrement dit assume une responsabilité, mène le mulet aux alpages, devient adulte.

L'idée d'un refuge de haute montagne, plan Glacier

Depuis les gorges de la Gruvaz à Saint-Gervais jusqu'à l'alpage de Miage, le randonneur compte une heure de marche. Son regard bute alors contre la face nord des dômes de Miage (3 673 m), l'arête de Tricot (3 222 m) et le glacier de Miage. Sur la moraine de ce glacier, un refuge invisible encore : Plan Glacier. Un refuge de vingt places détruit par une avalanche en 1989 et reconstruit, en 1990, par les guides, les bénévoles et les membres du Club alpin français de Saint-Gervais, en cent quatre-vingt-six jours de travail. Rénové en 2006.

À Plan Glacier, à 2 730 mètres, le temps s'écoule selon un même rituel : partage des nouvelles du jour, des histoires des sommets et de la vallée, dîner, soupe, omelette, pâtes, tomme, crêpes, coucher de soleil, bonheur d'une nuit de pleine lune, réveil, petit déjeuner, derniers préparatifs avant l'ascension des dômes de Miage ou de l'aiguille de Bionnassay. Impression de grandeur et de vulnérabilité dans ce refuge… enfoui, l'hiver, sous la neige.

Patrick Berhault, alpiniste, grimpeur, paysan

RENCONTRE

Enfant, il veut plonger dans les abysses comme Jacques Mayol. Adolescent, il a pour maître Reinhold Messner, le conquérant des quatorze sommets himalayens de plus de 8 000 mètres.

Adulte, Patrick Berhault, le guide de haute montagne, grimpeur et paysan goûte la nature, la vie, l'essentiel. Par plaisir. Simple et vrai.

Il gravit les gorges du Verdon, imagine la danse-escalade, joue dans des films de grimpe *Voie express*, *Grimpeur Étoile*, *La Cordée de rêve*… Enchaîne aussi les ascensions dans le massif du Mont-Blanc, mène des expéditions en Himalaya, au Kilimandjaro… « J'aime la diversité, rechercher, comprendre, m'adapter, explique-t-il. L'essentiel pour moi est de vivre en pleine nature. Elle offre tant de leçons de vie. Je m'y sens libre et bien. »

Il enseigne la montagne à l'École nationale de ski et d'alpinisme (ENSA) de Chamonix, et l'escalade aux garçons et aux filles de Chabreloche, son village du Puy-de-Dôme où enfant il découvre, pendant les vacances d'été, la vie de paysan. « Je veux mener cette existence tout en accomplissant des performances de haut niveau en alpinisme et en danse-escalade. Pour vivre, gravir et grimper comme je respire, instinctivement. Éprouver naturellement du plaisir physique et mental. »

Patrick Berhault oscille entre l'ocre du rocher, le vert et le blanc des montagnes, le bleu du ciel, l'or du soleil et de la scène… jusqu'au 28 avril 2004, jour où il tombe dans le versant nord de l'arête du Dom en Suisse. Il réalise alors, avec Philippe Magnin, l'enchaînement des 82 sommets de plus de 4 000 mètres des Alpes. Et laisse le souvenir d'un alpiniste enthousiaste, attentif, « martien » ou chamois.

Propos recueillis entre une balade à Chabreloche et un en-cas maison dans sa ferme, un jour de 1992.

Un engagement de croix et de cœur

Dans les Pays de Savoie, un bijou d'or ou d'argent illumine l'habit de fête. La croix plate, la croix bâton, la croix grille, la croix à pendeloques, la croix de Saint-Maurice ou la croix Jeannette suspendue à un ruban de velours ou de soie brochée ou brodée, brille sur toutes les poitrines. Symbole de la foi en Dieu. Une croix parfois doublée d'un cœur hymne à l'amour et à la vie que le fiancé fond au village, probablement avec des pièces de monnaie, ou achète en ville pour parer sa promise avec éclat, la « ferrer ». Paysanne la semaine, princesse le dimanche et les jours de fête.

Plein la vue au col des Aravis !

Vous êtes cycliste, randonneur, gourmand, esthète ? Grimpez au col des Aravis, à la jonction de la Haute-Savoie et de la Savoie. D'un côté, La Clusaz. De l'autre, La Giettaz (prononcez « La Cluse » et « La Giette » sous peine de passer pour un monchu ! Voir chapitre 24). D'un côté, un panneau indique le col à 1 487 mètres d'altitude. De l'autre, à 1 498 mètres. Une fois de plus, les deux départements se chamaillent ! De hautes corniches calcaires, typiques des massifs préalpins, déchirent le paysage. À leur pied, de doux alpages où fleurissent au printemps les gentianes et au début de l'été, les rhododendrons. Où la petite chapelle Sainte-Anne accueille les voyageurs. Où paissent les abondances et les tarines dès la fonte des neiges. Où résonnent leurs clarines. Ici, nous sommes au pays du reblochon. N'hésitez pas à en déguster dans les fermes qui jalonnent la « route de la soif ». Le sentier caillouteux, pentu et exposé – d'où le nom de « route de la soif » ! – part du col et emmène marcheurs et vététistes vers le chalet du Curé puis le col de l'Arpettaz, en passant sous le mont Charvin (2 409 m).

Gargantuesques paysages

Les chamois et les mouflons vivent leur vie. Les aigles veillent. Le regard embrasse un panorama encore plus dégagé qu'au col des Aravis : aiguille Verte, aiguille du Midi, dôme du Goûter, mont Blanc. Il s'arrête aussi sur une curiosité naturelle, une échancrure rectangulaire dans la montagne : la Porte des Aravis. Naturelle vraiment ? Rabelais raconte que Gargantua, en route pour l'Italie, le nez en l'air, donne un malencontreux coup de botte dans la ligne de crête et arrache un énorme bloc. Le géant ? Même pas mal ! En revanche, « le morceau vola en éclats parmi les airs et s'alla planter avec un épouvantable fracas et gros tourbillon de poussière à plus de dix lieues vers le sud, dans une terre nommée Beaufortain, où il écrasa, en tombant, trois sauterelles et un rat ». Ainsi naît la Porte des Aravis. Et du même coup, la fameuse Pierra Menta (2 714 m) ! Autre légende, toute personnelle : celle de Claudine, amoureuse inconditionnelle des Aravis. « Mes parents possèdent une photo de moi prise au col en plein hiver, dans les années soixante. J'avais un an. J'étais posée sur le poteau en béton qui indique 1 498 mètres. Aujourd'hui, le poteau a mal vieilli, il est tout ébréché et fendu. Ma mère dit que c'est à cause de moi car à l'époque, j'étais déjà un peu "bouboule". Elle me rappelle l'anecdote à chaque fois qu'on y passe ! »

La légende d'une fleur

Edelweiss, petite fleur fragile, blanche, laineuse, duveteuse et argentée dansant sous le vent à haute altitude, qui es-tu ? Une poussière d'étoile semée tous les dix ans ou la larme d'une dame blanche, reine des neiges éternelles ? Combien sont-ils ces alpinistes à mourir dans leur ascension subjugués par ta beauté mais pris au piège par tes lutins, gardiens jaloux de ta gracieuse majesté ? Un nombre incalculable glisse sur un rocher, roule sous une pierre et te fait pleurer à chaudes larmes. Edelweiss, fragment de lumière ou goutte de liquide nouée à une brindille d'herbe, tu demeures l'étoile des neiges… venue d'Asie avec les grands glaciers quaternaires.

Et pour le dessert : des esquimaux au génépi

Oui, la gourmandise est un vilain défaut ! Mais comment résister à cette plante aux vertus toniques glacée, avec délice, par Emmanuel Renaut ?

Ingrédients (pour une cinquantaine d'esquimaux) : 4 jaunes d'œufs, 30 g de génépi, 250 g de crème fouettée, 150 g de chocolat blanc, 100 g de beurre de cacao, 80 g de sucre semoule (pour le sirop).

Préparation : porter 80 cl d'eau à ébullition avec le sucre. Laisser refroidir ce sirop. En verser la moitié sur les jaunes d'œufs et faire cuire comme un sabayon en fouettant jusqu'au refroidissement complet. Ajouter le génépi et la crème fouettée. Couler dans les moules à esquimaux et mettre au congélateur avec les bâtons. Une fois les esquimaux congelés, chauffer le beurre de cacao avec le chocolat blanc. Démouler les esquimaux et les tremper dans le chocolat. Les réserver au congélateur.

Bibliographie

Plus loin, plus haut...

Quelques livres, articles, sites internet et DVD pour élargir ou approfondir vos découvertes.

Première partie : Des montagnes d'histoires

- Jean Prieur, Aimé Bocquet, Michel Colardelle, Jean-Pierre Leguay, Jean Loup et Jean Fontanel, *Histoire de la Savoie*, t. I, *La Savoie des origines à l'an mil*, Ouest France Université, 1983.
- Réjane Brondy, Bernard Demotz et Jean-Pierre Leguay, *Histoire de la Savoie*, t. II, *La Savoie de l'an mil à la Réforme (XIe-début XVIe siècle)*, Ouest France Université, 1984.
- Roger Devos et Bernard Grosperrin, *Histoire de la Savoie*, t. III, L*a Savoie de la Réforme à la Révolution française*, Ouest France Université, 1985.
- André Palluel-Guillard, Christian Sorrel, Guido Ratti, Antoine Fleury et Jean Loup, *Histoire de la Savoie*, t. IV, *La Savoie de la Révolution à nos jours (XIXe- XXe siècle)*, Ouest France Université, 1986.
- Nathalie Pache Ville et Jean-Luc de Uffredi, *Louis Pache, guide et passeur (1940-1944)*, Les Passionnés de bouquins, 2012.
- Roger Frison-Roche, *Le Versant du soleil*, J'ai lu, 1983.
- Hélène Armand et Philippe Maille (photos), *Albertville 92. Les sites olympiques vus du ciel*, Glénat, 1991.
- *La Résistance en Savoie*, DVD de la fondation de la Résistance, département AERI, 2012.
- Didier Bouillot et Pascal Bellemin-Bertaz, *Le Royaume partagé ou l'Histoire des États de Savoie*, avec la participation de Clotilde Courau, DVD de Project Images Films / société d'histoire La Salévienne, 2011.

Deuxième partie : Une géographie à couper le souffle

- Paul Guichonnet, *La Savoie*, B. Arthaud, 1954.
- Pierre Préau et Christian Sorrel (sous la direction de), *La Savoie, une terre, des hommes*, La Fontaine de Siloé, 2000.
- Jean-Marie Jeudy, *Les Mots pour dire la Savoie*, La Fontaine de Siloé, 2003.
- Gérard Balvay, Jean-Claude Druart et Stéphan Jacquet, *Le Lac du Bourget, ses eaux et sa biologie*, Quae, 2012.
- Jean-Claude Druart et Gérard Balvay, *Le Lac d'Annecy et son plancton*, Quae, 2009.
- Jean-Claude Druart et Gérard Balvay, *Le Léman et sa vie microscopique*, Quae, 2007.
- Katrina Kremer, Guy Simpson et Stéphanie Girardclos, *Giant Lake Geneva tsunami in AD 563*, publication en ligne dans *Nature Geoscience*, 28 octobre 2012, `www.nature.com/ngeo/journal/v5/n11/full/ngeo1618.html`.
- Sylvain Coutterand et Sylvain Jouty, *Glaciers, mémoire de la planète*, Hoëbeke, 2009 (rééd. 2012).
- Sylvain Coutterand, *Les Glaciers du mont Blanc, les explorer, les comprendre. 15 randonnées découverte*, Atelier Esope, 2013.
- `www.glaciers-climat.com` (site de Sylvain Coutterand).
- `www.moreauluc.com` (site de Luc Moreau, glaciologue).
- `www.palafittes.org/fr/index.html`.
- `www.parcnational-vanoise.fr`.
- `www.parcdesbauges.com`.
- `www.parc-chartreuse.net`.
- `www.alpesphoto.com` (site d'Antoine Berger, photographe).
- `www.air-rhonealpes.fr`.

Troisième partie : Une économie créée entre monts et merveilles

- Agnès Couzy et Claude de Merville, *La Montagne saison par saison*, Arthaud, 1997.
- *Tour de France 100 ans*, t. I, *1903-1939*, L'Équipe, 2002.
- *1860-2010, 150 ans d'histoire économique en pays de Savoie*, hors-série *Éco des pays de Savoie*, hebdomadaire économique, janvier 2010.
- *Les Pays de Savoie en chiffres 2013*, hors-série Éco des pays de Savoie, hebdomadaire économique, 2013.

Quatrième partie : Le mont Blanc, un sommet de sensations

- Albert Smith, *Le Mont Blanc à la mode*, Guérin, 1999.
- Roger Frison-Roche, *Premier de cordée*, J'ai lu, 1979.
- Roger Frison-Roche et Pierre Tairraz (photographies de), *Mont-Blanc aux sept vallées*, Arthaud, 1983.
- Paul Payot, *Au royaume du Mont-Blanc*, Denoël, 1978.
- Gaston Rébuffat, *Mont-Blanc, jardin féérique*, Denoël, 1987.
- *Beauté du Mont-Blanc : le massif, des sites, des hommes, une vie et des saisons*, Minerva, 1996.
- Elisa Giacomotti et Jean-Marie Cuzin, *Chamonix-Mont-Blanc, Toute une histoire…*, Éd. du Signe, 2011.
- Mario Colonel, *Une belle histoire, Compagnie des guides de Chamonix*, Mario Colonel, 2009.
- Jessica Compois et Catherine Poletti, *Des musées, un patrimoine*, Communauté de communes de la vallée de Chamonix-Mont-Blanc, Préambule, 2012.
- Jean-Pierre Coutaz, *Samivel, prince des hauteurs*, Glénat, 2012.
- Bernard Germain, *Le Nouveau Refuge du Goûter*, DVD de la Fédération française des clubs alpins et de montagne (FFCAM), 2012.
- `www.amis-vieux-chamonix.org`

Cinquième partie : Une forte identité

- Marie-Thérèse Hermann, *Architecture et Vie traditionnelle en Savoie*, Berger-Levrault, 1980.
- Christian Abry, Roger Devos et Henri Raulin, *Les Sources régionales de la Savoie*, Fayard, 1979.
- Jean et Renée Nicolas, *La Vie quotidienne en Savoie aux XVIIe-XVIIIe siècles*, Hachette, 1985.
- Paul Dufournet, *L'Art populaire en Savoie*, Christine Bonneton éditeur, 1981.
- Anne Buttin et Michèle Pachoud-Chevrier, *Potiers et Céramistes des pays de Savoie (1900-1960)*, Le Vieil Annecy, 2002.
- Anne Buttin et Michèle Pachoud-Chevrier, *La Poterie domestique en Savoie*, Le Vieil Annecy, 2007.
- Denise Glück, *Savoie et Dauphiné, le mobilier traditionnel*, La Fontaine de Siloé, 2004.
- Dominique Abry-Deffayet et Nicolas Abry, *Le Parler des Savoies et ses histoires à rire*, Christine Bonneton éditeur, 2013.
- Société savoisienne d'histoire et d'archéologie, *Les Savoyards dans le monde*, actes du colloque d'Annecy, 13-14 décembre 1991.
- Centre de ressources sur les Savoyards qui ont travaillé à la chocolaterie Menier : services archives de la mairie de Noisiel (Mme Maryvonne Fortier).
- « Rue des Savoyards », *Noisiel Infos*, n° 28, novembre-décembre 1990.
- `www.sabaudia.org` (Assemblée des pays de Savoie).
- `www.fondation-facim.fr` (fondation Facim pour la valorisation du patrimoine en pays de Savoie).
- `www.fortifications-maurienne.com` (ligne Maginot des Alpes).
- `www.poterie-savoie.com` (musée de la Poterie traditionnelle savoyarde d'Évires).
- `www.langue-savoyarde.com` (franco-provençal).
- `www.arpitania.eu` (franco-provençal).
- `www.savoie-argentine.com` (association Savoie-Argentine).
- `www.saboyanos.org/index.asp` (association savoyarde de l'Uruguay).

Sixième partie : La partie des Dix

Dix lieux

- http://val-cenis.haute-maurienne-vanoise.com (site officiel de Haute-Maurienne vanoise).
- www.chambery-tourisme.com (site officiel de l'office de tourisme de Chambéry).
- www.chamonix.com (site officiel de la vallée de Chamonix).
- www.aixlesbains.com (site officiel de l'office de tourisme d'Aix-les-Bains).
- www.lac-annecy.com (site officiel de l'office de tourisme du lac d'Annecy).
- www.courchevel.com (site officiel de la station de Courchevel).
- www.evian-tourisme.com (site officiel de l'office de tourisme d'Évian-les-Bains).
- www.valdisere.com (site officiel de l'office du tourisme de Val-d'Isère).
- www.compagniedumontblanc.fr (site officiel de la Compagnie du mont Blanc).
- www.chemin-neuf.org (site officiel de la Communauté du Chemin-Neuf).

Dix promenades

- www.grande-traversee-alpes.com (site officiel de la Route des Grandes Alpes).
- www.sixtferacheval.com (site officiel de l'office de tourisme de Sixt-Fer-à-Cheval).
- www.autourdumontblanc.com (portail créé par l'Espace Mont-Blanc pour se renseigner en un clic sur le tour du Mont-Blanc : cartographie, sécurité, réservation des refuges, partage d'expériences entre randonneurs…).
- www.megeve.com (site officiel de Megève Tourisme).
- *Le Grand Tour de Tarentaise*, Glénat, 2013.
- www.valloire.net (site officiel de Valloire-Galibier).
- www.bonneval-sur-arc.com (site officiel de l'office du tourisme de Bonneval-sur-Arc).

Dix personnalités

- Mireille Védrine, *Les Charmettes, maison de Jean-Jacques Rousseau, Chambéry au XVIIIe siècle*, Agraf Éd., 2007.
- Charlotte Perriand, *Une Vie de création*, Odile Jacob, 1998.

Dix fleurons

- *L'Histoire en Savoie*, revue trimestrielle de culture et d'information historique de la Société savoisienne d'histoire et d'archéologie de Chambéry.
- Marie-Thérèse Hermann, *La Cuisine paysanne de Savoie. La vie des fermes et des chalets racontée par une enfant du pays*, Philippe Sers, 1982.

Dix savoyardises

- *L'Inventaire du patrimoine culinaire de la France, Rhône-Alpes, produits du terroir et recettes traditionnelles*, Albin Michel / CNAC-Région Rhône-Alpes, 1995.

Dix coups de cœur

- Gilles Legrand, *Malabar Princess*, avec Jacques Villeret, Michèle Laroque, Claude Brasseur, Clovis Cornillac et Jules-Angelo Bigarnet, DVD de Épithète films, 2004.
- `www.rifugiosella.com` (site officiel du refuge Vittorio Sella).

Index

A

B

D

E

F

K

L

M

N

S

T

U

V

W

france bleu
France Bleu vous offre un grand bol d'air
Passion montagne
Jean-Michel Asselin et Laurent Pascal
Le samedi de 12 h à 12 h 30
vu d'ici
ancebleu.fr
VALCOM.fr